Flisch

Kirsch

Entscheidungsprozesse III

Professor Dr. Werner Kirsch

# Entscheidungsprozesse

DRITTER BAND

## Entscheidungen in Organisationen

Betriebswirtschaftlicher Verlag Dr. Th. Gabler, Wiesbaden

ISBN 3 409 32852 1

Copyright by Betriebswirtschaftlicher Verlag Dr. Th. Gabler GmbH, Wiesbaden 1971

„Even the dogs may eat of the crumbs which fall from the rich man's table; and in these days, when the rich in knowledge eat such specialized food at such separate tables, only the dogs have a chance of a balanced diet."

*Sir Geoffrey Vickers (1965)*

# Vorwort

Es gibt keinen Begriff, der in der deutschen Betriebswirtschaftslehre und in der angelsächsischen Managementlehre in jüngster Zeit mehr in den Vordergrund getreten ist als der Begriff der Entscheidung. Beide Disziplinen verstehen sich heute — trotz unterschiedlicher Tradition — als angewandte Entscheidungslehren, die sich mit der Gestaltung und Verbesserung der Entscheidungsprozesse in betriebswirtschaftlichen Organisationen bzw. in Organisationen schlechthin befassen. Ihre Basis ist in der interdisziplinären Organisationstheorie zu erblicken. Nicht die Organisationen, sondern die Individuen als Teilnehmer dieser Organisationen entscheiden jedoch. Organisationstheoretische Untersuchungen haben daher von den entscheidenden Menschen auszugehen. Die Organisationstheorie und die darauf aufbauenden angewandten Disziplinen benötigen somit eine wirklichkeitsnahe, deskriptive Theorie des menschlichen Entscheidungsverhaltens, die den sozialen Kontext dieser Entscheidungen systematisch berücksichtigt.

Dies ist der Ausgangspunkt der vorliegenden Untersuchung, die drei Bände umfaßt. Die Untersuchung versucht, die wichtigsten Elemente einer solchen Theorie und einen begrifflichen Bezugsrahmen zu deren Integration zu erarbeiten. Das Schwergewicht der Untersuchung liegt auf der Erarbeitung einer deskriptiven Entscheidungstheorie. Dadurch unterscheidet sich der vorliegende Beitrag von den heute weitgehend üblichen normativen Überlegungen zur Entscheidungstheorie, wie sie etwa in der Monographie Gäfgens zur „Theorie der wirtschaftlichen Entscheidung — Untersuchungen zur Logik und ökonomischen Bedeutung des rationalen Handelns" (2. Auflage, Tübingen 1968) zur Darstellung gelangen. Der Forderung nach einer deskriptiven Entscheidungstheorie liegt jedoch nicht zuletzt die Überzeugung zugrunde, daß Versuche einer normativen Gestaltung organisatorischer Entscheidungsprozesse nur dann Aussicht auf Erfolg besitzen, wenn sie von realistischen Vorstellungen des tatsächlichen Entscheidungsverhaltens der Organisationsteilnehmer getragen sind. Dies gilt insbesondere für die echten Führungsentscheidungen, auf die das Schema der normativen Entscheidungslogik so gar nicht passen will.

Als zentraler Begriff einer deskriptiven Theorie des Entscheidungsverhaltens wird der Begriff der Entscheidungsprämisse herausgestellt. Die Entscheidungsprämisse bildet die kleinste Betrachtungseinheit der Analyse des Entscheidungsverhaltens. Die Entscheidungstheorie hat dabei darzulegen, **auf** welche Weise der Mensch die zu wählende Handlung aus seinen Entscheidungsprämissen „ableitet". Dies ist die Frage nach der individuellen „Entscheidungslogik" im Sinne einer subjektiven „Psycho-Logik" des Individuums. Die Theorie hat darüber hinaus auch zu klären, wie das Individuum zu den Prämissen seiner Entscheidung gelangt. Sie hat insbesondere die Einflüsse auf die Entscheidungsprämissen aufzuzeigen, die sich aus der sozialen Umwelt des Individuums und aus seiner Beteiligung an kollektiven Entscheidungsprozessen ergeben. Hier sind die Berührungspunkte zwischen der Entscheidungstheorie und der Organisationstheorie bzw. deren verhaltenswissenschaftlichen „Mutterdisziplinen". Die Entscheidungsprämisse erweist sich gleichsam als „Bindeglied" zwischen Entscheidungs- und Organisationstheorie. Die Klärung des Begriffes der Entscheidungsprämisse und seiner integrierenden Funktion für Entscheidungs- und Organisationstheorie bildet den methodologischen Hintergrund dieser Untersuchung.

Entscheidungsprämissen und Entscheidungslogik des Menschen sind somit zu ergründen, wenn man eine deskriptive Entscheidungstheorie anstrebt, die auch die Einflüsse der organisatorischen Umwelt adäquat erfassen soll. Diesem Problem nähern wir uns in der vorliegenden Untersuchung gleichsam aus drei Richtungen, denen jeweils ein Band gewidmet ist.

Der erste Band versucht, die Entwicklungstendenzen und verhaltenswissenschaftlichen Ansätze der Theorie des Entscheidungsverhaltens aufzuzeigen. Den Ausgangspunkt bildet die dem Wirtschaftswissenschaftler vertraute Diskussion um das Modell des homo oeconomicus. Die formale Enstcheidungslogik der Rationalitätsanalyse steht hier im Vordergrund. Ihre deskriptive Relevanz ist umstritten. So wird vor allem bemängelt, daß die Theorie des rational entscheidenden Menschen und deren Verfeinerungen die Prämissen der Entscheidungen als gegeben betrachten. Die in Weiterführung dieser Modelle vorgeschlagenen verhaltenswissenschaftlichen Ansätze, die auch das Zustandekommen der Entscheidungsprämissen und die spezifischen Eigenheiten der Entscheidungslogik des Menschen in die Analyse einbeziehen, führen eindeutig weg von der traditionellen Rationalitätsanalyse. Ausgehend von der Diskussion der kognitiven Beschränkungen der Rationalität konzentriert sich das Interesse vornehmlich auf Fragen einer Theorie kognitiver Entscheidungs- und Problemlösungsprozesse, die auch die Problematik der Informationsgewinnung und des Suchverhaltens systematisch einbezieht.

Der zweite Band stellt den neuerdings immer mehr in den Vordergrund rückenden Informationsverarbeitungs-Ansatz der Entscheidungs- und Problemlösungstheorie dar. Den Ausgangspunkt bildet die psychologische Theorie, insbesondere die Theorie kognitiver Strukturen und Prozesse. Der Informationsverarbeitungs-Ansatz verspricht hier eine gewisse Synthese jener Gedankengänge, die in Weiterführung der traditionellen Entscheidungstheorie und der psychologischen Denk- und Problemlösungstheorie entwikkelt wurden. Hauptmerkmal dieses Ansatzes ist es, daß die Modelle des menschlichen Entscheidungs- und Problemlösungsverhaltens in Programmsprachen formuliert werden, die eine Simulation dieser Prozesse mit Hilfe elektronischer Datenverarbeitungsanlagen zulassen. Der Informationsverarbeitungs-Ansatz ermöglicht es aber auch, die begriffliche Konzeption der Entscheidungsprämisse so zu verfeinern, daß sie erstens im Einklang mit einer Reihe psychologischer Erkenntnisse steht, zweitens aber auch die sozialen Einflüsse der organisatorischen Umwelt des Individuums einzubeziehen erlaubt, ohne daß diese Konzeption in Widerspruch zu den wesentlichsten Ansätzen und terminologischen Bezugsrahmen der Organisationstheorie und der Theorie kollektiver Entscheidungsprozesse gerät.

Diese Überlegung soll insbesondere im dritten Band verdeutlicht werden, der sich mit den Entscheidungen in Organisationen befaßt. Dieser Band wählt die mehr sozialpsychologischen, soziologischen und politologischen Theorien zum Ausgangspunkt, wie sie in der heute weitgehend verselbständigten verhaltenswissenschaftlichen Organisationstheorie ihren Niederschlag finden. Die in den beiden vorhergehenden Bänden diskutierten individuellen Entscheidungsprozesse werden nunmehr gleichsam als „Bausteine" der kollektiven, multipersonalen Entscheidungsprozesse in Organisationen gesehen. Ausgehend vom Systemansatz der modernen verhaltenswissenschaftlichen Organisationstheorie wird das organisatorische Informations- und Entscheidungssystem zur Steuerung und Regelung der Systemprozesse herausgearbeitet, in dessen Rahmen die komplexen kollektiven Entscheidungsprozesse ablaufen. Die Verbindung zu den Erörterungen der individuellen Entscheidungsprozesse wird über die Konzeption der Entscheidungsprämisse hergestellt. Dies bedarf zunächst der Untersuchung mehr terminologischer Fragen, die sich aus der Beziehung der Konzeption der Entscheidungsprämisse zu dem begrifflichen Bezugsrahmen der Rollenanalyse bzw. der organisationalen Zielanalyse ergeben. Zum anderen sind jene sozialen, organisatorischen Prozesse aufzuzeigen, die für die Erklärung des Zustandekommens (Genetik) der individuellen Entscheidungsprämissen der Organisationsteilnehmer bedeutsam erscheinen. Im Mittelpunkt stehen hier neben den Prozessen der Sozialisation und Kommunikation vor allem die vielfältigen Macht- und Manipulationsprozesse, mit deren Hilfe die Teilnehmer der kollektiven Entscheidungsprozesse versuchen, die Entscheidungsprämissen der übrigen Beteiligten zu beeinflussen. Diese Überlegungen führen schließlich dazu, die kollektiven Entscheidungsprozesse der Organisation als Verhandlungsprozesse zu betrachten, in deren Verlauf die einzelnen interdependenten Entscheider versuchen, sich durch wechselseitige Abstimmung zu koordinieren und ihre Konflikte zu handhaben. Dabei wird freilich die von den individuellen Entscheidungsprozessen ausgehende Blickrichtung nicht aufgegeben.

Abschließend ist es mir ein Bedürfnis, den Damen und Herren der staatswirtschaftlichen Fakultät der Ludwig-Maximilian-Universität München dafür zu danken, daß sie eine frühere Fassung dieses Manuskriptes unter dem Titel „Entscheidungen und Entscheidungsprämissen in der Unternehmungsorganisation" als Habilitationsschrift zur Erlangung der Venia legendi in Betriebswirtschaftslehre akzeptiert haben, obwohl die Untersuchung weitaus mehr „Psychologie", „Sozialpsychologie", „Politologie" und „Soziologie" enthält als „Betriebswirtschaftslehre". Zu danken verpflichtet bin ich ferner meinen ehemaligen Kolleginnen und Kollegen am Institut für Industrieforschung und betriebliches Rechnungswesen der Universität München, die während der Zeit meiner Freistellung meine Aufgaben am Institut mit übernommen haben. Sie unterstützten mich vor allem aber auch bei der technischen Abwicklung der Arbeit, und ihre Kritik war mir in manchen Diskussionen ein sehr wertvoller Fingerzeig. Dieser Dank gilt in besonderem Maße auch meinem akademischen Lehrer und jetzigen Kollegen Professor Dr. Edmund Heinen. Ohne seinen Rückhalt, seine Ermunterungen und wohl auch seine „diskrete" Steuerung wäre diese Untersuchung nicht entstanden.

Ganz besonders möchte ich mich auch bei allen meinen Mitarbeitern am Seminar für Betriebswirtschaftslehre und Organisation der Universität Mannheim bedanken. Die Herren Dr. Ingolf Bamberger, Dr. Heinz Klein und Dr. Albert Wahl haben mir bei der umfangreichen Überarbeitung und Ergänzung des ursprünglichen Manuskriptes der Habilitationsschrift sehr intensiv und an manchen Stellen bis an die Grenzen der Koautorenschaft geholfen. Die Herren Dipl.-Kfm. Ralf Bethke, Dipl.-Kfm. Werner-Michael Esser und Dipl.-Kfm. Eduard Gabele hatten demgegenüber die undankbare Aufgabe, den letzten redaktionellen Schliff am Manuskript vorzunehmen. Frau Hannelore Koch schließlich tippte nicht nur in mühevoller Arbeit das Manuskript, sondern sie forcierte auch seine Fertigstellung mit der Drohung, sie werde kündigen, wenn das Buch nicht bald abgeschlossen würde. So nehme ich lieber noch bestehende Mängel des Manuskriptes in Kauf — und die mögliche Pointe des Kritikers, ich hätte es vielleicht doch besser auf die Kündigung meiner Sekretärin ankommen lassen sollen.

*Werner Kirsch*

# Inhaltsverzeichnis

Seite

## ERSTER BAND

### Verhaltenswissenschaftliche Ansätze der Entscheidungstheorie

#### Erstes Kapitel

Geschlossene Modelle des Entscheidungsverhaltens . . . . . . . . . . 25

1.1 Das Modell des homo oeconomicus . . . . . . . . . . . . . . . 27

    1.11 Die Informationsannahmen . . . . . . . . . . . . . . . . 27

    Ergebnisfunktionen 28 — Entscheidungen unter Sicherheit, Risiko und Unsicherheit 29

    1.12 Die Annahmen über die Präferenz- bzw. Wertordnung . . . . 30

    Die vollständige, schwach transitive Ordnung der Ergebnisse 30 — Die Nutzenfunktion 31: Von der kardinalen zur ordinalen Nutzenmessung 32. Die behavioristische Interpretation des Nutzens 33. Das St. Petersburger Paradoxon als Ausgangspunkt der modernen kardinalen Nutzenmessung 34. Die Nutzenmessung seit von Neumann und Morgenstern 35. Exkurs: Die axiomatischen Grundlagen der kardinalen Nutzenmessung 36. Psychologischer Nutzen und Bernoulli-Nutzen 39

    1.13 Die Entscheidungsregeln . . . . . . . . . . . . . . . . . 40

    Entscheidungsregeln als Präferenzvorschriften für Alternativen 40: Bayes-Regel 41. Minimax-Regel 41. Maximax-Regel 41. Hurwicz-Regel 42. Savage-Niehans-Regel 42

1.2 Weiterführende Problemkreise . . . . . . . . . . . . . . . . 42

    1.21 Subjektive Wahrscheinlichkeiten . . . . . . . . . . . . . 43

    Wahrscheinlichkeitskonzeptionen 43 — Die Problematik der Messung subjektiver Wahrscheinlichkeiten 45 — Psychologische Verhaltenstheorien und SEU-Modell 45 — Die Abweichung von subjektiven und objektiven Wahrscheinlichkeiten 46 — NASEU-Modelle 47

    1.22 Stochastische Präferenzordnungen . . . . . . . . . . . . 48

    Möglichkeiten einer entscheidungstheoretischen Behandlung der Intransitivität und Inkonsistenz von Entscheidungen 48 — Das Axiomensystem von Luce 49 — Stochastische Transitivität 50

Seite

1.23 Anspruchsniveau und Nutzenfunktion . . . . . . . . . . . 50

Die Berücksichtigung des Anspruchsniveaus im SEU-Modell 51 — Der Einfluß des Anspruchsniveaus auf den Verlauf der Nutzenfunktion 51

1.24 Leistungsmotivation . . . . . . . . . . . . . . . . . . 53

Selbstverpflichtung und Geschicklichkeit als vernachlässigte Faktoren der Entscheidungstheorie 53 — Das Modell Atkinsons 54 — Schlußfolgerungen aus dem Modell Atkinsons 56 — Interdependenz von Nutzen und subjektiven Wahrscheinlichkeiten 56

1.25 Informationsgewinnung . . . . . . . . . . . . . . . . 57

Entscheidungsfunktionen 57 — Optimale Informationsgewinnung 58

Zweites Kapitel

Offene Modelle des Entscheidungsverhaltens . . . . . . . . . . . . . 61

2.1 Von der Rationalitätsanalyse zur Theorie kognitiver Entscheidungs- und Problemlösungsprozesse . . . . . . . . . . . . . . . . . 62

Die Rationalitätsbegriffe in der Entscheidungstheorie 62 — Die Beschränkungen der Rationalität 64 — Der Rationalitätsbegriff in der deskriptiven Entscheidungstheorie 66 — Die begriffliche Identität von „Entscheidungsprozeß" und „Problemlösungsprozeß" 70 — Die Phasen von Entscheidungs- und Problemlösungsprozessen 72

2.2 Verhaltenswissenschaftliche Ausgangspunkte der Diskussion offener Modelle . . . . . . . . . . . . . . . . . . . . . . . . . . 76

2.21 Das innere Modell der Umwelt . . . . . . . . . . . . . . 76

Image 77 — Einstellung 79 — Wahrnehmung und Suchverhalten 81 — Suchverhalten und Gedächtnis 82

2.22 Kognitiver Streß und Suchverhalten . . . . . . . . . . . 83

Die beschränkte Informationsverarbeitungskapazität des Individuums 84 — Strategien der Informationsverarbeitung 86 — Vereinfachungen des Entscheidungsproblems 88: Befriedigende Alternativen und Anspruchsniveau 88. Inkrementalanalyse - die Strategie des „Durchwurstelns" 89. Begriffsbildung als Beispiel inkrementalen Verhaltens 92 — Heuristische Strategien 94 — Das Erkundungsmotiv 95

Seite

2.23 Intraindividuelle Konflikte und Suchverhalten . . . . . . . 96

Der „konfliktlose" Charakter der traditionellen Modelle 96 — Typen intraindividueller Konflikte 98: Das Konfliktwahl-Modell 99. Die Einführung von Bewertungskategorien und ihre Reduktion 101. Die Typen intraindividueller Konflikte nach March und Simon 104 — Konfliktlösung durch Suchverhalten 106 — Konfliktlösung durch Anspruchsanpassung 107: Die Anspruchsanpassung als Lernverhalten 108. Die Anspruchsanpassung als Entscheidungsverhalten 109. Leistungsmotivation und Anspruchsanpassung 109. Exkurs: Eine eklektische Theorie der Anspruchsanpassung 110. Der Einfluß des Ergebnisses des Suchverhaltens auf das Anspruchsniveau 115. Die Dringlichkeitsordnung der Ziele 115. Anspruchsanpassung und intraindividuelle Konflikte 116 — Zusammenfassung 116

2.24 Kognitive Dissonanz und Suchverhalten . . . . . . . . . . 118

Kognitive Inkonsistenz und kognitive Dissonanz 119 — Die Reduktion der kognitiven Dissonanz 121 — Konfliktleugnung und Kontrolle 123

2.25 Zusammenfassung . . . . . . . . . . . . . . . . . . . 124

Literaturverzeichnis . . . . . . . . . . . . . . . . . . . . . . 127

Stichwortverzeichnis . . . . . . . . . . . . . . . . . . . . . . 139

ZWEITER BAND

**Informationsverarbeitungstheorie des Entscheidungsverhaltens**

Erstes Kapitel

Grundzüge der Informationsverarbeitungstheorie . . . . . . . . . . 23

1.1 Zum epistemologischen Standort des Informationsverarbeitungsansatzes . . . . . . . . . . . . . . . . . . . . . . . . . 24

    1.11 Alternative Ansätze zur Analyse kognitiver Prozesse . . . . . 24

    Der Neobehaviorismus 25 — Der Kognitivismus 29 — Der Informationsverarbeitungsansatz als Synthese zwischen Neobehaviorismus und Kognitivismus 30

    1.12 IV-Modelle, elektronische Datenverarbeitung und Simulation kognitiver Prozesse . . . . . . . . . . . . . . . . . . 32

    Simulation und Modellanalyse von Systemen 32: Modelle als homomorphe Abbilder realer Systeme 34. Das Korrespondenzregelproblem 35 — Die Rolle elektronischer Datenverarbeitungsanlagen bei der Simulation kognitiver Prozesse 37: Simulation kognitiver Prozesse und künstliche Intelligenz 38 — Exkurs: Grundbegriffe der elektronischen Datenverarbeitung 40: Hauptmerkmale gegenwärtiger Automaten zur Informationsverarbeitung 40. Die Zentraleinheit 42. Hybridrechenanlagen 43. Hardware und Software von Computern 44. Programmierung 44. Assembler und Compiler 45. Listenprogrammiersprachen 45 — Der neutrale IV-Ansatz 46 — Der reine IV-Ansatz 47: Die Grundannahmen 48. Zum Reduktionismus des reinen IV-Ansatzes 48. Künstliche Intelligenz im Licht des reinen IV-Ansatzes 50 — Entwicklung und Falsifikation von IV-Modellen 51: Die Entwicklungsstufen eines IV-Modells 51. Gewinnung des empirischen Ausgangsmaterials 52. Auswertung des empirischen Ausgangsmaterials 53. Formulierung der Theorie als Programm 53. Analyse der Theorie 54. Test der Theorie 54. Verbesserung der Theorie 56 — Probleme und Besonderheiten von IV-Modellen 57

1.13 Überblick über den Stand der Simulationsforschung . . . . . 59

Verhaltenswissenschaftliche Simulationsforschung 60 — Schwerpunkte der Simulation des Individualverhaltens 61: Strukturerkennung, Wahrnehmung 61. Gedächtnis, Informationswiedergewinnung und Verstehen 61. Problemlösen, Entscheiden 63. Lernen 63 — Typische Beispiele zur Simulation kognitiver Prozesse 64: „Logic Theorist" 65. „General Problem Solver" 66. Schachprogramme 66. Beweise von Theoremen der Geometrie 67. Lösung mathematischer Textaufgaben 67. „ARGUS" 68. „Binary Choice Behavior" 68. Zusammenstellung eines Wertpapier-Portefeuilles 69. „Elementary Perceiver and Memorizer" 70. Begriffsbildung 71. Begreifen 72. Beantwortung von Fragen 73. Gedächtnismodell und Sprachverhalten 73. „Lernende" Programme 74. Änderung menschlicher Überzeugungssysteme 75. Strukturerkennung 75

1.2 Der Mensch als offenes, kybernetisches Verhaltenssystem . . . . . 76

1.21 Zum Informationsbegriff . . . . . . . . . . . . . . . . . 78

Zeichen und Symbole 78 — Definitionsprobleme 79 — Der Informationsgehalt von Zeichen 80 — Die Problematik des informationstheoretischen Informationsbegriffes 81 — „Zweckorientierte" Nachrichten 82 — Faktische, wertende und präskriptive Informationen 82

1.22 Rückkopplung und Regelung . . . . . . . . . . . . . . . 83

Kontrollierte Rückkopplung und Regelkreise 84 — Faktische, wertende und präskriptive Informationen im Regelkreis 85 — Hierarchie von Regelkreisen und Ultrastabilität 86

Seite

1.23 Gedächtnishierarchie und Informationsverarbeitungsprozesse 87

Zur Differenzierung menschlicher Gedächtnisse 87 — Zweigliedrige Gedächtnishierarchie 90 — Serielle Organisation des menschlichen Informationsverarbeitungssystems 92 — Hierarchische Kontrolle der seriellen IV-Prozesse 94 — Speicherung und Verarbeitung von Informationen 95

1.24 Entscheidungsprämissen und kognitive Informationsstrukturen 97

Tests zur Annahme von Informationen als Entscheidungsprämissen 98 — Definition der Situation, Einstellung, Persönlichkeit 99

Zweites Kapitel

Kognitive Informationsstrukturen im Problemlösungsprozeß . . . . . 103

2.1 Die Persönlichkeit . . . . . . . . . . . . . . . . . . . . . . . . 103

2.11 Begriffe, Kategorien und Überzeugungen . . . . . . . . . . 104

Ausgangsdefinitionen zur Entwicklung von Modellvorstellungen für das Langgedächtnis des Menschen 104 — Eine Modellvorstellung für das Langgedächtnis der Persönlichkeit 106 — Exkurs: Zur Kodierbarkeit des Modells von Quillian 110 — Zur Erweiterungsfähigkeit des Modells von Quillian 116: „The Meaning of Meaning" 116. Die denotative Bedeutung (meaning) 117. Die konnotative Bedeutung 118 — Bedeutung und Selbstbegriff 118 — Assoziationen und Hervorrufung von Informationen aus dem Langgedächtnis 120

2.12 Werte, Attitüden, Ziele . . . . . . . . . . . . . . . . . . . 120

Zum Begriff des Wertes 121 — Die Genetik der Werte 122: Systemgleichgewicht und Streß 122. Das „innere" Signalsystem des Menschen 123. Attitüden als abgeleitete Werte 124 — Werte und Entscheidungslogik 126

2.13 Kognitive Programme . . . . . . . . . . . . . . . . . . . 128

Die Verhaltenseinheiten 129: Zur Interpretation der elementaren Verhaltenseinheiten 130. Strategische und taktische Verhaltenseinheiten 132 — Das Programmrepertoire des Menschen 134 — Intension, Wille und Selbstverpflichtung 135

Seite

2.2 Die Definition der Situation . . . . . . . . . . . . . . . . **136**

   2.21 Elemente und Vollständigkeit der Definition der Situation . . **136**

      Termini zur Charakterisierung der Definition der Situation 137 — Definition der Situation und inneres Modell 138 — Wohl-definierte und schlecht-definierte Situationen 141 — Routinemäßige Entscheidungen und Definition der Situation 143 — Adaptive Entscheidungen und Definition der Situation 143 — Innovative Entscheidungen und Definition der Situation 144

   2.22 Die Problemdefinition als Bestandteil der Definition der Situation . . . . . . . . . . . . . . . . . . . . . . . . . . **145**

      Komponenten der Problemdefinition 145 — Operationale und nicht-operationale Problemdefinitionen 147 — Die Definitionsmerkmale des Problems als Beschränkungen 148: Funktionen der Beschränkungen 148. Offene Beschränkungen 149 — Das „Labyrinth" als Paradigma der Problemdefinition 150

   2.23 Das Problemlösungsprogramm als Bestandteil der Definition der Situation . . . . . . . . . . . . . . . . . . . . . . . **153**

      Heuristische Programme und Algorithmen 153: Berechenbarkeit 154. Definition des Algorithmus 154. Lösungsgarantie und heuristische Kraft eines Problemlösungsprogramms 155. Zusammenfassende Abgrenzung 157 — Generelle und spezielle heuristische Prinzipien 158 — Heuristische Prinzipien, Werte und die Strategie des „Muddling Through" 160

2.3 Die Einstellung . . . . . . . . . . . . . . . . . . . . . . . . **162**

   2.31 Problemlösungsverhalten und Einstellung . . . . . . . . . . **162**

      Psychologische Konzeptionen der Einstellung 162 — Die Einstellung im IV-Ansatz 163 — Umstrukturierung und Ablenkung 164

   2.32 Emotionen im Problemlösungsprozeß . . . . . . . . . . . . **166**

      Emotion und dominierte Einstellung 166 — Die Funktion von Emotionen im IV-System des Menschen 167

Drittes Kapitel

Der Ablauf des Problemlösungsprozesses . . . . . . . . . . . . . . . **169**

3.1 Das heuristische Programm des „General Problem Solver" als Ausgangspunkt . . . . . . . . . . . . . . . . . . . . . . . . . . . **169**

      Objekte und Operatoren 170 — Ziele und Methoden 171 — Der Grundaufbau des GPS 171

|  | Seite |
|---|---|

3.2 Heuristische Problemlösungsverfahren . . . . . . . . . . . . . 173

    3.21 Die Mittel-Zweck-Analyse . . . . . . . . . . . . . . . . . 173

        Die rekursive Struktur der Mittel-Zweck-Analyse 174 — Generierung von Unterproblemen 176 — Erforderliche Informationen des spezifischen Aufgabenrahmens 177 — Ein Beispiel für den Ablauf der Mittel-Zweck-Analyse 178 — Der GPS - ein allgemeines Modell heuristischer Denkprozesse? 183: Die „Allgemeinheit" des GPS 183. Faktorisierung 184. Vorwärtsschreiten und Rückwärtsschreiten 185. Inkrementalismus 187. Zielstrebigkeit und vollkommene Information des GPS 187. Anspruchanpassung im Lichte des GPS 188. Die Modifikation der Problemdefinition während des Problemlösungsprozesses 189

    3.22 Die Einbeziehung der Planung . . . . . . . . . . . . . . . 190

        Die Planungsmethode 190 — Beispiele der Anwendung der Planungsmethode 192 — Mögliche Verfeinerungen 197 — Planung und Umstrukturierung 198 — Planung in kollektiven Entscheidungsprozessen 199 — Zum Problem der Abstraktion 199

3.3 Zum Prozeßablauf bei nicht-operationalen Problemen . . . . . . . 200

    Zum Stand der Diskussion 200 — Die „Schließung" offener Beschränkungen 202 — Ein „Quasi-Flußdiagramm" des Prozeßablaufs 203


Viertes Kapitel

Grenzen und Möglichkeiten des IV-Ansatzes als generelles Modell des menschlichen Verhaltens . . . . . . . . . . . . . . . . . . . 211

Literaturverzeichnis . . . . . . . . . . . . . . . . . . . . . . 215

Stichwortverzeichnis . . . . . . . . . . . . . . . . . . . . . . 229

Seite

# DRITTER BAND

**Entscheidungen in Organisationen**

Erstes Kapitel

Der systemtheoretische Bezugsrahmen der Organisationstheorie .... 25

1.1 Das organisationale System . . . . . . . . . . . . . . . . . . . 26

    1.11 Die Organisation als sozio-technisches System . . . . . . . . 27
        Verhaltenssysteme 27 — Sozio-technische Systeme 27 — Konkrete versus abstrakte Systeme 28

    1.12 Organisation und Umwelt . . . . . . . . . . . . . . . . . 30
        Die relative „Geschlossenheit" des offenen Systems 30 — Mitglieder und Teilnehmer der Organisation 31 — Umweltschichten 32

    1.13 Zielausrichtung und Stabilität der Organisation . . . . . . . 32
        Organisationsziele als Gleichgewichtszustände der Organisation 33 — Funktionale Erfordernisse des Überlebens 33 — Organisationsziele als Führungsgrößen in kontrollierten Rückkopplungssystemen 34 — Die begriffliche Trennung von Organisationsziel und Systembedürfnis 35

1.2 Struktur und Aufbau des organisationalen Systems . . . . . . . . 36

    1.21 Die Systemstruktur . . . . . . . . . . . . . . . . . . . . 36
        Zum Strukturbegriff 37 — Die relative Invarianz der organisationalen Struktur 38 — Ultrastabilität und Strukturwandel 39

    1.22 Die Subsysteme der Organisation . . . . . . . . . . . . . . 40
        Strukturelle Subsysteme 40 — Funktionale Subsysteme 41 — Der hierarchische Aufbau der Organisation 45 — Zwischensysteme 46 — Subsysteme und organisationale Teilstrukturen 47 — Stabilität der Subsysteme und Multistabilität der Organisation 48

1.3 Das Informations- und Entscheidungssystem der Organisation . . . 49

    1.31 Zum Begriff des Informations- und Entscheidungssystems . . 49
        Das IES als Inbegriff der informationsverarbeitenden Subsysteme der Organisation 50 — Das IES als Inbegriff der partiellen Entscheidungssysteme der Organisation 51 — Der Aufbau des IES 51

Seite

1.32 Kollektive Entscheidungsprozesse in der Organisation . . . . 52

Kollektive Entscheidungsprozesse, Gruppenentscheidungsprozesse und Individualentscheidungsprozesse 53 — Die Autorisierung von Entscheidungen 54 — Kern- und Satellitengruppen im kollektiven Entscheidungsprozeß 55 — Integrative und distributive Entscheidungsprozesse 57 — „Phasen" kollektiver Entscheidungsprozesse 59

1.33 Entscheidungsinterdependenzen im IES . . . . . . . . . . . 61

Entscheidungsinterdependenz als wechselseitige Abhängigkeit von Entscheidungsträgern 61: Abhängigkeit 62. Komplementarität und Konkurrenz 63. Spiele und Entscheidungsinterdependenzen 63 — Die Berücksichtigung der Entscheidungsinterdependenzen bei Individualentscheidungen 65 — Kontingenzbeziehungen zwischen interdependenten Entscheidungsträgern 67 — Anpassung und Manipulation 69 — Interindividuelle Konflikte 70: Konfliktbegriffe 71. Konfliktprozesse 73. Konflikte und organisationaler Wandel 74 — Koordination 74: Koordinationsbegriffe 75. Zentrale versus dezentrale Koordination 80. Abstimmung auf Grund von Erwartungsbildung versus Abstimmung auf Grund von Rückkopplungsinformationen 82. Koordination, Rollen, Machtverteilung 83

1.34 Informationsstrukturen im IES der Organisation . . . . . . 84

Die Konzeption von Biddle 85 — Kognitive und öffentliche Informationen 87 — Verfassung und Kultur der Organisation 91 — Kognitive und öffentliche Informationsprozesse im kollektiven Entscheidungsprozeß 93

1.4 Die Entscheidungsprämisse als Bindeglied zwischen Organisationstheorie und Theorie der Individualentscheidung . . . . . . . . 94

Der Reduktionismus 95 — Die Entscheidungsprämisse als kleinste Einheit der Organisationsanalyse 97

Zweites Kapitel

Rollen und Organisationsziele im Informations- und Entscheidungssystem . . . . . . . . . . . . . . . . . . . . . . . . . . . . . 99

2.1 Die organisationale Rollenanalyse . . . . . . . . . . . . . . . . 99

2.11 Rollen als Elemente des kognitiven Informationssystems . . . 100

Grundzüge der Rollenanalyse 100 — Die kognitive Interpretation des Rollenbegriffs 102 — Rollen, Aufgaben und Regelungen 103

2.12 Rollen und individuelle Entscheidungsprämissen . . . . . . 104

Rollen als potentielle Entscheidungsprämissen 105 — Rollenkonformität 105: Methodologische Probleme 105. Empirische Probleme 106. Terminologische Probleme 107 — Rollen als „offene" Beschränkungen 109

2.2 Die organisationale Zielanalyse . . . . . . . . . . . . . . . . . 110

2.21 Organisationsziele als Elemente des kognitiven Informationssystems . . . . . . . . . . . . . . . . . . . . . . . . . . . 111

Ziele als Beschränkungen im Entscheidungsprozeß 111 — Organisationsziele als Teilmenge der Beschränkungen im IES 113 — Organisationsziele im Lichte der Anreiz-Beitrags-Theorie 116 — Funktionale Erfordernisse des Überlebens und Organisationsziele 117 — Zusammenfassung 118

2.22 Organisationsziele als Elemente des öffentlichen Informationssystems . . . . . . . . . . . . . . . . . . . . . . . . . . . 119

Gründe für die Orientierung der Organisationsziele am öffentlichen Informationssystem 119 — Das politische System der Organisation 121: Ein Bezugsrahmen zur Analyse des politischen Systems 121. Die Unterstützung als kritische Variable 123. Die Träger des politischen Systems 126. Rückkopplungen und Prozeßablauf 127 — Individualziele, Ziele *für* die Organisation, Ziele *der* Organisation 129: Die Anreiz-Beitrags-Theorie als Ausgangspunkt 129. Reaktionen auf ein gestörtes Anreiz-Beitrags-Gleichgewicht 130. Begriffliche Trennung von Individualzielen und Zielen für die Organisation 132. Ziele der Organisation als autorisierte Ziele 132. Besonderheiten bei den Kernorganen des politischen Systems 133. Die Rückkopplung von den Zielen der Organisation zu den Individualzielen 133. „Gemeinsame" Werte der Organisationsteilnehmer 134. Zusammenfassung und Ausblick 134 — Die Problematik der Gleichsetzung von Zielen für die Organisation und Zielen der Organisation 135 — Gruppenziele in der Organisation 140 — Das Zielsystem der Organisation 141: Die Abgrenzung der Zielmenge 142. Sprachanalyse von Zielformulierungen 144. Interdependenz und Kompatibilität von Zielen 147. Präferenz- bzw. Dringlichkeitsrelationen zwischen Zielen 148. Instrumentalrelationen zwischen Zielen 149. Die „Unvollkommenheit" des Zielsystems der Organisation 151

2.23 Ziele der Organisation und individuelle Entscheidungsprämissen . . . . . . . . . . . . . . . . . . . . . . . . . . . . . . . 152

Rollen und Ziele der Organisation 153 — Die Bedeutung der Ziele der Organisation im politischen System 154 — Die Bedeutung der Ziele der Organisation im administrativen System 157 — Die Bedeutung der Ziele der Organisation im operativen System 159

Seite

## Drittes Kapitel

**Soziale Beeinflussung und Genetik individueller Entscheidungsprämissen in der Organisation** . . . . . . . . . . . . . . . . . . . . . 161

3.1 Kommunikation . . . . . . . . . . . . . . . . . . . . . . 162

    3.11 Das Paradigma des Kommunikationsprozesses . . . . . . . . 162

        Soziale Kommunikation und interpersonelle Informationsübertragung 163 — Einstellung, Definition der Situation und Persönlichkeit im sozialen Kommunikationsprozeß 164 — Primäre und sekundäre Informationen 168 — Typen von Kommunikationssituationen 169

    3.12 „Verstehen" im Kommunikationsprozeß . . . . . . . . . . 170

        Verstehen als Problemlösungsprozeß 170 — Die Definition der Kommunikationssituation 171 — Informationsüberladung 172 — Verstehen und Lernen 173

3.2 Sozialisation . . . . . . . . . . . . . . . . . . . . . . . 174

    3.21 Sozialisation, Internalisation und Identifikation . . . . . . . 175

        Zum Begriff der Sozialisation 175 — Internalisation 176 — Identifikation 177

    3.22 Das Lernen von organisationalen Rollen als Sozialisationsprozeß . . . . . . . . . . . . . . . . . . . . . . . . . 179

        Ein Kommunikationsmodell des Rollenlernens 180 — Sozialisation als intelligentes Lernen 182

3.3 Manipulation . . . . . . . . . . . . . . . . . . . . . . . 183

    3.31 Machtausübung und Manipulation . . . . . . . . . . . . 184

        Zum Machtbegriff 184 — Elemente der verhaltenswissenschaftlichen Machtanalyse 187 — Macht in kollektiven Entscheidungssystemen 190 — Macht und Abhängigkeit 193 — Manipulation als Methode der Machtausübung 195

    3.32 Die Annahme von Entscheidungsprämissen . . . . . . . . . 197

        Routinemäßige und kalkulierte Annahme von Entscheidungsprämissen 198 — Motivierende bzw. legitimierende Informationen 200 — Autorität und Autorisierung 201 — Machtgrundlagen und legitimierende Informationen 204: Zur Klassifikation der Machtgrundlagen 204. Sanktionserwartungen 207. Sachverständigkeit und Koorientierung 208. Identifikation 210. Internalisation der Gehorsamspflicht 211. Die Mehrstufigkeit der Analyse von Machtgrundlagen 212. Legitimierte Macht 215. Reziprozität 215 — Zusammenfassung 216

Seite

3.33 Manipulative Taktiken . . . . . . . . . . . . . . . . . 217
Manipulation und informationelle Kopplung 217 — Drohungen 217 — Versprechungen 218 — Unbedingte Kompensationen 219 — Reziprozität 220 — Vollendete Tatsachen 220 — Autorisierte Vorschriften 221 — Überzeugen und Überreden 222 — Beziehungen zwischen den Taktiken 223

3.34 Wechselseitige Manipulation und Verhandlung . . . . . . . 223
Zum Verhandlungsbegriff 224 — Verhandlungsprozesse 225: Normen und sozio-emotionale Beziehungen 225. Koalitionsbildung und Mehrstufigkeit der Verhandlungen 226 — Die Definition der Verhandlungssituation 228: Zur begrifflichen Abgrenzung 229. Verhandlungsproblem und Verhandlungsbereich 229. Heuristische Prinzipien 232. Kongruente und inkongruente Verhandlungsbereiche 233. Änderungen der Definition der Verhandlungssituation im Verhandlungsprozeß 233 — Die bezogenen Verhandlungspositionen 234 — Kompromiß und Einigung 235: Konvergenz der gegenseitigen Erwartungen und auffällige Alternativen 236. Die Taktik der vollendeten Tatsachen 236. Indizien der Einigung in Organisationen 238

Viertes Kapitel

Schlußbetrachtung . . . . . . . . . . . . . . . . . . . . . . . 241

Literaturverzeichnis . . . . . . . . . . . . . . . . . . . . . . 253

Gesamtstichwortverzeichnis zu Band I bis III . . . . . . . . . . 277

# Verzeichnis der Abbildungen

| Abb. | | Seite |
|---|---|---|
| 3.1 | Die kritischen Subsysteme | 44 |
| 3.2 | Klassifizierung der Zwei-Personen-Spiele | 64 |
| 3.3 | Grundtypen der Kontingenzbeziehungen | 68 |
| 3.4 | Das politische System der Organisation | 122 |
| 3.5 | Forderungsflußdiagramm | 138 |
| 3.6 | Der kognitive Informationsfluß bei zweiseitiger Kommunikation | 165 |
| 3.7 | Das Lernen von organisationalen Rollen | 180 |
| 3.8 | Klassifikationen von Machtgrundlagen | 205 |
| 3.9 | Machtgrundlagen und sekundäre legitimierende Informationen | 206 |
| 3.10 | Annahme oder Ablehnung potentieller Entscheidungsprämissen | 214 |
| 3.11 | Mehrstufige Verhandlungen im kollektiven Entscheidungsprozeß | 227 |

ERSTES KAPITEL

# Der systemtheoretische Bezugsrahmen der Organisationstheorie

Den Begriff der *Organisation* zu definieren, ist ein ebenso altes wie bisher wenig geglücktes Unterfangen. Einige Autoren neigen dazu, ganz auf eine Definition zu verzichten; und nicht selten sind es gerade jene, die sich am intensivsten mit dem Phänomen „Organisation" befaßt haben. So ziehen sich etwa March und Simon wie folgt aus der Affäre:

> „Leichter — und vielleicht auch zweckmäßiger — ist es, Beispiele formaler Organisationen anzuführen, als den Terminus zu definieren. Die United States Steel Corporation ist eine formale Organisation; desgleichen das Rote Kreuz, der Gemüseladen um die Ecke, das New York State Highway Department. Letzteres ist selbstverständlich Teil einer größeren Organisation, der Regierung des Staates New York. Aber für unsere Untersuchungszwecke brauchen wir uns nicht um die präzisen Grenzen einer Organisation oder um die exakte Unterscheidung zwischen ‚Organisation' und ‚Nicht-Organisation' zu kümmern. Wir befassen uns mit empirischen Phänomenen, und die Welt besitzt eine unbequeme Art, sich nicht in saubere Klassifikationen einpassen zu lassen."[1]

Auch im folgenden wird keine Definition der Organisation versucht. Es soll lediglich ein begrifflicher Bezugsrahmen skizziert werden, der es erlaubt, die Vielzahl organisationstheoretischer Konzeptionen[2] in eine gewisse Ordnung zu bringen und in gewissen Grenzen zu einer relativ einheitlichen Konzeption zusammenzufügen: der Bezugsrahmen der Systemtheorie[3]. Dieser

---

[1] March und Simon (1958), S. 1.

[2] Zu den verschiedenen Ansätzen der Organisationstheorie vgl. vor allem: Alexis und Wilson (1967), S. 3 ff.; Blau (1968 a); Etzioni (1964), S. 20 ff.; Fäßler (1967); Greenwood (1965); Rubenstein und Haberstroh (1966), S. 1 ff.; Haire (1959), S. 1 ff.; Leavitt (1964 a); March und Simon (1958), S. 12 ff.; Mayntz (1968); Scott (1965); Spier (1962). Den nachfolgenden Ausführungen liegen neben den genannten auch die nachstehenden Veröffentlichungen zugrunde: Albach (1959 a); Bakke (1959); Barnard (1938); Blau und Scott (1962); Cartwright und Zander (1960); Cooper et al. (1964); Cyert und March (1963); Dill (1965); Emery und Trist (1960); Gross (1964); McGuire (1964); Gutenberg (1962); Heinen (1966); Heinen (1968); Katz und Kahn (1966); Kirsch und Meffert (1970); Kosiol (1962); Kosiol (1966); Krüsselberg (1965); Kuhn (1963); Leavitt (1964 b); Luhmann (1964; 1968); March (1965); Mayntz (1963); Parsons (1951); Parsons (1964); Pfiffner und Sherwood (1960); Schein (1965); Simon (1957 a); Thompson, J. D. (1966, 1967); Thompson, V. A. (1965); Wild (1966); Wild (1967).

[3] Neben der in Band II, S. 76, Fußnote 131 aufgeführten Literatur vergleiche im folgenden insbesondere Chin (1961); Deutsch (1963); Dienstbach (1968); Easton (1955 a); Easton (1965 b); Fuchs (1969); Katz und Kahn (1965); Mesarović et al. (1964); Naschold (1969); Seiler (1967).

Systemansatz (systems-approach) der Organisationstheorie ist in jüngster Zeit in der organisationstheoretischen Literatur stark in den Vordergrund getreten[4]). Er wird freilich in unterschiedlicher Weise verwandt. Es kann als ein Vorteil angesehen werden, daß er genügend Flexibilität aufweist, um auch traditionellere Konzeptionen in mehr oder weniger abgewandelter Form einzubeziehen.

Der Systemansatz ist auch als begrifflicher Bezugsrahmen für jene Organisationstheorien geeignet, die die menschlichen Entscheidungen in den Mittelpunkt ihrer Untersuchungen stellen und die ursprünglich ohne Bezug auf systemtheoretische Kategorien formuliert wurden. Hierbei handelt es sich vor allem um die Arbeiten von Simon, March und Cyert[5]). Sie repräsentieren jene Forschungsrichtung der modernen verhaltenswissenschaftlichen Organisationstheorie, die eng mit dem Carnegie Institute of Technology (Carnegie-Mellon-University) verbunden ist. Daß diese Konzeption mit dem Systemansatz vereinbar ist, zeigt vor allem das Werk Thompsons[6]), das der „Cyert-Simon-March-Schule" sehr nahe steht und Beiträge zur Organisationstheorie beinhaltet, die eine wesentliche Weiterentwicklung dieser Schule darstellen. Die zweite, den Systemansatz verwendende Forschungsrichtung manifestiert sich in den Arbeiten der Mitglieder des englischen Tavistock-Institute of Human Relations[7]). Sie ist vor allem mit den Namen Trist, Miller und Rice verbunden. Als dritte Forschungsrichtung des Systemansatzes sind schließlich die Beiträge einer Forschungsgruppe an der Universität von Michigan anzusehen, die in dem Werk von Katz und Kahn[8]) einen weithin sichtbaren Ausdruck erfahren. Die folgenden Darlegungen können als eine Zusammenfassung, Ergänzung und Weiterführung dieser Konzeptionen aufgefaßt werden.

## 1.1 Das organisationale System

In allgemeinster Weise kann eine Organisation als ein *zielgerichtetes, offenes, sozio-technisches System* aufgefaßt werden. Die Organisation ist ein sozio-technisches System (1.11), das mit seiner Umwelt durch ein Netz von stofflich-energetischen und informationellen *Transaktionsbeziehungen* gekoppelt ist (1.12). Das System ist ferner zielgerichtet und weist gegenüber Störungen eine *relative Stabilität* auf (1.13). Die folgenden Überlegungen sollen diese Merkmale einer Organisation näher betrachten.

---

[4]) Vgl. Kirsch und Meffert (1970).
[5]) Simon (1957 a); March und Simon (1958); Cyert und March (1963).
[6]) Vgl. Thompson (1967).
[7]) Die Charakterisierung der Betriebswirtschaft als sozio-technisches System wird vor allem von der Tavistock-Gruppe hervorgehoben; vgl. z. B. Emery und Trist (1960); Trist et al. (1963); Rice (1963); ferner Schein (1965); Seiler (1967).
[8]) Vgl. Katz und Kahn (1966).

## 1.11 Die Organisation als sozio-technisches System

Ein System besteht aus einer nach irgendwelchen Gesichtspunkten abgegrenzten *Menge von Elementen,* die durch ein Netz von *Relationen* verbunden sind. So besteht beispielsweise ein „Zielsystem" aus einer Menge von Zielen, zwischen denen Konkurrenz- bzw. Komplementaritätsbeziehungen, Mittel-Zweck-Beziehungen usw. bestehen. Vielfach wird der Systembegriff auf solche Mengen von Elementen beschränkt, die eine Ganzheit bilden. Eine Menge von Elementen bildet eine Ganzheit, wenn sich die Elemente wechselseitig in der Weise beeinflussen, daß sich Veränderungen eines Elements auf die anderen Elemente fortpflanzen und somit eine Änderung des gesamten Systems hervorrufen können. Ganzheiten in diesem Sinne sind *Verhaltenssysteme.* Die Organisation stellt ein solches Verhaltenssystem dar.

### Verhaltenssysteme

Verhaltenssysteme setzen sich aus einer Menge *aktiver Elemente* zusammen. Aktive Elemente besitzen *Inputs* und *Outputs.* Ihr „Verhalten" besteht in der Transformation der Inputs in die Outputs. Inputs und Outputs können entweder stofflich-energetischer oder aber informationeller Natur sein. Die aktiven Elemente des Verhaltenssystems „Organisation" sind Menschen und Maschinen, die Stoffe, Energie oder Informationen verarbeiten.

Die aktiven Elemente eines Verhaltenssystems beeinflussen sich wechselseitig. Die wechselseitige Beeinflussung beruht auf der *Kopplung der Elemente.* Eine Kopplung liegt vor, wenn Outputs des einen aktiven Elements zu Inputs des anderen Elements werden. Diese Kopplungen können stofflich-energetischer und informationeller Natur sein. Die Realisation solcher Kopplungen setzt voraus, daß zwischen den aktiven Elementen *Kanäle* existieren, die eine Übertragung der Stoffe, Energie oder Informationen ermöglichen. Komplexe Organisationen verfügen in der Regel über spezifische aktive Elemente, die die Funktion solcher Kanäle übernehmen. Die Transformation von Inputs und Outputs schließt somit auch den Transport mit ein. Die aktiven Elemente — seien es nun Maschinen oder Menschen — sind in der Regel auch in der Lage, Stoffe, Energie und Informationen zu lagern bzw. zu speichern. Auch die Zeitüberbrückung durch Lagerung oder Speicherung muß als Verhalten der aktiven Elemente aufgefaßt werden.

### Sozio-technische Systeme

Da Organisationen in der Regel sowohl Menschen als auch Maschinen als aktive Elemente umfassen, müssen sie als *sozio-technische Systeme* aufgefaßt werden. Das Verhalten der Organisation wird nicht allein von *sozialen Aspekten* beeinflußt. In jeder Organisation spielen *technologische Prozesse* eine erhebliche Rolle[9]. Aus diesem Grunde wird der ursprünglich übliche Terminus des sozialen Systems durch den Begriff des sozio-techni-

---

[9]) Vgl. dazu Dienstbach (1968), S. 40.

schen Systems ersetzt. Die skizzierte Konzeption des sozio-technischen Systems unterscheidet sich jedoch nicht nur durch die Hervorhebung technologischer Prozesse von den soziologischen Konzeptionen des sozialen Systems. Der für die weiteren Überlegungen grundlegende Unterschied kann durch die Unterscheidung von konkreten und abstrakten Systemen verdeutlicht werden.

**Konkrete versus abstrakte Systeme**

Die bisherigen Ausführungen charakterisieren die Organisation als *konkretes System,* während die auf der Konzeption des sozialen Systems aufbauenden soziologischen Theorien die Organisation als *abstraktes System* verstehen. Betrachtet man die Organisation als konkretes System, so werden die Menschen und Maschinen selbst als Elemente des Systems angesehen. Abstrakte Systeme[10]) liegen dagegen etwa vor, wenn nicht die Menschen selbst, sondern spezifische Beziehungen zwischen den Menschen als Elemente des Systems bezeichnet werden. Dies ist etwa der Fall, wenn die *Rollen* als Elemente des sozialen Systems hervorgehoben werden. Der Rollenkonzeption liegt die Vorstellung zugrunde, daß das menschliche Verhalten in einem sozialen System einen *wechselseitigen Bezug* aufweist. Dieser wechselseitige Bezug des menschlichen Verhaltens äußert sich vor allem in der Tatsache, daß das Verhalten des Individuums auf Erwartungen über das Verhalten anderer basiert und sich umgekehrt an den Erwartungen anderer über das eigene Verhalten orientiert. Diese Erwartungen nehmen den Charakter von „Zumutungen", von „Normen" an. Ihre „Enttäuschung" wird bestraft, ihre „Einhaltung" belohnt. Die Menge von Erwartungen, die an einen Organisationsteilnehmer gerichtet sind, konstituiert dessen spezifische „Rolle"[11]). Die Rollen sind somit ein Ausdruck von wechselseitigen Erwartungen. Bezeichnet man die Rolle als kleinste Einheit oder Element eines sozialen Systems, so werden Aspekte hervorgehoben, die bei einem konkreten System als Beziehungen zwischen Menschen zu interpretieren sind[12]).

Die Notwendigkeit abstrakter Systeme wird in der Regel mit dem Hinweis begründet, daß ein Mensch Rollen unterschiedlicher sozialer Systeme auszufüllen vermag[13]) und daß diese Rollen grundsätzlich vom jeweiligen Rolleninhaber unabhängig sind. Im weiteren Verlauf der Untersuchung wird zu zeigen sein, daß das Instrument der Rollenanalyse auch dann Verwendung finden kann, wenn man die Organisation als ein konkretes System auffaßt.

Vielfach werden abstrakte Systeme auch dadurch gebildet, daß man nicht die Menschen selbst, sondern deren Eigenschaften oder das Verhalten der Men-

---

[10]) Vgl. Miller (1965), S. 206 ff.
[11]) Zur Konzeption der Rollentheorie und den damit zusammenhängenden Begriffen vgl. S. 99 ff. dieser Arbeit. Einen Überblick hierzu geben Biddle und Thomas (1966).
[12]) Vgl. Parsons und Shils (1951), S. 190 ff.
[13]) Man spricht in diesem Zusammenhang auch von der Partialinklusion der beteiligten Menschen, vgl. Allport (1933).

schen bzw. dessen Eigenschaften — soweit sie für die Analyse relevant erscheinen — als Elemente des Verhaltenssytems bezeichnet[14]). Hier werden Aspekte des realen Systems mit Aspekten des Modells (des symbolischen Systems) vermengt, das das reale System abbilden soll.

Eine *Modellanalyse eines realen Systems* — im Sinne eines konkreten Systems verstanden — umfaßt mindestens die folgenden Gesichtspunkte[15]): Zunächst sind diejenigen Elemente des Systems sowie die Beziehungen (insbesondere die Kopplungen) zwischen diesen Elementen zu identifizieren, die für die Analyse relevant erscheinen. Sodann sind jene Eigenschaften der Elemente oder ihrer Beziehungen[16]) zu bestimmen, die durch die Symbole des Modells abzubilden sind. Soweit es sich hierbei um veränderliche Eigenschaften handelt, sind sie im Modell durch Variablen zu repräsentieren. Schließlich sind die funktionalen Zusammenhänge zwischen den Modellvariablen zu ermitteln oder festzulegen, die die Gesetzmäßigkeiten beschreiben, die das Verhalten des Systems charakterisieren. Diese Überlegungen machen deutlich, daß die Modellvariablen nicht die Elemente des konkreten Systems selbst, sondern spezifische Eigenschaften dieser Elemente (oder von Beziehungen zwischen diesen Elementen) repräsentieren. Legt man jedoch fest, daß all das, was durch die Modellvariablen erfaßt wird, als Elemente des realen Systems zu gelten hat, dann gelangt man zu einer Form abstrakter Systeme.

*Abstrakte Systeme* in der einen oder anderen Weise widersprechen der Grundeinstellung der modernen Systemtheorie. Wenn es auch nicht ausgeschlossen ist, Organisationen auf der Basis eines Bezugsrahmens zu analysieren, der abstrakten Systemen entspricht, so erscheint dieses Unterfangen weder notwendig noch zweckmäßig. Miller verweist darauf, daß die Naturwissenschaften schon seit jeher mit Erfolg Systeme im Sinne konkreter Systeme analysieren:

> „Wenn die Sozialwissenschaften ihre Probleme soweit als möglich auf jene Weise zu formulieren pflegten, die sich über Jahrzehnte hinweg für die Naturwissenschaften als bequem erwiesen hat, so würde die Einheit aller Wissenschaften beschleunigt."[17])

Sieht man Organisationen als sozio-technische Systeme, in denen technologische, d. h. naturwissenschaftliche Gesetzmäßigkeiten eine dominierende Rolle spielen, dann ist die Formulierung abstrakter Systeme im Sinne der überlieferten Sozialwissenschaften einer Integrierung dieser Gesetzmäßigkeiten in das Aussagensystem der Organisation eher hinderlich.

---

[14]) Vgl. z. B. Easton (1965 a), S. 35 ff.; Kuhn (1963), S. 50 ff.
[15]) Vgl. Rudner (1966), S. 10 ff. und 89 ff.
[16]) Zur Relationentheorie vgl. Carnap (1960); Gäfgen (1968); Kleene (1952); Menne (1966); Quine (1952, 1959).
[17]) Miller (1965), S. 309.

Die Verwerfung der Konzeption abstrakter Systeme darf jedoch nicht dahin gehend verstanden werden, daß etwa konkrete Systeme nicht auf dem Wege der Abstraktion gebildet werden[18]). Schon die Festlegung der Menge von Elementen, die als zu einem konkreten System gehörend angesehen werden, bedeutet eine Abstraktion. Da mit der Festlegung der Menge der zum System gehörenden Elemente gleichzeitig festgelegt wird, was nicht zum System gehört, ist auch die Festlegung der Grenzen eines Systems als Ergebnis einer Abstraktion anzusehen.

## 1.12 Organisation und Umwelt

Die Festlegung der Grenzen eines organisationalen Systems ist eine reine Zweckmäßigkeitsfrage, für die es keine allgemeingültigen Kriterien gibt. So ist es eine reine Zweckmäßigkeitsfrage, ob man etwa einen Vertreter als Element einer betriebswirtschaftlichen Organisation oder aber als Element ihrer Umwelt betrachten soll. Im folgenden sollen einige Gesichtspunkte referiert werden, die in der Literatur zur Abgrenzung von Organisation und Umwelt vorgeschlagen werden[19]).

### Die relative „Geschlossenheit" des offenen Systems

Am häufigsten wird für die Abgrenzung einer Gruppe[20]) oder Organisation ein Kriterium vorgeschlagen, dem zufolge ein System so von seiner Umwelt abzugrenzen sei, daß es relativ geschlossen ist. Dieses Kriterium knüpft an der Unterscheidung offener und geschlossener Systeme an. *Offene Systeme* liegen vor, wenn die aktiven Elemente des Systems zum Teil mit Elementen stofflich-energetisch und/oder informationell gekoppelt sind, die nicht Elemente des betrachteten Systems sind. In solchen Fällen bestehen Transaktionsbeziehungen zwischen dem System selbst und seiner Umwelt. Offene Systeme importieren Stoffe bzw. Energie und Informationen aus ihrer Umwelt, transformieren diese in andere Stoffe bzw. Energie und Informationen, die sie wiederum an ihre Umwelt exportieren. Auf diese Weise beeinflussen offene Systeme die Umwelt und werden umgekehrt von ihrer Umwelt beeinflußt.

Umwelteinflüsse wirken sich zum Teil störend auf das betrachtete System aus. Solche Störungen erschweren auch die modellmäßige Analyse des Systems. Aus diesem Grunde wird meist vorgeschlagen, das System jeweils so abzugrenzen, daß die Zahl der Umweltkopplungen möglichst klein wird. Die Häufigkeit der Interaktionen (Kopplungen) der Elemente innerhalb des Systems soll größer sein als die Häufigkeit der Interaktionen zwischen Elementen des Systems und zwischen Elementen der Umwelt[21]). Indem man die

---
[18]) Vgl. Easton (1965 a), S. 25 ff.
[19]) Vgl. z. B. Campbell (1958); Luhmann (1964).
[20]) Vgl. Homans (1960), S. 102 f.
[21]) Vgl. dazu z. B. Cartwright und Zander (1960 a); Deutsch (1968); Homans (1968).

Zahl der Umweltkopplungen durch entsprechende Systemabgrenzung möglichst klein hält, versucht man, das offene System möglichst geschlossen zu machen. Im Sinne dieses Kriteriums würde es für die Entscheidung, ob der Vertreter Element der Organisation Betriebswirtschaft ist oder nicht, ausschlaggebend sein, wie häufig und wie intensiv dieser Vertreter mit den sonstigen am System Beteiligten gekoppelt ist.

**Mitglieder und Teilnehmer der Organisation**

Eine andere Abgrenzung des Systems einer Organisation erhält man, wenn man sich an dem Kriterium orientiert, ob ein Individuum eine formale Rolle in der Organisation ausfüllt oder nicht[22]. Formale Rollen sind bewußt geplant. Ihre Übernahme ist mit einer bewußten Teilnahmeentscheidung des jeweiligen Individuums verbunden[23]. Ein wiederholter Verstoß gegen die Forderungen der formalen Rolle wird als unvereinbar mit der weiteren Mitgliedschaft angesehen. Der Kontakt mit der Organisation wird durch bewußte *Austritts-* bzw. *Ausschlußentscheidungen* beendet. Bewußte *Aufnahme-* bzw. *Teilnahmeentscheidungen* deuten auf die Existenz einer vertraglichen Grundlage für die Systemzugehörigkeit hin, die auch als Kriterium für die Systemabgrenzung durch den Forscher dienen kann. Die Vielfältigkeit der juristischen Gestaltung solcher Verträge bietet ebenso vielfältige Möglichkeiten, Kriterien für die Systemabgrenzung zu formulieren.

Einen in der Organisationstheorie weitverbreiteten Ansatz zur Abgrenzung der Systemgrenzen einer Organisation bietet die *Anreiz-Beitrags-Theorie*[24]. Die Kernsätze dieser Konzeption werden von Simon et al. wie folgt zusammengefaßt:

„1. Eine Organisation besteht aus einem System sich wechselseitig beeinflussender sozialer Verhaltensweisen von Personen, die wir die Teilnehmer der Organisation nennen.

2. Jeder Teilnehmer und jede Gruppe von Teilnehmern erhält von der Organisation Anreize. Dafür leisten sie an die Organisation Beiträge.

3. Jedes Mitglied wird seine Teilnahme an der Organisation nur so lange fortsetzen, als die ihm angebotenen Anreize so groß oder größer sind — gemessen in Einheiten seiner Werte und der ihm zur Verfügung stehenden Alternativen — als die von ihm geforderten Beiträge.

4. Die Beiträge, die die verschiedenen Gruppen der Organisation leisten, sind die Quelle, der die Organisation die den Mitgliedern angebotenen Anreize entnimmt.

5. Eine Organisation ist folglich nur so lange ‚solvent‘ und existenzfähig, als die Beiträge in genügendem Maße ausreichen, Anreize zu gewähren."[25]

---

[22] Vgl. Luhmann (1964); ferner insbesondere Dill (1965), S. 1077 ff.
[23] Vgl. March und Simon (1958), S. 52 ff.
[24] Vgl. Barnard (1938); Fuchs (1969); March und Simon (1958), S. 84 f.
[25] Simon et al. (1950), S. 381 f.

Es leuchtet ein, daß die Grenzen einer Organisation sehr weit gefaßt werden, wenn man von dem Begriff des Organisationsteilnehmers im Sinne der Anreiz-Beitrags-Theorie ausgeht. Es ist jedoch möglich, eine Organisationstheorie zu konzipieren, die die Grundgedanken der Anreiz-Beitrags-Theorie einbezieht, ohne die Systemgrenzen jedoch zu weit zu fassen. So ist es denkbar, die Organisationsteilnehmer in zwei Klassen einzuteilen: in die Mitglieder und die Nicht-Mitglieder. Nur die ersteren sind Elemente des Systems. *Mitglied* ist, wer eine bewußte und von der Rechtsordnung sanktionierte Teilnahme- oder Kontaktentscheidung trifft und eine formale Rolle in der Organisation erfüllt. Von der Teilnahmeentscheidung zu trennen ist die Entscheidung des Mitglieds, in welchem Umfange es — im Rahmen des ihm vorgegebenen Spielraums — Beiträge zur Organisation leistet. Diese Entscheidung ist identisch mit der Entscheidung, sich mehr oder weniger rollenkonform zu verhalten. Bei *Nicht-Mitgliedern* liegt oftmals keine explizite Trennung zwischen Teilnahme- und Beitragsentscheidung vor.

**Umweltschichten**

Die Differenzierung von Mitgliedern und Teilnehmern ermöglicht auch eine differenzierende Betrachtung der Umwelt einer Organisation[26]). Die *Umwelt* wird dabei gleichsam in drei Schichten gesehen. Die erste Schicht bilden die *Teilnehmer,* soweit sie nicht Mitglieder und damit Elemente des Systems selbst sind. Zwischen der Organisation und den Teilnehmern der Umwelt existiert in der Regel eine relativ dauerhafte Struktur von Kontakten. Sie sind relativ eng und intensiv mit einzelnen Elementen des Systems selbst gekoppelt. Die zweite Schicht bildet die Umwelt der *potentiellen Teilnehmer.* Diese besitzen entweder keine oder nur gelegentliche, meist nicht freiwillige Kontakte zur Organisation. Sie sind jedoch insofern potentielle Teilnehmer, weil sie auf Grund ihrer persönlichen Bedürfnisse, Werte und Fähigkeiten in der Lage wären, Beiträge zu leisten bzw. Anreize zu empfangen, die die spezifische Organisation benötigt bzw. gewähren kann. Die Werbung einer Unternehmung richtet sich vielfach an diese potentiellen Teilnehmer mit dem Zweck, sie zu tatsächlichen Teilnehmern zu machen.

Die Schichten der tatsächlichen und potentiellen Teilnehmer konstituieren das, was in der neueren Organisationstheorie vielfach als die *spezifische Aufgabenumwelt* (task environment) der Organisation bezeichnet wird[27]). Ihr steht die *restliche Umwelt* als letzte Schicht gegenüber. Sie repräsentiert die „breite Öffentlichkeit", wie sie etwa durch „public relations" erfaßt und beeinflußt wird.

## 1.13 Zielausrichtung und Stabilität der Organisation

Es ist üblich, Organisationen als „zielgerichtet" zu bezeichnen. Es gibt „Organisationsziele", deren Kenntnis Rückschlüsse auf das mutmaßliche Ver-

---

[26]) Vgl. auch die vom folgenden abweichende Konzeption von Evan (1966), S. 173 ff.
[27]) Vgl. Dill (1958); Thompson (1967), S. 27 ff.

halten des Systems oder seiner Elemente zuläßt. So unbestritten die Annahme der „Zielausrichtung" einer Organisation auch ist, so wenig Klarheit besteht bislang darüber, was unter einem Organisationsziel eigentlich zu verstehen ist.

**Organisationsziele als Gleichgewichtszustände der Organisation**

In der durch die *Kybernetik* beeinflußten systemtheoretischen Sicht sind Organisationsziele ganz allgemein Gleichgewichtszustände des Systems[28]. Umweltstörungen bewirken, daß das System auf Grund positiver oder negativer Rückkopplungen unter Umständen seinem Gleichgewichtszustand zustrebt, falls nicht die Rückkopplungen so geartet sind, daß das System mit gleichen oder größer werdenden Amplituden oszilliert (etwa im Falle *negativer, kompensierender Rückkopplungen*) oder aber „explodiert" (im Falle *kumulativer Rückkopplungen*).

Ein solcher Gleichgewichtszustand kann stabil sein. Wird das System auf Grund einer Störung aus dem Gleichgewicht gebracht, so bewirken kompensierende Rückkopplungen, daß das System zu diesem Gleichgewichtszustand zurückkehrt. Dies ist freilich nur so lange der Fall, als die Störung das System im Stabilitätsbereich beläßt. Störungen können solcher Natur sein, daß das System außerhalb seines Stabilitätsbereiches gelangt. In diesem Falle kehrt das System nicht mehr in den alten Gleichgewichtszustand zurück. Es kann auf Grund der nunmehr wirksam werdenden Rückkopplungen zu einem neuen (stabilen oder instabilen) Gleichgewicht gelangen. Es kann aber auch oszillieren oder explodieren.

Im Falle eines stabilen Gleichgewichts können die Systemvariablen in zwei Klassen eingeteilt werden: in die kritischen und in die sonstigen Variablen. Die Ausprägungen der *kritischen Variablen* können ihrerseits in zwei Klassen unterteilt werden: in die „zulässigen" und in die „unzulässigen" Ausprägungen. Nehmen die kritischen Variablen unzulässige Ausprägungen an, dann werden kompensierende Rückkopplungen wirksam, die das System zu einer Rückkehr in den Bereich der zulässigen Werte veranlassen. Die zulässigen Werte der kritischen Variablen definieren das Systemgleichgewicht und können daher als „Organisationsziele" interpretiert werden.

**Funktionale Erfordernisse des Überlebens**

Diese Konzeption weist gewisse Parallelen zu der *soziologischen Funktionalanalyse*[29] auf, die in der soziologisch orientierten Organisationstheorie eine

---

[28] Vgl. zum folgenden Andrew (1968), S. 384 ff.; Ashby (1961); Buckley (1967), S. 52 ff; Churchman und Ackoff (1950), S. 32 ff.; Kirsch (1969); Luhmann (1964, 1968); Nagel (1961), S. 401 ff.; Rosenblueth, Wiener und Bigelow (1943), S. 18 ff.; Rosenblueth und Wiener (1950), S. 318 ff.; Rudner (1966); Taylor (1950), S. 310 ff.
[29] Vgl. dazu Cancian (1968), S. 23 ff.; Levy (1968), S. 21 ff.; Merton (1957); ferner die methodologischen Untersuchungen von Carlsson (1967), S. 236 ff.; Hempel (1959); Nagel (1961), S. 520 ff.

große Rolle spielt[30]). Danach weist eine Organisation eine Reihe sogenannter funktionaler Erfordernisse des Überlebens auf, die als die spezifischen Systembedürfnisse betrachtet werden. *Funktionale Erfordernisse* des Überlebens[31]) können als zulässige Werte irgendwelcher kritischer Systemvariablen interpretiert werden. Die soziologische Organisationstheorie untersucht, welche Beiträge die einzelnen Elemente oder Strukturen leisten, damit die funktionalen Erfordernisse des Überlebens gewährleistet sind. Die einzelnen Merkmale des sozialen Systems können somit „funktionale", d. h. der Erhaltung der funktionalen Erfordernisse dienende Beiträge, aber auch „dysfunktionale", d. h. einzelnen funktionalen Erfordernissen widersprechende Beiträge leisten. Mit anderen Worten: Die Konsequenzen der Beiträge hinsichtlich der Erhaltung der einzelnen Systembedürfnisse konkurrieren miteinander.

Typisch für die bisher skizzierte Anschauung ist es, daß die kritischen Variablen des Systems und deren zulässige Ausprägungen (also die Organisationsziele) durch eine Beobachtung des Systems zu ermitteln sind. Es ist nicht auf die Werte oder Ziele der beteiligten Organisationsteilnehmer Bezug zu nehmen. Dies wird etwa deutlich, wenn man in der Soziologie zwischen latenten und manifesten funktionalen (bzw. dysfunktionalen) Beiträgen unterscheidet[32]). *Manifeste Beiträge* werden von den Organisationsteilnehmern beabsichtigt. *Latente Beiträge* sind jedoch Nebenwirkungen der Entscheidungen und Maßnahmen der Organisationsteilnehmer, die durch andere Werte oder Ziele bestimmt sind und von den Teilnehmern nicht beabsichtigt werden. Es wird in der Soziologie immer wieder gefordert, gerade den latenten Funktionen besondere Aufmerksamkeit zu widmen.

**Organisationsziele als Führungsgrößen in kontrollierten Rückkopplungssystemen**

Die bisherigen systemtheoretischen Überlegungen zum Begriff des Organisationsziels beschränken sich auf nicht-kontrollierte Rückkopplungssysteme. Eine Verfeinerung dieser Konzeption erhält man, wenn man die Betrachtung auf kybernetische, d. h. *kontrollierte Rückkopplungssysteme*[33]) ausdehnt. Danach erfolgt die Rückkopplung im Rahmen von *Regelkreisen*. Es existieren *Regler*, die das Ist (*Regelgröße*) der *Regelstrecke* mit dem Soll (*Führungsgröße*) vergleichen und kompensierende Rückkopplungen auslösen, die von der Größe der Abweichungen abhängen. Auf diese Weise werden Oszillationen mit gleichen oder größer werdenden Amplituden weitgehend vermieden, und die Stabilität des Systems wird gewährleistet. In diesem Falle sind die kritischen Systemvariablen bzw. deren zulässige Werte Führungsgrößen von Reglern des Systems.

---

[30]) Auf diese Parallelen verweist besonders Runciman (1969).
[31]) Vgl. Aberle et al. (1950), S. 100 ff.; Bales (1950); Parsons (1961), S. 30 ff.
[32]) Vgl. Merton (1957), S. 21 ff.
[33]) Vgl. Buckley (1967), S. 53.

Ihre Einhaltung wird von den Reglern kontrolliert und „beabsichtigt". Geht man davon aus, daß die Regler des Systems vornehmlich Menschen sind, so müssen die Führungsgrößen bzw. „Organisationsziele" ein Pendant in den Werten und Zielen der Organisationsteilnehmer besitzen.

Vielfach ist es zweckmäßig anzunehmen, daß die Organisationsteilnehmer gelernt haben, bestimmte *Systemzustände* positiv zu bewerten und durch Regelungen aufrechtzuerhalten. Wirken auf das System *Störungen* ein, die es außerhalb seines Stabilitätsbereichs bringen, so kann das System durch nicht-kontrollierte Rückkopplungen kompensierender oder kumulativer Art dennoch zu einem anderen Gleichgewichtszustand finden, den die Organisationsteilnehmer in der Zeit ebenfalls lernen positiv zu bewerten und durch Regelungen aufrechtzuerhalten.

Systemtheoretische Überlegungen der angedeuteten Art zeigen folglich einen Weg, die Existenz und die Änderungen spezifischer Werte der Organisationsteilnehmer zu erklären. Die Kenntnis der durch Beobachtung des Systems zu ermittelnden funktionalen Erfordernisse des Überlebens erlaubt Rückschlüsse auf die kognitiven Werte der Organisationsteilnehmer. Typisch für solche Betrachtungen ist jedoch, daß die Organisationsziele als Ausdruck von Gleichgewichtszuständen des Systems zwar ein Pendant in den Werten der Organisationsteilnehmer besitzen können, jedoch nicht mit diesen übereinstimmen müssen. Nicht diese spezifischen Werte sind als „Organisationsziele" aufzufassen, sondern die diesen möglicherweise zugrundeliegenden „Systembedürfnisse" (zulässige Werte kritischer Systemvariablen). Es ist sogar denkbar, daß die Organisationsteilnehmer über Werte verfügen und auch nach ihnen handeln, die „falsch" sind, die aber dennoch der Befriedigung der Systembedürfnisse dienen. Die Befriedigung der Systembedürfnisse (Organisationsziele) ist dann eine latente Funktion im Sinne der soziologischen Funktionalanalyse. Die Organisationsziele können, müssen sich jedoch nicht in den Entscheidungsprämissen der Organisationsteilnehmer unmittelbar niederschlagen.

**Die begriffliche Trennung von Organisationsziel und Systembedürfnis**

Sieht man einmal von der kybernetischen Organisationstheorie ab, so hat sich diese terminologische Konzeption des Organisationsziels nicht durchgesetzt. Sie soll auch im folgenden nicht verwendet werden. Bei dieser Ablehnung ist jedoch zweierlei auseinanderzuhalten: Man kann die Konzeption einmal ablehnen, weil man die Annahmen von Systembedürfnissen in der Organisationstheorie als wenig fruchtbar betrachtet. In der Tat ist es bisher nicht gelungen, einen Katalog von Systembedürfnissen (oder Systemzielen) aufzustellen, der von den meisten Autoren unwidersprochen geblieben wäre. Überblickt man die bisherigen Versuche, so hat diese Konzeption — so schlüssig sie in formaler Sicht auch ist — bislang noch keine Ergebnisse gebracht. Darüber hinaus ist sie in den Verhaltenswissenschaften insofern in Mißkredit geraten, als sie mit der Betonung von „Systemgleichgewichten" — freilich oft zu Unrecht — als wenig geeignet angesehen wird, das jede Organisation dominierende Konfliktproblem und das damit verbundene Problem der organisationalen Innovation hinreichend zu erfassen[34]).

Man kann diese Konzeption des „Organisationsziels" aber auch ablehnen, ohne gleichzeitig Sinn und Zweck der zugrundeliegenden Konzeption von Gleichgewichtszuständen und Systembedürfnissen in Frage zu stellen. In diesem Falle kann man statt von Organisationszielen von Systembedürfnissen sprechen und den Terminus „Organisationsziel" in einer Weise interpretieren, wie es seiner sonstigen Verwendung in der Organisationstheorie entspricht. Die weiteren Abschnitte konzentrieren sich deshalb auf jene Organisationstheorien, die die Analyse individueller und kollektiver Entscheidungs- bzw. Problemlösungsprozesse in der Organisation zum Ausgangspunkt ihrer Überlegungen wählen — gleichgültig, ob sie dabei im Rahmen einer umfassenden systemtheoretischen Konzeption formuliert werden oder nicht.

Aus der Sicht dieser Organisationstheorien läßt sich die Aussage, Organisationen seien zielgerichtet, zunächst wie folgt umreißen: Organisationen sind insofern *zielgerichtet*, als den Entscheidungen der an der Organisation beteiligten Individuen Zielvorstellungen als Entscheidungsprämissen zugrunde liegen, die — zusammen mit anderen Entscheidungsprämissen faktischer und präskriptiver Art — das Verhalten der Organisation determinieren. Diese Form ist freilich zu weit gefaßt, als daß sie bereits Rückschlüsse darauf zuließe, welche der tatsächlichen oder potentiellen Entscheidungsprämissen der Organisationsteilnehmer als Organisationsziele zu bezeichnen sind. Wir werden darauf noch zurückzukommen haben.

## 1.2 Struktur und Aufbau des organisationalen Systems

Organisationen sind *komplexe Systeme*. Ihre Komplexität äußert sich im wesentlichen in zwei Merkmalen: Die Organisationen weisen eine differenzierte Struktur auf und können aus mehreren Subsystemen zusammengesetzt gedacht werden[35]). Systemstruktur und Subsysteme sollen im folgenden näher analysiert werden.

### 1.21 Die Systemstruktur

Organisationen besitzen eine Struktur, die sich zum Teil nur langfristig und sprunghaft ändert und insofern als dauerhaft zu bezeichnen ist. So unbestritten diese Aussage auch ist, so wenig besteht Einigkeit darüber, was unter der Struktur eines Systems eigentlich zu verstehen ist. Das gleiche gilt für den mit dem Strukturbegriff eng verbundenen Begriff des Prozesses.

---

[34]) Vgl. Dahrendorf (1964); March und Simon (1958), S. 172 ff.; Mayntz (1967).
[35]) Vgl. Leighton (1959); Miller (1965), S. 209.

## Zum Strukturbegriff

Die Begriffe *Struktur* und *Prozeß* werden sehr unterschiedlich verwendet[36]. Auch die folgenden Überlegungen sollen lediglich Möglichkeiten aufzeigen, ohne daß damit eine Festlegung auf die eine oder andere Definition verbunden ist. In allgemeinster Weise können Struktur und Prozeß wie folgt definiert werden:

> „Die Struktur eines Systems ist die Anordnung seiner Subsysteme und Komponenten im dreidimensionalen Raum in einem bestimmten Zeitpunkt... Diese mag relativ konstant über eine längere Zeitperiode sein oder mag sich von Moment zu Moment verändern, je nachdem, welche Merkmale der Prozeß im System aufweist. Wenn man diesen Prozeß in irgendeinem Zeitpunkt anhält — so wie etwa eine Bewegung durch einen Schnappschuß ‚eingefroren' wird —, so würde die dreidimensional-räumliche Anordnung der Systemkomponenten zu diesem Zeitpunkt sichtbar werden... Jede im Zeitablauf stattfindende Veränderung von Stoffen bzw. Energie oder von Informationen im System ist Prozeß."[37]

Folgt man diesem terminologischen Vorschlag, dann ist die Struktur stets auf einen Zeitpunkt bezogen. Sie kann sich im Verlauf des Systemprozesses von Zeitpunkt zu Zeitpunkt verändern.

In etwas abgewandelter, aber sehr ähnlicher Form kann unter Struktur in einem Zeitpunkt das bestehende *Netz der Beziehungen* zwischen den Elementen eines Systems verstanden werden[38]. Die Struktur wird dann von einer Menge von *Relationsaussagen* beschrieben, deren Argumente auf den gleichen Zeitpunkt bezogen sind. Die Beschreibung der räumlichen Anordnung ist hierbei nur ein Sonderfall. Darüber hinaus sind jedoch weitere Relationsaussagen möglich[39]. Sie lassen sich in zwei Klassen einteilen: in solche Relationsaussagen, die beobachtbare Phänomene beschreiben, und in solche, die aus beobachtbaren Phänomenen zu erschließende Beziehungen zwischen den Systemelementen zum Ausdruck bringen.

*Beobachtbare Beziehungen* sind gegeben, wenn zwischen den Systemelementen stofflich-energetische bzw. informationelle Kopplungen existieren. Dabei ist zu beachten, daß solche Kopplungen nur zu jenen Zeitpunkten existieren, wo tatsächlich ein Austausch von Stoffen, Energie oder Informationen stattfindet. Die Existenz von Kanälen zwischen den Elementen ist hierzu zwar Voraussetzung, genügt jedoch nicht, um von einer tatsächlichen Kopplung der aktiven Elemente zu sprechen. Einige Autoren beschränken den Begriff der Struktur auf dieses Netz der Kopplungen in einem bestimmten Zeitpunkt.

Eine Reihe von Beziehungen zwischen den Elementen eines organisationalen Systems ist *nicht unmittelbar beobachtbar*, sondern muß aus den beobacht-

---

[36] Vgl. Merton (1958), S. 175 ff.; Nagel (1961).
[37] Miller (1965), S. 211 ff.
[38] Vgl. Wieser (1959).
[39] Vgl. Miller (1965), S. 361 f.

baren Kopplungen und dem Verhalten der einzelnen Elemente erschlossen werden. Beziehungen dieser Art sind z. B. die Rollenerwartungen, die sozio-emotionalen Beziehungen sowie die Macht- und Statusbeziehungen zwischen den Organisationsteilnehmern.

Beziehungen im Sinne dieses Strukturbegriffes sind auch Relationsaussagen, die aktive und passive Elemente des Systems als Argumente aufweisen. Eine Aussage über eine Kopplung zweier aktiver Elemente ist eine solche Relationsaussage: Aktives Element A übermittelt Information x (als passives Element) an aktives Element B. Aber auch die Relationsaussage, daß ein aktives Element in einem Zeitpunkt eine bestimmte Information speichert, ist eine für die Struktur der Organisation relevante Aussage. Schließlich sind auch Beziehungen zwischen passiven Elementen hierzu zu rechnen. Wenn etwa festgestellt wird, daß in einem bestimmten Zeitpunkt zwischen zwei Organisationszielen eine Konkurrenz besteht, so ist dies eine strukturelle Aussage im Sinne dieses Strukturbegriffes.

Vielfach wird — im Gegensatz zu der hier verwendeten Terminologie — das gesamte Netz von Beziehungen zwischen den Elementen als Struktur bezeichnet. Dies schließt auch solche Relationen ein, deren Argumente unterschiedlichen Zeitbezug aufweisen. Das ist etwa der Fall, wenn gesagt wird, das Organisationsmitglied A überlasse dem Mitglied B beim Betreten eines Raumes stets den Vortritt. Schließt man solche Relationsaussagen in den Strukturbegriff ein, dann kann zwischen der *Aufbau-* und der *Ablaufstruktur* unterschieden werden. Diese Unterscheidung spielt vor allem in der klassischen Organisationslehre eine große Rolle[40]).

**Die relative Invarianz der organisationalen Struktur**

Das Netz von Beziehungen zwischen den Systemelementen, insbesondere dasjenige der Kopplungen, unterliegt im Zeitablauf einer Änderung. Trotz dieser Änderung lassen sich jedoch gewisse Regelmäßigkeiten feststellen. Sie äußern sich darin, daß die jeweiligen Relationsaussagen Zusätze wie „immer", „häufig", „in der Regel" usw. aufweisen. Mit anderen Worten: Solche Regelmäßigkeiten führen dazu, daß sich die Beziehungsnetze verschiedener Zeitpunkte mehr oder weniger stark decken. Jener Teil des Beziehungsmusters, der im Zeitablauf invariant ist, konstituiert die *dauerhafte Struktur der Organisation*[41]). Nicht selten wird der Strukturbegriff ausschließlich auf diesen invarianten Teil der Beziehungsnetze beschränkt. Struktur ist dann ex definitione dauerhaft.

Dies führt schließlich zu einem letzten, hier zu erwähnenden Strukturbegriff. Danach ist alles, was an einem System relativ invariant ist, als Struktur zu bezeichnen. Dies schließt invariante Muster und Regelmäßigkeiten im Prozeßablauf ebenso mit ein wie vor allem die unveränderte Existenz der

---

[40]) Vgl. Kosiol (1962).
[41]) Vgl. Mayntz (1963).

aktiven Elemente oder irgendwelcher Stoffe, Energie und Informationen über längere Zeit hinweg. Die Substitution eines Systemelements durch ein anderes ist dann ein Strukturwandel.

Es bereitet in der Regel große Schwierigkeiten festzustellen, welchen Strukturbegriff die einzelnen Autoren verwenden. Meist werden alle Begriffe zugleich verwendet. Dies wird deutlich, wenn man die systemtheoretische Konzeption der Ultrastabilität und die damit verbundenen irreversiblen Prozesse der Entwicklung und des Wandels eines Systems näher betrachtet.

**Ultrastabilität und Strukturwandel**

Ein System ist *ultrastabil*[42]), wenn es folgende Merkmale aufweist: a) Es ist der kompensierenden Rückkopplung fähig, die einen Beharrungs- oder Gleichgewichtszustand gegenüber einer bestimmten Klasse von Störungen aus seiner Umwelt aufrechterhält. b) Falls Störungen auftreten, die das System außerhalb seines Stabilitätsbereiches bringen, so daß das System nicht wieder in seinen ursprünglichen Gleichgewichtszustand zurückkehren kann, dann ist das System in der Lage, sprunghaft seine Struktur zu ändern, um sich auf diese Weise an die veränderte Umwelt anzupassen.

Ultrastabilität ist folglich sehr eng mit einem sprunghaften, irreversiblen Strukturwandel verbunden. Im Vordergrund der Betrachtung steht dabei die relativ invariante, dauerhafte Struktur. Nur sie kann eine sprunghafte, nachhaltige Änderung erfahren. Dabei wird hier unter Struktur letztlich alles verstanden, was am System invariant ist. Auch Regelmäßigkeiten im Prozeß und die langfristige Existenz aktiver und passiver Elemente sind von diesem Strukturbegriff erfaßt.

Die Konzeption der Ultrastabilität wird in der Systemtheorie herangezogen, um *Strukturwandel* lebender Systeme zu klären[43]). In diesem Sinne wird zwischen Morphostase und Morphogenese[44]) unterschieden. Die Stabilität führt zu einer Aufrechterhaltung der relativ invarianten Struktur *(Morphostase)*, die Ultrastabilität zu einer sprunghaften Änderung und Wandlung dieser Struktur *(Morphogenese)*. Ultrastabile Systeme sind somit auch als *selbststrukturierende Systeme* zu bezeichnen.

Sowohl in der klassischen Organisationslehre[45]) als auch in der Kybernetik[46]) und in der allgemeinen Systemtheorie[47]) ist es vielfach üblich, die Struktur eines Systems als dessen „Organisation" zu bezeichnen. Das System i s t nicht eine Organisation, sondern h a t eine Organisation[48]). Dabei ist in aller

---

[42]) Vgl. Cadwallader (1966), S. 397; Klaus (1967), S. 674; Wieser (1959), S. 52 ff.
[43]) Vgl. Cadwallader (1966), S. 397; Dienstbach (1968), S. 37; Mayntz (1967).
[44]) Vgl. Buckley (1967), S. 58 ff.
[45]) Vgl. Kosiol (1962).
[46]) Vgl. Klaus (1967).
[47]) Vgl. Buckley (1967), S. 82 ff.; Hawkins (1961); Yovits et al. (1962).
[48]) Vgl. Heinen (1968), S. 46.

Regel die relativ dauerhafte Struktur als Organisation gemeint. In dieser Sicht werden ultrastabile, selbststrukturierende Systeme auch als *selbstorganisierende Systeme* (self-organizing systems)[49]) charakterisiert.

## 1.22 Die Subsysteme der Organisation

Die Organisation kann aus mehreren Subsystemen zusammengesetzt gedacht werden[50]). *Subsysteme* sind Teilmengen von Systemelementen, die nach irgendeinem Kriterium abgegrenzt und untereinander gekoppelt sind bzw. Beziehungen aufweisen. In der Organisationstheorie sind strukturelle und funktionale Subsysteme zu unterscheiden[51]).

**Strukturelle Subsysteme**

*Strukturelle Subsysteme* sind Gruppen im Sinne der sozialpsychologischen und soziologischen Gruppenforschung[52]). Sie werden in der Regel so abgegrenzt, daß sie relativ geschlossen sind. Die Elemente der Gruppe sind untereinander häufiger und intensiver gekoppelt als mit Elementen der inneren oder äußeren Umwelt der Organisation. Bezeichnet man das Netz der Kopplungen als Struktur des Systems, so sind Gruppen als strukturelle Subsysteme dadurch charakterisiert, daß sie gegenüber ihrer Umwelt eine vergleichsweise intensivere Kopplungsstruktur aufweisen.

Die strukturellen Subsysteme der Organisation nehmen vielfach den Charakter *kleiner Gruppen* an. Die zwischen den Mitgliedern bestehenden, besonders häufigen und intensiven Interaktionen sind in der Regel mit persönlichen Kontakten („von Angesicht zu Angesicht") verbunden. Die Mitglieder dieser Gruppe entwickeln ein Gefühl der Zusammengehörigkeit und werden auch von Außenstehenden als Einheit betrachtet.

Die Entstehung solcher Gruppen kann einmal auf die Tatsache zurückgeführt werden, daß die die Gruppe konstituierenden Interaktionen durch die formalen Rollen der Organisationsteilnehmer vorgeschrieben werden *(formale Gruppen)*. Abteilungen, Kommissionen usw. können als solche formalen Gruppen betrachtet werden. Zum anderen entstehen Gruppen spontan und ungeplant, etwa auf Grund gleicher Interessen der Mitglieder *(informale Gruppen)*[53]).

---

[49]) Vgl. Mesarović (1962), S. 9 ff.

[50]) Vgl. Burns (1966); Burns und Stalker (1961); Dienstbach (1968); Emery und Trist (1960); Fäßler (1967); Johnson, Kast und Rosenzweig (1967); Katz und Kahn (1966); Meffert (1968); Miller (1965); Miller und Rice (1967); Parsons (1960).

[51]) Vgl. Wiseman (1966), S. 14 ff.; auch Miller (1965), der in diesem Zusammenhang von Komponente und Subsystem spricht.

[52]) Vgl. hierzu z. B. Cartwright und Zander (1960); Golembiewski (1962); Homans (1960); Thibaut und Kelley (1959); Stogdill (1959).

[53]) Zur Unterscheidung von formalen und informalen Gruppen vgl. Dahrendorf (1959), S. 37 ff.; Grün (1966), S. 25 ff.; Mayntz (1958), S. 62 ff.

Das organisatorische Leben spielt sich im allgemeinen in mehr oder weniger kleinen Gruppen ab. Dabei ist davon auszugehen, daß sich diese formalen und informalen Gruppen personell überschneiden: Jedes Mitglied der Organisation ist in aller Regel Mitglied mehrerer Gruppen[54]. Häufig werden nicht die einzelnen Menschen als Elemente der Organisation betrachtet, sondern die verschiedenen Gruppen. Man geht bei der Analyse der komplexen Zusammenhänge zweistufig vor. Zunächst untersucht man die Zusammenhänge und Beziehungen innerhalb der Gruppen. In einer zweiten Stufe werden die Gruppen als nicht weiter differenzierte Einheiten („black boxes")[55] betrachtet, um die Beziehungen zwischen den Gruppen innerhalb der Organisation zu untersuchen.

**Funktionale Subsysteme**

Von den strukturellen Subsystemen (Gruppen) der Organisation sind die *funktionalen Subsysteme* zu unterscheiden. Zu einem funktionalen Subsystem werden all jene aktiven Elemente des organisationalen Systems zusammengefaßt, deren Verhalten der Erfüllung einer bestimmten Funktion dient. Jeder Organisationsteilnehmer ist dabei in aller Regel mehreren funktionalen Subsystemen zuzuordnen. Auch die funktionalen Subsysteme überschneiden sich somit personell.

Während strukturelle Subsysteme als Gruppen in der Regel auch von Organisationsteilnehmern als „Einheit" betrachet werden (und insofern auch in der Realität „zu finden" sind), sind funktionale Subsysteme rein analytischer Natur. Sie werden gebildet, um spezifische Probleme einfacher untersuchen zu können. Entsprechend vielfältig sind auch die Möglichkeiten, funktionale Subsysteme abzugrenzen. Dabei zeigt sich, daß den Abgrenzungen in der Regel auch unterschiedliche Begriffe der *Funktion* zugrunde liegen.

Relativ häufig wird bei der Abgrenzung funktionaler Subsysteme an der Konzeption der *Funktionalanalyse* der soziologischen Theorie sozialer Systeme angeknüpft, wie sie vor allem von Parsons formuliert wurde. Diese Konzeption geht — wie bereits dargelegt[56]) — davon aus, daß jede Organisation — will sie als offenes System in einer sich ständig ändernden Umwelt überleben — eine Reihe von Prozessen zur Befriedigung von sogenannten „Systembedürfnissen" oder „funktionalen Erfordernissen des Systemüberlebens" aufweisen oder — einfacher ausgedrückt — „Funktionen" erfüllen muß. Zu einem funktionalen Subsystem werden dann jeweils jene aktiven Elemente zusammengefaßt, deren Verhalten der Erfüllung eines bestimmten Systembedürfnisses dient.

Der Katalog der Systembedürfnisse ist freilich von Autor zu Autor recht unterschiedlich. Dementsprechend vielfältig sind auch die jeweils abgegrenz-

---

[54]) Vgl. Likert (1961).
[55]) Vgl. z. B. Vardaman und Halterman (1968), S. 52.
[56]) Vgl. Band II, S. 76 ff.

ten funktionalen Subsysteme. Als symptomatisch kann der Ansatz von Katz und Kahn[57]) angesehen werden, deren Konzeption auf jener von Parsons aufbaut. Sie unterscheiden im wesentlichen sechs funktionale Subsysteme der Organisation:

(1) Das *Produktionssystem* entspricht dem betriebswirtschaftlichen Produktionsbereich und faßt jene Elemente bzw. strukturellen Subsysteme zusammen, die unmittelbar zur Leistungserstellung beitragen, d. h. an den hierzu erforderlichen Transformationsprozessen mitwirken.

(2) Das *Erhaltungssystem* (maintenance system) dient der Aufrechterhaltung der Leistungsfähigkeit bzw. Leistungsbereitschaft der menschlichen und sachlichen Produktionsfaktoren. Im Bereich des Faktors Arbeit entspricht dieses Subsystem in etwa der betriebswirtschaftlichen Personalwirtschaft. Die Formulierung und Stabilisierung formaler Rollen, die Einweisung und Sozialisation neuer Organisationsmitglieder sowie die Gestaltung und Handhabung von Anreizsystemen zur Sicherung des rollenkonformen Verhaltens der Organisationsteilnehmer sind hier als wesentliche Gesichtspunkte zu nennen.

(3) Das *Produktions-Versorgungssystem* (production-supportive system) umfaßt in etwa die betriebswirtschaftlichen Funktionsbereiche Beschaffung und Finanzierung. Es „versorgt" die Organisation mit Repetier- und Potentionalfaktoren sowie mit finanziellen Mitteln, wobei die Leistungsverwertung (product disposal) primär unter dem Gesichtspunkt gesehen wird, die Voraussetzung für weitere für das Überleben des Systems erforderliche stoffliche und energetische Inputs zu schaffen. Als Grenzsystem (boundary system) dient es letztlich den Güter- und Geldtransaktionen zwischen Organisation und Umwelt.

(4) Das ebenfalls als Grenzsystem betrachtete *institutionelle System* (institutional system)[58]) erfüllt eine davon abweichende Funktion. Es regelt die Beziehungen zwischen der Organisation und der umfassenden Gesellschaft. Im Vordergrund steht hier die Sicherung der „Unterstützung" und der positiven Einstellungen der verschiedenen Gesellschaftsschichten und Institutionen. Es sind positive Attitüden gegenüber der Organisation, ihren Aufgaben und Zielen zu schaffen und zu wahren. Von besonderer Bedeutung ist dabei die Sicherung der Legitimität der Verfassung der Organisation, aus der die Führungskräfte der Organisation ihr Recht auf Willensbildung und Willensdurchsetzung ableiten. Vereinfacht läßt sich die Funktion des institutionellen Systems als „Public Relations" im weitesten Sinne bezeichnen.

(5) Das *Anpassungssystem* (adaptive system) faßt jene Systemelemente zusammen, die mit der Vorbereitung und Durchsetzung innovativer Anpassungsprozesse befaßt sind. Sein betriebswirtschaftliches Pendant ist in der

---

[57]) Vgl. Katz und Kahn (1966), S. 39 ff.
[58]) Vgl. auch Parsons (1960).

Marktforschung sowie vor allem in der Forschung und Entwicklung zu erblicken.

(6) Das *Managementsystem* (managerial system) erfüllt schließlich jene Funktionen, die mit der Koordination der übrigen Subsysteme, mit der Lösung und Handhabung von Konflikten zwischen den verschiedenen Individuen und Gruppen in der Organisation sowie mit der Abstimmung der durch die Umwelt sich ergebenden Anforderungen mit den zur Verfügung stehenden Ressourcen und den spezifischen „Systemerfordernissen" zusammenhängen.

Eine andere Gliederung funktionaler Subsysteme erhält man, wenn man der systemtheoretischen Konzeption Millers folgt, obgleich Miller von ähnlichen Überlegungen ausgeht. Er nimmt an, daß jedes offene System, das Stoffe bzw. Energie und Informationen aufnimmt, verarbeitet und abgibt, eine Reihe von stofflich-energetischen und informationellen Prozessen aufweisen muß:

> „Jedes Subsystem führt einen spezifischen Prozeß für sein System aus und hält eine oder mehrere spezifische Variable in einem Beharrungszustand."[59])

Abb. 3.1 gibt die von Miller vorgeschlagene Typologie von Subsystemen wieder. Diese sind hier im einzelnen nicht zu erläutern. Grundsätzlich unterscheidet Miller drei Typen von Subsystemen: Subsysteme, die Stoffe bzw. Energie verarbeiten, Subsysteme, die Informationen verarbeiten, und Subsysteme, die beides verarbeiten. Die informationsverarbeitenden Subsysteme können zum *Informations- und Entscheidungssystem* der Organisation zusammengefaßt werden. Dieses relativ umfassende funktionale Subsystem der Organisation wird im weiteren Verlauf der Untersuchung noch eine Rolle spielen[60]).

Die Typologie Millers kann auch akzeptiert werden, ohne daß man die Erhaltung zulässiger Werte spezifischer kritischer Variablen mit den einzelnen Subsystemen verbindet. Nicht die Systembedürfnisse sind für die Abgrenzung von funktionalen Subsystemen maßgebend, sondern spezifische Prozesse — gleichgültig, ob sie der Erhaltung bestimmter Systemerfordernisse dienen oder nicht.

Folgt man diesen Überlegungen, dann erhält man den weitesten Begriff funktionaler Subsysteme. Stets dann, wenn sich der Organisationstheoretiker mit einem bestimmten Prozeß innerhalb der Organisation besonders befassen will, kann er alle jene aktiven Elemente zu einem funktionalen Subsystem zusammenfassen, deren Verhalten Teilprozesse innerhalb des interessierenden Prozesses konstituiert. Es leuchtet ein, daß es dann weder möglich noch sinnvoll ist, einen vollständigen Katalog funktionaler Subsysteme der Organisation aufzustellen.

---

[59]) Miller (1965), S. 338.
[60]) Vgl. S. 49 ff. dieser Arbeit.

| Matter-Energy Processing Subsystems | Subsystems Which Process Both Matter-Energy and Information | Information Processing Subsystems |
|---|---|---|
|  | Reproducer |  |
|  | Boundary |  |
| Ingestor |  | Input Transducer (Internal Transducer) |
| Distributor Decomposer Producer Matter- Energy Storage |  | Channel and Net Decoder Associator Memory |
|  |  | Decider Encoder |
| Extruder Motor Supporter |  | Output Transducer |

Abb. 3.1: Die kritischen Subsysteme[61])

Diese weite Fassung funktionaler Subsysteme öffnet z. B. die Möglichkeit, alle aktiven Elemente der Organisation (Menschen und Maschinen), die an einem bestimmten kollektiven Entscheidungsprozeß beteiligt sind, als spezifisches funktionales Subsystem aufzufassen. Bisweilen ist es auch zweckmäßig, nicht einzelne Entscheidungsprozesse, sondern bestimmte Klassen solcher Prozesse zum Ausgangspunkt für die Abgrenzung derartiger Subsysteme zu machen[62]). Da eine Organisation eine Vielzahl von Entscheidungen zu treffen hat, die nach sehr unterschiedlichen Gesichtspunkten zu klassifizieren sind, wird die Menge abgrenzbarer Entscheidungssysteme als funktionale Subsysteme unübersehbar.

Solche Subsysteme sind vielfach lediglich temporärer Natur. Ist der zugrundeliegende Entscheidungsprozeß beendet, so hört auch das entsprechende Subsystem auf zu existieren. Im Rahmen der Konzeption des „Planned Organizational Change"[63]) werden solche temporären funktionalen Subsysteme untersucht, die als temporäre Anpassungssysteme bezeichnet werden und jene Elemente umfassen, die an einem konkreten kollektiven Entscheidungsprozeß zur Anpassung der Organisation an eine veränderte Umweltsituation beteiligt sind.

---

[61]) Miller (1965), S. 338.
[62]) Vgl. S. 52 ff. dieser Arbeit.
[63]) Vgl. hierzu Dienstbach (1968) und die von ihm aufgeführte Literatur.

Es leuchtet ein, daß sich strukturelle und funktionale Subsysteme der Organisation in der Regel nicht decken[64]). Zu unterschiedlich sind zunächst die Gesichtspunkte ihrer Abgrenzung. Freilich ist zu beachten, daß in formalen Organisationen die Abteilungen nicht selten so gebildet werden, daß Elemente mit gleicher oder ähnlicher Funktion zusammengefaßt werden. In solchen Fällen kann sich die formal gebildete Gruppe mit einem funktionalen Subsystem decken. Darüber hinaus besteht unter Umständen eine Tendenz, daß funktionale Subsysteme zu informalen strukturellen Subsystemen werden. Denn nicht selten bestehen zwischen Elementen funktionaler Subsysteme besonders intensive und häufige Kontakte. Solche Tendenzen bedürfen jedoch der empirischen Überprüfung und sollten nicht zu einer begrifflichen Gleichsetzung struktureller und funktionaler Subsysteme führen.

**Der hierarchische Aufbau der Organisation**

Subsysteme setzen sich in der Regel ihrerseits aus Subsubsystemen zusammen. Das ist gemeint, wenn man in der systemtheoretisch orientierten Organisationstheorie von einem *hierarchisch* aufgebauten System der Organisation spricht[65]).

Auch die Subsubsysteme können funktionaler und struktureller Natur sein. Funktionale Subsysteme werden meist in der Weise abgegrenzt, daß sie mehrere strukturelle Subsysteme umfassen. Es ist folglich möglich, vom Gruppenaufbau oder von der Gruppenstruktur eines funktionalen Subsystems zu sprechen. Wenn im weiteren Verlauf dieser Untersuchung etwa vom politischen System als funktionalem Subsystem der Organisation und von den Kern- und Satellitengruppen des politischen Systems gesprochen wird, so liegt diese Betrachtungsweise vor[66]).

Umgekehrt ist es vielfach zweckmäßig anzunehmen, daß sich Gruppen aus mehreren funktionalen Subsystemen zusammensetzen. Eine solche Differenzierung knüpft beispielsweise an der Annahme an, daß auch Gruppen spezifische Systembedürfnisse bzw. funktionale Erfordernisse des Überlebens besitzen[67]).

Schließlich ist es in der Organisation meist vorteilhaft, die strukturellen Subsysteme (z. B. Hauptabteilungen) in weitere strukturelle Subsysteme (z. B. Abteilungen) und diese wiederum in noch kleinere strukturelle Subsysteme (z. B. Unterabteilungen) gegliedert zu betrachten[68]). Die Organisation zeigt

---

[64]) Vgl. vor allem Miller (1965), S. 218 ff.
[65]) Vgl. Simon (1967); dieser Begriff der Hierarchie ist nicht zu verwechseln mit jenem Hierarchiebegriff, der die Über-Unterordnungsbeziehungen bzw. formellen Machtbeziehungen beschreibt; vgl. hierzu z. B. Thompson (1967). Mit dem Hierarchiebegriff eng verbunden ist der Begriff der Ebene. Miller (1965), S. 212 ff. und 217 f. schlägt vor, zwischen „level" und „echelon" zu unterscheiden, je nachdem, welcher Hierarchieaspekt von Systemen gemeint ist.
[66]) Vgl. S. 51 ff. und S. 121 ff. dieser Arbeit.
[67]) Vgl. z. B. Bales und Slater (1955); Guetzkow (1960).
[68]) Vgl. etwa Kosiol (1962).

sich dann als ein komplexes Gebilde hierarchisch aufgebauter struktureller Subsysteme unterschiedlicher Ordnung, wobei Subsysteme höherer Ordnung stets mehrere strukturelle Subsysteme niederer Ordnung umfassen.

Ähnliches gilt für funktionale Subsysteme, die vielfach wiederum aus mehreren funktionalen Subsystemen zusammengesetzt gedacht werden. Eine solche Systembetrachtung liegt beispielsweise der schon erwähnten Konzeption des „Planned Organizational Change" zugrunde. Diese Konzeption geht davon aus, daß jeder geplante strukturelle Wandel einer bestehenden Organisation das Ergebnis eines Prozesses im Rahmen eines sogenannten Anpassungssystems darstellt. Dieses *Anpassungssystem* ist als temporäres funktionales Subsystem anzusehen. Innerhalb des Anpassungssystems werden wiederum mehrere funktionale Subsubsysteme abgegrenzt[69]): das System des „Change Agent"[70]), das jene Personen und Gruppen umfaßt, die den Plan für den organisationalen Wandel ausarbeiten und durchsetzen; das „Client System"[71]), das jenen Teil der Organisation umfaßt, dessen Struktur geändert werden soll; der „Change Catalyst"[72]), der in dem Konflikthandhabungsprozeß zwischen dem „Change Agent" und dem „Client System" eine vermittelnde und das gesamte System integrierende Funktion erfüllt.

An einem Prozeß der Reorganisation sind häufig Personen und Gruppen beteiligt, die nicht Mitglied der betrachteten Organisation sind. Solche externen Berater sind dennoch zweckmäßigerweise als Elemente des Anpassungssystems anzusehen. Das Anpassungssystem wird dann zu einem Zwischensystem.

**Zwischensysteme**

Es wurde bereits darauf hingewiesen, daß es eine reine Zweckmäßigkeitsfrage ist, wie man die Grenzen eines Systems festlegen will. In der Organisationstheorie ist es vielfach üblich, die Systemgrenzen der Organisation selbst und diejenigen seiner Subsysteme in der Weise festzulegen, daß nicht nur Mitglieder der Organisation, sondern auch externe Teilnehmer der Organisation als Elemente eines spezifischen Teilsystems betrachtet werden. Die „Subsysteme" nehmen dann den Charakter von *Zwischensystemen* an[73]). Dies gilt für strukturelle wie funktionale Teilsysteme gleichermaßen. Die einzelnen Mitglieder einer Organisation sind vielfach Mitglieder von Gruppen, die auch Mitglieder anderer Organisationen umfassen. Dabei handelt es sich nicht nur um Cliquen und informelle Gruppen, die gleichsam außerhalb der Organisation entstehen. Strukturelle Zwischensysteme können sich auch

---

[69]) Vgl. hierzu Dienstbach (1968), S. 100 ff. und die dort genannte Literatur.
[70]) Vgl. Argyris (1962), S. 283 ff.; Barnett (1953), S. 291 ff.; Blake, Shepard und Mouton (1964), S. 110; Juran (1964), S. 144 f.; Lippitt, Watson und Westley (1958), S. 10; McGregor (1966), S. 275.
[71]) Vgl. Loomis (1961), S. 223; Schein und Bennis (1965), S. 203.
[72]) Vgl. Mann und Neff (1961), S. 53 ff.
[73]) Vgl. Luhmann (1964), S. 227; Miller und Rice (1967), S. 52 ff.

aus den offiziellen Umweltkontakten der Organisation ergeben. So entstehen strukturelle Zwischensysteme, wenn sich Repräsentanten mehrerer Organisationen zu Verhandlungen treffen.

Auch funktionale „Subsysteme" können — wie das Beispiel des Anpassungssystems bereits zeigt — grenzüberschreitenden Charakter aufweisen. Das politische System einer Organisation umfaßt als funktionales Subsystem sowohl Gruppen, deren Mitglieder zugleich Mitglieder der Organisation selbst sind, als auch Gruppen von Nicht-Mitgliedern.

**Subsysteme und organisationale Teilstrukturen**

Strukturelle und funktionale Subsysteme (bzw. Zwischensysteme) sind offene Verhaltenssysteme. Sie bestehen aus einer Menge aktiver Elemente, die stofflich-energetische bzw. informationelle Kopplungen aufweisen und auch mit Elementen ihrer Umwelt innerhalb und außerhalb der Organisation gekoppelt sind. In der organisationstheoretischen Literatur ist es bisweilen üblich, auch Nicht-Verhaltenssysteme als „Subsysteme" einer Organisation zu bezeichnen. Dies ist etwa der Fall, wenn man das „Zielsystem" als Subsystem der Organisation charakterisiert[74]). Ziele sind keine aktiven Elemente der Organisation. Sie stellen lediglich eine Teilmenge der im organisationalen System „vorhandenen" Informationen als passive Elemente des Systems dar. Nicht-Verhaltenssysteme liegen auch vor, wenn man vom *Kommunikationssystem, Machtsystem, Karrieresystem*[75]) oder *soziometrischen System* der Organisation spricht. Hierbei werden spezifische Beziehungen zwischen den Elementen des organisationalen Systems hervorgehoben. Diese „Subsysteme" bringen generell bestimmte Kategorien von Beziehungen zwischen den Organisationsteilnehmern bzw. den von ihnen ausgefüllten Rollen oder Stellen zum Ausdruck. Das *Kommunikationssystem* zeigt die informationellen Kopplungen oder die Kommunikationskanäle zwischen den Beteiligten. Das *Machtsystem* besteht aus Macht- oder Einflußbeziehungen zwischen den Organisationselementen. Das *Karrieresystem* beinhaltet die Beförderungsmöglichkeiten, die die einzelnen Stellen des organisationalen Systems als stufenmäßige Karriere verbindet. Das *soziometrische System* gibt schließlich sozio-emotionale Beziehungen zwischen den Organisationsteilnehmern wieder[76]).

Bezeichnet man das Netz von Beziehungen zwischen den Elementen eines Systems als die Struktur des Systems, so erscheint es zweckmäßiger, in den vorgenannten Fällen nicht von Subsystemen, sondern von Teilstrukturen der Organisation zu sprechen. Aus diesem Grunde wird im weiteren Verlauf der Untersuchung von Machtstruktur, sozio-emotionaler Struktur usw. gesprochen.

---

[74]) Vgl. Heinen (1966 b), S. 26.
[75]) Vgl. Burns (1966).
[76]) Vgl. Walton und McKersie (1965), S. 185 ff.

## Stabilität der Subsysteme und Multistabilität der Organisation

*Multistabilität* eines kybernetischen Systems liegt vor, wenn das System aus einer Reihe von Subsystemen besteht, die relativ geschlossen und selbst stabil bzw. ultrastabil sind[77]). Diese einzelnen Merkmale der Multistabilität sollen im folgenden näher betrachtet werden.

Voraussetzung für die Multistabilität ist zunächst, daß die Subsysteme relativ geschlossen sind. Das bedeutet, daß die Zahl und Häufigkeit der Kopplungen innerhalb des Subsystems größer ist als zwischen den Systemen. Die Subsysteme sind voneinander zeitweise relativ unabhängig: Es gibt Zeiträume, wo zwischen den Subsystemen überhaupt keine Kopplungen bestehen. Dies ist ex definitione nur bei strukturellen, nicht jedoch bei funktionalen Subsystemen der Fall. Wenn folglich von einer Multistabilität der Organisation gesprochen wird, so bezieht sich diese Aussage stets auf die Stabilität der strukturellen Subsysteme. Es ist freilich darauf hinzuweisen, daß in der systemtheoretischen Literatur vielfach nicht zwischen strukturellen und funktionalen Subsystemen streng getrennt wird. Die Konzeptionen der Stabilität und Ultrastabilität werden auch auf Systeme angewandt, die funktionale Subsysteme im hier verstandenen Sinne darstellen. So finden sich etwa in der politologischen Diskussion politischer Systeme[78]) Anhaltspunkte, die das politische System als stabiles oder gar ultrastabiles System bezeichnen[79]). Das *politische System* wird dabei in aller Regel in der Weise abgegrenzt, daß es als ein funktionales Subsystem der Gesellschaft anzusehen ist.

Jedes strukturelle Subsystem besitzt eine *Subumwelt*. Die Subumwelt umfaßt jene Elemente der Umwelt der Organisation, die mit den Elementen des strukturellen Subsystems gekoppelt sind. Eine Einkaufsabteilung einer Unternehmung hat mit anderen Elementen der Umwelt Kontakte als eine Verkaufsabteilung. Jede Abteilung weist eine Subumwelt auf; beide Subumwelten können sich teilweise decken.

Jedes strukturelle Subsystem ist *Störungen* aus seiner Subumwelt ausgesetzt. Es ist gegenüber diesen Störungen relativ stabil. Das bedeutet zweierlei: Das Subsystem kann erstens durch kontrollierte kompensierende Rückkopplungen einen Beharrungszustand aufrechterhalten, solange es durch die Störungen nicht außerhalb seines Stabilitätsbereiches gerät. Diese Fähigkeit bewirkt zweitens, daß sich die Störungen nicht auf die anderen Subsysteme fortpflanzen. Die Verkaufsabteilung braucht nicht zu merken, welche Schwierigkeiten die Einkaufsabteilung besitzt, und umgekehrt. Die beiden Abteilungen bleiben trotz Störungen aus ihren Subumwelten voneinander relativ unabhängig. Es sind keine Kopplungen vorhanden und erforderlich, die die Auswirkungen der Störungen auf die andere Abteilung weitergeben.

Ist ein Subsystem Störungen seiner Subumwelt ausgesetzt, die es jenseits seines Stabilitätsbereiches bringen, so sind zwei Möglichkeiten gegeben: Die

---
[77]) Vgl. Klaus (1967), S. 434 f.
[78]) Vgl. Easton (1966), S. 143 ff.; Rapoport (1966 a), S. 129 ff.
[79]) Vgl. Easton (1965 b), S. 22 ff.

Subsysteme können zum einen ultrastabil sein und die neuen Kategorien von Störungen durch einen Wandel ihrer Systemstruktur auffangen. Zum andern können sich die Störungen nunmehr auf andere Subsysteme fortpflanzen, die ihrerseits durch kompensierende Rückkopplungen die Störungen auszugleichen versuchen. Welche dieser Möglichkeiten bzw. Kombinationen dieser Möglichkeiten im konkreten Fall vorherrschen, läßt sich nicht allgemeingültig sagen. Bislang ist keineswegs geklärt, unter welchen Bedingungen Störungen einer Subumwelt durch Strukturwandel des Subsystems oder durch Weitergabe an andere Subsysteme gehandhabt werden.

Auf jeden Fall bedeutet Multistabilität, daß sich die einzelnen Subsysteme nicht jeder Veränderung der Gesamtumwelt ausgesetzt sehen. Für jede Subumwelt ist ein anderes Subsystem zuständig, das auf Grund seiner eigenen Stabilität oder gar Ultrastabilität in der Lage ist, die übrigen Subsysteme von Störungen aus dem Bereich seiner Subumwelt abzuschirmen. Umgekehrt kann sich jedes Subsystem ganz auf seine Subumwelt konzentrieren, weil es selbst von Störungen anderer Subumwelten abgeschirmt ist[80]). Auf diese Weise ist die Differenzierung der Organisation in relativ unabhängige, ultrastabile strukturelle Subsysteme eine wesentliche Voraussetzung dafür, daß eine Organisation in einer komplexen, in vielfältiger Weise störenden Umwelt überleben kann. Die Komplexität der Umwelt spiegelt sich in der Komplexität der Organisation wider.

## 1.3 Das Informations- und Entscheidungssystem der Organisation

Die Individualentscheidungsprozesse in der Organisation stehen nicht isoliert nebeneinander. Sie sind vielmehr als Teilprozesse im Rahmen eines umfassenden Informations- und Entscheidungssystems der Organisation (im folgenden kurz: IES) zu sehen[81]). Im folgenden sollen einige Merkmale dieses IES skizziert werden, die für die weitere Untersuchung der Individualentscheidungen und der diese determinierenden Entscheidungsprämissen wesentlich erscheinen.

### 1.31 Zum Begriff des Informations- und Entscheidungssystems

Das IES einer Organisation kann in zweifacher Weise charakterisiert werden. Zum einen kann man von den verschiedenen Informationsprozessen ausgehen, die jede Organisation zu erfüllen hat: Das IES ist dann der Inbegriff der *informationsverarbeitenden Subsysteme* der Organisation. Zum anderen kann man jedoch auch von den einzelnen Entscheidungsprozessen ausgehen: Das IES bildet dann den Inbegriff der *partiellen Entscheidungssysteme* einer Organisation.

---

[80]) Vgl. Thompson (1964), S. 334 ff.
[81]) Vgl. Bonini (1963); Bonini (1964), S. 276 ff.; Forrester (1961); Klein (1968), S. 3; Meffert (1968). Vgl. auch den umfangreichen Literaturüberblick bei Müller (1969).

### Das IES als Inbegriff der informationsverarbeitenden Subsysteme der Organisation

Wie jedes Verhaltenssystem, so muß auch die Organisation eine Reihe von Informationsprozessen vollziehen. Sie muß Elemente oder strukturelle Subsysteme besitzen, die Informationen aufnehmen, sie entschlüsseln, mit anderen Informationen verknüpfen bzw. assoziieren, speichern, verarbeiten, verschlüsseln und an andere Elemente innerhalb oder außerhalb des Systems weitergeben. Dabei ist es für komplexe Organisationen charakteristisch, daß sie sich hierzu zum Teil auch technischer Einrichtungen zur Verarbeitung, Speicherung und Kommunikation der Information bedienen. Das IES ist deshalb in einem zunehmenden Maße als *sozio-technisches System* zu begreifen.

Das IES ist ein *offenes System*. Seine menschlichen und technischen Elemente sind mit Elementen der Umwelt informationell gekoppelt. Dabei ist nicht nur die „äußere" Umwelt (Außenwelt), sondern auch die „innere" Umwelt des IES in die Betrachtung einzubeziehen. Die *innere Umwelt* bilden diejenigen Elemente und Subsysteme der Organisation, die die stofflich-energetischen Prozesse des Systems realisieren. Man kann davon ausgehen, daß das IES in erster Linie der Steuerung und Regelung dieser stofflich-energetischen Prozesse dient, die somit als Steuer- bzw. Regelstrecken zu betrachten sind. Sie können als die *„Objektprozesse"* des IES angesehen werden. Freilich können auch Informationsprozesse in der Organisation — also Aspekte des IES selbst — Objektprozesse in diesem Sinne sein. Es erscheint daher zweckmäßig, zwischen *Objekt-* und *Metaprozessen* im Rahmen des IES zu unterscheiden. Wenn beispielsweise in einem Regelkreis höherer Ordnung die Struktur eines Regelkreises niederer Ordnung verändert wird, so liegt ein Metaprozeß vor, der sich auf einen informationsverarbeitenden Objektprozeß bezieht. Dieser kann selbst wiederum ein informationeller Metaprozeß eines stofflich-energetischen Objektprozesses sein.

In dieser Sicht wird das IES einer Organisation vielfach als ein hierarchisch strukturiertes System maschenartiger Regelkreise charakterisiert. Die Regelstrecken von Regelkreisen höherer Ordnung sind Regelkreise niederer Ordnung. Diese Charakterisierung ist jedoch insofern bisweilen irreführend, als sie unterstellt, daß die Erfolge bzw. Mißerfolge der die Störungen kompensierenden Maßnahmen stets kontrolliert und zurückgemeldet werden. Bei rein deskriptiver Betrachtung ist davon auszugehen, daß viele kompensierende Maßnahmen in der Organisation Ergebnis von Steuerungsprozessen, nicht jedoch von Regelungsprozessen sind. Im Gegensatz zur Regelung, die kontrollierte Rückkopplungen voraussetzt, wird bei der Steuerung auf beobachtete Störungen durch kompensierende Maßnahmen reagiert, ohne daß der Erfolg oder Mißerfolg der Kompensation zurückgemeldet wird. Die individualpsychologische Theorie der *kognitiven Dissonanz*[82] impliziert, daß

---
[82] Vgl. Band I, S. 119 ff.

die Erfolge oder Mißerfolge von Entscheidungen keineswegs immer unvoreingenommen kontrolliert werden. Die selektive Wahrnehmung des Entscheidungsträgers nach der Entscheidung bedeutet gleichsam, daß die Rückmeldung von Erfolgen oder Mißerfolgen „gestört" wird.

Stellt man die Regelung und Steuerung irgendwelcher organisatorischer Prozesse als Hauptmerkmal des IES heraus, so tritt damit gleichzeitig das Entscheidungsphänomen selbst in den Vordergrund der Betrachtung. Regelungs- und Steuerungsprozesse sind Entscheidungsprozesse, in deren Verlauf eine kompensierende Maßnahme zu finden, zu wählen und zu realisieren ist. Dies ist auch der Grund, weshalb hier von einem Informations- und Entscheidungssystem gesprochen wird.

**Das IES als Inbegriff der partiellen Entscheidungssysteme der Organisation**

Bisher wurde das IES als Inbegriff der informationsverarbeitenden Subsysteme einer Organisation betrachtet. In einer etwas anderen Betrachtungsweise kann das IES auch als Inbegriff aller partiellen Entscheidungssysteme einer Organisation aufgefaßt werden. Während die funktionalen informationsverarbeitenden Subsysteme die jeweiligen Informationsprozesse als Abgrenzungsmerkmal herausstellen, geht die Abgrenzung eines partiellen Entscheidungssystems (im folgenden kurz: Entscheidungssystem) von den einzelnen Entscheidungsprozessen in der Organisation aus, die wiederum informationsverarbeitende Prozesse aller Kategorien umfassen können.

Zu einem *Entscheidungssystem* werden alle aktiven Elemente einer Organisation (Menschen und technische Einrichtungen) zusammengefaßt, die (1) an einem spezifischen Entscheidungsprozeß oder (2) an einer Klasse von Entscheidungsprozessen beteiligt sind. Eine solche Klasse von Entscheidungsprozessen kann (2 a) aus der Menge sich wiederholender Entscheidungsprozesse eines bestimmten Typs (z. B. Zielentscheidungsprozesse) oder aber (2 b) aus einer Menge von Entscheidungsprozessen unterschiedlichen Typs bestehen, die jedoch von einer weitgehend identischen Menge von Beteiligten getragen werden.

Bei der Abgrenzung des Entscheidungssystems im Sinne (1) ist das Entscheidungssystem als ein rein *temporäres funktionales Subsystem* anzusehen. In den Fällen (2 a) und (2 b) besitzt es jedoch einen mehr *dauerhaften Charakter*.

**Der Aufbau des IES**

Das gesamte Informations- und Entscheidungssystem einer Organisation kann aus drei sich freilich überschneidenden Subsystemen zusammengesetzt gedacht werden: dem politischen, dem administrativen und dem operativen System. Analog ist zwischen politischen, administrativen und operativen Entscheidungen zu unterscheiden. Operative Entscheidungen sind programmierte Entscheidungen, die wohl-definiert, wohl-strukturiert sind und der routinemäßigen Steuerung und Regelung der operativen Prozesse der Produktion und Distribution dienen. Sie umfassen die im zweiten Band als routinemäßig oder adaptiv bezeichneten Typen von Entscheidungen. Administrative Entscheidungen sind demgegenüber innovativ, d. h., sie sind nichtprogrammierte Entscheidungen, die in erster Linie der Entwicklung von Programmen für das operative System dienen. Die Träger administrativer Entscheidungen haben dabei die Beschränkungen (Ziele, Strategien, Budgets) zu beachten, die im Rahmen der politischen Entscheidungen der Organisation festgelegt werden. Neben der Formulierung der „Organisationspolitik" (Ziele, Strategien) und der Budgets beinhalten politische Entscheidungen auch die Gestaltung der Organisationsstrukturen, die Besetzung der Schlüsselpositionen in der Organisation sowie Einzelmaßnahmen von außergewöhnlicher Bedeutung. Politische Entscheidungen sind ebenfalls in hohem Maße schlechtstrukturierte Entscheidungen. Sie haben vor allem die Aufgabe, die individuellen Präferenzen und Werte der Organisationsteilnehmer und sonstigen Interessenten der Umwelt in „offizielle" Beschränkungen für die Organisation zu „transformieren". Dabei geht es für die Instanzen des politischen Systems primär darum, die aus den individuellen Wertvorstellungen der Interessenten erwachsenden konfliktären Forderungen zu handhaben und diese bei ihren Entscheidungen so zu berücksichtigen, daß stets hinreichende Unterstützung für das politische System, seine Verfassung und die Inhaber der Führungsrollen gewährleistet ist[83]).

Neben den drei genannten Systemen steht das Intelligenzsystem, dessen Aufgabe in der Bereitstellung von Informationen über die innere und äußere Umwelt der Organisation und Problemlösungsvorschlägen für die Entscheidungsträger auf sämtlichen Ebenen der Hierarchie besteht. Stäbe, Nachrichtendienste, Management-Informationssysteme, Forschungs- und Entwicklungsabteilungen sind Beispiele für Institutionen des Intelligenzsystems einer Organisation. Das Intelligenzsystem einer Organisation ist weitgehend mit jenem funktionalen Subsystem identisch, das Katz und Kahn als „Anpassungssystem" bezeichnen.

## 1.32 Kollektive Entscheidungsprozesse in der Organisation

Nicht selten werden die zwischen Input und Output des IES intervenierenden Informationsprozesse als d e r Entscheidungsprozeß der Organisation bezeichnet. Dieser Terminologie soll hier jedoch nicht gefolgt werden. Das Geschehen innerhalb des IES soll vielmehr als eine Folge von sich zum Teil personell und zeitlich überschneidenden einzelnen Entscheidungsprozessen verstanden werden. Dabei ist davon auszugehen, daß jeder einzelne Entscheidungsprozeß anders verläuft. Nur bei einer mehr oder weniger weitgehenden Abstraktion von Einzelheiten ist es zulässig, das Geschehen im

---

[83]) Vgl. Seite 123 ff. dieser Arbeit.

IES als eine Folge sich wiederholender Entscheidungsprozesse aufzufassen. An dieser Betrachtungsweise wird angeknüpft, wenn man das IES auch als den Inbegriff aller partiellen Entscheidungssysteme einer Organisation begreift. Die Abgrenzung eines solchen Entscheidungssystems geht stets von einzelnen Entscheidungsprozessen oder von Klassen einzelner Entscheidungsprozesse in der Organisation aus.

**Kollektive Entscheidungsprozesse, Gruppenentscheidungsprozesse und Individualentscheidungsprozesse[84])**

Entscheidungssysteme sind funktionale Subsysteme der Organisation[85]). Besitzen sie jedoch einen dauerhaften Charakter, so besteht die Tendenz, daß sie sich zu einem strukturellen Subsystem innerhalb der Organisation verfestigen. Dies ist insbesondere dann der Fall, wenn zur Abgrenzung des Entscheidungssystems von einer Klasse von Entscheidungsprozessen ausgegangen wird, die von einer weitgehend identischen Menge von Organisationsteilnehmern getragen werden. Die an dem Entscheidungsprozeß Beteiligten bilden eine Gruppe; der Entscheidungsprozeß kann als *Gruppenentscheidungsprozeß* aufgefaßt werden.

Freilich erscheint es zweckmäßig, diesen Begriff — in Abstimmung mit der Terminologie des sozialpsychologischen Forschungsgebiets des „group problem solving"[86]) — auf kleine Gruppen zu beschränken, deren Mitglieder persönliche Kontakte „von Angesicht zu Angesicht" besitzen. Die Entscheidungsprozesse einer Organisation sind in der Regel keine Gruppenentscheidungsprozesse in diesem Sinne. Die Zahl der Beteiligten ist meist zu groß, als daß sie miteinander unmittelbare, persönliche Kontakte besitzen und Mitglieder einer einzigen Gruppe sein könnten. Dies schließt jedoch nicht aus, daß Teilprozesse eines komplexen kollektiven Entscheidungsprozesses Gruppenprozesse in diesem eingeschränkten Sinne darstellen. Dies ist etwa der Fall, wenn die Lösung eines Teilproblems auf ein Kollegium übertragen ist. Darüber hinaus ist anzunehmen, daß sich relativ umfassende funktionale Entscheidungssysteme aus einer mehr oder weniger großen Zahl struktureller Subsysteme (Gruppen) formaler und informaler Art zusammensetzen, die sich zum Teil personell überschneiden.

Diese Überlegungen machen deutlich, daß es nicht zulässig ist, kollektive organisationale Entscheidungsprozesse pauschal als Gruppenentscheidungs-

---

[84]) Vgl. dazu Albach (1961); Alexis und Wilson (1967); Braybrooke und Lindblom (1963); Cyert und March (1963); Cyert et al. (1966); Dill (1962); Dill (1964); Feldman und Kanter (1965); Gäfgen (1961), S. 1 ff.; Gore (1964); Gore und Dyson (1964); Hax (1965); Heinen (1966); Hill (1969); Katz und Kahn (1966), S. 274; Kosiol (1959); Lundberg (1964); March (1964); March und Simon (1958); Rudner und Wolfson (1962); Simon (1957 a); Simon (1960); Thompson und Tuden (1959); Wurst (1967).

[85]) Vgl. Cahill und Goldstein (1964), S. 359 ff.; Dienstbach (1968), S. 167 ff.; Fäßler (1967), S. 210; Thompson (1967), S. 144 ff.; Young (1966), S. 31 f.

[86]) Vgl. hierzu Alexis und Wilson (1967), S. 71 ff.; Bales und Strodbeck (1967), S. 122 ff.; Jones und Gerard (1967), S. 593 ff.; Thibaut und Kelley (1959); Wurst (1967), S. 24.

prozesse zu bezeichnen[87]). Dies würde eine unzweckmäßige Einengung des Begriffes des kollektiven Entscheidungsprozesses bedeuten. Eine weitere mögliche Einengung des Begriffes erscheint ebenfalls unzweckmäßig: Vielfach wird dieser Begriff jenen organisationalen Entscheidungsprozessen vorbehalten, bei welchen die endgültige Entscheidung von einem Kollegium getroffen wird, während alle übrigen Entscheidungsprozesse in der Organisation als Individualentscheidungsprozesse bezeichnet werden, gleichgültig, ob bei der Vorbereitung der endgültigen Entscheidung auch andere Organisationsteilnehmer beteiligt sind. Dieser Terminologie soll hier nicht gefolgt werden. *Individualentscheidungsprozesse* werden hier stets als *intraindividuelle Prozesse* betrachtet, die zu einem Entschluß oder „commitment" eines Individuums führen. So gesehen setzt sich jeder kollektive Entscheidungsprozeß aus einer Vielzahl individueller Entscheidungsprozesse zusammen. Diese betreffen sowohl die endgültige Entscheidung selbst als auch die Entscheidungen im Rahmen der Vorbereitung dieser endgültigen Entscheidung. Ein *kollektiver Entscheidungsprozeß* liegt demnach vor, wenn mehrere Entscheidungsträger am Prozeß beteiligt sind, gleichgültig, ob die endgültige Entscheidung von einer Person oder aber von einer Personenmehrheit getroffen wird.

Vielfach ist es zweckmäßig, den Begriff der Entscheidung auf die zu einem „commitment" führende Entschlußfassung eines Individuums zu beschränken. Dies impliziert die Festlegung, daß nur Menschen Entschlüsse fassen können. Kollektive Entscheidungsprozesse sind dann dadurch charakterisiert, daß in ihrem Verlauf von mehreren Personen Entschlüsse gefaßt werden. Der Terminus „Kollegialentscheidung" erscheint in diesem Zusammenhang freilich unzulässig. Nur die Mitglieder eines Kollegiums können Entschlüsse fassen, nicht jedoch das Kollegium selbst. Einen Ausweg aus diesem terminologischen Dilemma findet man, wenn man zwischen der Entscheidung (dem Entschluß) und der Autorisierung der Entscheidung unterscheidet.

**Die Autorisierung von Entscheidungen**

Unter *Autorisierung* soll hier jener Prozeß oder Ritus verstanden werden, der auf Grund der Verfassung der Organisation oder der für die Organisation geltenden kulturellen Normen erfüllt sein muß, damit das Ergebnis einer Entscheidung für die Organisation oder für einzelne Teile der Organisation — aber auch gegenüber externen Organisationsteilnehmern — als verbindlich anzusehen ist[88]). Welche Bedingungen jeweils erfüllt sein müssen, damit eine Entscheidung als autorisiert zu gelten hat, kann nicht allgemein gesagt werden. Diese Bedingungen sind von Kulturkreis zu Kulturkreis, ja von Organisation zu Organisation verschieden. So kann es für die Autorisierung ausreichen, daß die Entscheidung von einer bestimmten Person oder Personengruppe verkündet wird. Die *Normen für die Autorisierung* können

---
[87]) Vgl. z. B. Galbraith (1968), S. 63 ff.
[88]) Vgl. Easton (1953), S. 125 ff.; Easton (1965); Galbraith (1968), S. 72; Young (1966).

jedoch auch vorschreiben, daß die Verkündung unter bestimmten Umständen erfolgen muß. Sie können vorsehen, daß ein bestimmtes Kollegium einen formellen Beschluß zu fassen hat, der in einem zu veröffentlichenden Protokoll, das von allen Mitgliedern des Kollegiums zu unterschreiben ist, festgehalten werden muß. Dabei ist zumeist auch vorgeschrieben, nach welchen Regeln und nach welchem Abstimmungsmodus dieser Beschluß zu fassen ist.

Ganz allgemein schafft die Autorisierung ein äußeres Zeichen dafür, daß das Ergebnis eines Entscheidungsprozesses nunmehr verbindlichen Charakter besitzt und damit offizieller Natur ist. Der Prozeß der Autorisierung ist somit das, was vielfach als *Finalentscheidung* bezeichnet wird. Die Alltagserfahrung lehrt jedoch, daß die individuellen „commitments" (Entschlüsse) der an der Autorisierung beteiligten Individuen vielfach schon vor Beginn der Autorisationsphase vorliegen und die Autorisierung oftmals nur noch reine Formsache ist.

Dies schließt freilich nicht aus, daß die Regeln für die Autorisierung eines Entscheidungsergebnisses gleichzeitig die Funktion von *Schlichtungsregeln*[89]) erfüllen, die Konflikte der Beteiligten zu einem gewissen Ausgleich bringen sollen. Der Tatbestand der Autorisierung hängt eng mit dem Vorliegen einer durch *kulturelle* bzw. *gesetzliche Normen* oder durch eine *Organisationsverfassung* legitimierten (formalen) Autorität der zur Autorisierung Berechtigten zusammen. Eine solche *Autorität* liegt vor, wenn alle oder einzelne Organisationsteilnehmer durch Normen verpflichtet sind, autorisierte Entscheidungsergebnisse als Prämissen ihrer nachgelagerten Entscheidungen zu akzeptieren. Hierauf ist jedoch im einzelnen noch einzugehen, wenn die sozialen Beeinflussungsprozesse innerhalb der Organisation einer näheren Untersuchung unterzogen werden[90]).

**Kern- und Satellitengruppen im kollektiven Entscheidungsprozeß**

Die zur Autorisierung des Ergebnisses eines Entscheidungsprozesses legitimierte Person oder Gruppe wird als *Kernorgan* oder *Kerngruppe* des Entscheidungsprozesses bezeichnet[91]). Verfassungen von Organisationen beinhalten u. a. stets eine mehr oder weniger genaue Festlegung, welcher Organisationsteilnehmer oder welche Gruppe von Organisationsteilnehmern für welche Entscheidung oder Klasse von Entscheidungen das Recht besitzen soll, das Ergebnis des Entscheidungsprozesses zu autorisieren und für die Organisation verbindlich zu machen. In der Organisationstheorie wird in diesem Zusammenhang vielfach vom *Kompetenzsystem* der Organisation gesprochen. Delegation einer Entscheidung bedeutet in dieser Sicht, daß das

---

[89]) Zum Begriff der Schlichtungsregeln vgl. Arrow (1951); Gäfgen (1968), S. 182, 185; Luce und Raiffa (1957), S. 121 ff.; Wurst (1967).
[90]) Vgl. S. 161 ff. dieser Arbeit.
[91]) Vgl. zum Begriff der Kerngruppen und Satellitengruppen Eells (1962), S. 71 ff.; Kaufman (1963); Sayre und Kaufman (1960).

Recht der Autorisierung auf eine andere Person oder Gruppe übertragen wird. Die Entscheidung zu delegieren ist eine Entscheidung, die selbst der Autorisierung bedarf. Ein IES ist *dezentralisiert,* wenn das Recht zur Autorisierung auf mehrere Personen oder Gruppen verteilt ist.

Das Recht zur Autorisierung verschafft der jeweiligen Person oder Gruppe in der Regel einen dominierenden Einfluß auf das Ergebnis der Entscheidung. Dies darf jedoch nicht darüber hinwegtäuschen, daß neben dem Kernorgan[92]) noch andere Organisationsteilnehmer oder Gruppen auf das Ergebnis eines Entscheidungsprozesses Einfluß nehmen. Sie bilden die *Satelliten* oder *Satellitengruppen* des Kernorgans. Auch diejenige Person oder Gruppe, die das Autorisierungsrecht ursprünglich delegierte, muß späterhin als Satellit des neuen Kernorgans angesehen werden. In solchen Fällen ist jedoch davon auszugehen, daß dieser Satellit meist einen erheblichen Einfluß auf die Entscheidungen des Kernorgans auszuüben vermag. Das Recht, die Delegation[93]) des Autorisierungsrechts wieder rückgängig zu machen, verschafft dieser Kerngruppe die entsprechende Machtbasis. Schließlich behält sich die delegierende Gruppe meist das Recht vor, Beschränkungen für die Entscheidungen des Kernorgans zu bestimmen und zu autorisieren. Das impliziert gleichzeitig die Annahme, daß das Kernorgan nur solche Entscheidungen autorisieren darf, die diesen offiziell vorgegebenen Beschränkungen genügen. Die delegierende Person oder Gruppe behält sich ein Kassationsrecht vor. Die Autorisierung durch die Kerngruppe ist erst wirksam, wenn von diesem Kassationsrecht nicht Gebrauch gemacht wird. Es ist jedoch in diesem Zusammenhang zu beachten, daß die delegierende Gruppe häufig mehr informale Methoden zur Beeinflussung der Kerngruppe wählt und nur in Ausnahmefällen ihr Recht der autorisierten Anweisung bzw. des Entzugs des Autorisierungsrechts in Anspruch nimmt.

Für das gesamte IES der Organisation implizieren diese Überlegungen eine komplexe Struktur von Kernorganen und Satelliten. Für jede Klasse von Entscheidungen wird durch das *Kompetenzsystem* ein Kernorgan festgelegt, das von einem Kranz von Satelliten umgeben ist, die auf Entscheidungen Einfluß nehmen möchten. Jede Person oder Gruppe, die bei einer Klasse von Entscheidungen Kernorgan ist, kann und wird bei anderen Entscheidungen die Funktion eines Satelliten übernehmen. Die einzelnen Kernorgane sind durch ein Netz von Befehlswegen[94]) verbunden, das dem dezentralen IES das aus den formalen Organisationsplänen bekannte pyramidenförmige Aussehen gibt. Diese formalen Weisungsbefugnisse einzelner Satelliten im System sind jedoch nur als eine Machtgrundlage unter vielen anzusehen und

---

[92]) Dem Begriff der Kerngruppe ähnlich ist der der „Instanz" in der deutschsprachigen Organisationslehre. Vgl. hierzu Kosiol (1962), S. 114 ff.; zum Kompetenz- oder Weisungssystem der Unternehmung vgl. Albach (1961), S. 375.

[93]) Zum Begriff der Delegation vgl. Blau und Scott (1962); Bleicher (1966); Kosiol (1962); MacMahon (1961); March und Simon (1958); Simon (1957 a); Wild (1967), S. 38.

[94]) Vgl. dazu das „klassische" Werk von Fayol (1916); außerdem Blau und Scott (1962); Kosiol (1962), S. 110 ff.; Simon (1957 a).

ändern nichts an der Zweckmäßigkeit, auch formal „vorgesetzte" Personen oder Gruppen als Satelliten in jenen kollektiven Entscheidungsprozessen zu betrachten, die delegierte Entscheidungen zum Inhalt haben.

Satelliten stellen hinsichtlich der zu autorisierenden Entscheidungen Forderungen an die Kernorgane. Dabei sieht sich das Kernorgan in der Regel einer Vielzahl von Forderungen gegenüber, die unter sich, aber auch mit den Vorstellungen des Kernorgans selbst nur schwer in Einklang zu bringen sind: Es bestehen *Konflikte* zwischen den Beteiligten. Kollektive Entscheidungsprozesse sind daher meist gleichzeitig Prozesse der Handhabung *interindividueller Konflikte*. Diese Tatsache ist von Bedeutung, wenn zwischen integrativen und distributiven kollektiven Entscheidungsprozessen unterschieden wird.

**Integrative und distributive Entscheidungsprozesse**[95])

Die Unterscheidung zwischen integrativen und distributiven Entscheidungsprozessen geht auf Walton[96]) zurück. Er knüpft dabei an Erörterungen von March und Simon an, die vier Arten der Konflikthandhabung im Rahmen kollektiver Entscheidungsprozesse unterscheiden[97]).

Ein kollektiver Entscheidungsprozeß kann zunächst ein reiner *Problemlösungsprozeß* sein:

> „Beim Problemlösungsprozeß ist unterstellt, daß Ziele geteilt werden und das Entscheidungsproblem darin besteht, eine Lösung zu identifizieren, die den geteilten Kriterien genügt."[98])

Diese Definition deutet scheinbar an, ein Problemlösungsprozeß setze voraus, daß die Beteiligten ein *Team* bilden, d. h. über identische Präferenz- und Wertordnungen verfügen. Problemlösen liegt jedoch auch dann vor, wenn die Ziele oder Kriterien der Beteiligten nicht übereinstimmen und jeder Teilnehmer eine andere Menge von Beschränkungen für diese Problemlösung wünscht, wenn jedoch die von allen Beteiligten ihren Problemlösungsbemühungen zugrunde gelegte Definition des Problems durch eine Vereinigung der Mengen aller Beschränkungen entsteht. Dies ist etwa der Fall, wenn die Ehefrau ein Auto mit Ledersitzen und blauer Farbe, der Ehemann dagegen ein Auto mit Gürtelreifen und mindestens 100 PS wünscht. Der kollektive Entscheidungsprozeß der beiden ist dann ein reiner Problemlösungsprozeß, wenn sie gemeinsam ein Auto suchen, das Ledersitze, Gürtelreifen, blauen Lack besitzt und 100 PS leistet. Die Wünsche und Forderungen der Beteiligten können dabei zunächst durchaus konfliktär sein,

---

[95]) Vgl. Dienstbach (1968), S. 176 ff.; Fässler (1967), S. 217 ff.; Walton, Dutton und Fitch (1966), S. 444 ff.; Walton und McKersie (1965). Eine ähnliche Konzeption vertritt Lindblom (1965), S. 66 ff.

[96]) Vgl. Walton (1966), S. 409 ff.

[97]) Vgl. auch S. 73 f. dieser Arbeit.

[98]) March und Simon (1958), S. 129.

weil die a priori bekannten Autos nicht alle vier geforderten Merkmale aufweisen. Es entspricht jedoch einem gemeinsamen Problemlösungsprozeß, wenn so lange weitere Autos gesucht und getestet werden, bis eines gefunden ist, das allen Merkmalen genügt. Der ursprünglich vorhandene Konflikt wird auf diese Weise durch *kooperative Diskussion* „aufgelöst".

Einen zweiten Typ kollektiver Entscheidungsprozesse bezeichnen March und Simon als *„Überzeugung"* (persuasion):

> „Im Falle des Überzeugens wird angenommen, daß sich die individuellen Ziele innerhalb der Organisation zwar unterscheiden, daß jedoch diese Ziele nicht als endgültig angesehen werden müssen."[99])

In solchen Fällen versuchen die am kollektiven Entscheidungsprozeß Beteiligten, sich wechselseitig zu überreden, ihre Wünsche und Forderungen so zu modifizieren, daß eine der bereits bekannten Alternativen als allseits akzeptierte Lösung dienen kann. Es werden folglich keine zusätzlichen Problemlösungen gesucht. Die kooperative Diskussion der reinen Problemlösung wird zur *parteiischen Diskussion* oder *Debatte*.

Der dritte von March und Simon genannte Typ des kollektiven Entscheidungsprozesses ist das *„Aushandeln"* (bargaining):

> „Wo das Aushandeln gebräuchlich ist, wird der Dissens über Ziele als endgültig betrachtet und eine Übereinstimmung (über die zu wählende Alternative; A. d. V.) ohne Überzeugungsversuche angestrebt."[100])

Aushandeln (bargaining) liegt vor, wenn sich die Beteiligten durch Drohungen oder Versprechungen wechselseitig zur Annahme einer Alternative zu bewegen suchen. Nicht selten wird die Zustimmung durch Ausgleichszahlungen (side payments) „erkauft".

Einen vierten Typ kollektiver Entscheidungsprozesse bezeichnen March und Simon schließlich als *„politics"*. Hier wird die gleiche Situation wie im „Aushandeln" unterstellt. Die „Arena" (March und Simon) wird jedoch von den Teilnehmern als nicht fixiert angesehen. Dies ist u. a. dahin gehend zu verstehen, daß über die „Spielregeln" keine volle Übereinstimmung besteht.

Diese Typen kollektiver Entscheidungsprozesse können als besonders hervorgehobene Punkte eines ganzen Kontinuums von Möglichkeiten angesehen werden. Das eine Extrem bildet das reine Problemlösen. Je mehr man sich auf dem Kontinuum in Richtung des anderen Extrempunktes bewegt, desto mehr ist das Problemlösen durch wechselseitige Überredungsversuche „durchsetzt", desto mehr kommen Elemente des mit Drohungen, Versprechungen und Ausgleichszahlungen operierenden „Aushandelns" zum Tragen, die schließlich immer mehr den Prozeß dominieren. Das andere Extrem bildet somit das reine „Aushandeln", bei dem nur ein Minimum an Spielregeln von den Beteiligten als verbindlich akzeptiert wird.

---

[99]) March und Simon (1958), S. 129.
[100]) Ebenda, S. 130.

Dieses Kontinuum charakterisiert eine erste Variable, auf die Walton bei seiner Unterscheidung zwischen distributiven und integrativen Prozessen Bezug nimmt[101]). Je mehr der Prozeß zum *Problemlösen* tendiert und je weniger Elemente des *Aushandelns* und der wechselseitigen Manipulation im Prozeß zum Tragen kommen, desto integrativer ist der Prozeß anzusehen.

Eine zweite Klasse von Variablen charakterisiert strukturelle Merkmale des Entscheidungssystems, in dessen Rahmen der kollektive Entscheidungsprozeß abläuft. Je mehr Beteiligte miteinander in *Interaktion* treten und je häufiger solche *informationellen Kopplungen* zwischen den Elementen des Systems stattfinden, desto integrativer ist der Prozeß und desto mehr wird er demzufolge Elemente des gemeinsamen Problemlösens beinhalten. Diese Aussage impliziert, daß ein kollektiver Entscheidungsprozeß um so integrativer ist, je mehr das zugrundeliegende funktionale Entscheidungssystem eine Tendenz zum strukturellen Subsystem aufweist.

Auf der gleichen Ebene liegen Beziehungen zwischen dem integrativen bzw. distributiven Charakter des Entscheidungsprozesses einerseits und den zur Anwendung gelangenden *Schlichtungsregeln* andererseits. Je formaler diese Schlichtungsregeln sind und je weniger die Teilnehmer bereit sind, von ihnen abzugehen und sie zu ändern, desto distributiver ist der kollektive Entscheidungsprozeß. Integrative Entscheidungsprozesse sind demgegenüber dadurch charakterisiert, daß die Schlichtungsregeln nicht starr gehandhabt werden. In den meisten Fällen gelangen die Beteiligten zu einer Einigung, ohne daß eine formale Schlichtung notwendig wird. Die Schlichtungsregeln werden lediglich pro forma angewandt, um die durch die Verfassung vorgesehenen Voraussetzungen für die Autorisierung des Entscheidungsergebnisses zu schaffen.

Schließlich sind auch die *wechselseitigen sozio-emotionalen Beziehungen* bzw. *Attitüden* der an kollektiven Entscheidungsprozessen Beteiligten dafür maßgebend, ob diese mehr als integrativ oder mehr als distributiv zu qualifizieren sind. Die Kooperationsbereitschaft, die gegenseitige Anerkennung der Legitimität der Beteiligung am Entscheidungsprozeß, das wechselseitige Vertrauen und die persönlichen Zuneigungen sind für integrative Entscheidungsprozesse charakteristisch. Distributive Entscheidungsprozesse sind demgegenüber durch konkurrierende, kooperationsunwillige Einstellungen, durch eine Verneinung der Legitimität der Beteiligung, durch wechselseitiges Mißtrauen und persönliche Abneigungen gekennzeichnet.

## „Phasen" kollektiver Entscheidungsprozesse[102])

Die entscheidungsorientierte Organisationstheorie hat kaum Hypothesen über den Ablauf eines kollektiven Entscheidungsprozesses hervorgebracht.

---

[101]) Vgl. Walton (1966), S. 409 ff.
[102]) Vgl. Bales und Strodtbeck (1967), S. 122 ff.; Cyert, Simon und Trow (1966), S. 591 ff.; Witte (1968 ), S. 625 ff. und die dort angegebene weitere Literatur.

Überblickt man die vorhandene Literatur, so stellt man eine recht einseitige Betrachtung kollektiver Entscheidungsprozesse fest. Meist wird unterstellt, daß die Entscheidungsprozesse mehrere „Phasen" durchlaufen. Dabei lehnt man sich sehr eng an die Phasenschemata der Individualentscheidungsprozesse an.

Damit lassen sich jedoch allenfalls solche kollektiven Entscheidungsprozesse charakterisieren, die als reine Problemlösungsprozesse anzusehen sind. Soweit dabei eine strikte Reihenfolge dieser Phasen unterstellt wird, sind diese Versuche als ähnlich unrealistisch anzusehen wie im Falle der Individualentscheidungsprozesse[103]). Letztlich ist auch hier davon auszugehen, daß jeder kollektive Entscheidungsprozeß einen anderen Verlauf nimmt. Aus diesem Grunde konzentriert sich die Forschung immer mehr auf die Entwicklung eines Katalogs von *Teilprozessen* sowie auf die Untersuchung der Frage, welche Bedingungen für die spezifische Folge dieser Teilprozesse im Rahmen eines komplexen kollektiven Entscheidungsprozesses maßgebend sind. Dabei ist davon auszugehen, daß die einzelnen Teilprozesse — im Gegensatz zum Individualentscheidungsprozeß — teilweise parallel verlaufen können. Schon aus diesem Grunde ist die Annahme eines strengen Phasenschemas für kollektive Entscheidungsprozesse unrealistisch.

Mit der Unterscheidung zwischen distributiven und integrativen Entscheidungsprozessen sind bereits einige Hinweise auf den Katalog der möglichen Teilprozesse und deren spezifische Folgen genannt. Es liegt in der Natur kollektiver Entscheidungsprozesse, daß neben rein *intraindividuellen Informationsprozessen* auch eine Reihe *interpersoneller Prozesse der Kommunikation und Beeinflussung* auftreten. Distributive Prozesse werden dabei durch einen größeren Anteil von Prozessen der wechselseitigen Beeinflussung und Manipulation charakterisiert sein als integrative Prozesse. Hinzu treten die Prozesse der Schlichtung und Autorisierung des Entscheidungsergebnisses, deren Bedeutung ebenfalls wächst, je mehr der kollektive Entscheidungsprozeß einen distributiven Charakter annimmt.

Exakte Aussagen über Teilprozesse und Ablauf kollektiver Entscheidungsprozesse sind freilich erst zu erwarten, wenn man den Aspekt der *Entscheidungsinterdependenz* zwischen organisationalen Entscheidungsträgern hervorhebt und analysiert, auf welche Weise einzelne Organisationsteilnehmer auf die verschiedenen Arten von Entscheidungsinterdependenzen reagieren. Organisationale Entscheidungsprozesse sind nicht nur allein deshalb kollektive Entscheidungsprozesse, weil die zur Vorbereitung und Durchsetzung erforderlichen Informationsprozesse in der Regel die Kapazität einzelner Individuen übersteigen[104]). Sie sind insbesondere auch deshalb kollektiver Natur, weil die einzelnen Entscheidungsträger voneinander abhängig sind und die von einer bestimmten Entscheidung betroffenen Organisationsteilnehmer in der Regel als Satelliten manipulierend in den Entscheidungs-

---

[103]) Vgl. Band I, S. 72 ff.
[104]) Vgl. Galbraith (1968), S. 63 ff.

prozeß eingreifen oder aber das Recht erhalten, als Mitglied der Kerngruppe an der Autorisierung mitzuwirken (Kooptation)[105].

Gerade wegen dieser Entscheidungsinterdependenzen gehen fast alle kollektiven Entscheidungsprozesse über das rein gemeinsame Problemlösen hinaus und umfassen u. a. auch Überzeugungs- bzw. Aushandelprozesse. Im folgenden sollen einige Gesichtspunkte der für organisationale Informations- und Entscheidungssysteme so bedeutsamen Entscheidungsinterdependenzen etwas näher untersucht werden, ohne daß die ganze damit verbundene Problematik im einzelnen aufgerollt werden kann.

### 1.33 Entscheidungsinterdependenzen im IES

Das IES umfaßt eine Vielzahl von Entscheidungsträgern. Dies gilt auch dann, wenn das Recht zur Autorisierung nur einer Person oder Gruppe vorbehalten ist, das IES also in diesem Sinne zentralisiert ist. Auch hier sind weitere Entscheidungsträger in die Analyse einzubeziehen, die bei der Vorbereitung der zu autorisierenden Entscheidungen Stabsfunktionen wahrnehmen und/ oder als Satelliten auf die Entscheidungen des Kernorgans Einfluß nehmen möchten. Auch diese Personen oder Gruppen treffen Entscheidungen, wenn sie Vorschläge oder Forderungen an das Kernorgan richten. Die von den einzelnen Personen oder Gruppen im Rahmen des IES zu treffenden Entscheidungen sind interdependente Entscheidungen. Das IES ist also ein System *interdependenter Entscheidungsträger*[106]. Eine Analyse der Individualentscheidungen in der Organisation ist ohne Beachtung dieser Entscheidungsinterdependenzen nicht möglich.

**Entscheidungsinterdependenz als wechselseitige Abhängigkeit von Entscheidungsträgern**

Lindblom, der in jüngster Zeit wohl am intensivsten komplexe Systeme interdependenter Entscheidungsträger untersucht hat, charakterisiert eine Menge interdependenter Entscheidungsträger wie folgt:

„Innerhalb der Menge steht jeder Entscheidungsträger in einer derartigen Relation zu jedem anderen Entscheidungsträger, daß er — solange er dies nicht bewußt zu vermeiden trachtet (was möglich oder nicht möglich sein kann) — die Zielerreichung eines jeden anderen Entscheidungsträgers behindert oder zu ihr beiträgt; entweder durch direkten Einfluß oder über eine Kette von Auswirkungen, die jeden gegebenen Entscheidungsträger nur über Auswirkungen auf andere erreicht.

Somit ist jeder Entscheidungsträger ex definitione für mindestens einen anderen direkt mit Konsequenzen verbunden, und alle sind indirekt durch

---

[105] Vgl. Thompson und McEwen (1964).
[106] Vgl. zum Problem der Entscheidungsinterdependenzen Dahl und Lindblom (1953); Lindblom (1965), S. 21 ff.; March und Simon (1958), S. 121; Schelling (1960), S. 83 ff.; Thibaut und Kelley (1959), S. 191 ff.; Thiele (1968), S. 52 ff.; Thompson (1967), S. 56.

mindestens eine Kette verbunden, deren Glieder aus direkten Beziehungen zusammengesetzt sind."[107])

*Entscheidungsinterdependenz* bedeutet wechselseitige Abhängigkeit von Entscheidungen bzw. von Entscheidungsträgern. Ein Entscheidungsträger B ist von einem Entscheidungsträger A abhängig, wenn die Konsequenzen der Entscheidungen des B von den Entscheidungen des A beeinflußt werden.

*Abhängigkeit*

Dabei können zwei Fälle unterschieden werden: Zum einen kann es sein, daß die Erfolge des B allein von der Entscheidung des A bestimmt werden. Die *Matrix (1)* gibt eine solche Situation wieder. Sie zeigt, daß dem B zwar die Alternativen $b_1$ und $b_2$ zur Wahl stehen, daß die Konsequenzen jedoch allein davon abhängig sind, ob sich A für $a_1$ oder $a_2$ entscheidet. A „kontrolliert" das Schicksal des B, während B zunächst keine großen Chancen hat, durch eigene Entscheidungen sein Los zu verbessern. Dies ändert sich freilich, wenn A seinerseits von B abhängig ist.

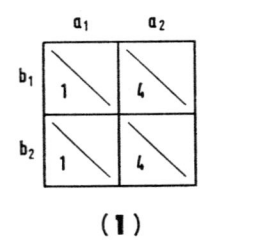

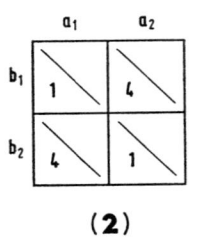

(1) Matrix mit $a_1, a_2$ Spalten und $b_1, b_2$ Zeilen: $b_1$-Zeile enthält 1, 4; $b_2$-Zeile enthält 1, 4.

(2) Matrix mit $a_1, a_2$ Spalten und $b_1, b_2$ Zeilen: $b_1$-Zeile enthält 1, 4; $b_2$-Zeile enthält 4, 1.

Zum anderen ist es denkbar, daß die Ergebnismatrix das Aussehen gemäß *Matrix (2)* besitzt. Hier hängt der Erfolg der Entscheidungen des B nicht davon ab, ob A $a_1$ oder $a_2$ wählt, sondern auch davon, welche Alternative er selbst ergreift. B kann hier durch geeignete Wahl seines Verhaltens sein Los beeinflussen. Umgekehrt kann A das Verhalten des B steuern. Wählt A die Alternative $a_1$, so ist zu erwarten, daß B mit der Wahl von $b_2$ reagiert. Wählt A dagegen die Alternative $a_2$, so wird B $b_1$ ergreifen. A übt somit eine *Verhaltenskontrolle* über B aus.

Die Ergebnismatrizen (1) und (2) zeigen die Abhängigkeit des B von A, ohne die Rückwirkungen der Entscheidungen von B auf die Konsequenzen der Entscheidung von A darzulegen. Auch B kann über A eine „Schicksalskontrolle" oder eine „Verhaltenskontrolle" ausüben. Die Ergebnismatrizen (3) bis (6) zeigen vier Kombinationsmöglichkeiten. Die *Ergebnismatrix (3)* gibt den Fall wieder, daß beide Beteiligten eine Schicksalskontrolle ausüben, während *Matrix (4)* der Verhaltenskontrolle des B über A eine Schicksals-

---

[107]) Lindblom (1965), S. 21 f. (im Original teilweise kursiv).

kontrolle des A über B gegenüberstellt. Die *Ergebnismatrizen (5) und (6)* zeigen zwei Fälle der wechselseitigen Verhaltenskontrolle.

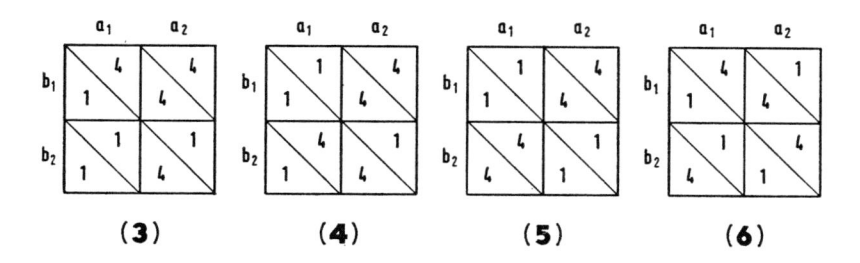

|  | $a_1$ | $a_2$ |  |  | $a_1$ | $a_2$ |  |  | $a_1$ | $a_2$ |  |  | $a_1$ | $a_2$ |
|---|---|---|---|---|---|---|---|---|---|---|---|---|---|---|
| $b_1$ | 4 / 1 | 4 / 4 | | $b_1$ | 1 / 1 | 4 / 4 | | $b_1$ | 1 / 1 | 4 / 4 | | $b_1$ | 4 / 1 | 1 / 4 |
| $b_2$ | 1 / 1 | 1 / 4 | | $b_2$ | 4 / 1 | 1 / 4 | | $b_2$ | 1 / 4 | 1 / 1 | | $b_2$ | 1 / 4 | 4 / 1 |
| | (3) | | | | (4) | | | | (5) | | | | (6) | |

*Komplementarität und Konkurrenz*

Eine Entscheidungsinterdependenz kann sowohl bei *Komplementarität* als auch bei *Konkurrenz* der Ergebnisse der Beteiligten vorliegen. Die Ergebnismatrizen (3), (4) und (5) geben Fälle einer Komplementarität wieder. Beide Beteiligten können ihre meistpräferierten Ergebnisse realisieren, wenn B die Alternative $b_1$, A dagegen die Alternative $a_2$ wählt. Im Falle der Ergebnismatrix (5) ist dies zusätzlich bei einer Wahl von $b_2$ und $a_1$ möglich. Die Ergebnismatrix (6) zeigt dagegen den Fall der Konkurrenz. Hier können A und B nicht gleichzeitig ihre meist präferierte Alternative realisieren.

*Spiele und Entscheidungsinterdependenzen*

Die vorstehenden Überlegungen bedienen sich der aus der *Spieltheorie* bekannten Ergebnismatrizen, um in freilich sehr vereinfachter Form die Ausgangssituation zu charakterisieren, die für Entscheidungsinterdependenzen typisch ist. In der Spieltheorie[108]) werden dabei verschiedene Typen von Spielen unterschieden, denen jeweils unterschiedliche Situationen von Entscheidungsinterdependenzen zugrunde liegen. Das Interesse konzentriert sich dabei auf die *Zwei-Personen-Spiele*. Die in der Realität ungleich bedeutsameren *n-Personen-Spiele* werden zwar nicht vernachlässigt, bislang jedoch mit geringem Erfolg untersucht. Abbildung 3.2 gibt eine mögliche Klassifizierung derjenigen Zwei-Personen-Spiele wieder, die im vorliegenden Zusammenhang von Bedeutung sind.

*Konstantsummenspiele* liegen vor, wenn sich die Ergebnisse der Beteiligten stets auf einen konstanten Betrag aufaddieren. Ergebnismatrix (6) gibt einen solchen Fall wieder. Die Entscheidungsinterdependenz nimmt hier den Charakter einer reinen Konkurrenz an. Die Entscheidungsträger stehen in Konflikt zueinander.

---

[108]) Vgl. zur Spieltheorie u. a. **Blackwell** und **Girshick** (1954); **Boulding** (1962); **Burger** (1959); **Dresher** (1961); **Dresher, Shapley** und **Tucker** (1964); **Gäfgen** (1968); **Jones** und **Gerard** (1967); **Karlin** (1959); **Luce** und **Raiffa** (1957); **McKinsey** (1952); **Morgenstern** (1963); **Nash** (1950, 1951); **v. Neumann** und **Morgenstern** (1961); **Rapoport** (1960); **Schelling** (1960); **Shubik** (1964 a); **Vogelsang** (1963); **Wald** (1950); **Williams** (1953).

```
                    Zwei-Personen-Spiele
                            |
            ┌───────────────┴───────────────┐
            ▼                               ▼
   Konstantsummenspiele            Variabelsummenspiele
            |                               |
            ▼                    ┌──────────┴──────────┐
     reiner Konflikt             ▼                     ▼
                          „gemischte" Spiele     reine Kooperation
                          (mixed-motiv games)    (reine „Koordinations-
                                                      spiele")
```

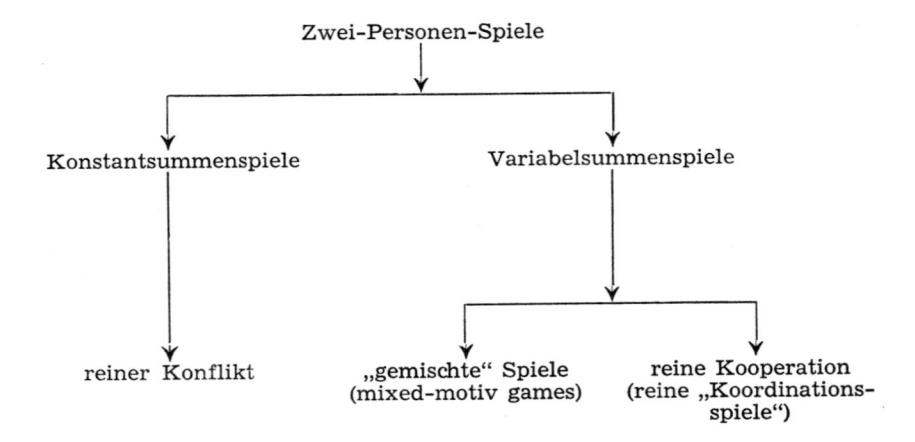

*Abb. 3.2: Klassifizierung der Zwei-Personen-Spiele*

Bei *Variabelsummenspielen* addieren sich die Ergebnisse auf eine jeweils andere Summe. Die Ergebnismatrizen (3), (4) und (5) sind Beispiele hierfür. Diese geben jedoch lediglich einen der möglichen Typen wieder, nämlich den Fall des reinen „Koordinationsspieles"[109], bei welchem die Beteiligten bei entsprechender Kooperation jeweils ihre meistpräferierte Alternative erreichen können. Hier liegen gleichgerichtete Interessen vor, und es sind lediglich die Voraussetzungen zu schaffen, daß die Beteiligten ihre Entscheidungen aufeinander abstimmen können.

Variabelsummenspiele sind jedoch auch in der Regel *gemischte Spiele* (mixed-motiv games). Matrix (7) gibt einen solchen Fall wieder.

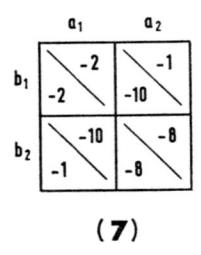

|   | $a_1$ | $a_2$ |
|---|---|---|
| $b_1$ | -2 \ -2 | -1 \ -10 |
| $b_2$ | -10 \ -1 | -8 \ -8 |

(7)

Zwar können auch hier nicht beide Beteiligten ihre meistpräferierte Alternative ($b_2$ bzw. $a_2$) realisieren. Insofern liegt ein Konflikt vor. Dennoch können die Beteiligten durch Kooperation (Einigung auf $b_1$ und $a_1$) ihre Situation vergleichsweise günstig gestalten. Insofern liegt auch ein Anreiz für eine Kooperation vor.

---

[109]) Vgl. auch zum folgenden Schelling (1960), S. 89 ff.

Die Ergebnismatrix (7) gibt den oft diskutierten Spezialfall eines gemischten Spieles wieder, der als das „Gefangenen-Dilemma" bekanntgeworden ist[110]). Die negativen Zahlen in den Matrixfeldern geben die von zwei eines gemeinsamen Verbrechens beschuldigten Gefangenen zu erwartenden Strafen (in Jahren gemessen) wieder. Jedem der Beteiligten stehen zwei Alternativen offen: Er kann schweigen ($b_1$ bzw. $a_1$) oder aussagen ($b_2$ bzw. $a_2$). Sagt nur einer aus, während der andere leugnet, so kann der erste als Kronzeuge mit einer Mindeststrafe von 1 Jahr rechnen, während den anderen die ganze Strenge des Gesetzes trifft (10 Jahre). Sagen beide aus, so haben beide unter Berücksichtigung mildernder Umstände 8 Jahre zu erwarten. Schweigen beide, so kommen sie mit 2 Jahren davon, da sie lediglich eines geringeren Delikts überführt werden können.

Unterstellt man, daß sich beide Beteiligten nach der Minimax-Regel entscheiden, so wählen sie beide das Geständnis. Dabei ist unterstellt, daß jeder annimmt, der andere möchte ihm schaden. Beide mißtrauen einander und vermuten keine Kooperationsbereitschaft des anderen. Würden sie einander jedoch trauen und kooperieren, so könnten sie sich beide durch Schweigen vergleichsweise gut stellen. Beide liefen jedoch Gefahr, daß der andere das Vertrauen nicht rechtfertigt und dennoch redet, um als Kronzeuge noch „billiger" davonzukommen.

Beide Gefangenen werden zwischen Kooperation und Nicht-Kooperation schwanken. Der kollektive Entscheidungsprozeß der beiden Beteiligten, der unter Umständen bei einer Kommunikation zwischen den beiden möglich ist, kann mehr distributiv (Konkurrenz überwiegt) oder mehr integrativ (Kooperation überwiegt) verlaufen.

Solche und ähnliche *gemischte Situationen* sind typisch für die meisten Entscheidungsinterdependenzen innerhalb der Organisation. Allein die Tatsache, daß die Organisationsmitglieder trotz vielfältiger Konflikte ihre Teilnahme an der Organisation aufrechterhalten, spricht für die Dominanz solcher „gemischten" Situationen. Trotz aller Konflikte bewertet der Organisationsteilnehmer die im kollektiven Entscheidungsprozeß gewählten Alternativen höher als den Abbruch seiner Beziehungen zur Organisation und damit sein Ausscheiden. Er beteiligt sich als Kernorgan oder Satellit an den Aushandlungsprozessen zur Entscheidungsfindung und erwartet unter Umständen, daß er durch innovative Problemlösungsbemühungen eine Lösung für das Entscheidungsproblem findet, die ihm zusätzliche Vorteile erbringt, ohne einen anderen zu benachteiligen.

## Die Berücksichtigung der Entscheidungsinterdependenzen bei Individualentscheidungen

Die spieltheoretischen Ergebnismatrizen beschreiben *objektiv gegebene Entscheidungsinterdependenzen,* wie sie sich darbieten, wenn die Beteiligten zwischen einer Menge gegebener Alternativen zu wählen haben, deren Konsequenzen bzw. Ergebnisse bekannt sind. Sie beschreiben somit Ausgangslagen, wie sie für geschlossene Modelle typisch sind.

---

[110]) Vgl. z. B. Luce und Raiffa (1957), S. 94 ff.

In dem Maße, wie die Alternativen (und deren Konsequenzen) noch nicht bekannt sind, besteht für die Beteiligten eine *Ungewißheit* darüber, ob und in welcher Weise Interdependenzen vorliegen. Allenfalls existieren Vermutungen, die sich aus der Vertrautheit der Beteiligten mit ähnlichen Situationen in der Vergangenheit herleiten. Die beteiligten Individuen sind von der Existenz einer Konkurrenz oder Komplementarität überzeugt. Sie lassen sich von dieser Überzeugung bei ihrem Verhalten leiten, auch wenn Lösungsalternativen noch gar nicht bekannt sind und somit auch nicht objektiv feststellbar ist, inwieweit in der konkreten Situation tatsächlich Interdependenzen existieren.

Vielfach wird in einer konkreten Entscheidungssituation eine Interdependenz der Entscheidungen wahrgenommen, ohne daß diese sich jedoch in der Definition der Situation[111]) des Entscheidungsträgers niederschlägt. Der Entscheidungsträger vernachlässigt die wechselseitigen Abhängigkeiten. Hierfür können mehrere Gründe gegeben sein: Die *beschränkte Informationsverarbeitungskapazität* motiviert das Individuum, die Komplexität der Situation drastisch zu reduzieren und von einer vereinfachten Definition der Situation auszugehen. Nicht selten sind die Informationen über die mutmaßlichen Alternativen und deren Konsequenzen für die eigenen Entscheidungsergebnisse so fragmentarisch, daß das Individuum keinen Vorteil darin erblickt, diese Abhängigkeit bei seinen Entscheidungen zu beachten. Es ist realistisch anzunehmen, daß das Individuum als Teilnehmer eines komplexen IES mit einer Vielzahl von interdependenten Entscheidungsträgern nur eine sehr beschränkte Teilmenge dieser Interdependenzen bei seinen Entscheidungen berücksichtigen kann[112]). Dabei bedeutet „Berücksichtigung", daß das Individuum versucht, die Entscheidungen der anderen zu antizipieren. Deren Entscheidungen werden zu *Erwartungen* des Individuums. Die übrigen Interdependenzen nimmt das Individuum entweder überhaupt nicht wahr oder aber es betrachtet die Entscheidungen der anderen als Kontingenzen. Die interdependenten Entscheidungsträger stehen dann zueinander in einer sogenannten „Kontingenzbeziehung"[113]). *Kontingenzen* sind nicht oder sehr beschränkt vorhersehbare Störungen der Realisation und des Erfolges der eigenen Entscheidungen, die sich ergeben, weil sich das Individuum in einer Entscheidungsinterdependenz zu anderen Entscheidungsträgern befindet. Das Individuum erwartet zwar solche Störungen und besitzt auch gewisse Vorstellungen darüber, welcher Art diese sein können; es läßt sie jedoch bei seinen momentanen Entscheidungen weitgehend unbeachtet, weil es sich zutraut, die auf Grund solcher Störungen später auftretenden Probleme ad hoc zu lösen. Es bewahrt sich allenfalls eine gewisse Flexibilität[114]), d. h., es versucht, solche Aktionen zu vermeiden, die möglicherweise die Lösung der zu erwartenden Nachfolgeprobleme verbauen könnten.

---

[111]) Vgl. zur Definition der Situation Band II, S. 136 ff.
[112]) Vgl. Thompson (1967), S. 56.
[113]) Vgl. Jones und Gerard (1967), S. 505 ff.
[114]) Vgl. Meffert (1968).

Ein Individuum, das in einem komplexen Entscheidungssystem zu einer Vielzahl anderer Entscheidungsträger in Kontingenzbeziehungen steht, ist vielfach wenig motiviert, sein Verhalten über längere Zeit hinaus zu planen und diese Planungen auf Erwartungen über das Verhalten anderer zu stützen. Es verläßt sich auf seine Fähigkeit, auf Störungen durch kurzfristige „kompensierende" Entscheidungen zu reagieren. Diese Überlegungen führen zurück zu der von Lindblom vorgeschlagenen Konzeption der *Strategie der unzusammenhängenden kleinen Schritte* (disjointed incrementalism), dem Prototyp eines offenen Modellansatzes, der auf der *„Logik offener Systeme"* (open systems logic)[115]) basiert. Die Kontingenzbeziehungen zwischen interdependenten Entscheidungsträgern werden somit zum konstituierenden Merkmal offener Modelle der Individualentscheidung, wie sie für Entscheidungen in organisationalen Kontexten typisch sind. Die einzelnen Organisationsteilnehmer wenden sich sukzessive und oftmals in nahezu „zusammenhangloser" Weise den jeweils wahrgenommenen Entscheidungsproblemen zu, die sie auf sich „zukommen" lassen, ohne den Versuch zu unternehmen, diese im Rahmen langfristiger Planungen zu antizipieren. Das IES ist daher als ein System mehr oder weniger lose verbundener Entscheidungsprozesse anzusehen[116]).

**Kontingenzbeziehungen zwischen interdependenten Entscheidungsträgern**

Die Kontingenzbeziehungen zwischen interdependenten Entscheidungsträgern können unterschiedlicher Natur sein[117]). Die Art einer Kontingenzbeziehung hängt davon ab, inwieweit die interdependenten Entscheidungsträger (1) sich ausschließlich auf Rückkopplungsinformationen über Störungen auf Grund der Entscheidungen anderer verlassen, (2) ihr Verhalten — mit oder ohne Antizipation der Entscheidungen anderer — längerfristig planen und (3) auf Grund der Rückkopplungsinformationen diese Pläne modifizieren. In diesem Sinne können vier *Grundtypen* von Kontingenzbeziehungen unterschieden werden, die im Anschluß an Jones und Gerard als (1) Pseudo-Kontingenzbeziehung, (2) asymmetrische, (3) reaktive und (4) wechselseitige Kontingenzbeziehung bezeichnet werden können. Sie sind in Abbildung 3.3 schematisch wiedergegeben. Die Abbildung zeigt die Folge der Reaktionen von zwei interdependenten Entscheidungsträgern im Zeitablauf. Die Pfeile deuten an, wodurch diese Reaktionen bzw. die dahinterstehenden Entscheidungen beeinflußt werden. Vertikale Pfeile geben an, daß die Reaktionen durch einen vorgegebenen Plan (Verhaltensprogramm) bestimmt sind, schräglaufende Pfeile repräsentieren den Einfluß von Rückkopplungsinformationen über das Verhalten bzw. die Entscheidungen der anderen. Durchgezogene Pfeile deuten den dominierenden, primären Einfluß, unterbrochene Pfeile dagegen den mehr sekundären Einfluß an.

---

[115]) Vgl. Braybrooke und Lindblom (1963), S. 61 ff.; Lamb und Smith (1969); Lindblom (1964), S. 155; Thompson (1967), S. 95.
[116]) Vgl. Simon (1964), S. 14 ff.
[117]) Vgl. auch zum folgenden Jones und Gerard (1967), S. 505 ff.; Thompson (1967), S. 55.

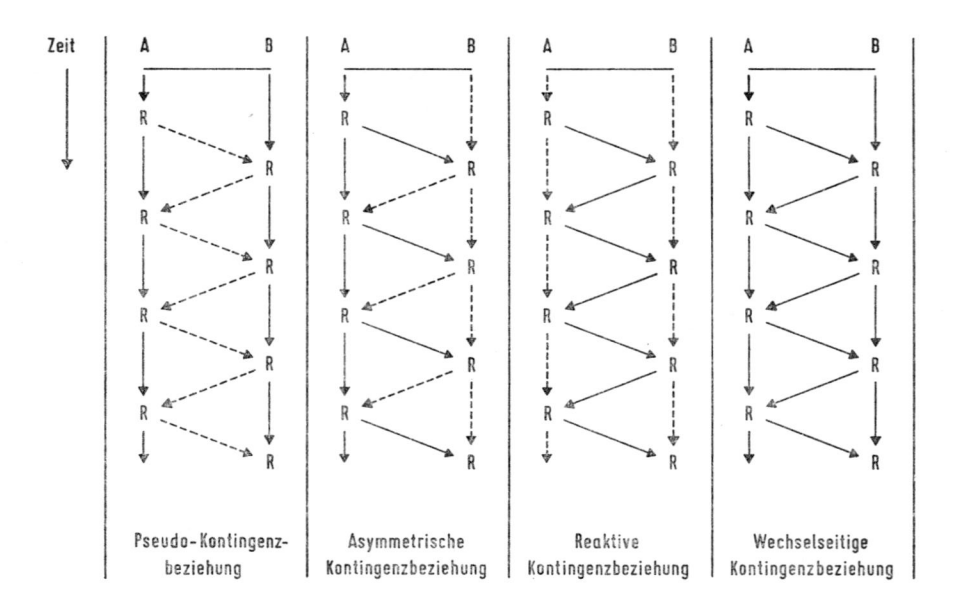

*Abb. 3.3: Grundtypen der Kontingenzbeziehungen*

Eine *Pseudo-Kontingenzbeziehung* zwischen zwei interdependenten Entscheidungssubjekten liegt vor, wenn beide ihr Verhalten primär nach einem vorbestimmten Plan richten und diesen auf Grund der wechselseitigen Störungen nur in sehr beschränktem Umfang modifizieren, wobei es dahingestellt bleibt, ob diese Modifikationen deshalb so geringfügig sind, weil es beiden Entscheidungsträgern gelungen ist, die Entscheidungen der anderen zu antizipieren.

Bei einer *asymmetrischen* Kontingenzbeziehung geht der eine Entscheidungsträger primär nach einem Plan vor, den er auf Grund der Rückkopplungsinformation über die Entscheidungen der anderen nur bedingt verändert. Dieser hingegen entscheidet sich primär kurzfristig auf Grund der Rückkopplungsinformation; er legt keinen Wert auf einen langfristigen Plan für sein Verhalten.

Im Falle der *reaktiven* Kontingenzbeziehung wird das Verhalten jedes der beiden Beteiligten primär durch die Rückkopplungsinformation über Störungen des anderen bestimmt. Pläne und deren Modifikation spielen hier bei beiden nur eine untergeordnete Rolle.

Die *wechselseitige* Kontingenzbeziehung ist schließlich dadurch charakterisiert, daß das Verhalten der beiden sowohl durch einen Plan als auch durch Rückkopplungsinformationen bestimmt wird, die zu einer Modifikation des Planes führen.

Diese Überlegungen zu den verschiedenen Typen von Kontingenzbeziehungen bedürfen sicherlich noch erheblicher Verfeinerungen. So können die Auswirkungen der Rückkopplungsinformation unterschiedlich interpretiert werden. Sie können das Individuum zum einen dazu veranlassen, seine Verhaltensprogramme in innovativer Weise zu modifizieren. Dieser Fall wurde bisher unterstellt. Es ist jedoch auch denkbar, daß die Individuen überflexible Verhaltensprogramme verfügen, die — je nachdem, welche Rückkopplungsinformationen über das Verhalten des anderen empfangen werden — einen anderen Ablauf des Verhaltens vorsehen. Sie enthalten entsprechende *Tests* bzw. *bedingte Sprungbefehle*. Es leuchtet ein, daß das Individuum nur dann über entsprechende flexible Programme verfügen kann, wenn es in der Lage ist, sich zumindest über die Klasse möglicher Störungen auf Grund des Verhaltens der anderen Vorstellungen zu bilden. Letztlich können die Zusammenhänge der Abbildung 3.3 zum einen dahin gehend interpretiert werden, daß beide Beteiligten *stabile offene Verhaltenssysteme* sind. Zum anderen kann auch eine *Ultrastabilität* vorliegen: Die Störungen auf Grund der Entscheidungsinterdependenzen führen zu einer Modifikation der Programme selbst.

### Anpassung und Manipulation[118])

Die bisherigen Überlegungen zur wechselseitigen Abhängigkeit und zur Kontingenzbeziehung zwischen Entscheidungsträgern eines komplexen IES beruhen auf der impliziten Annahme, daß sich die interdependenten Entscheidungsträger als *Anpasser* verhalten[119]). Sie nehmen die erwarteten oder tatsächlichen Entscheidungen der anderen als Datum hin.

Das Zusammenwirken interdependenter Entscheidungsträger ist jedoch in der Regel auch durch gegenseitige *Manipulationen* charakterisiert[120]). In diesem Falle nehmen die Entscheidungsträger die Entscheidungen der anderen nicht als Datum hin. Sie ergreifen vielmehr Maßnahmen, die bewirken sollen, daß (1) die den Entscheidungen zugrundeliegenden Erwartungen über das Verhalten der anderen auch tatsächlich eintreffen oder (2) die Störungen auf Grund der Kontingenzbeziehungen weitgehend ausgeschlossen werden. Der einzelne Entscheidungsträger trifft seine eigene Entscheidung erst, nachdem er durch aktive Beeinflussung (Manipulation) der anderen diese mit hinreichender Sicherheit veranlaßt hat, von ihm gewünschte Entscheidungsprämissen bzw. Beschränkungen zu akzeptieren. Die anderen lassen erkennen, daß sie ihren Entscheidungen bestimmte Beschränkungen zugrunde legen — sei es, daß sie bestimmte Alternativen ausschließen, sei es, daß sie bestimmte Konsequenzen ihrer Entscheidungen vermeiden. Dies führt zu einer *Ungewißheitsabsorption* für den manipulierenden Entscheidungsträger.

---

[118]) Die Begriffe der Manipulation und der Anpassung werden in der Literatur sowohl in einem engeren als auch in einem weiteren Sinne gebraucht. In dieser Arbeit soll ein weitgefaßter Begriff zugrunde gelegt werden. Vgl. ähnlich auch Klis (1969) und S. 183 ff. dieser Arbeit.

[119]) Vgl. Kirsch (1968), S. 69 ff.; Lindblom (1965), S. 35 ff.

[120]) Vgl. Lindblom (1965), S. 54 ff.

Die anderen Entscheidungsträger können auf die Manipulationsversuche mit einer Anpassung in der einen oder anderen Form reagieren. Sie können jedoch auch ihrerseits zu manipulativen Gegenmaßnahmen greifen. Bei *wechselseitiger Manipulation* treten die Beteiligten — sieht man einmal vom Kampf als wechselseitiger Anwendung physischer Gewalt ab — in Verhandlungen ein. *Verhandlungen* (negotiations) können zum einen die Form von Aushandlungsprozessen (bargaining), zum anderen die Form von überzeugenden Diskussionen (persuasions) annehmen[121]. Ein *Aushandeln* liegt vor, wenn jeder der Beteiligten die anderen durch bedingte Drohungen oder Versprechungen zu dem Zugeständnis bewegen möchte, seinen Entscheidungen bestimmte Beschränkungen zugrunde zu legen. Bei *überzeugender Diskussion* (Debatte) verzichten die Beteiligten auf derartige Drohungen oder Versprechungen. Diese Überlegungen führen letztlich zu der bereits diskutierten Unterscheidung von *integrativen* und *distributiven* Entscheidungsprozessen zurück.

Manipulative Maßnahmen können auch ergriffen werden, um ein gewähltes Verhaltensprogramm während seiner Realisation gegen solche Störungen „abzuschirmen", für welche das Programm keine kompensierenden Operationen vorsieht. In solchen Situationen interdependenter Entscheidungen liegt meist eine Kombination der verschiedenen Typen von Kontingenzbeziehungen vor. So können etwa Pseudo-Kontingenz und reaktive Kontingenz kombiniert sein. *Pseudo-Kontingenz* ist gegeben, weil die Beteiligten ihr Verhalten primär nach ihren mehr oder weniger flexiblen Verhaltensprogrammen richten, ohne diese auf Grund von Rückkopplungsinformationen zu ändern. *Reaktive Kontingenz* besteht demgegenüber hinsichtlich der „flankierenden" manipulierenden Maßnahmen zur „Abschirmung" der Programme. Die manipulativen Maßnahmen werden in der Regel nicht durch ein vorgegebenes Programm, sondern durch die jeweiligen Rückkopplungsinformationen determiniert.

Ob sich ein Individuum bei interdependenten Entscheidungen als Anpasser oder Manipulator verhält und ob es mit seinen manipulativen Maßnahmen jeweils Erfolg hat, hängt sehr eng mit der Macht zusammen, die es gegenüber den übrigen am IES beteiligten Entscheidungsträgern besitzt. Auf die Probleme der Anpassung und Manipulation wird daher im Rahmen der Diskussion sozialer Einflußprozesse zurückzukommen sein.

**Interindividuelle Konflikte**

Eine Untersuchung der Entscheidungsinterdependenzen im IES einer Organisation bleibt unvollständig, bezöge man nicht die *interindividuellen Kon-*

---

[121] Vgl. dazu u. a. Bettinghaus (1968); Cross (1965); Fouraker und Siegel (1965); Harsanyi (1956, 1957/58, 1962); Iklé (1962, 1964, 1965); Krelle (1961); Lindblom (1965), S. 66 ff.; Luce und Raiffa (1957); Marschak und Radner (1958); v. Neumann und Morgenstern (1961); Pen (1959); Rapoport und Orwant (1962); Schelling (1960); Shubik (1964), S. 31 ff.; Shubik (1966), S. 664; Siegel und Fouraker (1960); Stevens (1958, 1963); Thiele (1968), S. 232 ff.; Walton und McKersie (1965).

*flikte* in die Analyse mit ein[122]). Ganz allgemein ist mit dem Begriff des interindividuellen Konflikts eine Teilmenge von Entscheidungsinterdependenzen im IES angesprochen. Konflikt im weitesten Sinne liegt vor, wenn zwei oder mehr Entscheidungsträger nicht gleichzeitig die in ihrem Sinne optimalen oder befriedigenden Alternativen realisieren können. Die Bewertung der Alternativen durch die Beteiligten sind einander entgegengesetzt.

Dabei sind zwei Fälle zu unterscheiden[123]). Der Konflikt kann darin begründet liegen, daß die Beteiligten unterschiedliche Werte besitzen und deshalb die zur Diskussion stehenden Alternativen divergierend bewerten. Es liegt ein *Wertkonflikt* vor. Die divergierenden Bewertungen können jedoch trotz übereinstimmender Werte auch zustande kommen, weil die Beteiligten ihren Bewertungen unterschiedliche faktische Informationen bzw. Überzeugungen hinsichtlich der Konsequenzen der Alternativen zugrunde legen. Es kann dann von einem *Überzeugungskonflikt* gesprochen werden. Es leuchtet ein, daß die Beteiligten eines kollektiven Entscheidungsprozesses unterschiedlich reagieren, je nachdem, ob sie die Ursache des interindividuellen Konfliktes in einer Verschiedenheit der Werte oder der Überzeugungen sehen.

Ein Blick in die Literatur zeigt, daß der Terminus des „interindividuellen Konflikts" trotz eines gemeinsamen Kerns in recht unterschiedlicher Weise definiert wird. Pondy schlägt vor, alle durch die unterschiedlichen Definitionen erfaßten Tatbestände mit dem Konfliktbegriff zu belegen und sie jeweils durch geeignete Zusätze zu charakterisieren. Auf diese Weise umreißen die einzelnen Konfliktbegriffe gleichzeitig typische Episoden oder Stadien im Prozeß der Entstehung und Handhabung interindividueller Konflikte.

*Konfliktbegriffe*

(1) Ein erster Konfliktbegriff knüpft an den *objektiven Gegebenheiten* der Entscheidungsinterdependenz an. Konflikt in diesem Sinne ist mit der Konkurrenz oder Inkompatibilität der Zielerreichung der interdependenten Entscheidungsträger identisch. Dabei ist es unwesentlich, ob diese Konkurrenz wahrgenommen wird oder nicht. Objektive Konkurrenz ist somit meist Ursache latenter Konflikte. Sie werden spätestens dann wirksam, wenn die Realisation von Entscheidungen eines Individuums auf Grund der Kontingenzbeziehung zu den konkurrierenden Entscheidungsträgern „gestört" wird.

---

[122]) Zu interindividuellen Konflikten vgl. Atteslander (1959); Bernard (1931); Bidlingmaier (1968); S. 63 ff.; Blake, Shephard und Mouton (1964); Boulding (1957, 1962); Coleman (1957); Coser (1956, 1964, 1965); Coser (1967); Dahrendorf (1961, 1962); De Reuck und Knight (1966); Heider (1958); Kahn und Boulding (1964); Kornhauser et al. (1954); Kahn-Freund (1954); Leavitt und Pondy (1964); Lewin (1948); March und Simon (1958), S. 113 ff.; Miller, Galanter und Pribram (1960); Morgenstern (1963); v. Neumann und Morgenstern (1961); Pfiffner und Sherwood (1960); S. 433 ff.; Pondy (1967); Rapoport (1960); Schelling (1960); Scott (1962), S. 226 ff.; Scott (1965 a); Shubik (1964 a); Thiele (1968); Walton, Dutton und Fitch (1966), S. 444 ff.
[123]) Vgl. Thompson und Tuden (1964).

(2) Ein zweiter Konfliktbegriff geht von den *subjektiven Wahrnehmungen* der interdependenten Entscheidungsträger aus. Danach liegt Konflikt dann vor, wenn eine Konkurrenz der Zielerreichung wahrgenommen wird. Dabei ist es irrelevant, ob diese Wahrnehmung mit den objektiven Gegebenheiten der Situation übereinstimmt oder nicht. Sehr viele Autoren grenzen Konflikt und Konkurrenz dahin gehend ab, daß Konflikt lediglich bei subjektiv wahrgenommener Konkurrenz vorliegt. Im folgenden wird der Konfliktbegriff in diesem Sinne verwendet, soweit nicht durch Zusätze eine andere Bedeutung impliziert ist.

(3) Ein weiterer Konfliktbegriff knüpft an den *Überzeugungen* bzw. *Attitüden* der beteiligten Individuen an. Nimmt ein Individuum in bestimmten, sich wiederholenden Situationen stets eine Konkurrenz zu den übrigen Beteiligten wahr, so wird es allmählich mit dieser Situation einen Konflikt assoziieren. Stets dann, wenn diese Situation wieder eintritt, wird mit großer Wahrscheinlichkeit die Überzeugung hervorgerufen, daß Konkurrenz existiert. Da das Individuum Tatbestände, die der Realisierung seiner Ziele oder Werte entgegenstehen, in der Regel negativ bewertet, ist davon auszugehen, daß die hervorgerufene Überzeugung zu einer Attitüde, d. h. zu einem abgeleiteten negativen Wert wird. Konflikte in diesem Sinne liegen dann vor, wenn in einer konkreten Entscheidungssituation entsprechende Konfliktattitüden gegenüber anderen Personen hervorgerufen werden. Es liegt auf der Hand, daß die Existenz und Hervorrufung solcher konfliktären Attitüden sehr wesentlich dafür mitbestimmend ist, ob in einer konkreten Situation Konflikte wahrgenommen werden oder nicht. Wahrgenommene Konflikte und hervorgerufene Konfliktattitüden sind in der Regel auf Grund des engen Zusammenhangs zwischen Wahrnehmung und Hervorrufung von Information aus dem Langgedächtnis sehr schwer zu unterscheiden. Ihre begriffliche Trennung ist jedoch empfehlenswert, wenn man bedenkt, daß es Entscheidungssituationen gibt, bei welchen zunächst noch keine Alternativen bekannt sind. In solchen Fällen ist objektiv nicht feststellbar, ob eine Konkurrenz zwischen den Entscheidungsträgern vorliegt. Ob nun in einer solchen Situation in kooperativer Weise durch gemeinsames Problemlösen nach geeigneten Lösungen gesucht wird, der Entscheidungsprozeß also integrativer Natur ist, oder ob der Entscheidungsprozeß von vornherein mehr distributiv verläuft, hängt sehr wesentlich davon ab, inwieweit bei den Beteiligten gegenseitige Konfliktattitüden existieren und hervorgerufen werden.

(4) Hervorgerufene Attitüden können — wenn sie die Einstellung längere Zeit dominieren und durch kumulative Prozesse verstärkt werden — zu *Emotionen* führen. Sie sind in hohem Maße affektgeladen. Nicht selten wird der Konfliktbegriff auf solche Situationen beschränkt, die durch Emotionen der genannten Art geprägt sind. Es liegen emotionale Konflikte vor. Bereits an anderer Stelle wurden die kumulativen Prozesse skizziert, die für Emotionen typisch sind[124]. Im vorliegenden Falle ist die Wahrscheinlichkeit für das

---

[124] Vgl. auch Band II, S. 166 ff.

Entstehen emotionaler Konflikte dann sehr groß, wenn die beteiligten Individuen bereits gegenseitige Konfliktattitüden besitzen, die, durch die Wahrnehmungen tatsächlich gegebener Konkurrenzbeziehungen hervorgerufen, im Kurzgedächtnis über längere Zeit fixiert sind und in dominierender Weise alle sonstigen Informationen und Werte aus der Einstellung des Individuums verdrängen. Dieser Prozeß wird verstärkt, wenn die Beteiligten in Interaktion treten und sich aus Anlaß des Konfliktes wechselseitig zu manipulieren trachten. In diesem Falle zeigen die Beteiligten ein äußerlich beobachtbares Konfliktverhalten.

(5) Der letzte Konfliktbegriff knüpft an diesem *beobachtbaren Verhalten* der in eine Situation interdependenter Entscheidungen verwickelten Individuen an. Danach liegt ein Konflikt dann vor, wenn die Entscheidungsträger zu manipulativen Maßnahmen greifen, um die übrigen Beteiligten zur Annahme bestimmter Entscheidungsprämissen bzw. Beschränkungen für ihre Entscheidungen zu bewegen. Von Konflikten wird hier erst dann gesprochen, wenn sich die interdependenten Entscheidungsträger nicht als Anpasser, sondern als Manipulatoren verhalten. Folgt man dieser Einschränkung des Konfliktbegriffes nicht, so kann in diesem Zusammenhang von *manifesten Konflikten* gesprochen werden.

*Konfliktprozesse*

Jeder der genannten Konfliktbegriffe charakterisiert gewisse Bedingungen oder Episoden in einem *Konfliktprozeß*. Der latente Konflikt charakterisiert die objektive Konkurrenz der Entscheidungsträger als Ausgangssituation. Er bezieht sich auf die *Umwelt* der jeweiligen Individuen. In analoger Weise kennzeichnen die eventuell vorhandenen und hervorgerufenen wechselseitigen Konfliktattitüden die Ausgangssituation auf der Ebene der *kognitiven Informationen* der Beteiligten. Bei einer derartigen Ausgangssituation besteht eine relativ hohe Wahrscheinlichkeit, daß ein Konflikt tatsächlich wahrgenommen wird. Die Konfliktwahrnehmung und die Hervorrufung vorhandener gegenseitiger Konfliktattitüden können — müssen jedoch nicht — zu einem emotionalen Konflikt führen. Dieser ist unter anderem dafür mitbestimmend, ob die wahrgenommenen Konflikte in manifeste Konflikte übergehen und — wenn dies der Fall sein sollte — mit welchen manipulativen Maßnahmen die Beteiligten ihren Konflikt austragen oder ob sie zu den mehr friedlichen Mitteln des Verhandelns oder zu den weniger friedlichen Mitteln der Gewaltanwendung und des Kampfes greifen.

Konfliktprozesse, die diese Episoden ganz oder teilweise umfassen, führen in der Regel nicht zu einer endgültigen „Lösung" der Konflikte. Aus diesem Grunde wird der Terminus „Konfliktlösung" in der Konflikttheorie immer mehr durch die Begriffe der „Konflikthandhabung" und des „Konfliktmanagements"[125]) ersetzt. Die Prozesse der Konflikthandhabung in der Organisation führen in den meisten Fällen lediglich zu einer „Quasilösung"

---

[125]) Vgl. Boulding (1964), S. 75; Thiele (1968), S. 24.

der Konflikte[126]). Durch die verschiedenen Methoden der Konflikthandhabung werden die Bedingungen geändert, die zu neuen Konflikten Anlaß geben können. So hinterläßt jede Konflikthandhabung in der Regel latente Konflikte und verstärkt bzw. schwächt vorhandene wechselseitige Konfliktattitüden.

*Konflikte und organisationaler Wandel*

Dies ist letztlich ein anderer Ausdruck für die Aussage, daß es keine „konfliktlose" Organisation gibt, obgleich ständig „Konfliktlösungsprozesse" stattfinden[127]). Jede Organisation birgt in sich *chronische Konflikte*[128]). Diese gefährden einerseits das Überleben des Systems: Manifeste Konflikte führen unter Umständen zu einem Zerfall der Organisation, weil die Mitglieder ein Ausscheiden aus der Organisation einem offenen Austragen der Konflikte vorziehen und keine geeigneten Nachfolger finden. Andererseits sind Konflikte meist Voraussetzung für eine Anpassung des Systems an eine veränderte Umwelt. Es ist eine Erfahrungstatsache, daß die einzelnen Entscheidungsträger der Organisation vielfach erst dann von ihrem routinemäßigen Verhalten abgehen und innovative Entscheidungsprozesse auslösen, wenn die Forderungen ihrer Satelliten sie hierzu mehr oder weniger zwingen. Bereits an anderer Stelle wurde auf das Phänomen der „Leugnung" intraindividueller Konflikte nach der Entscheidung hingewiesen. Dieses Phänomen steht in einem engen Zusammenhang mit dem Bemühen des Individuums, eine kognitive Dissonanz zu reduzieren[129]). Dabei ist meist eine „Störung" der Wahrnehmung von Rückkopplungsinformation über die Auswirkungen der Entscheidungen auf die Umwelt bzw. eine „Abwehr" solcher Informationen verbunden, die die getroffene Entscheidung in Frage stellen. Die interindividuellen Konflikte und die daraus entstehenden manipulativen Maßnahmen bzw. Forderungen der anderen Entscheidungsträger des Systems beschleunigen in der Regel den Prozeß der Wahrnehmung eines neuen Entscheidungsproblems und damit das Ergreifen neuer Initiativen. Die rechtzeitige Anpassung an eine veränderte Umweltsituation wird dadurch wenn auch nicht garantiert, so doch erleichtert. Interindividuelle Konflikte in der Organisation sind — mit anderen Worten — vielfach Voraussetzung für die Ultrastabilität des Systems.

**Koordination**

Systeme interdependenter Entscheidungsträger bedürfen einer Koordination[130]). So unwidersprochen diese Aussage meistens bleibt, so wenig geklärt

---

[126]) Vgl. Cyert und March (1963), S. 117.
[127]) Vgl. Bidlingmaier (1968); Dahrendorf (1964).
[128]) Vgl. zum folgenden, insbes. zu positiv bewerteten Funktionen des Konflikts, auch Thiele (1968), S. 294 ff.
[129]) Siehe hierzu auch Band I, S. 121 ff.
[130]) Vgl. Kirsch (1971); ferner Adam (1969), S. 615 ff.; Hax (1965); Kast und Rosenzweig (1970), S. 87 ff.; Katz und Kahn (1966), S. 94 f. und S. 201; Klein und Wahl (1970), S. 53 ff. und S. 137 ff.; Lawrence und Lorsch (1967), S. 4 ff.; Litterer (1965), S. 213 ff.; March und Simon (1958), S. 160 ff.; Pfiffner und Sherwood (1960), S. 134 ff.; Thompson, J. D. (1967), S. 55 ff.; Thompson, V. A. (1965), S. 178 ff.

ist freilich, was unter Koordination eigentlich zu verstehen ist. Der Koordinationsbegriff ist bislang keineswegs hinreichend geklärt.

*Koordinationsbegriffe*

Praktisch lassen sich drei Typen von Koordinationsbegriffen unterscheiden, die unterschiedliche Annahmen darüber implizieren, w a s koordiniert wird:

(1) Ein erster Begriffstyp geht davon aus, daß jedes System mehrere *Freiheitsgrade* aufweist, die der Gestaltung zugänglich sind und demzufolge als *Entscheidungstatbestände oder Instrumentalvariablen* bezeichnet werden können. Die zu realisierenden Ausprägungen dieser Instrumentalvariablen können durch eine einzige Entscheidung (d. h. simultan) festgelegt werden, was eine Zentralisation der Entscheidungsbefugnisse voraussetzt. Sie können jedoch auch in einer Folge von Einzelentscheidungen fixiert werden, die mehr oder weniger sukzessive von einer zentralen Entscheidungsinstanz oder aber auch von mehreren Entscheidungsträgern in dezentraler Weise getroffen werden. Der erste Typ des Koordinationsbegriffs bezieht sich nun auf die Fixierung dieser Entscheidungstatbestände — gleichgültig, ob dies im Rahmen eines zentralen oder dezentralen Entscheidungssystems erfolgt. Dieser Begriffstyp liegt vor allem den Überlegungen des Operations Research zugrunde, wenn der Versuch unternommen wird, eine Vielzahl von Instrumentalvariablen in ein Entscheidungsmodell einzubeziehen und durch die Lösung des Modells simultan zu optimieren. Auf diese Weise ließe sich — so wird gesagt — eine „optimale" Koordination der verschiedenen Entscheidungstatbestände einer Organisation erreichen.

(2) Der zweite Begriffstyp knüpft demgegenüber an den *Einzelentscheidungen* selbst an, gleichgültig, ob diese mehrere Entscheidungstatbestände umfassen und von einer oder mehreren Personen getroffen werden. Auch das einzelne Individuum hat dann Probleme der Koordination seiner nacheinander zu treffenden Einzelentscheidungen.

(3) Der dritte Begriffstyp geht schließlich von den *Entscheidungsträgern* selbst aus. Koordinationsprobleme tauchen hier ex definitione erst dann auf, wenn eine Menge von Einzelentscheidungen auf eine Vielzahl von Entscheidungsträgern verteilt wird, zwischen denen Entscheidungsinterdependenzen bestehen. In diesem Sinne soll der Koordinationsbegriff im folgenden verstanden werden.

Eine Aussage, daß die Entscheidungen interdependenter Entscheidungsträger koordiniert sind oder nicht, beinhaltet sowohl eine *Tatsachenaussage* als auch ein *Werturteil*. *Koordination* heißt ganz allgemein, daß die Entscheidungen der interdependenten Entscheidungsträger in „wünschenswerter" Weise aufeinander abgestimmt sind. Ob Entscheidungen abgestimmt sind oder nicht, ist eine empirisch überprüfbare Tatsachenaussage. Hierauf wird im einzelnen noch zurückzukommen sein. Die Frage dagegen, ob diese Abstimmung „wünschenswert" ist, macht den Bezug auf irgendwelche Werte notwendig und impliziert ein Werturteil.

Damit stellt sich die Frage, auf welches Ziel- oder Wertsystem Bezug zu nehmen ist, wenn etwa über das Informations- und Entscheidungssystem der Organisation das Werturteil abgegeben wird, die Entscheidungen der Organisation seien nicht koordiniert.

In den meisten Fällen zeigt sich bei näherer Betrachtung, daß das Werturteil der Koordination aus der Sicht der Werte eines der Beteiligten (meist des Kritikers selbst) gefällt wird. Nicht selten handelt es sich dabei um einen relativ Außenstehenden, der (etwa als engagierter Wissenschaftler) in die Diskussion eingreift. Dabei halten sich alle Kritiker zugute, bei ihrem Werturteil nicht von eigennützigen Interessen, sondern von einem irgendwie gearteten allgemeinen Interesse, dem Interesse der Organisation, auszugehen. Man braucht diesen Kritikern keine Unehrlichkeit vorzuwerfen, wenn man konstatiert, daß es sich hierbei stets um ihre subjektive Interpretation dessen handelt, was für die Organisation oder die „Allgemeinheit" gut oder richtig sei. Es bleibt ihr subjektives Wertsystem, auch wenn sich die Werte unmittelbar auf die Organisation oder „Allgemeinheit" beziehen. In den Werturteilen über das Maß der Koordination bleibt ein Bekenntnis zu spezifischen subjektiven Werten. Wertneutralität im Sinne des logischen Positivismus ist nicht gegeben. Zu fragen ist aber, ob es nicht möglich ist, bei einem Urteil über die Koordination von den Werten aller Beteiligten oder gar von einem Wertsystem des Kollektivs oder der „Allgemeinheit" auszugehen.

Ein *Wertsystem der Allgemeinheit,* das unabhängig von den Werten der einzelnen existiert, gibt es nicht. Dies würde eine Verselbständigung und Personifizierung der Gesellschaft bedeuten, der hier nicht zugestimmt wird. Es ist jedoch denkbar, ein *soziales Wertsystem des Kollektivs* zu konstruieren, das sich durch eine irgendwie geartete Amalgamation oder Zusammenfassung der *individuellen Wertsysteme* ergibt. Eine solche Amalgamation ordnet jeder Konstellation von individuellen Wertordnungen eine soziale Wertordnung des Kollektivs zu. Diese Zuordnung läßt sich durch eine sogenannte „*Sozialwahlfunktion*" oder „*soziale Wohlfahrtsfunktion*" wiedergeben, wie sie in der Wohlfahrtsökonomie formuliert wurde[131]):

> „Mit einer sozialen Wohlfahrtsfunktion wird ein Prozeß oder eine Regel bezeichnet, die für jede Menge individueller (Präferenz-)Ordnungen alternativer sozialer Zustände eine entsprechende soziale (Präferenz-)Ordnung der alternativen sozialen Zustände festlegt."[132])

Bezeichnet man mit $W_i$ den sozialen Wert des i-ten Zustandes des sozialen Systems und mit $W_{ij}$ den individuellen Wert (Nutzen), den das j-te Individuum dem i-ten Zustand des sozialen Systems zuordnet, so hat die Sozialwahlfunktion folgendes allgemeine Aussehen: $W_i = f(W_{ij})$.

Es hat in der Wohlfahrtsökonomie nicht an Versuchen gefehlt, solche Sozialwahlfunktionen zu konstruieren. Die Diskussion ist jedoch mit der Formulierung des „*Unmöglichkeitstheorems*" durch Arrow weitgehend zum Abschluß gelangt. Das Unmöglichkeitstheorem besagt zwar nicht, daß eine Sozialwahlfunktion unmöglich sei. Es sagt jedoch, daß es aus logischen Grün-

---

[131]) Vgl. zum folgenden Arrow (1951); Bergson (1938); Buchanan (1954); Kemp (1953); Little (1952); Mischan (1957).
[132]) **Arrow (1963) S. 23.**

den nicht möglich ist, eine solche Funktion zu formalisieren, die gleichzeitig fünf von Arrow genau präzisierten Bedingungen genügt. Mit diesen fünf Bedingungen faßt Arrow all jene Anforderungen zusammen, die in der Wohlfahrtsökonomie an solche Sozialwahlfunktionen gestellt wurden. Marschak charakterisiert diese fünf Bedingungen wie folgt, wobei er die Mengen der möglichen Zustände des sozialen Systems (um deren soziale Präferenzordnung oder Bewertung es geht) mit S bezeichnet:

> „(a) Es gibt mindestens drei Alternativen in S, so daß jede soziale Rangordnung dieser drei durch die Regel (der Sozialwahlfunktion) irgendeiner Menge der ... individuellen Rangordnungen dieser drei zugeordnet ist. (b) Wenn eine Alternative in der Rangordnung irgendeines Individuums steigt, ohne daß sich sonst etwas ändert, dann fällt diese Alternative nicht in der sozialen Rangordnung. (c) Die soziale Rangordnung zweier beliebiger Alternativen A und B in S darf nur von den individuellen Rangordnungen von A in bezug auf B, nicht jedoch von den individuellen Rangordnungen anderer ‚irrelevanter' Alternativen oder von der Existenz oder Nicht-Existenz irgendeiner anderen Alternative in S abhängen. (d) Die soziale Rangordnung darf nicht ‚aufgezwungen' sein; d. h., die Regel (der Sozialwahlfunktion) darf nicht für irgendein Paar von Alternativen, A und B, eine soziale Präferenz von A über B ... aufzwingen, ungeachtet der individuellen Präferenzen von A in bezug auf B. (e) Die Regel darf nicht ‚diktatorisch' sein — es darf kein Individuum existieren, mit dessen Rangordnung die soziale Rangordnung stets konsistent ist, ungeachtet der Rangordnungen der anderen Individuen."[133])

Jede einzelne Bedingung erscheint plausibel; gemeinsam können sie jedoch nicht erfüllt werden. Heute gelten diese Versuche der Wohlfahrtsökonomie, die auf eine „vollständige" soziale Rangordnung hinauslaufen, für gescheitert. Einer Ableitung von Urteilen über die Koordination gesellschaftlicher Informations- und Entscheidungssysteme müssen die gleichen Einwendungen entgegengebracht werden wie den traditionellen Konzeptionen der Wohlfahrtsökonomie.

Die moderne Wohlfahrtsökonomie geht von der *Pareto-Ordnung* sozialer Zustände aus. Eine *soziale Präferenz* einer Konstellation A über eine andere B ist hiernach dann gegeben, wenn beim Übergang von B nach A keiner der Beteiligten schlechter gestellt ist als vorher, mindestens einer der Beteiligten jedoch eine Verbesserung erfährt. Eine solche soziale Präferenzvorschrift führt nur zu einer partiellen Ordnung des solchermaßen abgeleiteten sozialen Wertsystems. Es gibt in der Regel sehr viele Zustände des sozialen Systems, die „pareto-optimal" in dem Sinne sind, daß es keinen anderen Systemzustand gibt, der gemäß der oben genannten Regel sozial vorzuziehen wäre. Sehr viele Autoren verwenden den Koordinationsbegriff in der Weise, daß sie eine Menge von Entscheidungen verschiedener Entscheidungsträger als koordiniert bezeichnen, wenn diese Entscheidungen zu einem pareto-optima-

---
[133]) Marschak (1965), S. 427.

len Zustand des sozialen Systems führen. Es gibt keine andere Menge von Entscheidungen, die zu einem Systemzustand führen, bei welchem mindestens einer der Beteiligten im Lichte seiner individuellen Werte besser gestellt ist, ohne daß sich die übrigen Beteiligten im Lichte ihrer individuellen Werte verschlechtern. Vor allem im Falle der Abstimmung der Entscheidungen über den Marktmechanismus bei vollkommener atomistischer Konkurrenz kann gezeigt werden, daß das Informations- und Entscheidungssystem zu einem Pareto-Optimum tendiert und in diesem Sinne koordiniert ist[134].

In der älteren betriebswirtschaftlichen Literatur wird bei der Beurteilung der Koordination in der Regel von den Organisationszielen (Unternehmungszielen) ausgegangen:

> „Aufgabe der Koordination ist es..., die Durchführung der auf verschiedene Bereiche verteilten Teilaufgaben im Hinblick auf das Unternehmungsziel auszurichten."[135]

Diese Begriffsfassung erscheint dann unzweckmäßig, wenn man die Organisationsziele — gleichgültig, was man darunter auch immer versteht — nicht als gegeben unterstellt, sondern selbst als Ergebnis von *Zielentscheidungen* betrachtet. Meist einigen sich die an einer Organisation beteiligten interdependenten Entscheidungsträger auf *Organisationsziele,* um auf diese Weise die interdependenten Entscheidungen zu „koordinieren". Die Einigung auf gemeinsame Organisationsziele kann unter Umständen nur ein Mittel unter vielen sein, eine Koordination von Entscheidungen herbeizuführen. Um die Relevanz solcher Aussagen beurteilen zu können, muß man freilich versuchen, den Koordinationsbegriff zunächst unabhängig von irgendwelchen Organisationszielen zu definieren.

Alle bisherigen Überlegungen gehen von den Ergebnissen der interdependenten Entscheidungen, d. h. der durch diese Entscheidungen herbeigeführten Zustände des sozialen Systems, aus, deren Bewertung durch die Beteiligten die Basis für das Urteil darüber abgibt, ob die Entscheidungen als koordiniert zu gelten haben oder nicht. Diese Versuche der Präzisierung der Koordinationsbegriffe stehen jedoch in einem gewissen Widerspruch zum Sprachgebrauch, der mehr die Bewertung der Art und Weise der Abstimmung der Entscheidungen und nicht so sehr das Ergebnis dieser Entscheidungen in den Vordergrund stellt. Eine Menge von Entscheidungen in einem dezentralen Informations- und Entscheidungssystem kann als koordiniert bewertet werden, obwohl das Ergebnis dieser Entscheidungen keineswegs als optimal (pareto-optimal) angesehen wird. Wissenschaftliche Explikationsversuche eines derartigen Koordinationsbegriffes sind bislang sehr selten. Einer der wenigen, der sich um einen Koordinationsbegriff dieses Typs bemüht, ist Lindblom.

---
[134] Vgl. Schneider (1969), S. 79 ff. und die dort angegebene Literatur.
[135] Meier (1961), S. 540, im Original kursiv; ähnlich in der neueren Organisationslehre Blohm (1969), S. 43 ff.

„Eine Menge interdependenter Entscheidungen ist koordiniert, wenn die Entscheidungen in der Weise aufeinander abgestimmt sind, daß für jede einzelne der abgestimmten Entscheidungen die Abstimmung in der Sicht der Werte von mindestens einem der beteiligten Entscheidungsträger als besser erachtet wird als keine Abstimmung."[136])

Diese Definition schließt sowohl jenen Fall mit ein, daß alle Entscheidungsträger gleiche Werte bzw. Präferenzordnungen besitzen (Team), als auch jenen erheblich realistischeren Fall, daß die beteiligten Entscheidungsträger nur zum Teil über gemeinsame Werte verfügen. Schließlich geht die Definition von den Werten der beteiligten Entscheidungsträger selbst aus, nicht jedoch von den Werten irgendeines unbeteiligten Beobachters.

Um die Implikation dieser Definition zu verdeutlichen, ist es zweckmäßig, beispielhaft von einem System von drei interdependenten Entscheidungsträgern A, B und C auszugehen, die in dezentraler Weise die Entscheidungen a, b und c zu treffen haben, wobei $W_A$, $W_B$ bzw. $W_C$ die von den einzelnen Entscheidungsträgern ihren Entscheidungen zugrunde gelegten Werte repräsentieren.

Ein erster Fall ist gegeben, wenn die Werte $W_A$, $W_B$ und $W_C$ identisch sind, A, B und C also ein Team bilden. Die Entscheidungen sind koordiniert, wenn jeder der Beteiligten die Abstimmung der Entscheidungen a, b und c einer Nichtabstimmung vorzieht.

In einem zweiten, erheblich bedeutsameren Fall ist unterstellt, daß die Werte $W_A$, $W_B$ und $W_C$ nicht identisch sind. Die Entscheidungen können dann (Fall 2 a) als koordiniert angesehen werden, weil etwa A die wechselseitige Abstimmung von a, b und c einer Nicht-Abstimmung im Lichte seiner Werte $W_A$ vorzieht. Die Bewertung von B und C bleibt hierbei außer acht. Die obige Definition unterstellt jedoch auch dann (Fall 2 b) eine Koordination der Entscheidungen a, b und c, wenn A die Abstimmung von a wegen $W_A$ und B die Abstimmung von b wegen $W_B$ und C die Abstimmung von c wegen $W_C$ einer Nicht-Abstimmung vorzieht. Dieser Fall ist relevant, wenn man zulassen will, daß auch Verhandlungen (d. h. wechselseitige Manipulationen) von interdependenten Entscheidungsträgern zu einer Koordination führen, wobei es jedem einzelnen Entscheidungsträger nur um seine Entscheidung und die Erfüllung seiner eigenen Werte geht.

Die Beispiele zeigen, daß es große Schwierigkeiten bereitet, Koordination dann zu definieren, wenn man für die interdependenten Entscheidungsträger nicht gemeinsame Werte unterstellt oder von einem beliebigen Wertsystem ausgeht, das nicht weiter begründbar sein würde.

Letztlich wird damit der Koordinationsbegriff weniger streng gefaßt, als es etwa der Fall ist, wenn man von einem Erreichen oder Nicht-Erreichen eines Pareto-Optimums ausgeht. Letzteres würde sicherlich bedeuten, daß man wohl kein Informations- und Entscheidungssystem der Empirie als koordiniert bezeichnen könnte. Denn es erscheint ungewiß, ob ein reales Informations- und Entscheidungssystem jemals einen pareto-optimalen Zustand erreichen kann.

---

[136]) Lindblom (1965), S. 24.

Bei den bisherigen Erläuterungen des Koordinationsbegriffes wurde offengelassen, was unter einer Abstimmung von Entscheidungen zu verstehen ist. Ganz allgemein bedeutet die Aussage, die Entscheidung a sei auf die Entscheidung b *abgestimmt*, daß der Entscheidung a unter anderem Entscheidungsprämissen zugrunde liegen, die nicht in die Definition der Situation eingehen würden, bestünde eine Entscheidungsinterdependenz nicht. Diese Entscheidungsprämissen können Beschränkungen sein, die sich der Entscheidungsträger auferlegt, weil er sich als Anpasser verhält. Sie können aber auch mit Manipulationsversuchen im Zusammenhang stehen: Der Entscheidungsträger gründet seine Entscheidungen etwa auf Erwartungen über das Verhalten der anderen, wobei er den Eintritt dieser Erwartungen durch Manipulationen zu sichern trachtet. In diesem Falle versucht er, seine Entscheidungsprämissen, nämlich die Erwartungen, durch Manipulation der anderen zu stabilisieren. *Anpassung* und *Manipulation* sind folglich die beiden Instrumente, deren sich interdependente Entscheidungsträger zur Abstimmung ihrer Entscheidungen bedienen.

Diese Charakterisierung der Abstimmung gewinnt an Präzision, wenn man die verschiedenen Möglichkeiten der Abstimmung bzw. Koordination interdependenter Entscheidungen in die Betrachtung einbezieht[137]). Ein Informations- und Entscheidungssystem kann auf verschiedene Art und Weise abgestimmt bzw. koordiniert werden. Die verschiedenen Formen der Abstimmung bzw. Koordination lassen sich durch zwei Gegensatzpaare charakterisieren, die miteinander kombinierbar sind: zentrale versus dezentrale Koordination und Koordination auf Grund von Erwartungsbildung versus Koordination durch Rückkopplung. Die beiden Gegensatzpaare kennzeichnen jeweils Extrempunkte einer ganzen Skala von Möglichkeiten. Die Realität ist durch Mischformen charakterisiert, die irgendwo auf der Skala zwischen den beiden Extrempunkten anzusiedeln sind.

*Zentrale versus dezentrale Koordination*

Die Koordination kann zentral oder dezentral sein. Bei *zentraler Koordination* übernimmt eine Person oder Gruppe explizit die Aufgabe, spezifische Koordinationsentscheidungen zu treffen. Der Koordinator legt für die einzelnen interdependenten Entscheidungsträger Beschränkungen fest, die — wenn sie von diesen als Entscheidungsprämissen akzeptiert werden — zu einer Koordination der Entscheidungen führen. Zwischen Koordinator und Koordinierten besteht eine asymmetrische Beziehung der Über- bzw. Unterordnung. Man spricht daher auch von einer hierarchischen Koordination. Diese Hierarchie kann selbstverständlich mehrstufig sein.

Bei *dezentraler Koordination* werden keine expliziten Koordinationsentscheidungen getroffen. Die interdependenten Entscheidungsträger „koordinieren

---

[137]) Vgl. Dahl und Lindblom (1953); Heinen (1966 b), S. 215 ff.; Lindblom (1965), S. 32 ff.; March und Simon (1958), S. 122; Marschak (1965).

sich selbst", indem sie ihre Entscheidungen aufeinander abstimmen. Diese Abstimmung kann durch wechselseitige Anpassung oder durch Manipulation erfolgen.

Die Anpassung ihrerseits kann direkter oder indirekter Natur sein. Indirekte Anpassung liegt vor, wenn die wechselseitige Abstimmung durch einen anonymen Markt- und Preismechanismus „vermittelt" wird. Jeder „Marktteilnehmer" nimmt die Preise und die zu erwartenden Angebots- bzw. Nachfragemengen als Datum hin und paßt sich an diese „Signale" des Marktes an, ohne sich um die übrigen interdependenten Entscheidungsträger im einzelnen zu kümmern[138]). Bei einer direkten Anpassung bildet sich der einzelne Entscheidungsträger Erwartungen hinsichtlich des Verhaltens der anderen Entscheidungsträger und paßt sich an die von ihm nicht manipulierten Daten an. Die bisher in der Untersuchung dargelegten Fälle der Anpassung stellten Fälle der direkten Anpassung dar.

Der direkten Anpassung steht die Manipulation gegenüber. Im Falle der Abstimmung durch Manipulation nehmen die Beteiligten die Entscheidungen der anderen nicht als Datum hin, sondern versuchen, diese in aktiver Weise zu beeinflussen. Direkte Anpassung und Manipulation sind die beiden Grundtypen des Verhaltens interdependenter Entscheidungsträger bei einer dezentralen Koordination, die Lindblom als parteiische wechselseitige Abstimmung (partisan mutual adjustment) bezeichnet[139]). Sie steht der Koordination durch den Preismechanismus des anonymen Marktes gegenüber, auf dem sich die Beteiligten als Anpasser verhalten. In Organisationen sind vor allem die Formen der zentralen Koordination und der parteiischen wechselseitigen Abstimmung relevant. Zwar gibt es verschiedentlich Versuche, die interdependenten Entscheidungsträger einer Organisation durch innerbetriebliche Preise zu koordinieren[140]). Eine genauere Behandlung der verschiedenen Vorschläge einer pretialen Leitung zeigt jedoch, daß es sich hierbei um Sonderfälle der hierarchischen Koordination handelt. Die innerorganisatorischen „Preise" werden nicht auf Märkten gebildet, sondern von organisationalen Instanzen festgelegt. Die Festlegung solcher Lenkungspreise ist Gegenstand einer spezifischen Koordinationsentscheidung im Sinne der hierarchischen Koordination.

Systeme mit vorwiegend zentraler Koordination sind meist durch ein Netz wechselseitiger Abstimmung überlagert. Reine zentrale Koordination würde nur vorliegen, wenn allein der zentrale Koordinator manipulative Maßnahmen gegenüber den interdependenten Entscheidungsträgern ergreift, diese sich dagegen als reine Anpasser verhalten und die vom Koordinator vorgeschriebenen Beschränkungen als Entscheidungsprämissen akzeptieren. Die

---
[138]) Vgl. z. B. Marschak (1965).
[139]) Vgl. Lindblom (1965).
[140]) Diese Möglichkeit der Abstimmung interdependenter Entscheidungen wird in der Literatur unter dem Begriff der „pretialen Lenkung" diskutiert. Vgl. hierzu insbesondere Bender (1951); Heinen (1965), S. 309 ff.; Heinen (1968), S. 254 ff.; Meier (1961), S. 551 ff.; Schmalenbach (1947, 1948, 1963); Vischer (1967); Whinston (1964), S. 405 ff.; Whinston (1966).

reine zentrale Koordination wird bereits aufgegeben, wenn die übrigen Entscheidungsträger mit einigermaßen Erfolg den Versuch unternehmen, den zentralen Koordinator manipulierend zu beeinflussen, damit dessen Koordinationsentscheidungen in der von ihnen vorgezogenen Weise ausfallen. Darüber hinaus ist es üblich, daß die interdependenten Entscheidungsträger die zentral festgelegten Beschränkungen nicht in vollem Umfang zu ihren Entscheidungsprämissen machen und/oder diese für eine Koordination als nicht ausreichend ansehen. Sie versuchen, durch wechselseitige Abstimmung die Unzulänglichkeiten der zentralen Koordination auszugleichen.

Ferner sind die Beschränkungen des zentralen Koordinators meist nichtoperational. Sie sind „offene" Beschränkungen, die auslegungsfähig und auslegungsbedürftig sind. Diese Offenheit der Koordinationsbeschränkungen gibt den Koordinierten die Möglichkeit, den zentralen Koordinator durch Manipulation davon zu überzeugen, daß ihre Auslegungen bzw. Schließungen der offenen Beschränkungen mit den Intentionen des Koordinators übereinstimmen. Schließlich ist davon auszugehen, daß das zentrale Koordinationssystem vielfach keine vollständige Hierarchie darstellt. Es gibt keine oberste Koordinationsinstanz, die die übrigen Koordinatoren koordiniert. Die Koordinatoren müssen sich selbst durch wechselseitige Anpassung und Manipulation koordinieren. Das föderalistische System der Bundesrepublik Deutschland mit den abgegrenzten Zuständigkeiten von Bund und Ländern ist ein beredtes Beispiel hierfür.

In Sonderfällen können die interdependenten Entscheidungsträger gemeinsam die Funktion des zentralen Koordinators übernehmen. Im Rahmen eines gemeinsamen Problemlösungsprozesses legen sie eine Menge von Beschränkungen fest, denen die nachfolgenden Einzelentscheidungen genügen müssen, um koordiniert zu sein. Es ist in der Regel sehr unwahrscheinlich, daß dieser kollektive Prozeß der Koordinationsentscheidung rein integrativer Natur ist. Meist wird der zentralen Koordinationsentscheidung ein distributiver Prozeß der wechselseitigen Manipulation vorausgehen. Die zentrale Koordination ist auch hier durch einen Prozeß der wechselseitigen Abstimmung überlagert.

*Abstimmung auf Grund von Erwartungsbildung versus Abstimmung auf Grund von Rückkopplungsinformationen*

Eine zweite Unterscheidung der Möglichkeiten für eine Abstimmung interdependenter Entscheidungen erhält man, wenn man zwischen Koordination auf Grund von Erwartungen über die Entscheidungen der anderen und Koordination auf Grund von Rückkopplungsinformationen über Störungen durch diese Entscheidungen differenziert. Diese Unterscheidung knüpft somit an der bereits diskutierten Tatsache an, daß die einzelnen Entscheidungsträger die Entscheidungen anderer entweder antizipieren oder aber als Kontingenzen, d. h. nichtvorhersehbare Störungen, betrachten. Sieht man die Antizipation zukünftiger Ereignisse als Merkmal der Planung an, so entspricht diese Unterscheidung jener von March und Simon[141]), die zwischen *Koordination durch Planung* und *Koordination durch Rückkopplung* unterscheiden.

Auch hier ist die Realität stets durch ein *Mixtum von Koordination durch Planung und Rückkopplungsinformation* charakterisiert. Der einzelne Entscheidungsträger wird meist versuchen, die Entscheidungen einiger der anderen Entscheidungsträger zu antizipieren und sein Verhalten dementsprechend zu planen. Bei den meisten der mit ihm interdependenten Entscheidungsträger wird er jedoch auf eine Antizipation ihrer Entscheidungen verzichten und sich darauf verlassen, daß er in der Lage ist, die Störungen durch kurzfristige Anpassung oder durch Manipulation aufzufangen und den Plan gegebenenfalls zu modifizieren. Diese Überlegungen führen zurück zu dem im Rahmen der Analyse der Kontingenzbeziehungen zwischen interdependenten Entscheidungsträgern Gesagten.

Es wurde bereits darauf hingewiesen, daß die verschiedenen Unterscheidungen kombiniert werden können. Die wechselseitige Abstimmung kann einmal primär darauf beruhen, daß die Beteiligten Erwartungen über das jeweilige Verhalten der anderen bilden und sich daran anpassen bzw. diese durch Manipulationen „stabilisieren". Die wechselseitige Abstimmung kann aber zum anderen darauf beruhen, daß die einzelnen jeweils auf Rückkopplungsinformationen über das Verhalten der anderen reagieren.

Auch die zentrale Koordination kann in zweifacher Weise gegeben sein[142]). Der Koordinator kann — bevor er seine Koordinationsentscheidung trifft — versuchen zu antizipieren, wie die zu koordinierenden Personen vermutlich entscheiden würden, wenn ihnen durch den zentralen Koordinator nicht entsprechende Beschränkungen auferlegt würden. Der Koordinator kann jedoch jeweils ad hoc auf Grund der Informationen über die tatsächlichen Entscheidungen tätig werden und die interdependenten Entscheidungsträger durch Manipulation dazu zu bewegen trachten, ihre Entscheidungen zu modifizieren und auf diese Weise aufeinander abzustimmen.

*Koordination, Rollen, Machtverteilung*

Es ist nicht einfach anzugeben, unter welchen Bedingungen die eine oder andere Form der Abstimmung bzw. Koordination im IES einer Organisation vorherrscht. Zwei Gesichtspunkte seien hier jedoch abschließend genannt, da sie für die weiteren Erörterungen dieser Untersuchung bedeutsam sind.

(1) Der erste Gesichtspunkt hängt eng mit der *organisationalen Rollenanalyse* zusammen. Je länger und je häufiger die interdependenten Entscheidungsträger einer Organisation in Interaktion treten, desto mehr lernen sie, welches Verhalten die anderen jeweils von ihnen erwarten bzw. fordern. Dieser

---

[141]) Vgl. March und Simon (1958), S. 160; ferner Beer (1959); Thompson (1967), S. 56; Vischer (1967), S. 20 ff.
[142]) Vgl. Lindblom (1965), S. 165 ff.

Lernprozeß[143]) wird — im Sinne der instrumentalen Konditionierung — durch die sanktionierenden Manipulationen (Belohnungen bzw. Bestrafungen) unterstützt, die die einzelnen Entscheidungsträger im Prozeß der Koordination ergreifen. Die Menge der an einen Entscheidungsträger gerichteten *Erwartungen* und *Forderungen* konstituiert dessen Rolle[144]). Indem er diese Rolle lernt und sich „rollenkonform" verhält, wird sein Verhalten für die anderen vorhersehbar. Der Koordinationsprozeß beruht in zunehmendem Maße auf einer Antizipation, während die reinen Kontingenzbeziehungen abnehmen.

(2) Der zweite Gesichtspunkt betrifft die Frage, inwieweit eine zentrale Koordination dominiert[145]). Dies hängt eng mit der *Machtverteilung* innerhalb der Organisation zusammen. Eine zentrale Koordination interdependenter Entscheidungsträger setzt voraus, daß der zentrale Koordinator eine dominierende Machtposition gegenüber allen anderen besitzt, die ihn in die Lage versetzt, durch Manipulation alle anderen zur Anpassung zu zwingen. Bei realistischer Einschätzung der Situation wird auch nur eine entsprechend mit Macht ausgestattete Person motiviert sein, spezifische Koordinationsentscheidungen zu treffen und durchzusetzen.

Galbraith kommt bei seiner Analyse der modernen Großunternehmung zu der Überzeugung, daß sich dort die Macht vom Management, das an der Spitze der Hierarchie die Aufgabe der zentralen Koordination zu übernehmen hätte, auf die sogenannte „Technostruktur" verlagert habe[146]). Unter der Technostruktur faßt Galbraith die in der durch großen Kapitaleinsatz und komplexe Technologie geprägten Großunternehmung in großer Zahl tätigen Spezialisten zusammen, deren Einfluß auf Informationsvorteilen basiert. Die informationelle Abhängigkeit des Managements von der Technostruktur läßt eine allzu große Dominanz der zentralen Koordination in modernen Großunternehmen zweifelhaft erscheinen. Formal gesehen steht diese in Organisationen freilich im Vordergrund. Diese zentrale Koordination ist als politischer Prozeß zu betrachten[146a]).

## 1.34 Informationsstrukturen im IES der Organisation

Die Organisationstheorie kennt eine Reihe von Begriffen zur Charakterisierung von Informationen oder Informationskomplexen, die das individuelle Verhalten der Organisationsteilnehmer beeinflussen und als (passive) Elemente des organisatorischen IES betrachtet werden können. In die verwirrende Vielfalt solcher Termini ist freilich kaum eine Ordnung zu bringen. Zu heterogen sind die von den einzelnen Autoren und „Schulen" verwendeten

---

[143]) Vgl. zur Sozialisation S. 174 ff. dieser Arbeit.
[144]) Vgl. zur Rolle S. 99 ff. dieser Arbeit.
[145]) Vgl. Lindblom (1965), S. 102 ff.
[146]) Vgl. Galbraith (1968), S. 50 ff.
[146a]) Vgl. hierzu die Ausführungen zum Prozeß der Zielbildung auf S. 129 ff. dieser Arbeit.

Begriffssysteme; zu heterogen sind aber auch die mit den einzelnen Begriffssystemen verfolgten Untersuchungszwecke. In der vorliegenden Untersuchung stehen die Entscheidungsprozesse im Rahmen des IES der Organisation sowie die Entscheidungsprämissen im Vordergrund, die diese Entscheidungen beeinflussen. Aus dieser spezifischen Zwecksetzung heraus soll im weiteren Verlauf der Analyse ein terminologischer Bezugsrahmen vorgeschlagen werden, der eine gewisse Abgrenzung und Ordnung der verschiedenen Termini verheißt. Die Überlegungen folgen dabei — freilich in abweichender Form — einem Vorschlag von Biddle.

**Die Konzeption von Biddle**

Biddle hat den Vorschlag gemacht, in die Fülle von Begriffen der Organisationsanalyse dadurch eine Ordnung zu bringen, daß mehrere, zur Organisationsanalyse gleichermaßen erforderliche Begriffssysteme unterschieden werden[147]). Den sich zum Teil überschneidenden und konkurrierenden Termini ist dadurch ein präziser Inhalt und eine exakte Abgrenzung zu geben, daß man sie unterschiedlichen Begriffssystemen zuordnet. Die Hauptthese Biddles, der hier — wenn auch mit zum Teil abweichendem Ergebnis — gefolgt wird, lautet:

„Meine Ausgangsthese lautet, daß diese Begriffe als Elemente dreier verschiedener Begriffssysteme zur Beschreibung menschlichen Verhaltens verwandt wurden und daß Uneinigkeit in der bestehenden Literatur deshalb herrscht, weil die arteigenen Charakteristika eines jeden Systems nicht beachtet wurden."[148])

Biddle unterscheidet drei Begriffssysteme: das „öffentliche System" (overt system), das „kognitive System" und das „offizielle System".

Das *öffentliche System* umfaßt solche Begriffe, die sich auf das beobachtbare, äußere Verhalten und die sichtbaren Eigenschaften der Organisationsteilnehmer beziehen. Hierzu zählt auch das etwa in Kommunikationsprozessen beobachtbare „verbale Verhalten" der Individuen[149]).

Das *kognitive System* von Begriffen charakterisiert Biddle wie folgt:

„Im Gegensatz zur Konzeption des öffentlichen Systems zielen einige Konzepte, die menschliches Verhalten beschreiben, auf Phänomene ab, die vermutlich in den Gehirnen der Aktoren stattfinden und zur Verbindung von Stimulusereignissen und tatsächlichem Verhalten des Individuums dienen ... Ausdrücke wie Motiv, Norm, Wert, Ziel, Erwartung, kognitive Dissonanz, Stärke u. ä. beziehen sich auf hypothetische Prozesse, die sich in einer Viel-

---

[147]) Vgl. zum folgenden Biddle (1964).
[148]) Ebenda, S. 151.
[149]) Letztlich repräsentiert das öffentliche System im Sinne Biddles jene Begriffe, auf die sich der klassische Behaviorismus allein beschränken zu müssen glaubte.

zahl von der jeweiligen Situation abhängender Verhaltensweisen widerspiegeln."[150])

Die Diskussion der alternativen Ansätze zur Analyse kognitiver Prozesse im zweiten Band hat gezeigt, daß heute keine sozialwissenschaftliche Konzeption ohne die Annahme solcher intervenierenden oder vermittelnden Prozesse auskommt. Es liegt auf der Linie der in den vorhergehenden Abschnitten dargestellten Konzeption, wenn man diese Termini als Bestandteile des kognitiven Systems im Sinne Biddles bezeichnet. Dies gilt insbesondere für den Begriff der Entscheidungsprämisse.

Das *offizielle System* erscheint insofern bedeutungsvoll, als es einer Reihe von Termini der klassischen betriebswirtschaftlichen Organisationslehre, die zum Teil aus der organisationssoziologischen Analyse der modernen Organisationstheorie eliminiert wurden, einen durchaus berechtigten Platz in einer umfassenden Analyse organisationaler Phänomene einräumt.

> „Schließlich beziehen sich einige Konzeptionen auf die Beschreibung von kodifiziertem Konsens über die Organisation. Ausdrücke wie Vorarbeiter, Arbeitsbeschreibung, Gesetz, Organisationsplan u. ä. haben Bezug zu einer Menge von Festlegungen und Vorschriften, die die Menschenführung in der Organisation regeln. Das offizielle System ist kodifiziert, d. h. niedergeschrieben (in entwickelten Gesellschaften), und existiert getrennt und unabhängig von dem Verhalten und den Vorstellungen der einzeln handelnden Menschen."[151])

Ausgehend von dieser Dreiteilung begrifflicher Systeme schlägt Biddle eine Reihe von terminologischen Zuordnungen, Abgrenzungen und Verfeinerungen vor, die vor allem die in der organisatorischen Rollenanalyse und Zielanalyse verwendeten Termini *„Position"*, *„Rolle"*, *„Norm"*, *„Wert"* und *„Ziel"* betreffen. Im einzelnen erscheinen jedoch die Überlegungen Biddles im vorliegenden Zusammenhang nicht durchweg relevant. Zum einen nehmen die terminologischen Vorschläge Biddles nicht auf das Kategoriensystem einer Theorie der Individualentscheidung, insbesondere des IV-Ansatzes, Bezug. Zum anderen stehen die Überlegungen Biddles — vor allem im Zusammenhang mit den Versuchen zur Klärung des Zielbegriffs — nicht im Einklang mit der betriebswirtschaftlichen Verwendung dieses Terminus.

Sowohl die Organisation als auch das Individuum sind offene Systeme, die mit ihrer Umwelt in Transaktionsbeziehungen stehen. Bereits an anderer Stelle wurde auf die Zweckmäßigkeit hingewiesen, bei der Analyse offener Systeme Input, Transformation und Output von Materie bzw. Energie einerseits sowie von Informationen andererseits zu trennen. Der Dreiteilungsvorschlag Biddles umfaßt beide Systemaspekte, ohne sie jedoch explizit voneinander zu unterscheiden. Im Zusammenhang mit der vorliegenden Untersuchung stehen die Informationssysteme im Vordergrund der Betrachtung.

---

[150]) Biddle (1964), S. 152.
[151]) Ebenda, S. 153.

In Anlehnung an die Überlegungen Biddles und diese modifizierend soll daher im folgenden zwischen dem kognitiven und dem öffentlichen Informationssystem der Organisation unterschieden werden.

**Kognitive und öffentliche Informationen**

Analog sind zwei Gruppen von Begriffen zu unterscheiden: Die erste Gruppe von Begriffen repräsentiert *Aspekte des kognitiven Informationssystems.* Diese Begriffe beziehen sich entweder auf die von den Organisationsteilnehmern in ihren Gedächtnissen gespeicherten kognitiven Informationen oder auf die kognitiven Informationsprozesse. Die im zweiten Band eingeführten Begriffe wie Entscheidungsprämisse, kognitive Persönlichkeit, Einstellung und Definition der Situation sind zu dieser Gruppe von Begriffen zu rechnen. Die zweite Gruppe von Begriffen charakterisiert demgegenüber *Aspekte des öffentlichen Informationssystems* der Organisation. Das öffentliche Informationssystem umfaßt alle jene Informationen bzw. Zeichen sowie alle jene Informationsverarbeitungsprozesse, die in Medien gleichsam „außerhalb" des Organismus der Organisationsteilnehmer realisiert und somit unmittelbar beobachtbar sind.

Als Kriterium der „Öffentlichkeit" wird die objektive Beobachtbarkeit angesehen, nicht jedoch etwa die Zugänglichkeit der Informationen durch die Organisationsteilnehmer oder durch Personen bzw. Gruppen außerhalb der Organisation. Auch die in einem vertraulichen Gespräch zwischen zwei Organisationsteilnehmern ausgetauschten Informationen sind dem öffentlichen Informationssystem zuzurechnen. Selbstverständlich setzt eine eingehende Analyse des öffentlichen Informationssystems voraus, daß durch geeignete Zusätze (z. B. „externes" und „internes" öffentliches Informationssystem) deutlich gemacht wird, welchem Personenkreis die öffentlichen Informationen jeweils zugänglich sind.

Die *öffentlichen Informationen* umfassen zunächst die Fülle von in Archiven, d. h. in Akten oder sonstigen Medien wie Magnetbändern, Filmen, Lochkarten usw., festgehaltenen Informationen. Hierzu rechnen somit auch die in eventuell vorhandenen Datenverarbeitungsanlagen gespeicherten Daten. Ganz allgemein ist diese Gruppe öffentlicher Informationen in Medien (Zeichenträgern) realisiert, die eine Speicherung der Information zulassen. Der größte Teil der öffentlichen Informationen einer Organisation ist nicht speicherfähig. Sie existieren jeweils nur in jenem Zeitpunkt, in dem sie von einem der Organisationsteilnehmer — etwa im Rahmen eines Kommunikationsvorgangs — „ausgesprochen" werden. Dennoch sind sie einen Augenblick lang Bestandteil des öffentlichen Informationssystems der Organisation. Selbstverständlich kann eine solche nicht speicherfähige Information mehrmals Bestandteil des öffentlichen Informationssystems sein, wenn sie in gleicher oder ähnlicher Form wiederholt wird. Sie nimmt einen in gewissem Sinne permanenten Charakter an und kann gleiche Wirkungen besitzen wie gespeicherte öffentliche Informationen.

Auch Informationsverarbeitungsprozesse können öffentlicher Natur sein. Das *betriebswirtschaftliche Rechnungswesen* liefert eine Fülle von Beispielen hierfür. Wenn etwa ein Organisationsteilnehmer auf einem Blatt Papier eine Multiplikation durchführt, so ist dies — mindestens teilweise — ein öffentlicher Informationsverarbeitungsprozeß. Öffentliche Informationsverarbeitungsprozesse sind vor allem im Rahmen der elektronischen Datenverarbeitung gegeben. Die beiden genannten Beispiele unterscheiden sich lediglich in der Art des Programms, das den Informationsverarbeitungsprozeß steuert. Die „öffentliche" Multiplikation durch ein Individuum wird durch ein kognitives Programm gesteuert, das das Individuum in seinem Repertoire gespeichert hat. Die elektronische Datenverarbeitung wird demgegenüber durch ein „öffentliches" Programm gesteuert. Das öffentliche Informationssystem der Organisation ist nicht mit dem offiziellen System im Sinne Biddles identisch, schließt dieses jedoch ein. Ein Teil der öffentlichen Informationen bzw. Informationsverarbeitungsprozesse besitzt „offiziellen" Charakter, wobei es zunächst dahingestellt bleibt, welches Kriterium zur Identifizierung und Abgrenzung dieses Teils des öffentlichen Informationssystems maßgeblich ist. Biddle spricht von einem „kodifizierten Konsensus" der Organisationsteilnehmer. Grundsätzlich erhält eine öffentliche Information oder ein öffentlicher Informationsverarbeitungsprozeß offiziellen Charakter dadurch, daß sie durch einen oder eine Gruppe von hierzu legitimierten Organisationsteilnehmern als verbindlich erklärt werden. Dies macht deutlich, daß die Abgrenzung des offiziellen Informationssystems eng mit der Analyse der Autoritäts- oder Machtverhältnisse innerhalb der Organisation verbunden ist. Vor allem die Klärung der Frage der legitimierten Macht oder Autorität steht hierzu in enger Beziehung.

Vom offiziellen Informationssystem ist das *formale System* zu unterscheiden, obgleich es mit diesem sehr eng verwandt ist. Das formale — und analog das informale — Informationssystem umfaßt sowohl Teile des kognitiven als auch des öffentlichen Informationssystems. Das öffentliche formale System ist mit dem offiziellen System identisch. Das kognitive formale System umfaßt demgegenüber die kognitive Repräsentation oder Wahrnehmungen der offiziellen Informationen durch die Organisationsteilnehmer.

Die Unterscheidung zwischen *formalen* und *informalen Informationen* deutet auf die Tätigkeit des Organisierens hin. In der Regel wird unter formaler Organisation das Ergebnis einer bewußten *Tätigkeit des Organisierens* verstanden. Es ist daher zweckmäßig, in diesem Zusammenhang kurz auf die Frage einzugehen, worin eigentlich die spezifische Tätigkeit des Organisierens besteht bzw. welche spezifischen Entscheidungen oder Entscheidungsprozesse dieser Tätigkeit zugrunde liegen. Es läßt sich zeigen, daß in diesem Zusammenhang mindestens drei Konzeptionen zu unterscheiden sind. Danach kann „Organisieren" darin bestehen, (1) generelle Entscheidungen oder (2) Metaentscheidungen zu treffen und/oder (3) bereits getroffene Entscheidungen durch ein System von autorisierten Regelungen zum Ausdruck zu bringen[152]).

(1) Die erste Konzeption entspricht etwa jener Kosiols. Stets dann, wenn ein Entscheidungsproblem in der Weise gelöst wird, daß die gefundene Lösung *generell*, d. h. für viele wiederkehrende Fälle und damit für längere Zeit, zur Anwendung gelangen soll, liegt der Tatbestand des Organisierens vor:

> „Die Organisation schafft durch Grundsätze und generelle Entscheidungen das Gerüst oder den Rahmen, in dem sich laufende Dispositionen abspielen. Organisieren ist ein dem Disponieren vorgelagertes Umweghandeln, in dem zuerst strukturierend für viele Fälle und dann, darin eingebettet, für den einzelnen Fall gehandelt wird. Beim Organisieren geht es um Dauerregelungen und Dauereinrichtungen, die das Gesamtgefüge festlegen, an das der Ablauf der Arbeitsprozesse gebunden ist."[153])

Folgt man dieser Konzeption, so liegt Organisieren stets dann vor, wenn für wiederkehrende Einzelentscheidungen Beschränkungen festgelegt werden. Diese können so weit gehen, daß ein Ausführungsprogramm vorgegeben wird, dem in der wiederkehrenden Situation zu folgen ist. Die Einzelentscheidungen sind dann Routineentscheidungen. Die Beschränkungen können aber auch adaptive und innovative Einzelentscheidungen offenlassen. Es werden durch generelle Entscheidungen Problemlösungsprogramme — zumindest deren strategische Teile — festgelegt, denen die Einzelentscheidungen folgen sollen. Es werden aber auch Werte bzw. Kriterien vorgegeben, denen die Problemlösungen im Einzelfall genügen müssen. Durch die generellen Entscheidungen des Organisierens werden die Einzelentscheidungen zwar vielfach ganz oder teilweise programmiert. Dies muß jedoch nicht immer der Fall sein.

Die Tätigkeit des Organisierens kann sich allein auf der kognitiven Ebene bewegen. Das einzelne Individuum kann sich selbst für nachfolgende Entscheidungen Beschränkungen der genannten Art auferlegen, d. h. seine Entscheidungen und Tätigkeiten „organisieren". Desgleichen ist es nicht erforderlich, daß diese Entscheidungen autorisiert werden. Das Ergebnis des Organisierens kann daher — so paradox dies auch klingen mag — aus „informalen" Informationen bestehen, wenn man formal und informal danach abgrenzt, ob eine Autorisierung der Entscheidungsergebnisse stattfindet oder nicht.

(2) Ähnliches gilt für die zweite eingangs erwähnte Konzeption, die die Tätigkeit des Organisierens mit dem Treffen von Metaentscheidungen gleichsetzt. *Metaentscheidungen* sind Entscheidungen über Objektentscheidungen oder präziser: über den Ablauf von Objektentscheidungsprozessen. Objektentscheidungsprozesse können in unterschiedlicher Weise ablaufen. Sie weisen somit in der Regel eine Reihe von Freiheitsgraden auf. Die Entscheidung über die spezifische „Schließung" dieser Freiheitsgrade fällt im Rahmen eines Metaentscheidungsprozesses. Ein Objektentscheidungsprozeß kann als ein Regelungs- oder Steuerungsprozeß niederer Ordnung aufgefaßt werden, der gleichzeitig Regel- bzw. Steuerstrecke eines Regelungs- bzw. Steuerungsprozesses höherer Ordnung darstellt. Der Prozeß höherer Ordnung ist dann als Metaentscheidungsprozeß zu charakterisieren.

---

[152]) Vgl. zum folgenden Kirsch und Meffert (1970).
[153]) Kosiol (1962), S. 28.

Sieht man in der Tätigkeit des Organisierens das Treffen solcher Metaentscheidungen, so ist es für die begriffliche Abgrenzung des „Organisierens" gleichgültig, ob die Metaentscheidungsprozesse zu generellen oder fallweisen Entscheidungen über den Ablauf des Objektentscheidungsprozesses führen und ob die Ergebnisse des Metaentscheidungsprozesses autorisiert werden, d. h. in das offizielle Informationssystem der Organisation eingehen.

(3) Gerade das ist jedoch das wesentliche Merkmal der dritten Konzeption, für die sich etwa im Werk von Gutenberg Anklänge finden. Gutenberg unterscheidet streng zwischen *Planung* und *Organisation*, wobei die Planung dem „Entwurf einer Ordnung" und die Organisation der „Realisation dieser Ordnung" dient[154]). Geht man davon aus, daß der Planungsprozeß mit der Entscheidung für eine Alternative endet, so liegt die spezifisch organisatorische Tätigkeit darin, den gewählten Plan so in ein System genereller und fallweiser Regelungen „umzugießen", daß eine Realisation dieses Planes gewährleistet ist. Abgesehen davon, daß dabei der Schwerpunkt auf den Regelungen und nicht auf den vorhergehenden Entscheidungen der Planungsphase liegt, ist die Konzeption von Gutenberg vor allem dadurch charakterisiert, daß sowohl generelle als auch fallweise Regelungen als organisatorische Tatbestände aufgefaßt werden[155]).

Diese Konzeption läßt sich — freilich in sehr freier Interpretation der Gedanken Gutenbergs — präzisieren, wenn man an den Begriff des offiziellen Informationssystems einer Organisation anknüpft. Offizielle Informationen sind autorisierte, öffentliche Informationen. Diese Autorisierung äußert sich darin, daß diese Informationen nach bestimmten Riten verkündet sind[156]). In der Regel sind sie in Medien gespeichert, die einen Hinweis auf ihre Quelle und auf die spezifische Art ihrer Autorisierung enthalten. Diese offiziellen, d. h. autorisierten Informationen sind von den Organisationsteilnehmern als Folge der durch kulturelle und verfassungsmäßige Normen legitimierten Macht als Entscheidungsprämissen zu akzeptieren. Folgt man diesen Überlegungen, dann können *Regelungen* als *offizielle*, d. h. als *autorisierte Informationen* aufgefaßt werden, die ein im Rahmen von Entscheidungs- bzw. Planungsprozessen bestimmtes und erwähltes Verhalten beinhalten. Nicht alle Informationen, die organisatorischen Entscheidungsprozessen entspringen, erhalten den Status offizieller Informationen. Es ist eine bisher nur unzureichend geklärte empirische Frage, in welchem Umfange sich die Entscheidungsträger der verschiedenen Organisationen bei der Durchsetzung ihrer Entscheidungen der Autorisierung bedienen. Auf jeden Fall ist festzuhalten, daß sich die Ergebnisse von organisatorischen Planungs- bzw. Entscheidungsprozessen keineswegs immer in einem System offizieller Regelungen fallweiser oder genereller Art manifestieren müssen.

Es ist hier nicht erforderlich, der einen oder anderen Konzeption den Vorzug zu geben. Alle drei zeigen wesentliche Aspekte der Gestaltung organisatorischer Informations- und Entscheidungssysteme auf, wobei sie sich keineswegs gegenseitig ausschließen. So ist es durchaus möglich, sowohl die erste als auch die zweite Konzeption auf solche Entscheidungen zu beschränken,

---

[154]) Vgl. Gutenberg (1969), S. 147.
[155]) Vgl. Gutenberg (1969), S. 232 ff.; Gutenberg (1962). Vgl. zur neueren Diskussion der generellen und fallweisen Regelungen: Siebel (1967); Prim (1968); Siebert (1968).
[156]) Vgl. dazu S. 54 f. dieser Arbeit.

die zu autorisierten Regelungen führen. Der Kern der organisatorischen Tätigkeit ist dann die Gestaltung des offiziellen Informationssystems, wobei es dahingestellt bleiben mag, ob man sich dabei nur auf generelle Regelungen beschränken will oder nicht.

**Verfassung und Kultur der Organisation**

Jede Organisation besitzt eine *Verfassung* und eine spezifische *Kultur*. Beide Begriffe charakterisieren Klassen von Informationen, die die Entscheidungen der Organisationsteilnehmer beeinflussen können. Der Begriff der Verfassung[157]) steht in einem engen Bezug zum offiziellen Informationssystem der Organisation. Die Verfassung repräsentiert jene meist schriftlich niedergelegte Teilmenge von Regelungen bzw. offiziellen Informationen einer Organisation, die entweder überhaupt nicht oder nur unter erschwerten Bedingungen als veränderbar angesehen wird. Die Organisationsverfassung ist teilweise durch staatliche Gesetze fixiert und somit der unmittelbaren Disposition der Organisationsteilnehmer entzogen. Zum großen Teil beruht sie jedoch auf Vereinbarungen der Organisationsteilnehmer selbst und ist in Satzungen, Gesellschaftsverträgen, vor allem aber nicht selten in einer Vielzahl von Anstellungsverträgen mit einzelnen Organisationsmitgliedern niedergelegt[158]).

Die Verfassung enthält unter anderem die Festlegung der Kernorgane für die grundlegendsten politischen Entscheidungen einer Organisation. Damit verbunden ist die Regelung der Voraussetzungen, die erfüllt sein müssen, damit eine Entscheidung als autorisiert gilt. Diese Bedingungen enthalten meist auch die Angabe von Schlichtungsregeln (Wahl- und Abstimmungsmodi), mit deren Hilfe Konflikte über die Besetzung von Führungspositionen und die Formulierung der Politik der Organisation zu handhaben sind.

Während der Begriff der Verfassung eine Teilmenge der öffentlichen, offiziellen Information einer Organisation charakterisiert, knüpft der Begriff der *Kultur*[159]) in erster Linie an der kognitiven Information der an der Organisation beteiligten Individuen an. Die Kultur einer Organisation[160]), Gruppe oder Gesellschaft ist der Inbegriff aller kognitiven Informationen (Kategorien, Werte, Attitüden, Überzeugungen, Programme), die von den Mitgliedern einer Organisation geteilt werden. Diese Informationen manifestieren sich in den Artifakten, schriftlichen und mündlichen Äußerungen,

---

[157]) Vgl. zum Begriff der Verfassung Corwin (1954); Eells (1962); Hermans (1964); Kaegi (1945); Loewenstein (1957); Maunz, Dürig und Herzog (1968); Sternberger (1956). Der (rechtliche) Begriff der Verfassung läßt sich auch auf Unternehmungen und andere Organisationen anwenden. Vgl. dazu Eells und Walton (1961), insbes. S. 364 ff.; Fäßler (1967) und die weitere dort angegebene Literatur.

[158]) Vgl. Thompson (1967), S. 105.

[159]) Vgl. zum Begriff der Kultur Singer (1968) und die dort genannte umfangreiche Literatur; ferner Kroeber und Kluckhohn (1952); Kroeber und Parsons (1958), S. 582 ff.; Parsons (1951); Wadia (1968), S. 389 ff.

[160]) Vgl. Fäßler (1967), S. 222 ff.; Katz und Kahn (1966).

Gebräuchen und Riten der Organisationsmitglieder und werden von Generation zu Generation in symbolischer Form weitergegeben. Die Artifakte sowie die öffentliche Information und das beobachtbare Verhalten der Mitglieder bilden Indizien, die auf gemeinsame kognitive Information verweisen. Vielfach wird die Kultur eines Systems auf jene Teilmenge gemeinsamer kognitiver Informationen beschränkt, die für das System typisch ist und es von anderen Systemen unterscheidet. Diese Einschränkung erscheint dann zweckmäßig, wenn man die Kultur einer Gesellschaft und einer Organisation als Subsystem dieser Gesellschaft unterscheiden will. Die Mitglieder einer Organisation teilen in der Regel die spezifischen Werte, Überzeugungen usw. der umfassenden Gesellschaft. Sie verfügen darüber hinaus jedoch meist auch über eine spezifische Kultur der Organisation selbst.

Die Aussage, daß die Mitglieder einer Organisation über gemeinsame kognitive Information verfügen, bedarf einer Erläuterung und Einschränkung. Zunächst wird man davon auszugehen haben, daß nicht alle Mitglieder einer Organisation diese kognitiven Informationen teilen. Stets wird es einzelne Mitglieder geben, die sich mit ihren Werten und Überzeugungen gleichsam außerhalb der spezifischen Kultur ihrer Gruppe stellen. Auf der gleichen Ebene liegt die Aussage, daß sich in jedem System *Subkulturen* einzelner Subsysteme bilden können, die im Widerspruch zu der Kultur des Systems selbst stehen und Quelle chronischer Konflikte innerhalb des Systems sind. Schließlich ist die Übereinstimmung der Werte und Überzeugungen nur bei einer vergleichsweise „oberflächlichen" Betrachtung gegeben. Die Übereinstimmung ist meist nur hinsichtlich sehr allgemein formulierter Werte zu konstatieren und auch nur solange gegeben, als diese Werte nicht operationalisiert sind. Sind die einzelnen Organisationsteilnehmer jedoch in einer konkreten Entscheidungssituation gezwungen, diese Werte — die zunächst offene Beschränkungen ihrer Entscheidungen darstellen — zu schließen, so werden sich auch innerhalb einer Kultur sehr erhebliche Unterschiede in diesen „gemeinsamen" Werten feststellen lassen[161]). Beachtet man diese Einschränkungen, so verliert der Begriff der Kultur zweifellos an Präzision. Dennoch kann er für viele Untersuchungen eine wertvolle Hilfe sein.

So kann der Begriff der Kultur herangezogen werden, um zum Ausdruck zu bringen, inwieweit eine Organisationsverfassung tatsächlich die Entscheidungen der Mitglieder der Organisation zu beeinflussen vermag. Diese Frage ist weitgehend identisch mit der Frage, inwieweit sich die Regelungen der

---

[161]) Deshalb ist es auch zulässig, die Teilnehmer der Organisation als „Wachhunde für Werte" (watchdogs for values) anzusehen. Ein derartiges Entscheidungssubjekt kann dann wie folgt beschrieben werden: „Das Entscheidungsverhalten eines Subjekts in einem Entscheidungskollektiv ist dann als parteiisch (partisan) anzusehen, wenn es (a) davon ausgeht, daß kein denkbares Entscheidungskriterium existiert, das sowohl für das Subjekt als auch für die anderen Entscheidungsträger annehmbar wäre, im Falle seiner Anwendung eine genügende Abstimmung zwischen denselben herzustellen, und daß es (b) deshalb keine Koordination durch kooperatives und planvolles Suchen nach solchen Kriterien anstrebt oder eine Anwendung solcher Kriterien versucht oder geneigt ist, jene anzuerkennen, die derart vorgehen." Lindblom (1965), S. 28 f. (Zitat im Original kursiv).

Verfassung in den kognitiven Werten, Attitüden, Normen und Programmen widerspiegeln, die die spezifische Kultur der Organisation konstituieren. Verfassungen, die nicht zugleich in der Kultur des Systems verankert sind, sind oftmals nicht mehr wert als das Papier, auf das sie geschrieben sind. So wird das gegenwärtig gültige Betriebsverfassungsgesetz der Bundesrepublik Deutschland, das den Arbeitnehmern gewisse Mitbestimmungsrechte einräumt, in vielen Betrieben nicht praktiziert[162]). Obgleich die Verfassung diese *Mitbestimmung* folglich vorsieht, ist sie doch nicht in die Kultur der jeweiligen Organisation eingegangen und läßt somit deren komplexe kollektive Entscheidungsprozesse weitgehend unbeeinflußt.

**Kognitive und öffentliche Informationsprozesse im kollektiven Entscheidungsprozeß**

Das Informations- und Entscheidungssystem der Organisation umfaßt eine Menge mehr oder weniger lose verbundener organisatorischer Entscheidungsprozesse. Überträgt man diese Betrachtungsweise auf den vorliegenden Zusammenhang, so zeigen sich die organisatorischen Entscheidungsprozesse als Prozesse, die das kognitive und das öffentliche Informationssystem gleichermaßen berühren. Man kann einen solchen Entscheidungsprozeß geradezu als eine Folge sich abwechselnder kognitiver und öffentlicher Informationsverarbeitungsprozesse betrachten.

Das Wissenschaftsprogramm der Betriebswirtschaftslehre geht eindeutig in die Richtung, die öffentlichen Teile dieses Prozesses immer umfangreicher zu gestalten, um auf diese Weise die organisatorischen Entscheidungsprozesse zu objektivieren und zu verbessern. Am weitesten gehen die Entscheidungsverfahren des *Operations Research,* die die kognitiven Informationsverarbeitungsprozesse auf die Erarbeitung und Formulierung der Eingangsinformationen der Kalküle beschränken. Dabei wird in der Regel ohne weitere Diskussion unterstellt, daß die vorgelagerten kognitiven Prozesse zu den für die Anwendung der Entscheidungsverfahren erforderlichen Informationen führen. Erst in neuerer Zeit bahnt sich eine umfassendere Sicht organisatorischer Entscheidungsprozesse an. Zum einen wird die Rolle der subjektiven Urteile, d. h. der auf Grund kognitiver Informationsprozesse ermittelten und dann gleichsam „veröffentlichten" Informationen, als Eingangsinformationen der öffentlichen Informationsverarbeitungsprozesse bzw. Optimierungsverfahren einer genaueren Analyse unterzogen[163]). Zum anderen gehen die Bestrebungen dahin, sogenannte *quasi-analytische Entscheidungs- oder Planungsverfahren* zu entwickeln[164]). Es werden Ablaufschemata für Planungsprozesse entworfen, die soweit wie möglich öffentlicher Natur sind und alle Möglichkeiten analytischer Entscheidungsverfah-

---

[162]) Vgl. zu dieser Problemstellung insbes. Albach (1964); Fäßler (1967).
[163]) Vgl. hierzu die Beiträge in dem von Shelly und Bryan (1964) herausgegebenen Sammelwerk „Human Judgments and Optimality".
[164]) Vgl. vor allem Ansoff (1965) und (1967); Meffert (1968).

ren ausnützen, die aber in allen Phasen des Prozeßablaufes Teilprozesse vorsehen, die kognitiver Natur sind. Diese Überlegungen führen zu globalen Ablaufschemata, die — gleich Computerprogrammen — bedingte Sprungbefehle beinhalten.

Der Fortgang des öffentlichen Informationsverarbeitungsprozesses wird u. a. von Ergebnissen subjektiver Urteile, d. h. kognitiver Informationsverarbeitungsprozesse der beteiligten Individuen, abhängig gemacht. Die kognitiven Prozesse werden dabei nicht explizit untersucht. Die Individuen werden gleichsam als „black box" angesehen, auf deren kognitive Problemlösungsfähigkeiten und Expertenurteile vertraut wird. Allenfalls erfolgt eine „Bewertung" dieser Urteile durch andere Organisationsteilnehmer, die dabei ihre Kenntnisse über die Persönlichkeit der Experten berücksichtigen. Quasi-analytische Entscheidungsprozesse der skizzierten Art ermöglichen es der betriebswirtschaftlichen Forschung, auch in solchen organisatorischen Entscheidungsprozessen innovativer Art empfehlend und gestaltend einzugreifen, die bisher aus der wissenschaftlichen Diskussion ausgeklammert waren. Sie ermöglichen es auch, die Fülle verhaltenswissenschaftlicher Erkenntnisse über das individuelle und kollektive Entscheidungsverhalten den praktisch-normativen Untersuchungen nutzbar zu machen, die — da sie bislang einer Formalisierung kaum zugänglich sind — bei den analytischen, entscheidungslogischen Überlegungen des Operations Research weitgehend unberücksichtigt bleiben.

## 1.4 Die Entscheidungsprämisse als Bindeglied zwischen Organisationstheorie und Theorie der Individualentscheidung

Die vorliegende Untersuchung stellt die Individualentscheidung in kollektiven Entscheidungsprozessen in den Mittelpunkt. Als zentraler Begriff wird dabei der Begriff der Entscheidungsprämisse herausgestellt. Untersucht man die Einflüsse, die sich aus dem sozialen Kontext der Organisation auf die Individualentscheidungen der Organisationsmitglieder ergeben, so ist letztlich die Frage zu beantworten, inwieweit hierdurch die Entscheidungsprämissen dieser Mitglieder berührt werden. In diesem Sinne kann man auch sagen, der Begriff der *Entscheidungsprämisse* stellt das verbindende Glied zwischen der Organisationstheorie und der Theorie der Individualentscheidung dar. Diese verbindende Funktion des Begriffes der Entscheidungsprämisse erlaubt es darüber hinaus, die Theorie der Individualentscheidung zur Grundlage für die theoretische Analyse organisationaler Systeme bzw. kollektiver Entscheidungsprozesse zu machen, die das Verhalten dieser Systeme determinieren[164a].

---

[164a] Vgl. Clarkson und Tuggle (1966); Feldman und Kanter (1965), S. 643. Dies wird besonders in jenen organisationstheoretischen Ansätzen deutlich, die die Organisation als Team auffassen; vgl. hierzu vor allem Hax (1965); Marschak (1954); Radner (1958).

## Der Reduktionismus

Sieht man einmal von der Hervorhebung des Entscheidungsgesichtspunktes ab, so impliziert die These, daß die Theorie der Individualentscheidung die Grundlage für die Analyse organisatorischer Entscheidungsprozesse zu bilden hat, einen reduktionistischen epistemologischen Standort[165]). Der *Reduktionismus* fordert — allgemein gesprochen — die Zurückführung organisatorischer Phänomene auf das Verhalten der beteiligten Individuen. Gesetzmäßigkeiten, die das Verhalten sozialer Systeme erklären, sind auf Gesetzmäßigkeiten des individuellen Verhaltens zurückzuführen. Dies bedeutet, daß ein von McGuire als „verhaltensmäßig" (behavioral) bezeichneter Begriff der Organisation vertreten wird:

> „Der verhaltensmäßige Bezugsrahmen besteht gewöhnlich aus Begriffen, welche folgende Merkmale gemeinsam haben:
> 
> 1) die Annahme, daß die Menschen innerhalb der Unternehmung handeln, nicht die Unternehmung selbst;
> 
> 2) daß das Verhalten gleichermaßen durch die Persönlichkeit wie durch Umweltfaktoren bedingt ist;
> 
> 3) daß die untersuchten Verhaltensprozesse die Kognition, die Wahrnehmung, die Überzeugungen und das Wissen der oder des Handelnden einzubeziehen haben..."[166])

Damit soll eine „Materialisierung" (reification) der Organisation vermieden werden[167]). Eine solche Materialisierung wird vielfach für die in der soziologischen Theorie vorherrschende *Funktionalanalyse*[168]) als charakteristisch angesehen. Organisatorische Phänomene werden aus sogenannten funktionalen Erfordernissen des Systems erklärt, ohne daß auf die Eigenschaften, Motive usw. der am sozialen System beteiligten Individuen Bezug genommen wird. Die von Parsons et al. entwickelte *Handlungstheorie* kann als typisches Beispiel hierfür genannt werden. Sie unterscheiden drei „Handlungssysteme", das *Persönlichkeitssystem*, das *soziale System* und das *kulturelle System*, die nicht aufeinander zurückführbar sind:

> „Persönlichkeitssysteme und soziale Systeme sind sehr eng miteinander verbunden, aber sie sind weder identisch noch ist das eine durch das andere erklärbar; das soziale System ist nicht eine Mehrheit von Persönlichkeiten. Kulturelle Systeme schließlich haben ihre eigenen Formen und Probleme der Integration, welche weder auf diejenigen von Persönlichkeitssystemen oder sozialer Systeme noch auf die Formen und Probleme beider zusammen zurückzuführen sind."[169])

Es war vor allem Homans, der in einer polemischen Betrachtung des Funktionalismus die Forderung aufstellte, die „Menschen in die sozialen Systeme

---

[165]) Vgl. Carlsson (1967); Fichter (1964); Lange (1966); Nagel (1961).
[166]) McGuire (1964), S. 27; vgl. ferner Bakke (1952), S. 7.
[167]) Vgl. Simon (1964), S. 1.
[168]) Vgl. z. B. Hempel (1959); Merton (1968), S. 91; Nagel (1961), S. 520 ff.
[169]) Parsons et al. (1951), S. 7.

zurückzubringen" („Bringing Men Back In"[170]) und auf diese Weise zu einer Erklärung sozialer Phänomene zu gelangen, die er gerade bei der auf dem Funktionalismus basierenden Handlungstheorie vermißt[171]):

> „Die Theorie eines Phänomens beinhaltet dessen Erklärung, indem gezeigt wird, wie dieses in einem deduktiven System als Schlußfolgerung aus allgemeinen Sätzen abgeleitet wird. Mit all ihren empirischen Erkenntnissen lieferte die funktionale Schule niemals eine Theorie, die auch eine Erklärung war, weil aus ihren allgemeinen Sätzen über die Bedingungen des sozialen Gleichgewichts keine endgültigen Schlußfolgerungen gezogen werden konnten. Wenn eine ernsthafte Anstrengung — selbst von Funktionalisten — unternommen wird, eine explanatorische Theorie aufzustellen, so nehmen die allgemeinen Sätze psychologische Natur an — Annahmen über das Verhalten von Individuen, nicht über das Gleichgewicht von Gesellschaften."[172]

Sicherlich führt die Interaktion von Individuen in sozialen Systemen bzw. kollektiven Entscheidungsprozessen zu Phänomenen, die eine Betrachtung von „isolierten" Individuen nicht zu erfassen vermag. Das „Auftauchen" (emergence)[173] solcher Phänomene wird keineswegs geleugnet. Sie können jedoch nicht als hinreichende Begründung für eine „Materialisierung" sozialer Systeme gelten.

> „Wichtig ist nicht die Tatsache des Auftauchens selbst, sondern die Frage, wie das Auftauchen zu erklären ist. Eine der Darstellungen in der Kleingruppenforschung erklärt, wie ein Statussystem ... im Laufe der Interaktion zwischen den Mitgliedern einer Gruppe auftaucht. Die Erklärung wird durch psychologische Sätze geliefert. Bestimmt werden keine funktionalen Sätze benötigt."[174]

Die Forderung nach einer Zurückführbarkeit organisatorischer Gesetzmäßigkeiten auf solche des individuellen Verhaltens der Organisationsteilnehmer kann lediglich als Ausdruck eines wissenschaftlichen Fernziels verstanden werden. Sie schließt die Formulierung von „Makrotheorien" nicht aus[175]. Es hat sich in den Sozialwissenschaften als eine äußerst fruchtbare Wissenschaftsstrategie erwiesen, mehrere Ebenen der Betrachtungsweise (z. B. Individuum, Gruppe, Organisation, Gesellschaft usw.)[176] zu unterscheiden und auf eine explizite Reduktion der Aussagensysteme höherer Ebenen auf solche niedrigerer Ebenen zu verzichten.

Schließlich steht diese Forderung auch nicht im Widerspruch zu den Bemühungen der allgemeinen Systemtheorie, die ebenfalls mehrere System-

---

[170] Homans (1966).
[171] Vgl. hierzu auch Hartmann (1967), S. 11 ff. und die dort angegebene Literatur.
[172] Homans (1966), S. 34. Die Funktionalanalyse wird von den Vertretern der von Homans dargelegten Konzeption hauptsächlich als eine heuristische Methode zur Entwicklung von Theorien angesehen; vgl. z. B. Vollmer (1966).
[173] Vgl. Meehl und Sellars (1956).
[174] Homans (1966), S. 42.
[175] „In the face of complexity, an in-principle reductionist may be at the same time a pragmatic holist" (Simon, 1957 b, S. 56).
[176] Vgl. z. B. Lundberg (1965).

ebenen unterscheidet und die Möglichkeiten erforscht, allgemeine Aussagensysteme zu entwickeln, die jeweils für mehrere Ebenen Gültigkeit besitzen[177]. Gesetzmäßigkeiten des Persönlichkeitssystems finden durch Analogieschluß Anwendung auf soziale Systeme und umgekehrt. Diese Analogieschlüsse besitzen jedoch lediglich heuristische Funktionen. Sie sollen helfen, Hypothesen und Theorien über Struktur und Verhalten einzelner Systeme zu entwickeln. Jede *Systemebene* ist Gegenstand spezifischer Theorien und begrifflicher Bezugsrahmen, die einen in gewissem Sinne autonomen Status besitzen. Dieser autonome Status ist jedoch ausschließlich pragmatisch begründet und sollte nicht zum Gegenstand eines Dogmas erhoben werden. Von Zeit zu Zeit ist der Versuch zu unternehmen, den Bezug zu den Erkenntnissen und Konzeptionen der Analyse von Systemen niederer Betrachtungsebenen herzustellen und somit eine Reduktion anzustreben[178]. Folgt man dieser Forderung, so ist den einzelnen Betrachtungsebenen eher ein semiautonomer Status zuzuerkennen. Die pragmatische Begründung semi-autonomer Betrachtungsebenen impliziert die Einschränkung des Reduktionismus, die es zweckmäßig erscheinen läßt, von einem *„beschränkten Reduktionismus"* zu sprechen.

In dieser Sicht ist die methodologische Funktion der Entscheidungsprämisse als Bindeglied zwischen der Theorie der Individualentscheidung und der Organisationstheorie zu sehen. Die *Entscheidungsprämisse* bildet zunächst die kleinste Einheit der Analyse von Individualentscheidungen. Strebt man eine vollständige Reduktion organisationstheoretischer Aussagen an, so muß die Entscheidungsprämisse auch zur kleinsten Einheit der Organisationsanalyse werden.

**Die Entscheidungsprämisse als kleinste Einheit der Organisationsanalyse**

Der Terminus der Entscheidungsprämisse als kleinste Einheit der Analyse erhält seine Bedeutung vor allem in der Betrachtung organisatorischer Entscheidungsprozesse. Simon verdeutlicht dies mit folgendem Bild eines komplexen organisatorischen Entscheidungsprozesses:

> „... eine komplexe Entscheidung ist wie ein großer Fluß, der von seinen vielen Nebenarmen die unzähligen Teilprämissen ableitet, aus denen er zusammengesetzt ist. Viele Individuen und Organisationseinheiten tragen zu jeder bedeutenden Entscheidung bei ..."[179]

Die soziologisch orientierte Organisationstheorie neigt dazu, globalere Betrachtungseinheiten zu wählen. Vor allem wird in der Rolle jener Begriff gesehen, der organisationale Phänomene und individuelles Verhalten verbindet. Dahrendorf bringt diesen Gesichtspunkt wie folgt zum Ausdruck:

> „Am Schnittpunkt des Einzelnen und der Gesellschaft steht der homo sociologicus, der Mensch als Träger sozial vorgeformter Rollen. Der Einzelne

---
[177] Vgl. Boulding (1964); Miller (1965), S. 380 ff.
[178] Vgl. auch Klausner (1967), S. 12 ff.
[179] Simon (1957 a), S. XII.

ist seine sozialen Rollen, aber diese Rollen sind ihrerseits die ärgerliche Tatsache der Gesellschaft. Die Soziologie bedarf bei der Lösung der Probleme stets des Bezuges auf soziale Rollen als Elemente der Analyse; ihr Gegenstand liegt in der Entdeckung der Strukturen sozialer Rollen."[180])

Sind die sozialen Rollen eines Individuums bekannt, so ist dessen Verhalten grundsätzlich vorhersehbar. Denn der homo sociologicus verhält sich rollenkonform. Für eine sozialwissenschaftliche Betrachtungsweise organisatorischer Phänomene, die von den Entscheidungen der beteiligten Individuen ausgeht, ist die Konzeption des homo sociologicus und der zugrundeliegenden Einheit der Analyse zu global:

„Die Schwierigkeiten der Rollentheorie fallen fort, wenn wir den Standpunkt einnehmen, daß sozialer Einfluß Einfluß auf Entscheidungsprämissen bedeutet. Eine Rolle ist eine Spezifizierung von einigen, aber nicht allen Prämissen, die in eine Entscheidung eines Individuums eingehen... Viele andere Prämissen gehen ebenfalls in dieselben Entscheidungen ein, einschließlich informationaler Prämissen und idiosynkratischer Prämissen, welche ein Ausdruck für die Persönlichkeit sind. Ein Verhalten kann dann vorausgesagt werden, wenn die Entscheidungsprämissen hinreichend detailliert sind (oder vorausgesagt werden können)."[181])

Diese Überlegungen Simons sind weitgehend programmatischer Natur. Er veröffentlichte sie zum ersten Male 1957 in der erläuternden Einleitung zur unveränderten Neuauflage seines Werkes „Administrative Behavior", das 1945 erschien und die Konzeption der Entscheidungsprämisse als Bindeglied zwischen der Theorie der Individualentscheidung und der Organisationstheorie nicht explizit enthält. Auch in späteren Veröffentlichungen dieses Autors nimmt diese Konzeption nicht die zentrale Rolle ein, wie es die in der Folgezeit oft wiederholten programmatischen Äußerungen vermuten lassen. Auch die relativ wenigen Autoren[182]), die die These Simons aufgegriffen haben und den Begriff der Entscheidungsprämisse in ihre theoretischen Überlegungen einbeziehen, gehen bislang nicht wesentlich über den durch die zitierten Ausführungen abgesteckten Rahmen hinaus. Nach wie vor bedarf die mit dem Terminus der Entscheidungsprämisse umrissene Konzeption einer exakten Erarbeitung, um sie neben andere Konzeptionen der individuellen und organisationalen Verhaltensanalyse stellen und sie mit diesen vergleichen zu können. Die vorliegende Untersuchung stellt einen Versuch in dieser Richtung dar.

Die Ausführungen der weiteren Abschnitte dieser Untersuchung haben die Aufgabe, Möglichkeiten aufzuzeigen, die sich aus einer Einbeziehung der mit der Kategorie der Entscheidungsprämisse verbundenen individualtheoretischen Konzeptionen in die organisationstheoretischen Analysen kollektiver Entscheidungsprozesse ergeben können. Es muß selbstverständlich zukünftigen organisationstheoretischen Untersuchungen vorbehalten bleiben, die Fruchtbarkeit dieses Vorgehens nachzuweisen.

---

[180]) Dahrendorf (1965), S. 16 (im Original teilweise kursiv).
[181]) Simon (1957 b), S. XXX f.
[182]) Vgl. vor allem Heinen (1966 b) und (1968) sowie Jones (1957).

ZWEITES KAPITEL

# Rollen und Organisationsziele im Informations- und Entscheidungssystem

Stellt man die Frage, inwieweit die einzelnen Entscheidungen der Organisationsteilnehmer durch den sozialen Kontext beeinflußt werden, so führt die Fragestellung sehr schnell zu den Rollen und Organisationszielen, denen die Entscheidungen der einzelnen Organisationsteilnehmer im Rahmen kollektiver Entscheidungsprozesse genügen müssen. Die Rollenanalyse und die Zielanalyse bilden vielfach konkurrierende, bisweilen auch sich ergänzende theoretische Bezugsrahmen, mit deren Hilfe die Beeinflussung des individuellen Verhaltens in komplexen Organisationen diskutiert wird. Sie wurden bislang jedoch nicht zu einem einheitlichen begrifflichen Bezugsrahmen vereinigt.

Mit der Unterscheidung von kognitiven und öffentlichen Informationssystemen der Organisation sind Voraussetzungen geschaffen, die die im Zusammenhang mit der organisationalen Rollen- bzw. Zielanalyse eingeführten Termini gegeneinander abzugrenzen erlauben und zum Begriff der Entscheidungsprämisse in Beziehung zu setzen sind. Der Vorschlag geht dabei dahin, die im Rahmen der Rollenanalyse dargelegten Überlegungen als Beiträge zum kognitiven Informationssystem, die im Rahmen der Zielanalyse erarbeitete Konzeption dagegen als Beitrag zum öffentlichen Informationssystem der Organisation zu interpretieren.

## 2.1 Die organisationale Rollenanalyse

Nicht wenige Autoren sehen in der Rollenanalyse das Hauptinstrument zur Beschreibung und Erklärung organisationaler Phänomene. Die Rollenanalyse hat sich mittlerweile zu einem Feld interdisziplinärer Betätigung entwickelt, zu dem Soziologen, Politologen und Sozialpsychologen gleichermaßen beitragen[1]). Merkwürdigerweise bleiben jedoch die Konzeptionen und Theorien der Rollenanalyse in jenen organisationstheoretischen Ansätzen bislang weitgehend unberücksichtigt, die den Entscheidungsaspekt zum Ausgangspunkt der Betrachtung wählen. Die folgenden Überlegungen sollen zeigen, daß sich die organisationale Rollenanalyse durchaus mit einem entschei-

---

[1]) Vgl. vor allem Biddle (1961) sowie Biddle und Thomas (1966) und die dort nahezu vollständig angegebene Literatur; ferner Buckley (1967); Dahrendorf (1965); Goffman (1959); Gronau (1965); Gross et al. (1958); Sarbin (1954) und (1968); Thomas und Feldman (1964); Turner (1968); Wilson (1966).

dungsorientierten Ansatz vereinbaren läßt. Es ist sogar zu erwarten, daß mit der Einbeziehung der wichtigsten terminologischen und theoretischen Konzeptionen der Rollenanalyse eine wesentliche Verfeinerung der Analyse kollektiver, organisationaler Entscheidungsprozesse erreichbar ist.

Im folgenden sollen die Rollen bzw. Rollenerwartungen zunächst als spezifische kognitive Informationen dargelegt werden, um daran anschließend die Frage zu untersuchen, inwieweit und unter welchen Bedingungen diese Rollen zu Entscheidungsprämissen der einzelnen Organisationsteilnehmer werden.

## 2.11 Rollen als Elemente des kognitiven Informationssystems

Bereits an anderer Stelle wurde die Ansicht Dahrendorfs zitiert, daß die Rolle „am Schnittpunkt des Einzelnen mit der Gesellschaft"[2]) stehe. Katz und Kahn bringen eine ähnliche Ansicht zum Ausdruck:

> „Es wird vorgeschlagen, daß die Rollenkonzeption das hauptsächliche Mittel dazu darstellt, die individualen und organisationalen Ebenen von Forschung und Theorie zu verbinden. Sie ist gleichzeitig Baustein sozialer Systeme und die Summe der Anforderungen, mit denen solche Systeme ihre Mitglieder als Individuen konfrontieren."[3])

Dieser Ansicht kann — auch wenn man sich einer entscheidungstheoretischen Grundorientierung in der Organisationsanalyse verpflichtet fühlt — gefolgt werden. Dies wird deutlich, wenn man die Grundkategorien der Rollenanalyse zu der Konzeption der Entscheidungsprämisse in Beziehung setzt. Bevor solche Überlegungen angestellt werden können, ist es jedoch erforderlich, zunächst die wichtigsten Grundzüge der Rollenanalyse darzustellen. Dabei soll gleichzeitig die These vertreten werden, daß die Rollen Elemente des kognitiven Informationssystems einer Organisation bilden.

**Grundzüge der Rollenanalyse**

Die vom Rollenbegriff angesprochenen Phänomene und die im Rahmen der Rollenanalyse entwickelten begrifflichen Differenzierungen sind in ihrem Kern relativ einfach darzustellen:

> „In einer bestimmten Kultur benehmen sich alle Familienväter ähnlich; das wird auch von ihnen erwartet, ja teilweise gefordert. Weitere solche Ähnlichkeiten finden wir bei allen heiratsfähigen Töchtern, allen Schamanen, allen Vereinsfunktionären. Die Rolle des Vaters ist irgendwie bezogen und abgestimmt auf andere Rollen, z. B. der Mutter und Kinder (Rollenstrukturen). Aber auch die besonders eingespielte Rollenstruktur des häuslichen

---

[2]) Dahrendorf (1965), S. 16.
[3]) Katz und Kahn (1966), S. 197.

Kreises verhindert nicht immer, daß die verschiedenen Bezüge der Vaterrolle, Vater - Mutter, Vater - Kinder (seine Rollensektoren), miteinander in Konflikt geraten, daß er hüben und drüben gebraucht wird — und zwar gleichzeitig (unvereinbare Rollenanforderungen: Intrarollenkonflikt). Noch schwerer ist es oft, mit den verschiedenen Anforderungen verschiedener sozialer Kreise fertig zu werden, den Rollen-Mengen oder Rollen-Summen, die die Gesellschaft jedem Einzelmensch als Vater und als Rechtsanwalt und als Vereinsvorsitzendem auflädt (Interrollenkonflikt). Der einzelne würde diese Last kaum tragen können, wenn nicht ein über die verschiedenen sozialen Kreise hinausführender struktureller Zusammenhang für einige Verträglichkeit sorgen würde; wenn nicht weiter ein System der Rollenzuordnung ihn sukzessive (in einer Serie von Rollensequenzen) auf die Übernahme einer Rolle vorbereiten bzw. daran hindern oder doch hemmen würde, Rollen zu kombinieren, die in dieser Kultur nicht harmonieren. Daß er selbst willens und fähig wird, sich in seine Rolle zu fügen, dafür sorgt der Prozeß der Sozialisation, in dem wir lernen, zu wollen, was wir sollen, und es schließlich zu tun, ohne es zu merken (innere soziale Kontrolle, Verinnerlichung sozialer Rollen). Dieser Lernprozeß bezieht fernliegende Aufgaben höchst konkret ein: Wir spielen z. B. schon als Kind Vater und vielleicht sogar Vereinsfunktionär (antizipatorisches Rollenspiel). Bleibt dennoch ein unangepaßter Rest, so ist zumindest für ein Arrangement unangenehmer Folgen abweichenden Verhaltens gesorgt (äußere Kontrolle des Rollenverhaltens, negative Sanktionen). Das ist schon beinahe alles."[4])

Den Ausgangspunkt der Rollenanalyse bildet der in den zitierten Ausführungen von Popitz nicht explizit genannte *Positionsbegriff*[5]). „Vater", „Mutter", „Vereinsfunktionär" sind Bezeichnungen von Positionen in sozialen Systemen. In der Regel wird mit dem Positionsbegriff ein „Ort in einem Feld sozialer Beziehungen"[6]) bezeichnet. Eine Position ist unabhängig von dem jeweiligen Inhaber zu denken. Es ist — mit anderen Worten — möglich, daß mehrere Individuen nacheinander eine Position innehaben können. Diesen Gesichtspunkt greift Biddle auf, wenn er in Abweichung zu dieser in der Soziologie und Sozialpsychologie weitgehend üblichen Interpretation des Positionsbegriffs die *Position* als eine Menge oder Kategorie von Personen oder Individuen auffaßt:

„Eine Position ist eine Menge von Personen, die gleiche Merkmale aufweisen, die von anderen in ähnlicher Weise behandelt werden oder für die ein Bündel einzigartiger Kognitionen entweder von ihnen selbst oder von anderen gehalten wird."[7])

Diese Interpretation erscheint zweckmäßiger, wenn man wie wir die Termini der Rollenanalyse als Begriffe zur Charakterisierung von Aspekten des kognitiven Informationssystems interpretieren will.

---
[4]) Popitz (1967), S. 5 f.
[5]) Einige Autoren verwenden statt dessen den Statusbegriff.
[6]) Dahrendorf (1965), S. 24.
[7]) Biddle (1961), S. 5.

### Die kognitive Interpretation des Rollenbegriffs

Danach ist davon auszugehen, daß jedes Individuum eine Reihe kognitiver Informationen spezifischer Art gespeichert hat, die mit Begriffszeichen wie „Vater", „Mutter", „Vereinsfunktionär", „Dreher" usw. assoziiert sind. Die Extension dieser Begriffe wird durch eine Menge von Individuen repräsentiert, für die die in der Begriffsintension gegebene Beschreibung zutrifft. Zeichen, die Positionen im dargelegten Sinne bezeichnen, sind jeweils Patriarch einer hierarchisch gegliederten Struktur von Zeichenfigurationen[8]). Sie repräsentieren die mit dem Begriffszeichen assoziierten kognitiven Informationen.

Diese mit dem Begriffszeichen der Position assoziierten Informationen betreffen zunächst das äußere Verhalten und die sichtbaren Eigenschaften des jeweiligen Inhabers der Position. Sie beinhalten aber auch Einstellungen, Überzeugungen und Werte, die die Inhaber der Position vermutlich besitzen. Diese kognitiven Informationen der Positionsinhaber können sich ihrerseits auf andere Positionen beziehen. Die Fülle der mit einer Position assoziierten Informationen erschließt sich, wenn man ein Individuum als Inhaber dieser Position identifiziert. Man „weiß" über das einem bislang unbekannte Individuum bereits sehr viel, wenn man die Position kennt, die es einnimmt.

Die mit einer Position assoziierten kognitiven Informationen können faktischer und wertender Natur sein. Hebt man ihren *faktischen Charakter* hervor, so manifestieren sich in ihnen die Erwartungen, die hinsichtlich des Verhaltens, des Aussehens und der Überzeugungen bzw. Werte des Positionsinhabers gehegt werden. Stellt man dagegen die *wertende Dimension* der Information in den Vordergrund, so bringen sie Normen über das Verhalten, die Eigenschaften usw. des Positionsinhabers zum Ausdruck. Eine *Norm* ist somit eine (kognitive) Information, die ein bestimmtes positiv bewertetes Verhalten fordert bzw. ein negativ bewertetes Verhalten verbietet[9]).

Mit Hilfe dieser Termini kann der Rollenbegriff wie folgt definiert werden: Eine *Rolle* ist der Inbegriff der kognitiven Informationen faktischer und wertender Art, die ein Individuum mit einer Position assoziiert. Diese Definition stimmt weitgehend mit derjenigen von Thomas und Biddle überein, welche die Rollen gleichsetzen mit

> „einer Menge von Standards, Beschreibungen, Normen oder Begriffen, die (von irgend jemandem) für das Verhalten einer Person oder Position gehalten werden."[10])

Diese Definition schließt nicht aus, daß es der Positionsinhaber selbst ist, der über die die Rolle konstituierenden Informationen bezüglich der Position

---

[8]) Vgl. Band II, S. 104 ff.
[9]) Zum Normbegriff vgl. Kolb (1964). Vielfach wird der Normbegriff für solche Vorschriften reserviert, die sich auf alle Gruppenmitglieder beziehen, während von Rollenerwartungen bzw. -zumutungen gesprochen wird, wenn sich die Vorschriften auf einzelne Positionen innerhalb der Gruppe beziehen; vgl. z. B. Thibaut und Kelley (1959).
[10]) Thomas und Biddle (1966 a), S. 12.

verfügt. Die entsprechenden kognitiven Informationen des Positionsinhabers umfassen sowohl sein eigenes „Wissen" über diese Position als auch sein Wissen von den Erwartungen und Normen, die andere mit dieser Position verbinden. Vielfach wird der Rollenbegriff auf diejenigen kognitiven Informationen beschränkt, die die Erwartungen und Zumutungen bzw. Normen der anderen beinhalten. Schließlich erfährt der Rollenbegriff nicht selten insofern eine Einschränkung, als nur die mit einer Position verbundenen Zumutungen oder Normen erfaßt werden.

Es ist eine der Rollenanalyse immanente empirische Grundthese, daß die Informationen, welche Individuen einer Kultur oder eines sozialen Systems mit den einzelnen Positionen assoziieren, große Ähnlichkeiten aufweisen. Dies ist vor allem dann zu erwarten, wenn sich die Position mit einer *Stelle* im organisatorischen Stellenplan deckt, für die im Rahmen des offiziellen Informationssystems eine Stellenbeschreibung existiert. Diese Annahme der Ähnlichkeit der Erwartungen darf nicht mißverstanden werden. Sie schließt vor allem Konflikte zwischen den an eine Position gerichteten Zumutungen oder Erwartungen nicht aus. Es ist im Gegenteil davon auszugehen, daß eine Befragung der Individuen über ihre Erwartungen und Normen hinsichtlich einer bestimmten Position erhebliche Abweichungen sichtbar machen würde. Einige „Typen" von Erwartungs- und Normenkomplexen, die untereinander in Konflikt stehen, werden sich jedoch herausschälen. Um sie gruppieren sich die Erwartungen und Normen der einzelnen Individuen[11]). Diese Polarisation wird deutlich, wenn man mehrere *Positionssegmente* oder *-sektoren* unterscheidet und eine Position somit als eine Menge von Positionssegmenten versteht:

> „Die Position ‚Studienrat' besteht aus den Positionssegmenten ‚Studienrat-Schüler', ‚Studienrat-Eltern', ‚Studienrat-Kollegen', ‚Studienrat-Vorgesetzte', wobei jedes dieser Segmente aus dem Positionsfeld dieses Studienrats eine Beziehungsrichtung aussondert."[12])

Die in dem Beispiel genannten Gruppen von Schülern, Eltern, Vorgesetzten usw. besitzen gegenüber der Position des Studienrats jeweils voneinander abweichende Erwartungen und Zumutungen, welche sich jedoch innerhalb der Gruppe relativ ähnlich sind. Die Schüler werden vom Studienrat zwar ein anderes Verhalten erwarten als die Eltern. Die Erwartungen der Schüler wie der Eltern werden jedoch für sich gesehen jeweils in etwa einheitlich sein.

**Rollen, Aufgaben und Regelungen**

Die Zuordnung des Rollenbegriffs zum kognitiven Informationssystem impliziert gleichzeitig, daß zur Bezeichnung der den kognitiven Rolleninforma-

---
[11]) Thomas und Biddle (1966 b), S. 33, sprechen von einem „polarisierten Dissens".
[12]) Dahrendorf (1965), S. 24.

tionen entsprechenden Informationen des öffentlichen Informationssystems andere Termini zu verwenden sind. Es erscheint zweckmäßig, die in der traditionellen Organisationslehre entwickelten Begriffssysteme diesem öffentlichen Informationssystem zuzuordnen. Vor allem die Begriffe der *Aufgabe* und der *Regelung*, die in der klassischen Organisationslehre dominieren, scheinen hierfür geeignet. Die Aussage, daß das Individuum eine *Stelle* in der Organisation einnimmt und eine Reihe von Aufgaben zu erfüllen hat, impliziert dann, daß im Rahmen des öffentlichen Informationssystems Beschreibungen dieser Stelle bzw. dieser Aufgaben existieren. Die *Aufgabe* eines Organisationsmitgliedes stellt eine Menge von Regelungen dar, die für das Verhalten des Organisationsmitgliedes als Stelleninhaber verbindlich sind. Aufgaben bzw. Regelungen sind Elemente des öffentlichen offiziellen Informationssystems. Ihr kognitives Pendant besitzen sie in den formalen Rollen und Normen bzw. Rollenzumutungen.

Folgt man diesen terminologischen Überlegungen, so können die z. T. sehr differenzierten Begriffssysteme der klassischen Organisationslehre primär als normative Versuche gewertet werden, Kategorien für die Beschreibung und Gestaltung offizieller, öffentlicher Informationssystems der Organisation zu entwickeln. Hierauf wurde bereits hingewiesen. Die Kategorien der soziologisch bzw. sozialpsychologisch orientierten modernen Organisationstheorie und der klassischen Organisationslehre ergänzen sich somit. Der modernen Organisationstheorie ist der Vorwurf zu machen, daß sie die öffentlichen Informationssysteme der Organisation zwar nicht übersieht, dennoch aber etwas „stiefmütterlich" behandelt. Die klassische Organisationslehre trifft demgegenüber der Vorwurf, durch eine weitgehende Beschränkung auf offizielle Systeme die das Verhalten der beteiligten Individuen letztlich determinierenden kognitiven Informationssysteme vernachlässigt zu haben.

Selbstverständlich ist der theoretische und terminologische Apparat der Rollenanalyse mit den vorstehenden Darlegungen keineswegs erschöpfend behandelt. Die bisherigen Überlegungen genügen jedoch, um die Rollenkonzeption zu dem Begriff der Entscheidungsprämisse und den damit verbundenen entscheidungstheoretischen Konzeptionen in Beziehung zu setzen.

## 2.12 Rollen und individuelle Entscheidungsprämissen

Eine erste These wurde bereits im Zusammenhang mit den terminologischen Erörterungen des Rollenbegriffs sichtbar: Die mit der Rollenanalyse verbundenen Begriffe beschreiben Aspekte des kognitiven Informationssystems der Organisation. Rollenerwartungen und -zumutungen sind kognitive Informationen. Eine zweite These schließt sich unmittelbar an: Die organisationale Rollenanalyse beschreibt Phänomene, die der kognitiven Persönlichkeit der in der Organisation beteiligten Individuen zuzuordnen sind. Der Rollenbegriff bringt zum Ausdruck, daß das Individuum über spezifische Werte bzw. Attitüden verfügt, die sich aus den sanktionierten Erwartungen und Zumutungen ableiten, welche andere mit der vom Individuum eingenommenen Position assoziieren.

## Rollen als potentielle Entscheidungsprämissen

Es wäre jedoch verfehlt, den den Rollenerwartungen entsprechenden kognitiven Informationen sofort und ohne nähere Prüfung den Charakter von Entscheidungsprämissen in einer konkreten Situation zuzusprechen. Damit Rolleninformationen zu Entscheidungsprämissen werden, müssen zwei Bedingungen erfüllt sein. Zum einen müssen die Rolleninformationen in der konkreten Situation hervorgerufen werden, d. h. Bestandteil der Einstellung des Individuums werden. Zum zweiten müssen die hervorgerufenen Rolleninformationen in die Definition der Entscheidungssituation eingehen, die sich das Individuum bildet. Rollen bzw. Rolleninformationen sind somit lediglich *potentielle Entscheidungsprämissen.*

## Rollenkonformität

Diese Überlegungen leiten unmittelbar über zu einer zentralen Fragestellung der Rollenanalyse: der Frage nach der Rollenkonformität des individuellen Verhaltens in der Organisation. Die damit angeschnittene Problematik wird in der Literatur sowohl unter methodologischen als auch unter empirischen Aspekten diskutiert. Schließlich impliziert die Verbindung von Rollenanalysen und Entscheidungstheorie auch noch einen dritten, mehr terminologischen Aspekt.

*Methodologische Probleme*

Der methodologische Aspekt ist mit der Fiktion des *homo sociologicus* verbunden. Dieser stellt seinerseits — ähnlich wie sein Vetter, der *homo oeconomicus,* in der Nationalökonomie — den Versuch dar, die Soziologie als eine Wissenschaft über das menschliche Verhalten auf eine von der Psychologie unabhängige Basis zu stellen. Dahrendorf, der sich aus methodologischen Gründen nachdrücklich für die Verwendung dieser Fiktion als Ausgangspunkt soziologischer Analysen einsetzt, charakterisiert den homo sociologicus folgendermaßen:

> „Der Mensch verhält sich rollengemäß. Vom Menschen ist also in soziologischen Analysen zunächst nur so die Rede, als ob er den Erwartungen, die sich an seine sozialen Positionen knüpfen, sämtlich entspräche. Diese Abstraktion, das wissenschaftliche Modell der Soziologie, können wir „homo sociologicus' nennen. Wollte man böse sein, so könnte man sagen, die Soziologie sei die Wissenschaft und daher das ‚Instrument des Konformismus'; weniger böse und auch strenger müßte es heißen: Soziologische Theorien beruhen auf der Annahme, daß soziale Rollen mit menschlichem Verhalten gleichgesetzt werden können."[13]

---

[13] Dahrendorf (1965), S. 77.

Dahrendorf will dies nicht als eine empirische Behauptung verstanden wissen. Ebenso wie der Wirtschaftswissenschaftler geneigt ist, an der Fiktion des homo oeconomicus solange festzuhalten, als die darauf aufbauende Theorie des Unternehmungs- und Haushaltsverhaltens eine prognostische Relevanz besitzt, so dient auch der homo sociologicus primär dem Zwecke, soziologische Theorien mit prognostischer Relevanz zu formulieren, ohne jedes Mal mit dem „psychologischen Einmaleins"[14]) beginnen zu müssen. Somit wird die Annahme oder Ablehnung des Menschenbilds des homo sociologicus eine reine Zweckmäßigkeitsfrage. Solange mit seiner Hilfe Theorien mit empirischer Relevanz formuliert werden können, erfüllt er seinen Zweck[15]).

Selbst im engeren Kreise der soziologischen Forschung genießt der homo sociologicus allerdings keineswegs ungeteilte Anerkennung, wenngleich das Plädoyer Dahrendorfs trotz heftiger Kritik gerade in dieser seiner Grundthese von der deutschen Soziologie — wie Popitz feststellt — ausdrücklich oder stillschweigend weitgehend akzeptiert wurde. Die Bedenken gegen die Konzeption des homo sociologicus bringt Popitz zum Ausdruck:

> „... die Geburt des Homo Sociologicus ... (ist) zugleich die Geburt eines Problems ...: Es ergibt sich für den Soziologen zwangsläufig ‚nahezu ein Gegensatz zwischen seiner für Zwecke der Theorie fruchtbaren Konstruktion' — dem Homo Sociologicus als dem prinzipiell rollengemäß handelnden Menschen — ‚und seiner Idee der menschlichen Natur'. Man könnte auch sagen: seinem common sense. Aber warum sollte die Konstruktion des Homo Sociologicus fruchtbar sein? Sie ist zur Zeit zunächst und vor allem unnötig. Entweder formulieren wir theoretische Aussagen über Rollen und Rollenstrukturen. Dann zwingt uns nichts, gleichzeitig anzunehmen, daß die Menschen sich rollenkonform verhielten. Es zwingt uns nichts, diese Frage nicht einfach offenzulassen. Oder wir formulieren Aussagen über rollenkonformes bzw. abweichendes Verhalten, dann stellen wir die Konformitätsfrage ... Der verhaltenskonforme Homo Sociologicus, so furchterregend er aussehen mag, ist eine Konstruktion, die auch innerhalb der Soziologie keinerlei Bedarf deckt. Sie deckt im Gegenteil einen Teil der Chancen, die der Ansatz der Rollenanalyse eröffnet, wieder zu."[16])

*Empirische Probleme*

Damit wird die Frage nach der Rollenkonformität des Menschen zum empirischen Problem. Es leuchtet ein, daß ein entscheidungstheoretisch orientierter Ansatz zur Erklärung des menschlichen Verhaltens der Fiktion des homo sociologicus nicht folgen kann. Dies gilt vor allem dann, wenn man in Antithese zum klassischen homo oeconomicus eine dem IV-Ansatz entsprechende Konzeption mit einer Differenzierung von kognitiver Persönlichkeit,

---

[14]) Diese Formel wurde von Francis (1957, S. 35) in einem allerdings etwas anderen Zusammenhang geprägt.
[15]) Zu der wissenschaftstheoretischen Konzeption, daß nicht die Realistik der Annahmen einer Theorie, sondern deren Voraussagekraft entscheidend sei, vgl. Albert (1964), S. 32 ff.; Friedman (1953).
[16]) Popitz (1967), S. 41 f.

Einstellung und Definition der Situation vertritt. Einmal vom methodologischen Ballast des homo sociologicus befreit, vermag die organisationale Rollenanalyse und insbesondere die theoretische Untersuchung der Bedingungen eines rollenkonformen Verhaltens eine wertvolle Ergänzung der entscheidungstheoretischen Untersuchung zu bilden. Die Rollen sind *potentielle Entscheidungsprämissen*. Die Bedingungen rollenkonformen Verhaltens sind Bedingungen, die zu einer Hervorrufung der kognitiven Rolleninformationen und zu einer Aufnahme dieser Informationen in die Definition der Entscheidungssituation führen. Die Rollenanalyse fügt sich somit ohne Schwierigkeiten in die entscheidungstheoretische Konzeption ein. Umgekehrt kann diese eine Reihe von begrifflichen Kategorien liefern, die zu einer Präzisierung der Fragestellungen der Rollenanalyse führen können. Dies mag deutlich werden, wenn wir uns dem dritten, mehr terminologischen Aspekt der Konformitätsproblematik im Lichte der Entscheidungstheorie zuwenden.

*Terminologische Probleme*

Die kognitiven Rolleninformationen stellen vor allem — gleichgültig, ob man ihre faktische oder wertende Dimension hervorhebt — Beschreibungen des Verhaltens eines Positionsinhabers dar. Dabei kann es sich um eine Prozeßbeschreibung des Verhaltens handeln. Es ist jedoch auch möglich, daß die Rollenerwartungen bzw. -zumutungen Beschreibungen von Zuständen beinhalten, zu denen das Rollenverhalten führen wird bzw. führen soll. Betrachten wir zunächst die Rolleninformationen im Sinne von *Prozeßbeschreibungen*, die wohl in der Regel implizit gemeint sind, wenn in der Literatur von Rollenkonformität gesprochen wird.

Prozeßbeschreibungen können — wenn sie einer konkreten Situation entspringen — die Funktion eines Ausführungsprogramms übernehmen, das das äußere Verhalten des Individuums steuert. In dieser Sicht repräsentieren die Rollen der Organisationsteilnehmer ein Repertoire *kognitiver Programme*[17]). Rollenkonformität des Verhaltens bedeutet dann, daß dieses Verhalten durch diese Programme gesteuert wird. Zu charakterisieren sind solche Programme wie alle Programme: nämlich als hierarchisch strukturierte TOTE-Einheiten im Sinne Millers et al. In entscheidungstheoretischer Sicht liegen in hohem Maße programmierte Routineentscheidungen vor.

March und Simon räumen bei ihren organisationstheoretischen Überlegungen diesem Gesichtspunkt eine zentrale Stellung ein[18]). In ihrer Sicht kann ein großer Teil des organisatorischen Verhaltens aus der Menge mehr oder weniger abgestimmter *Ausführungsprogramme der Organisation* heraus erklärt und prognostiziert werden. Die Programme werden dabei in zweifacher Hinsicht als „überindividuelle" Einheiten verstanden. Zum einen umfassen sie in der Regel die ausführenden Tätigkeiten mehrerer Individuen.

---

[17]) Vgl. Miller et al. (1960), S. 100.
[18]) Vgl. March und Simon (1958), S. 141 ff.

Die Rollen der Individuen bilden lediglich Subroutinen innerhalb der umfassenden Programme. Zum anderen sind diese Subroutinen — genau wie in der Sicht der Rollenanalyse — mit den organisatorischen Positionen verbunden, also vom jeweiligen Organisationsmitglied unabhängig.

Es bedarf hier keiner ausführlichen Erläuterungen mehr, daß die Interpretation der Rollen als Subroutinen innerhalb übergreifender Ausführungsprogramme eine wesentliche Verfeinerung für die Rollenanalyse bedeuten kann. In der soziologischen Rollenanalyse finden sich auch Hinweise auf eine offensichtliche Eigenschaft von Rollenerwartungen, die sich unmittelbar aus ihrer Interpretation als kognitive Programme ergibt: Die Rollen können ein relativ flexibles, adaptives Verhalten vorschreiben, da sie in der Regel *bedingte Sprungbefehle* einschließen. Der Ablauf des durch Rollen bzw. Programme gesteuerten Verhaltens hängt von den Ergebnissen einzelner Tätigkeiten und von der jeweiligen Umweltsituation des Individuums ab.

Auf gleicher Ebene liegt die Feststellung, daß die organisatorischen Programme in der Regel auch die Bedingungen umreißen, unter denen die Programme und analog die den Rollen entsprechenden Subroutinen dieser Programme hervorzurufen sind. Das rollenkonforme Verhalten der Organisationsteilnehmer wird stets als ein durch irgendwelche Umweltumstände und Stimuli bedingtes Verhalten gesehen. Mit einigem Recht werfen March und Simon der klassischen Organisationslehre vor, daß sie dem „bedingten Charakter" des individuellen Verhaltens in der Organisation so nicht gerecht wird[19]). Der Vorwurf läßt sich auch auf die Vertreter der Rollenanalyse übertragen. Beispielsweise findet sich in dem breit angelegten Versuch von Biddle und Thomas, die begrifflichen Instrumente der Rollenanalyse im Anschluß an die Literatur zu präzisieren, kein Hinweis auf diese Eigenschaft des Rollenverhaltens.

Bereits im zweiten Band wurde die Unterscheidung von *strategischen* (molaren) und *taktischen* (molekularen) *Ebenen* eines hierarchisch aufgebauten Programms eingeführt. Betrachtet man die organisatorischen Rollen unter diesem Aspekt, so wird man feststellen, daß die Prozeßbeschreibungen der Rollen die mehr strategischen Teile der entsprechenden kognitiven Programme beinhalten. Insofern ist die Gleichsetzung von Rollen und kognitiven Programmen u. U. irreführend. Die taktischen Subroutinen muß das Individuum meist selbst hinzufügen.

Betrachtet man die Rollen also nur als molare oder globale Beschreibungen der Verhaltensprozesse, so leiten sich daraus zwei Folgerungen ab: Zum einen entbindet die sozial „vorgegebene" Rolle des Individuums — zumindest bei der ersten Ausführung — nicht davon, ein u. U. sogar innovatives Entscheidungsproblem lösen zu müssen: „Finde eine detaillierte Beschreibung des Prozesses, die als kognitives Programm ausführungsreif ist, gleichzeitig aber auch die Merkmale der vorgegebenen Rolle aufweist!" In diesem Falle

---

[19]) Vgl. March und Simon (1958), S. 27.

liefert die Rolle eine Reihe von Beschränkungen, die in die Problemdefinition des Individuums eingehen. In der Regel umfaßt die Problemdefinition auch weitere Beschränkungen, die sich nicht aus der Rolle des Individuums herleiten. Gelingt es dem Individuum, das Problem zu lösen, ohne die Beschränkungen der Rolle zu verletzen, so handelt das Individuum rollenkonform. Die Kenntnis der Rolle — und das ist die zweite Folgerung — ermöglicht jedoch keine detaillierte Vorhersage des tatsächlichen Verhaltens. Denn es sind in der Regel sehr viele detaillierte kognitive Ausführungsprogramme denkbar, die zwar den durch die Rolle vorgegebenen Beschränkungen genügen, auf taktischer Ebene aber unterschiedliches Verhalten erwarten lassen.

Dies führt zu folgender Präzisierung des Terminus der Rollenkonformität: Ein Organisationsteilnehmer verhält sich rollenkonform, wenn er die seiner Rolle entsprechenden kognitiven Informationen zu Beschränkungen bzw. Prämissen seiner Entscheidung macht, die Rolle also in die Definition der Situation eingeht, die sich das Individuum bildet.

Die Zweckmäßigkeit dieser Interpretation wird besonders deutlich, wenn man berücksichtigt, daß die Rolle eines Organisationsteilnehmers vielfach nicht in Prozeßbeschreibungen, sondern in *Beschreibungen von Zwischen- oder Endzuständen* besteht, die mit dem Rollenverhalten zu erreichen sind. Es gibt nicht selten mehrere Prozesse, deren Endzustände gleiche Merkmale aufweisen. Die Rolle definiert hier ebenfalls lediglich Beschränkungen, die in die Problemdefinition des Individuums eingehen. Das Individuum verhält sich rollenkonform, wenn das gewählte Verhalten diesen Beschränkungen genügt.

**Rollen als „offene" Beschränkungen**

Problematisch wird die Analyse der Rollenkonformität im dargelegten Sinne, wenn *Mehrdeutigkeit der Rollenerwartungen* (role ambiguity) vorliegt[20]. In diesem Fall bilden die Rollenerwartungen „offene Beschränkungen". Die Definition des Problems ist nicht-operational. Das Individuum muß die offenen Beschränkungen schließen, um auf diese Weise ein operationales Problem zu erlangen. Die Untersuchung des Verhaltens von Organisationsteilnehmern bei mehrdeutigen Rollenerwartungen ist also eng mit der Frage nach dem Vorgehen bei der Lösung nicht-operationaler Probleme verbunden. Umgekehrt können die soziologischen und sozialpsychologischen Überlegungen zu dem Problem des Verhaltens bei Rollenmehrdeutigkeit Hinweise für eine entscheidungstheoretische Analyse nicht-operationaler Entscheidungsprobleme liefern. Wir wollen diese Möglichkeiten jedoch hier nicht weiter verfolgen, sondern uns der Frage nach den terminologischen Beziehungen zwischen den Kategorien der organisationalen Zielanalyse und den individuellen Entscheidungsprämissen der beteiligten Organisationsteilnehmer zuwenden.

---

[20] Vgl. Kahn et al. (1964).

## 2.2 Die organisationale Zielanalyse

Organisationen sind zielgerichtet. Es gibt „Organisationsziele"[21]), deren Kenntnis Rückschlüsse auf das Verhalten der Organisationen bzw. ihrer Komponenten zuläßt. Bereits an anderer Stelle wurde auf die verschiedenen Möglichkeiten hingewiesen, die Aussage, Organisationen seien zielgerichtet, zu interpretieren.

Aus der Sicht der *kybernetischen Systemtheorie* und *soziologischen Funktionalanalyse* können die Organisationsziele als spezifische Systembedürfnisse angesehen werden, die durch Rückkopplungsprozesse innerhalb des Systems gewahrt bleiben[22]). Dieser Interpretation steht diejenige der mehr entscheidungstheoretisch orientierten Organisationstheorie gegenüber. Sie wurde in allgemeinster Weise wie folgt charakterisiert: Organisationen sind insofern zielgerichtet, als den Entscheidungen der an der Organisation beteiligten Individuen spezifische wertende Entscheidungsprämissen zugrunde liegen, die — zusammen mit anderen Entscheidungsprämissen — das Verhalten der Organisationsteilnehmer determinieren. Diese allgemeine Charakterisierung läßt offen, welche der Entscheidungsprämissen als Organisationsziele zu bezeichnen sind. Sie läßt darüber hinaus auch zu, als Organisationsziele solche Phänomene zu bezeichnen, die nicht unmittelbar mit irgendwelchen Entscheidungsprämissen ex definitione identisch sind, die diese jedoch zu beeinflussen vermögen. Diese Formulierung ist zu weit gefaßt, als daß sie bereits als Definition des Begriffs „*Organisationsziel*" zu betrachten wäre. Tatsächlich verbirgt sich hinter dieser Formulierung eine Reihe von zum Teil recht heterogenen Definitionsversuchen, die in der Literatur vorgeschlagen werden. Dabei ist freilich die Feststellung zu machen, daß sich nur vergleichsweise wenige Autoren bislang ausführlicher mit diesen begrifflichen Problemen auseinandergesetzt haben. Dies gilt insbesondere, wenn man das begriffliche Problem in einem engen Zusammenhang mit der methodologischen Forderung des *Reduktionismus* sieht:

> „... wir sehen uns einem Problem gegenüber, das folgendermaßen beschrieben werden kann:
>
> 1. Menschen (d. h. Individuen) haben Ziele; menschliche Kollektive haben keine.
>
> 2. Um eine organisationale Entscheidungstheorie konzipieren zu können, scheinen wir etwas Analoges — auf der organisationalen Ebene — zu individuellen Zielen auf der Ebene des Individuums zu brauchen.

---

[21]) Vgl. zu Individual- und Organisationszielen Bidlingmaier (1964); Bidlingmaier (1967); Bidlingmaier (1968 a); Bidlingmaier (1968 b); Brändle (1966); Cyert und March (1959); Cyert und March (1963); Heinen (1962); Heinen (1965), Heinen (1966 a); Heinen (1966 b); Heinen (1968); Kirsch (1968); Kirsch (1969); March und Simon (1958); Oettle (1966); Pack (1962); Raia (1965); Sandig (1966); Schmidt (1969), S. 88 ff.; Schmidt-Sudhoff (1967); Simon (1964); Strasser (1966); Thompson und McEwen (1964); Wadia (1968), S. 241 ff.; Witte (1966). Einen guten Überblick über die verschiedenen Konzeptionen zum Organisationsziel gibt Perrow (1968).

[22]) Vgl. S. 33 ff. dieser Arbeit.

Für den Augenblick wollen wir diese Umschreibung akzeptieren (was nicht jedermann tut). Die Aufgabe des Forschers ist es dann, einige Auffassungen über organisatorische Ziele zu identifizieren, die mit der scheinbaren Leugnung ihrer Existenz übereinstimmen. Da (zu Recht oder zu Unrecht) individuelle Ziele als im Geist (mind) des Menschen sich befindend betrachtet werden, entsteht das Problem, von Organisationszielen auszugehen, ohne daß ein ‚Geist der Organisation' postuliert wird."[23])

Der Forderung des Reduktionismus ist entsprochen, wenn man die Organisationsziele auf Informationen im IES der Organisation bezieht. Dabei kann sowohl auf die kognitiven als auch auf die öffentlichen Informationen Bezug genommen werden. Im ersten Falle kann eine Einschränkung auf die tatsächlichen Entscheidungsprämissen, im zweiten Falle auf das offizielle Informationssystem erfolgen. Es läßt sich zeigen, daß alle diese Konzeptionen tatsächlich in der einen oder anderen Weise vertreten werden. Dabei ist jedoch zu beachten, daß in der Regel nicht explizit zwischen kognitiven, öffentlichen und offiziellen Informationen bzw. zwischen kognitiven Informationen und Entscheidungsprämissen unterschieden wird. Die Einordnung der verschiedenen Ansätze in den hier vertretenen differenzierten Bezugsrahmen bereitet daher meist Schwierigkeiten. Im folgenden sollen die beiden grundsätzlichen Möglichkeiten, die *organisationale Zielanalyse* als Beitrag zur Analyse des kognitiven oder des öffentlichen Informationssystems zu betrachten, einander gegenübergestellt werden. Der Orientierung am öffentlichen Informationssystem wird dabei im weiteren der Vorzug gegeben. Abschließend ist dann die Frage aufzuwerfen, inwieweit die Organisationsziele zu Entscheidungsprämissen der einzelnen Organisationsteilnehmer werden.

## 2.21 Organisationsziele als Elemente des kognitiven Informationssystems

Einer der wenigen umfassenden Versuche, den Begriff des Organisationsziels zu erklären, wurde von Simon vorgelegt[24]). Obgleich dieser Autor keine explizite Trennung zwischen dem kognitiven und dem öffentlichen Informationssystem der Organisation vornimmt, können seine Überlegungen dahin gehend interpretiert werden, daß unter den Organisationszielen vorwiegend Elemente des kognitiven Informationssystems zu verstehen sind. Simon geht bei seiner Analyse zweistufig vor: Bevor er den Begriff des Organisationsziels selbst betrachtet, untersucht er zunächst den Zielbegriff.

### Ziele als Beschränkungen im Entscheidungsprozeß

Simons Überlegungen zum *Zielbegriff* gehen von Vorstellungen über das Entscheidungsverhalten aus, die den in den vorhergegangenen Bänden dieser Untersuchung entwickelten weitgehend entsprechen:

---

[23]) Cyert und March (1963), S. 26.
[24]) Vgl. zum folgenden Simon (1964).

> „In den Entscheidungssituationen der Realität muß eine Handlungsalternative, um akzeptabel zu sein, einer ganzen Menge von Anforderungen oder Beschränkungen genügen. Manchmal wird eine dieser Anforderungen herausgenommen und als das Ziel der Handlung angesehen. Aber die Wahl einer der Beschränkungen aus vielen ist in großem Maße willkürlich. Für viele Zwecke ist es sinnvoller, sich auf die gesamte Menge der Anforderungen als das (komplexe) Ziel der Handlung zu beziehen. Diese Feststellung bezieht sich sowohl auf individuelle als auch auf organisationale Entscheidungen."[25]

Dieser Vorschlag impliziert zweierlei: Zum einen können sich Ziele auch in Beschränkungen manifestieren, die Prozeßbeschreibungen beinhalten. Dies steht im Widerspruch zu der in der Literatur meist üblichen Vorstellung, daß Ziele gewünschte zukünftige Zustände sind und insofern nur Zustandsbeschreibungen beinhalten. Zum anderen läßt dieser Vorschlag den Begriff des Ziels mit dem im zweiten Band erläuterten Begriff der *Definition des Problems* identisch erscheinen.

Eine Analyse des *Problemlösungsprozesses* bei innovativen Entscheidungen, in dessen Rahmen mögliche Aktionen erst gesucht oder entwickelt werden müssen, führt jedoch zu der Möglichkeit, eine Teilmenge der Beschränkungen einer Problemdefinition als „Ziele" hervorzuheben.

Hierzu ist es erforderlich, zwischen Teilprozessen, die der Entwicklung von Lösungen dienen *(solution-generating processes)*, und Teilprozessen, die der Verifikation bzw. Bewertung der Lösungshypothesen dienen *(solution-verifying processes)*, zu unterscheiden. In jeder Phase des Problemlösungsprozesses wird sich die Aufmerksamkeit des Entscheidungssubjekts auf eine relativ beschränkte Zahl der Erfordernisse der Problemdefinition richten. Im Extremfall ist es lediglich eine Beschränkung. Diese wird zum Ausgangspunkt für eine Suche nach einer geeigneten Lösungshypothese gewählt. Das Individuum konzentriert sich auf die Suche nach Aktionen, die mit diesem hervorgehobenen Attribut der Problemdefinition assoziiert sind, die folglich Mittel zum Zweck der Erfüllung dieser Beschränkung darstellen. Ist eine solche Aktion gefunden, so wird in einem zweiten Schritt geprüft, ob sie auch den übrigen Beschränkungen genügt. Ist dies nicht der Fall, so kehrt das Individuum zu der ursprünglichen Beschränkung zurück und versucht, eine weitere Lösung zu finden. Die These Simons geht dahin, daß in jedem Problemlösungsprozeß eine Teilmenge der Beschränkungen die Funktion einnimmt, den Ausgangspunkt für die Entwicklung von Lösungshypothesen zu bilden. Solche *Lösungsgeneratoren* können als die Ziele der Entscheidung betrachtet werden:

> „Der Prozeß des Entwurfs von Verhaltensweisen liefert uns ... (eine) Quelle der Asymmetrie zwischen Zielen, die die gegenwärtige Synthese steuern, und Beschränkungen, die bestimmen, ob mögliche Handlungsalternativen tatsächlich realisierbar sind ...

---

[25] Simon (1964), S. 7.

Welches Element der realisierbaren Menge entdeckt und ausgewählt wird, kann beträchtlich vom Suchprozeß abhängen, d. h. davon, welche Erfordernisse als Ziele oder Lösungsgeneratoren im soeben definierten Sinne dienen und welche als Beschränkungen oder Lösungsverifikatoren."[26])

Betrachtet man diese Überlegungen von einem Standpunkt aus, der sich in der Differenzierung von *Einstellung, Definition der Situation* und *Persönlichkeit* manifestiert, so zeigt sich, daß der Zielbegriff sehr eng mit der momentanen Einstellung des Entscheidungssubjekts verbunden ist. Die Aussage, daß eine Beschränkung die Funktion des Lösungsgenerators einnimmt, ist letztlich identisch mit der Aussage, daß das Individuum im Suchprozeß primär auf die Suche nach Lösungen eingestellt ist, die Mittel zur Erfüllung dieser Beschränkung sind. Das Denken wird durch diese Beschränkung der Problemdefinition dominiert.

Die Ausführungen Simons implizieren die Hypothese, daß in einem konkreten Entscheidungsprozeß stets eine bestimmte Teilmenge der Beschränkungen die Funktion des Lösungsgenerators beibehält. Es scheint jedoch auch denkbar, daß im Laufe des Prozesses diese Funktion auf andere Attribute der Problemdefinition übergeht[27]). So ist es möglich, daß zunächst eine Beschränkung A die Funktion des Lösungsgenerators einnimmt. Eine auf diese Weise entwickelte Lösungshypothese I wird gegen die übrigen Beschränkungen getestet. Stellt sich heraus, daß diese Lösungshypothese beispielsweise die Beschränkung B verletzt, so nimmt diese nunmehr die Funktion des Lösungsgenerators ein. Das Individuum sucht nach einer Möglichkeit, die Lösungshypothese I — möglichst geringfügig — zu modifizieren und zu ergänzen, damit die verletzte Beschränkung B erfüllt wird. Die auf diese Weise entwickelte Lösungshypothese II wird dann wiederum gegen die übrigen Beschränkungen getestet, unter denen nunmehr auch die ursprüngliche Beschränkung A die Funktion eines Lösungsverifikators einnimmt. Erscheint schließlich eine Beschränkung C verletzt, so übernimmt diese in der Einstellung des Individuums die Funktion des Lösungsgenerators. Es erscheint in solchen Fällen wenig zweckmäßig, den Zielbegriff auf die jeweiligen Lösungsgeneratoren unter den Beschränkungen der Problemdefinition einzuengen. Ob man den Zielbegriff in der angegebenen Art und Weise einschränkt oder nicht, die zugrundeliegenden entscheidungstheoretischen Überlegungen bleiben von der Wahl des Zielbegriffs unbeeinflußt.

Dehnt man die Analyse auf den Terminus des „Organisationsziels" aus, so liegt es auf der Linie der Argumentation Simons, von den Beschränkungen auszugehen, die die Entscheidungsträger im organisatorischen IES ihren Entscheidungen zugrunde legen. Unter den Organisationszielen ist eine Teilmenge aller dieser Beschränkungen zu betrachten.

## Organisationsziele als Teilmenge der Beschränkungen im IES

Simon zeigt vier Möglichkeiten auf, aus der Gesamtmenge der Beschränkungen eine Teilmenge von Organisationszielen abzugrenzen.

---

[26]) Simon (1964), S. 8.
[27]) Ein solcher Prozeß ist bei Heinen (1968), S. 43 ff. beschrieben.

Zunächst ist es denkbar, diejenige Teilmenge von Beschränkungen als Ziele der Organisation zu bezeichnen, die von allen Entscheidungsträgern oder zumindest von einer Mehrheit geteilt wird. Organisationsziele wären dann jene Beschränkungen, die Bestandteil der spezifischen *Kultur der Organisation* sind. Nach Ansicht Simons bedeutet dies jedoch nicht, daß eine Organisation ein Team sei. Es ist durchaus sinnvoll, dennoch von *Zielkonflikten* zwischen den Organisationsteilnehmern zu sprechen. Die Lösung dieses Paradoxons sieht Simon wiederum in der Unterscheidung zwischen *Lösungsgeneratoren* und *Lösungsverifikatoren*. Simon führt aus,

> „... daß die gesamte Menge von Beschränkungen, die von den Entscheidungsträgern in verschiedenen Bereichen einer Organisation betrachtet werden, wahrscheinlich ganz ähnlich sein wird, daß aber verschiedene Entscheidungsträger die Beschränkungen in ganz unterschiedlicher Weise in Lösungsgeneratoren und Lösungsverifikatoren aufteilen. Wenn wir nun den Begriff ‚Organisationsziel‘ weit fassen, um damit die Menge der Beschränkungen zu bezeichnen, werden wir unter diesen Umständen folgern, daß Organisationen in der Tat Ziele (d. h. eine weitgehend geteilte Menge von Beschränkungen) haben. Wenn wir dagegen den Begriff ‚Organisationsziele‘ eng fassen, um damit die Lösungsgeneratoren zu bezeichnen, werden wir zu dem Schluß kommen, daß nur eine geringe Übereinstimmung der Ziele unter den verschiedenen Teilen der Organisation besteht und daß die Bildung von Unterzielen und Zielkonflikte wesentliche und bezeichnende Merkmale der organisationalen Realität sind."[28]

Diese Überlegungen implizieren gleichzeitig, den Begriff des Organisationsziels für jene Teilmenge der Beschränkungen vorzubehalten, die die Funktion der Lösungsgeneratoren erfüllen.

Eine dritte Möglichkeit, eine den Organisationszielen entsprechende Teilmenge der Beschränkungen aller Organisationsteilnehmer abzugrenzen, ergibt sich, wenn man auf die Konzeption der *Rollenanalyse* Bezug nimmt. Danach läßt sich die Menge der Beschränkungen in zwei Teilmengen aufgliedern: in die persönlichen „Ziele" der Organsationsteilnehmer und in jene „Ziele", die durch die jeweiligen Rollen der Organisationsteilnehmer definiert sind (role-defined goals).

> „... viele, wenn nicht die meisten der Beschränkungen, welche eine befriedigende Handlungsalternative bestimmen, sind mit einer organisationalen Rolle verbunden... In dieser Situation ist es vorteilhaft, den Begriff Organisationsziel zu verwenden, um damit Beschränkungen oder Mengen von Beschränkungen zu bezeichnen, die durch die organisationale Rolle auferlegt werden..."[29]

Diese Konzeption entspricht auch derjenigen von Cyert und March. Diese Autoren stellen den Begriff des Organisationsziels in den Vordergrund ihres

---

[28] Simon (1964), S. 9.
[29] Ebenda, S. 21.

Entwurfs einer „*verhaltenswissenschaftlichen Theorie der Unternehmung*"[30]). Sie gehen von der inzwischen allgemein akzeptierten These aus, daß die Organisationsziele keineswegs gegeben und unveränderlich sind, sondern im Rahmen eines *Zielentscheidungsprozesses* in der Organisation festgelegt und an veränderte Umweltbedingungen angepaßt werden. Die Organisation stellt in dieser Sicht eine *Koalition* von Organisationsteilnehmern dar[31]). Die einzelnen Organisationsteilnehmer verfügen zwar über heterogene und konkurrierende individuelle Werte. Sie einigen sich jedoch im Rahmen eines Aushandlungsprozesses auf gemeinsame Organisationsziele:

> „... die Ziele einer Unternehmung sind eine Folge mehr oder weniger unabhängiger Beschränkungen, die der Organisation durch einen Aushandlungsprozeß zwischen potentiellen Koalitionsmitgliedern auferlegt werden..."[32])

Man geht wohl nicht fehl, wenn man diese Beschränkungen mit den formalen Rollen der Organisationsteilnehmer gleichsetzt. Cyert und March beziehen den Rollenbegriff allerdings nicht in ihre Überlegungen mit ein.

Folgt man diesem terminologischen Vorschlag Simons, so ist letztlich die *organisationale Zielanalyse* mit der *organisationalen Rollenanalyse* identisch. Die Aussage, die Organisation sei zielgerichtet, ist mit der Aussage gleichzusetzen, die Organisation sei ein System von Rollen, die das Verhalten der Organisationsteilnehmer beschränken. Die Zielanalyse ist allenfalls ein Teilgebiet einer umfassenderen Rollenanalyse. Eine derartige Einschränkung ergibt sich etwa, wenn man dem anderen Vorschlag von Simon folgt, den Zielbegriff auf die jeweiligen Lösungsgeneratoren innerhalb des organisatorischen Entscheidungssystems einzuengen. Im Rahmen der organisationalen Zielanalyse sind dann — im Anschluß an die Feststellung der einzelnen Rollen — Untersuchungen darüber anzustellen, welche der *Rollenzumutungen* oder *-beschränkungen* „normalerweise" den Ausgangspunkt für die Suche nach geeigneten Lösungshypothesen bilden.

Eine andere Einschränkung der Zielanalyse auf ein Teilgebiet der Rollenanalyse ergibt sich, wenn man schließlich einen letzten Vorschlag Simons akzeptiert, als Organisationsziele vornehmlich jene Rollenbeschränkungen zu bezeichnen, die für die *Führungspositionen,* d. h. für Positionen auf den oberen Ebenen der Leitungshierarchie, verbindlich sind:

> „So ist es vernünftig, von der Erhaltung der Wälder als Hauptziel des U. S. Forest Service oder von der Verminderung der Brandschäden als Hauptziel der städtischen Feuerwehr zu sprechen. Denn die Führungskräfte in diesen Organisationen werden Möglichkeiten suchen und unterstützen, die diese Ziele fördern, und untergeordnete Angestellte werden dasselbe tun oder werden zumindest ihre Entscheidungen auf die Beschränkungen abstimmen,

---

[30]) „A Behavioral Theory of the Firm", Cyert und March (1963).
[31]) Vgl. zur Konzeption der Unternehmung als Koalition Cyert und March (1963), S. 27 ff.; Dill (1965), S. 1071 ff.; Haire (1959); Thompson (1967).
[32]) Cyert und March (1963), S. 43.

die von den oberen Ebenen im Hinblick auf dieses Ziel aufgestellt wurden."[33])

**Organisationsziele im Lichte der Anreiz-Beitrags-Theorie**

Diese Vorschläge Simons weichen von seinen früheren Überlegungen zum Problem des Organisationszieles ab. Den Ausgangspunkt dieser früheren Überlegungen bildete die von Barnard und Simon vorgeschlagene *Anreiz-Beitrags-Theorie* der Organisation[34]). Die Kernsätze dieser Konzeption seien noch einmal wiederholt:

> „1. Eine Organisation besteht aus einem System sich wechselseitig beeinflussender sozialer Verhaltensweisen von Personen, die wir die Teilnehmer der Organisation nennen.
>
> 2. Jeder Teilnehmer und jede Gruppe von Teilnehmern erhält von der Organisation Anreize. Dafür leisten sie an die Organisation Beiträge.
>
> 3. Jeder Teilnehmer wird seine Teilnahme an der Organisation nur so lange fortsetzen, als die ihm angebotenen Anreize so groß oder größer sind — gemessen im Lichte seiner Werte und der ihm zur Verfügung stehenden Alternativen — als die von ihm geforderten Beiträge.
>
> 4. Die Beiträge, die die verschiedenen Gruppen der Organisation leisten, sind die Quelle, der die Organisation die den Mitgliedern angebotenen Anreize entnimmt.
>
> 5. Eine Organisation ist folglich nur so lange ‚solvent' und existenzfähig, als die Beiträge in genügendem Maße ausreichen, Anreize zu gewähren."[35])

Betrachtet man die auf der Gewinnmaximierungshypothese basierende traditionelle Unternehmenstheorie unter dem Blickwinkel dieser Konzeption, so werden mit der Gewinnmaximierung die Anreize und Beiträge[36]) eines einzelnen Organisationsteilnehmers, nämlich des Unternehmers, als Ziel der Organisation hervorgehoben. Die Organisationsteilnehmer erfahren eine asymmetrische Behandlung. Die Anreiz-Beitrags-Theorie in ihrer ursprünglichen Form impliziert dagegen eine mehr symmetrische Betrachtung aller Organisationsteilnehmer[37]). Damit die Organisation im Gleichgewicht ist, sind alle Anreize und Beiträge im dargelegten Sinne zu beachten. An diese Konzeption knüpft Simon folgende terminologische Überlegungen zum Begriff des Organisationsziels (organization objective) an:

> „... es erscheint, zusätzlich zu den persönlichen Zielen der Organisationsteilnehmer, ein Organisationsziel oder Organisationsziele. Ist z. B. die Organisation eine Schuhfabrik, so wird das Ziel die Herstellung von Schuhen sein. Wessen Ziel ist das — ist es das Ziel des Unternehmers, das der Kunden

---

[33]) Simon (1964), S. 21.
[34]) Vgl. Barnard (1938); Simon (1957 a); ferner Clark und Wilson (1965).
[35]) Simon et al. (1950), S. 381 f.
[36]) Vgl. Kirsch (1968), S. 49 f.
[37]) Vgl. auch Simon (1957 c).

oder das Ziel der dort Beschäftigten? Zu leugnen, daß es zu irgendeiner dieser Beteiligten gehöre, hieße, irgendeinen ‚Gruppengeist' anzunehmen, irgendeine organismusähnliche Einheit, die über und neben ihren menschlichen Komponenten besteht. Die wirkliche Erklärung ist einfacher: Das Organisationsziel ist indirekt ein persönliches Ziel aller Organsationsteilnehmer."[38])

Darin äußert sich die Vorstellung, daß die Erstellung der Leistung für alle Organisationsteilnehmer einen Anreiz im Sinne der Anreiz-Beitrags-Theorie darstellt. Dies erscheint zunächst als klare Konzeption. Sie wird jedoch an anderer Stelle von Simon selbst eingeschränkt, wenn er auf die Diskrepanz zwischen seiner Konzeption und der These eingeht, Ziel der Unternehmung sei die Erwirtschaftung eines Gewinnes:

"Verschiedene Individuen, insbesondere die Kunden, geben Beiträge an die Organisation wegen der Leistung, die diese liefert; andere, die Unternehmer, wegen der Gewinne, die sie aus ihr ziehen. Wird das System des Organisationsverhaltens selbst untersucht, so ergibt sich, daß sowohl Leistungs- wie auch Gewinnziele die Entscheidungen beeinflussen. Aus terminologischen Gründen soll hier die Bezeichnung ‚Organisationsziel' für das Leistungsziel verwendet werden."[39])

Diese Ausführungen lassen eine inhaltliche Umschreibung des Unternehmungsziels sichtbar werden, die von vielen soziologisch orientierten Organisationstheoretikern geteilt wird. Wenn beispielsweise Parsons und andere die *„Zielerreichung"* (goal attainment) als ein für das Überleben sozialer Systeme notwendiges funktionales Erfordernis[40]) betrachten, das neben anderen — als *„Anpassung"* (adaption), *„Integration"* und *„Strukturerhaltung"* (pattern-maintenance) bezeichneten — funktionalen Erfordernissen steht, so ist im Falle der Betriebswirtschaft stets das Leistungsprogramm als Organisationsziel gemeint. Auch die heute bereits klassischen Untersuchungen Thompsons und McEwens zum organisatorischen Zielbildungsprozeß gehen von diesem Zielbegriff aus[41]).

**Funktionale Erfordernisse des Überlebens und Organisationsziele**

Eng damit verbunden ist die Frage, welcher Zusammenhang zwischen dem Überleben der Organisation und den Organisationszielen besteht[42]). Die Betriebswirtschaftslehre ist geneigt, in das organisatorische Zielsystem eine Reihe sog. *Erhaltungsziele* einzubeziehen[43]). In der soziologisch orientierten Organisationstheorie ist die Zielerreichung im dargelegten Sinne nur eines von mehreren funktionalen Erfordernissen, die dem Überleben des Systems

---

[38]) Simon (1957 a), S. 17.
[39]) Ebenda, S. 113 f.
[40]) Vgl. Parsons (1961), S. 38 ff.
[41]) Vgl. Thompson und McEwen (1964).
[42]) Vgl. auch Drucker (1962).
[43]) Vgl. etwa Heinen (1966 b), S. 70 ff.

dienen[44]). Das Überleben stellt hier nicht unbedingt ein bewußtes Ziel der beteiligten Organisationsteilnehmer dar. Gleiches gilt für das „Gleichgewicht" der Anreize und Beiträge in der Konzeption der Anreiz-Beitrags-Theorie.

Die Frage nach dem Verhältnis von Systemüberleben und Organisationszielen mündet also in die Frage, inwieweit die Anreize und Beiträge der Organisationsteilnehmer in das System der Beschränkungen organisatorischer Entscheidungen eingehen. Während die früheren Überlegungen Simons zu diesem Komplex die Interpretation zulassen, daß die Anreize und Beiträge als positive oder negative Werte der Organisationsteilnehmer unmittelbare Beschränkungen darstellen, denen die gewählten organisatorischen Aktionen genügen müssen, zeigen die späteren Überlegungen Simons ein differenzierteres Bild:

> „Auf der einen Seite erlegt das System der persönlichen Anreize und Beiträge Beschränkungen auf, denen die Organisation genügen muß, wenn sie überleben soll. Auf der anderen Seite sind die Beschränkungen, die in den organisationalen Rollen verkörpert sind..., die Beschränkungen, denen eine Alternative genügen muß, um von der Organisation gewählt zu werden.
> 
> Zwischen diesen beiden Mengen von Beschränkungen gibt es keinen notwendigen logischen Zusammenhang. Bisweilen gelingt es den Organisationen nicht, zu überleben. Ihr Ableben kann oft dem Versagen zugeschrieben werden, all die wichtigen motivationalen Interessen der Organisationsteilnehmer in die Beschränkungen des organisationalen Entscheidungssystems aufzunehmen... Im allgemeinen besteht jedoch ein starker empirischer Zusammenhang zwischen den beiden Mengen von Beschränkungen, denn die Organisationen, die wir gewöhnlich in der Realität beobachten werden — nämlich jene, die erfolgreich eine Zeitlang überlebt haben —, werden genau diejenigen Organisationen sein, die organisationale Entscheidungssysteme entwickelt haben, deren Beschränkungen garantieren, daß ihre Handlungen ein günstiges Gleichgewicht von Anreizen und Beiträgen für ihre Teilnehmer aufrechterhalten...
> 
> So kann uns gewöhnlich das, was der Soziologe die funktionalen Erfordernisse des Überlebens nennt, gute Anhaltspunkte für die Voraussage organisationaler Ziele geben; wenn jedoch die funktionalen Erfordernisse den Zielen gleichen, so besteht die Ähnlichkeit empirisch, nicht definitionsgemäß."[45])

## Zusammenfassung

Vier Gesichtspunkte der Konzeption Simons sind es wert, abschließend hervorgehoben zu werden. Die terminologischen Überlegungen werden (1) von einer umfassenden Konzeption des individuellen und organisatorischen Entscheidungsverhaltens getragen. Diese Konzeption kann unabhängig von der Verwendung des Zielbegriffs formuliert werden. Das macht es möglich,

---

[44]) Vgl. auch S. 33 f. dieser Arbeit.
[45]) Simon (1964), S. 19 f.; vgl. auch S. 129 ff. dieser Arbeit.

bei seiner Explikation auf ein relativ exaktes Begriffssystem zurückzugreifen. Die Überlegungen Simons zeigen (2) lediglich Möglichkeiten einer begrifflichen Fassung des Organisationsziels auf. Da die zugrundeliegende entscheidungstheoretische Konzeption ohne Verwendung des Zielbegriffs formuliert werden kann, ist es nicht erforderlich, zum Begriff des Organisationsziels eine endgültige Stellung zu beziehen. Darüber hinaus sind (3) die Explikationsversuche Simons vorwiegend kognitiv orientiert. Es wird auf kognitive Informationen wie Entscheidungsprämissen, Beschränkungen, Rollen usw. Bezug genommen. Die Manifestation dieser Information im öffentlichen Informationssystem der Organisation wird zwar nicht ausgeschlossen, ist jedoch für die terminologischen Überlegungen irrelevant. Das führt schließlich (4) dazu, daß zwischen der organisationalen Zielanalyse und der organisationalen Rollenanalyse keine fundamentalen Unterschiede feststellbar sind. Es ist eine Angelegenheit der Konvention, welche Termini man vorzieht. Die Darlegungen Simons deuten darauf hin, daß er ein fundamentaleres Kategoriensystem zur Analyse organisatorischer Entscheidungsprozesse vorzieht, welches die Terminologie der Rollen- und der Zielanalyse weitgehend überflüssig macht. Somit rückt der Zielbegriff, insbesondere der Begriff des Organisationsziels, bei organisationstheoretischen Untersuchungen in den Hintergrund.

Im folgenden soll ein Gegenvorschlag entwickelt und begründet werden, der die organisationale Zielanalyse dem öffentlichen Informationssystem der Organisation zuordnet.

## 2.22 Organisationsziele als Elemente des öffentlichen Informationssystems

Die moderne Organisationstheorie geht davon aus, daß die Organisationsziele das Ergebnis eines Zielentscheidungsprozesses sind. Die bereits erwähnte Konzeption von Cyert und March knüpft an dieser Grundthese an[46]). Diese Autoren gelangen zu einem Begriff des Organisationsziels, der die Organisationsziele mit einer Teilmenge der Beschränkungen gleichsetzt, die die Organisationsteilnehmer bei ihren Entscheidungen zu beachten haben. Cyert und March führen freilich weder eine Trennung von kognitiven und öffentlichen Informationen ein, noch verwenden sie bei ihrer Analyse den Rollenbegriff. Überträgt man ihre Konzeption in den hier gewählten terminologischen Bezugsrahmen, so stellen die Organisationsziele jene den formalen Rollen entsprechenden Beschränkungen dar und sind als Elemente des kognitiven Informationssystems zu betrachten.

### Gründe für die Orientierung der Organisationsziele am öffentlichen Informationssystem

Zwei Gründe sprechen jedoch dafür, daß der Terminus des Organisationsziels eher dem öffentlichen Informationssystem zuzuordnen ist. Der erste

---
[46]) Vgl. Cyert und March (1963), S. 26 ff.

Grund liegt in der Betonung des *Zielbildungsprozesses*. Es ist anzunehmen, daß der Zielbildungsprozeß zu einer „öffentlichen" Formulierung von Zielen führt. Der zweite Gesichtspunkt, der diese These stützt, ist in der Konzeption der *„Quasi-Lösung von Konflikten"* zu erblicken, der Cyert und March eine große Bedeutung beimessen. Der Verhandlungsprozeß der Zielbildung innerhalb der Koalition der Organisationsteilnehmer führt zu einer gewissen Lösung der konfliktären Zielvorstellungen der beteiligten Individuen und Gruppen. Diese Konfliktlösung ist aber nicht endgültiger Natur. Es erscheint plausibel anzunehmen, daß die Organisationsteilnehmer ihren Entscheidungen Prämissen zugrunde legen, die nicht im Einklang mit den ausgehandelten Organisationszielen stehen. Die Konzeption der „Quasi-Lösung von Konflikten" ist somit u. a. ein Ausdruck für die Feststellung, daß die Entscheidungsprämissen (als Elemente des kognitiven Informationssystems) nicht immer mit den Organisationszielen (als Elementen des öffentlichen Informationssystems) identisch sind. Ob die ausgehandelten Organisationsziele tatsächlich zu Beschränkungen der Entscheidungen der einzelnen Organisationsteilnehmer werden, ist dann nicht ein definitorisches, sondern ein empirisches Problem.

Damit wird eine Grundthese aufgegeben, die die meisten Autoren mit dem Organisationsbegriff verbinden:

> „Als Organisationsziel soll das gelten, was tatsächlich als Leitbild der Entscheidungen dient, die das Geschehen, die Tätigkeit und Prozesse in der **Organisation** auf einen spezifischen Zweck orientieren. Damit ist schon gesagt, daß das Organisationsziel nicht mit dem identisch sein muß, was in einem Statut, einer Satzung oder Verfassung als solches definiert wird."[47]

Diese Bedingung ist dafür verantwortlich, daß der Zielbegriff meist kognitiv orientiert und die organisationale Zielanalyse Bestandteil der Rollenanalyse wird. Geht man jedoch — wie Cyert und March — vom Zielbildungsprozeß aus und führt man in die organisationstheoretische Analyse die explizite Unterscheidung von kognitiven und öffentlichen Informations- bzw. Entscheidungssystemen der Organisation ein, so bietet sich eine differenziertere terminologische Konzeption an: Die Rollenanalyse kann als Instrument zur Untersuchung kognitiver Informationssysteme, die Zielanalyse dagegen als Instrument zur Untersuchung öffentlicher Informationssysteme der Organisation betrachtet werden. Der enge Zusammenhang zwischen Rollen und Zielen bleibt erhalten, die Überlegungen bewegen sich jedoch auf verschiedenen Ebenen.

Geht man bei der Explikation des Begriffes des Organisationsziels vom organisatorischen Prozeß der Zielbildung aus, dann rückt das *politische System der Organisation* in den Mittelpunkt der Betrachtung. Im folgenden soll daher kurz eine Konzeption des politischen Systems skizziert werden, um damit einen terminologischen Bezugsrahmen für die Explikation des Organisationsziels zu schaffen.

---

[47] Mayntz (1963), S. 58.

**Das politische System der Organisation**

Bereits an anderer Stelle wurde darauf hingewiesen, daß das Informations- und Entscheidungssystem einer Organisation aus drei Subsystemen zusammengesetzt gedacht werden kann: dem operativen System, dem administrativen System und dem politischen System. Im Rahmen des operativen Systems werden jene in hohem Maße programmierten Entscheidungen zur unmittelbaren Steuerung und Regelung der physischen, operativen Prozesse getroffen. Dem administrativen System obliegt es demgegenüber, jene nicht-programmierten Entscheidungen zu treffen, die mit der Entwicklung und Modifikation der Programme für das operative System verbunden sind. Die administrativen Entscheidungen haben sich dabei in dem Rahmen zu bewegen, der durch die politischen Entscheidungen des Systems gesteckt ist. Sieht man einmal von der Bestimmung der Organisationsstruktur und der Besetzung der organisatorischen Schlüsselposition ab, so betreffen die politischen Entscheidungen vor allem die allgemeinen Beschränkungen, denen die übrigen organisatorischen Entscheidungen genügen müssen. Die politischen Entscheidungen sind in diesem Sinne die zentralen Koordinationsentscheidungen der Organisation. Sie sind letztlich Ausfluß der individuellen Werte und Präferenzen der an der Organisation Beteiligten bzw. an der Politik dieser Organisation Interessierten, sofern diese über die für die Durchsetzung ihrer Wünsche entsprechende Macht verfügen.

Es ist zweckmäßig, das politische System einer Organisation an Hand eines Bezugsrahmens zu diskutieren, der aus den politischen Wissenschaften stammt. Den Ausgangspunkt bildet die Konzeption Eastons, die dieser ausdrücklich für „parapolitische Systeme", d. h. für politische Systeme von Organisationen, geeignet hält[48]).

Die Überlegungen Eastons werden im folgenden freilich abgewandelt und ergänzt.

*Ein Bezugsrahmen zur Analyse des politischen Systems*

Abb. 3.4 gibt in schematischer Sicht ein politisches System der Organisation wieder. Das politische System ist danach ein offenes System. Den Output bilden die (öffentlichen) Informationen über autorisierte Entscheidungen[48a]), die von den durch die Verfassung hierzu legitimierten Kernorganen des politischen Systems „produziert" werden, sowie die diese autorisierten Entschei-

---

[48]) Vgl. zur Verwendung des Begriffes für die Organisation Easton (1953, 1957, 1965, 1966); ferner Burns und Stalker (1961); Dill (1965), S. 1071 ff.; Fäßler (1967), S. 162 ff.; Feldman und Kanter (1965), S. 614 ff.; Heinen (1966 b), S. 201 ff.; Heinen (1968), S. 97; Kirsch (1968 b), S. 63; Kirsch (1968 a); Kirsch (1969); Long (1962 a), S. 110 ff.; March (1965, 1966); Rapoport (1966 a), S. 129 ff.
Verschiedene Konzeptionen des politischen Systems finden sich bei Almond (1956); Dahl (1963); Deutsch (1963); Easton (1953, 1965, 1966); Mitchell (1962). Vgl. auch die Überblicke bei Bauer und Gergen (1968); Mitchell (1968); Roseman, Mayo und Collinge (1966); Wiseman (1966) und die dort umfangreich genannte weitere Literatur.
[48a]) Die Verwendung des Begriffs erfolgt in Anlehnung, aber nicht in vollkommener Übernahme, an den Begriff von Easton.

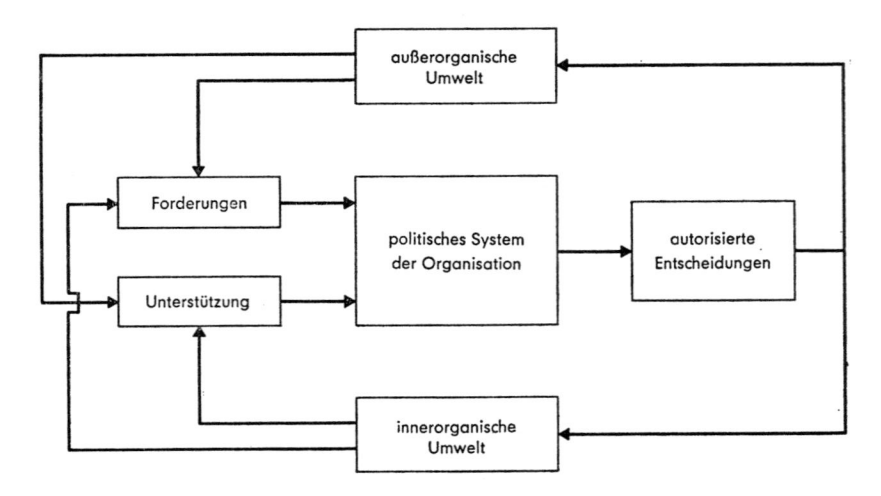

```
                    ┌──────────────────┐
          ┌────────►│  außerorganische │◄──────────┐
          │         │      Umwelt      │           │
          │         └──────────────────┘           │
          │                                        │
   ┌────────────┐                                  │
   │ Forderungen├──┐                               │
   └────────────┘  │  ┌──────────────┐  ┌──────────────┐
                   ├─►│politisches System├►│ autorisierte │──┐
   ┌────────────┐  │  │der Organisation │  │Entscheidungen│  │
   │Unterstützung├─┘  └──────────────┘   └──────────────┘  │
   └────────────┘                                            │
          ▲                                                  │
          │         ┌──────────────────┐                     │
          └─────────┤  innerorganische │◄────────────────────┘
                    │      Umwelt      │
                    └──────────────────┘
```

*Abb. 3.4: Das politische System der Organisation*[49]

dungen begleitenden Aussagen der Mitglieder des Systems, die die Entscheidungen erläutern und rechtfertigen sollen. Der Output des politischen Systems besteht somit aus öffentlichen Informationen, die — soweit sie autorisiert sind — zudem offizieller Natur sind.

Die autorisierten Entscheidungen betreffen im vorliegenden Zusammenhang die grundlegenden Beschränkungen (Ziele, Strategien, Budgets), die für die Mitglieder der Organisation verbindlichen Charakter besitzen. Den hauptsächlichsten Input des Systems bilden die vielfältigen Forderungen, die die Interessenten der inner- und außerorganisatorischen Umwelt an die Kernorgane des politischen Systems herantragen. Auch sie sind öffentliche Informationen. Solche Forderungen stellenden Interessenten sind Satelliten des Systems, die sich gegenüber den Entscheidungen der Kernorgane nicht als Anpasser verhalten, sondern ihre Wünsche und Vorstellungen hinsichtlich der Ziele, Strategien und Budgets artikulieren und durch manipulative Maßnahmen der aktiven Beeinflussung unterstreichen. In dem Maße, wie solche Forderungen an die legitimierten Kernorgane des politischen Systems herangetragen werden, muß der politische Prozeß als ein Prozeß der wechselseitigen Abstimmung und Manipulation angesehen werden. Auch die Mitglieder der Kernorgane stellen solche Forderungen, die in den Entscheidungsprozeß eingehen. Sie haben freilich durch ihre Mitwirkung an der Autorisierung die Möglichkeit, ihre individuellen Werte und Präferenzen zum Tragen zu bringen, ohne sie durch explizite Forderungen artikulieren zu müssen.

Die Kernorgane des politischen Systems sehen sich in der Regel einer Vielzahl konfliktärer Forderungen ihrer eigenen Mitglieder und ihrer Satelliten gegenüber. Der politische Prozeß wird so zu einem Prozeß der Konflikt-

---
[49] Vgl. Easton (1965 a), S. 110.

handhabung. Die Machtverteilung⁵⁰) innerhalb und außerhalb des politischen Systems bestimmt vor allem, wer sich mit seinen Forderungen durchzusetzen vermag. Keineswegs sind es immer die Kernorgane, denen dabei die größte Macht zukommt, unbeschadet ihrer Rolle bei der Autorisierung der Ergebnisse des politischen Prozesses.

Mit der Identifizierung des Inputs und des Outputs des politischen Systems sind gleichzeitig die Grenzen des politischen Systems bestimmt. Hierbei ist es zweckmäßig, zwischen Mitgliedern und Teilnehmern zu unterscheiden⁵¹). *Teilnehmer* sind alle Elemente innerhalb und außerhalb der Organisation, die Forderungen stellen bzw. manipulierend auf die Mitglieder des Systems einwirken. *Mitglieder* sind alle jene, die im Transformationsprozeß des politischen Systems eine formale Rolle ausfüllen und eine bewußte Teilnahmeentscheidung hierzu treffen. Die Kernorgane sind solche Mitglieder, aber auch solche Personen oder Gruppen, die für die Kernorgane *Stabsfunktionen* wahrnehmen. Folgt man dieser Unterscheidung, so sind die Teilnehmer der Umwelt des politischen Systems zuzuordnen. Andere Abgrenzungen sind freilich nicht ausgeschlossen.

Keine Teilnehmer des politischen Systems sind alle solche Elemente innerhalb und außerhalb der Organisation, die zwar gewisse Vorstellungen und Erwartungen⁵²) hinsichtlich der zu autorisierenden Entscheidungen besitzen, sich jedoch als *Anpasser* verhalten. Dennoch ist es möglich, daß die politischen Entscheidungen auch Werte und Präferenzen solcher Individuen oder Gruppen innerhalb und außerhalb der Organisation widerspiegeln, die sich selbst nicht mit Forderungen am politischen Prozeß beteiligen. Dies ist der Fall, wenn Mitglieder des politischen Systems die Wünsche und Erwartungen dieser an sich „Unbeteiligten" aufgreifen, um sie zum Gegenstand eigener Forderungen zu machen oder gar stillschweigend als eigene Entscheidungsprämissen zu akzeptieren.

Diese Tatsache wird verständlich, wenn man die Unterstützung⁵³) in die Analyse einbezieht, deren das politische System bedarf, wenn es überleben soll. Man versucht, den Wünschen und Erwartungen jener Personen oder Gruppen gerecht zu werden, auf deren Unterstützung das politische System angewiesen ist. Diese Unterstützung ist die zweite globale „Inputvariable" des Systems, die neben den Forderungen steht. Sie kann als die kritische Variable bezeichnet werden.

*Die Unterstützung als kritische Variable*

Unterstützung kann allgemein wie folgt definiert werden: Eine Person oder Gruppe unterstützt ein Objekt, wenn sie bereit ist, ihre eigene Macht für die-

---

⁵⁰) Zum Begriff der Macht vgl. S. 184 ff. dieser Arbeit.
⁵¹) Zur Unterscheidung von Mitgliedern und Teilnehmern einer Organisation vgl. S. 31 f. dieser Arbeit.
⁵²) Vgl. zum Begriff und zur Bedeutung der Erwartungen auch Mitchell (1962), S. 2 ff. und das dort dargestellte Schaubild.
⁵³) Vgl. Easton (1965 b), S. 153 ff.

ses Objekt einzusetzen bzw. einsetzt. Objekte der Unterstützung können einzelne Forderungen bzw. die dahinter stehenden Personen oder Gruppen, aber auch einzelne autorisierte Entscheidungen, die Verfassung, die Mitglieder des politischen Systems oder die Organisation als „politische Gemeinschaft" sein. Als Unterstützer kommen alle Personen und Gruppen in der inner- und außerorganisatorischen Umwelt, aber auch diejenigen Personen in Frage, die als Mitglieder des politischen Systems die formalen Rollen im politischen Prozeß ausfüllen.

Eine Unterstützung wirkt sich im allgemeinen dadurch aus, daß die Macht der am politischen Prozeß als Satelliten oder als Mitglieder der Kernorgane Beteiligten erweitert wird. Durch Unterstützung wird die Wahrscheinlichkeit erhöht, daß sich ein Satellit mit seinen Forderungen durchzusetzen vermag bzw. ein Kernorgan die von ihm autorisierten Entscheidungen von den Organisationsteilnehmern als Entscheidungsprämissen akzeptiert erhält.

Ein politisches System kann nur überleben, wenn es in der Lage ist, überhaupt Entscheidungen zu treffen und die autorisierten Beschränkungen auch als Entscheidungsprämissen durchzusetzen. Beides erfordert ein hinreichendes Maß an Unterstützung.

Betrachten wir zunächst die Annahme der autorisierten Beschränkungen als Entscheidungsprämissen durch die Organisationsteilnehmer. Wenn sehr viele Personen oder Gruppen bereit sind, ihre eigene Macht für die Durchsetzung der autorisierten Entscheidung einzusetzen, wird die Machtposition der Kernorgane gestärkt. Ähnliches gilt für den Fall, daß die Unterstützung auf die Verfassung des Systems gerichtet ist, die das Autorisierungsrecht der Kernorgane legitimiert und den Gehorsam gegenüber den autorisierten Entscheidungen vorschreibt. Ein weitverbreiteter, durch Ideologie gestützter Glaube an die Legitimität dieser Verfassung und die Bereitschaft, sich hierfür notfalls einzusetzen, tragen sehr wesentlich dazu bei, daß das Autorisierungsrecht der Kernorgane respektiert und autorisierte Entscheidungen akzeptiert werden.

Das Überleben des politischen Systems ist jedoch auch dann in Frage gestellt, wenn das politische System nicht in der Lage ist, überhaupt „Output zu produzieren", d. h. Entscheidungen zu treffen und zu autorisieren. Die Gründe hierfür können vielfältiger Natur sein. Die wichtigsten Ursachen können zu finden sein in einer zu großen Fluktuation in den Führungspositionen des Systems und — eng damit verbunden — in der fehlenden Bereitschaft potentieller Kandidaten für diese Führungspositionen, eine formale Rolle im politischen System zu übernehmen bzw. längere Zeit auszuüben. Hierin äußert sich ebenfalls eine fehlende Unterstützung der „Elite" als potentielle Führungskandidaten für die „politische Gemeinschaft", d. h. der Organisation als Ganzes. Die fehlende Bereitschaft, eine formale Rolle zu übernehmen bzw. beizubehalten und seine Fähigkeiten und Machtmittel hierfür einzusetzen, ist in vielen Fällen daraus zu erklären, daß der mit der Mitgliedschaft des politischen Systems verbundene psychologische Streß von den in Frage kommenden Personen als zu groß empfunden wird. Dieser Streß resultiert meist aus einem „Input-Overload" des Systems, d. h. aus dem Umstand, daß sich die Mitglieder zu vielen, nicht zu vereinbarenden Forderungen ausgesetzt sehen, die auf Grund der beschränkten Kapazität des Systems, Informationen zu verarbeiten, nicht alle „behandelt" werden können. Dies führt zwangsläufig zu einem Rückgang der Unterstützung. Zu geringe Unterstützung der Umwelt läßt die Durchsetzung der politischen Entscheidungen zum Problem werden. Die Notwendigkeit, zusätzliche Unterstützung zu stimulieren, erhöht nur noch den psychologischen Streß, den die Mitglieder des Systems zu ertragen haben. Nur „robuste" Persönlichkeiten vermögen in solchen Situationen in der Rolle des Mitglieds des politischen Systems zu überleben. Von der Fähigkeit, Streß auszuhalten, hängt letztlich auch ab, was als „hinreichende" Unterstützung des politischen Systems anzusehen ist.

Die Bemühungen des politischen Systems, Unterstützung zu stimulieren, richtet sich in hohem Maße auf eine diffuse Unterstützung. Im Gegensatz zur spezifischen Unterstützung, die sich auf den jeweiligen Output des Systems bezieht und dessen Annahme durch die Organisationsteilnehmer erreicht, ist die diffuse Unterstützung von den konkreten Entscheidungen weitgehend unabhängig. Sie richtet sich auf die Verfassung, auf die Organisation als politische Gemeinschaft und auf die Persönlichkeiten der in den Kernorganen des politischen Systems Tätigen. Bei diffuser Unterstützung werden die politischen Entscheidungen akzeptiert, obwohl sie nicht den Forderungen und Vorstellungen der Organisationsteilnehmer entsprechen, die gleichsam „enttäuscht" werden.

Die Existenz diffuser Unterstützung gründet vielfach in der Tatsache, daß sich die Organisationsteilnehmer mit der Organisation als Ganzem oder aber mit den Führungspersönlichkeiten identifizieren, die damit „charismatische" Eigenschaften aufweisen. Bedeutsamer als Quellen diffuser Unterstützungen sind freilich der Glaube der Organisationsteilnehmer an die Legitimität der Verfassung bzw. deren Kernorgane und der Glaube an die Existenz eines „gemeinsamen Interesses", einer „allgemeinen Wohlfahrt" oder eines „allgemeinen Interesses der Organisation".

Der Glaube an die Legitimität impliziert, daß die Organisationsmitglieder über eine im Laufe ihrer Entwicklung und Sozialisation internalisierte Attitüde bzw. Norm verfügen, der zufolge es rechtens ist, den ordnungsgemäß autorisierten Entscheidungen der politischen Instanzen zu gehorchen, auch wenn diese Entscheidungen im Widerspruch zu den eigenen Wünschen und Vorstellungen stehen. Dieser Glaube an die Legitimität wird stets durch eine Ideologie, d. h. ein System von Überzeugung und Werten, gestützt, die letztlich das verfassungsmäßige Autorisierungsrecht der Kernorgane rechtfertigt. Das politische System besitzt daher ein Interesse, die ideologischen Grundlagen des Autorisierungsrechts der Kernorgane zu stärken und durch mehr oder weniger subtile Formen der Indoktrination auf eine möglichst breite Basis zu stellen.

Auf gleicher Ebene liegt die Neigung der Mitglieder des politischen Systems, ihre Entscheidungen durch einen Hinweis auf das allgemeine Interesse der Organisation oder die allgemeine Wohlfahrt der Organisationsteilnehmer zu rechtfertigen. Diese Werte werden als gleichsam über den Wünschen der einzelnen stehend gesehen. Ihre Verfolgung „rechtfertigt" Opfer und Enttäuschungen der einzelnen Organisationsteilnehmer. Es steht nicht im Widerspruch zu der Leugnung der Möglichkeit einer objektiv-wissenschaftlichen Begründung und Definition eines solchen „allgemeinen Interesses der Organisation", wenn man das empirische Phänomen hervorhebt, daß Vorstellungen eines solchen allgemeinen Interesses in den politischen Entscheidungsprozessen eine überaus große Rolle spielen — was immer auch für ein spezifischer Inhalt subjektiv dahinter sich verbergen mag.

Diffuse Unterstützung macht die Kernorgane unabhängiger. Ihre Entscheidungen können zu einem gewissen Grade „unpopulär" sein, ohne daß die Annahme dieser Entscheidungen als Entscheidungsprämissen durch die Organisationsteilnehmer in Frage gestellt wird. Je mehr es den Mitgliedern des politischen Systems gelingt, solche diffuse Unterstützung zu stimulieren, desto mehr besitzen sie die Möglichkeit, ihre Entscheidungen an ihren eigenen Werten auszurichten.

Nicht jede Unterstützung aus der Organisation oder ihrer Umwelt ist für das politische System gleichermaßen relevant. Wenn „etwas unterstützen" heißt, „seine Macht für etwas einzusetzen", so ist vor allem jene Unterstützung relevant, deren Urheber selbst über umfangreiche Machtgrundlagen verfügt. Die Unterstützung der „Schwachen" wird außer acht gelassen. Es bereitet freilich in der Regel große Schwierigkeiten festzustellen, wessen Unterstützung im konkreten Fall jeweils als relevant anzusehen ist. Dies gilt auch für die Unterstützung der „Träger" des politischen Systems.

*Die Träger des politischen Systems*

Als Träger eines politischen Systems sollen jene Personen oder Organisationen der Umwelt des politischen Systems angesehen werden, die auf Grund der Verfassung das Recht besitzen, die Kernorgane dieses politischen Systems zu besetzen. Bei mehrzentrigen politischen Systemen, die mehrere Kernorgane (z. B. Hauptversammlung, Aufsichtsrat und Vorstand) aufweisen, werden einzelne Kernorgane zum Teil durch die anderen besetzt. Mindestens eines der Kernorgane ist jedoch gleichsam „von außen" durch die Träger des politischen Systems zu besetzen — sei es, daß diese von ihrem Recht auf Sitz und Stimme in dem betreffenden Kernorgan Gebrauch machen, sei es, daß sie sich an Wahlen für die Besetzung der Kernorgane beteiligen. Formal kommt somit den Trägern des politischen Systems direkt oder indirekt die Kontrolle über die Besetzung aller Kernorgane des Systems zu. Es wäre daher zu erwarten, daß die Mitglieder der Kernorgane gerade die Unterstützung durch die Träger als besonders relevant ansehen. Dies würde wiederum bedeuten, daß es letztlich die Werte und Präferenzen dieser Träger sind, die die Entscheidungen des politischen Systems dominieren. Viele Verfassungen von Organisationen beruhen auf dieser Fiktion.

Die mit der Zuordnung der Trägerfunktion auf einzelne Personen oder Gruppen angestrebte Dominanz bestimmter Wertsysteme für die Beurteilung der Frage, wer Träger der jeweiligen Organisation sein kann, erhält ihre Legitimation durch die jeweils herrschenden Ideologien. In kapitalistischen Wirtschaftssystemen wird die Funktion des Trägers privater betriebswirtschaftlicher Organisationen vor allem aus dem Eigentum am Betriebsvermögen bzw. an den Anteilsrechten abgeleitet sowie aus der damit je nach der rechtlichen Ausgestaltung verbundenen beschränkten oder unbeschränkten Haftung für die Verbindlichkeiten, die sich aus den Transaktionen der Organisationen mit ihren Transaktionspartnern ergeben. Damit wird jedoch nur eine von vielen möglichen Ideologien hervorgehoben, die geeignet ist, die hier neutral definierte Trägerfunktion einzelner Individuen, Gruppen oder Organisationen zu legitimieren. Ohne die Bedeutung der Haftungsverhältnisse für die Motivation der Träger des politischen Systems für eine aktive Beteiligung am politischen Prozeß zu leugnen, wird die Trägerfunktion nicht nur mit dem Eigentum oder den Haftungsverhältnissen verbunden. Das wird deutlich, wenn man die zum Teil erfolgreichen Bemühungen der Gewerkschaften um eine Ausweitung der Mitbestimmung betrachtet. Nach den Mitbestimmungsgesetzen sind auch die Belegschaftsmitglieder insofern Träger des politischen Systems, als sie Vertreter in die Aufsichtsräte wählen und bei qualifizierter Mitbestimmung in den Montanbetrieben sogar das Recht zur Besetzung eines Vorstandspostens (des Arbeitsdirektors) haben.

*Rückkopplungen und Prozeßablauf*

Forderungen und Unterstützung als Input des Systems werden durch die Auswirkungen beeinflußt, die durch die autorisierten Entscheidungen (als Output) in der inneren und äußeren Umwelt des politischen Systems verursacht werden. Insofern besteht zwischen dem Output des Systems und seinem Input eine Rückkopplung. Das politische System ist als dynamisches System zu betrachten. Jeder Output des politischen Systems kann eine Veränderung der Unterstützung induzieren und neue Forderungen hervorrufen, weil durch diese Entscheidung die latenten Interessen irgendeiner Person oder Gruppe innerhalb oder außerhalb der Organisation berührt werden. Daraus leiten sich die oft unüberwindlichen Schwierigkeiten ab, politische Entscheidungen auf einer umfassenden Planung zu gründen.

Die meisten Kernorgane politischer Systeme treffen ihre Entscheidungen auf Grund von Rückkopplungsinformationen und Forderungen, ohne den Versuch zu unternehmen, die Forderungen und Entscheidungen der betroffenen Interessenten zu antizipieren. Es ist auch äußerst selten, daß die Forderungen im Rahmen eines umfangreichen „Planes" vorgelegt und auch diskutiert werden. Die Kernorgane des Systems sehen sich in der Regel einer mehr oder weniger unzusammenhängenden Folge von Forderungen gegenüber, die unterschiedlich präzise artikuliert und „entscheidungsreif" sind. Sie wenden sich diesen Forderungen meist in sequentieller Weise einzeln oder in kleinen „Bündeln" zu und reagieren auf diese Forderungen, ohne ihre Beziehungen zu anderen Forderungen oder latenten Interessen, die zu Forderungen werden könnten, im einzelnen zu erkennen und in Erwägung zu ziehen. Die Kapazität des politischen Systems, Informationen aufzunehmen und zu verarbeiten, ist zu beschränkt, als daß mehr als nur einige wenige Konsequenzen der Reaktion auf diese Forderungen antizipiert werden können. Man reagiert, ohne auch nur eine annähernd „vollständige" Analyse durchzuführen, und läßt die durch die Reaktionen möglicherweise ausgelösten Nachfolgeprobleme auf sich zukommen, die sich etwa in dem Sichtbarwerden einer Verminderung der Unterstützung oder in neuen Forderungen manifestieren. Man „wurstelt" sich in unzusammenhängender Weise von Problem zu Problem durch.

Bei jeder Problemlösung und autorisierten Entscheidung geht man zudem „inkremental", d. h. in kleinen Schritten, vor. Forderungen, die eine vergleichsweise revolutionäre Änderung vorsehen, werden negiert, gar nicht erst ernsthaft diskutiert oder so modifiziert (man sagt: „verwässert"), daß sie in die allgemeine Strategie des Inkrementalismus passen.

Die Gründe für den Inkrementalismus sind darin zu erblicken, daß die politischen Instanzen lediglich fragmentarische Informationen über die mutmaßlichen Konsequenzen „großer" Änderungen zur Verfügung haben und Entscheidungen unter Unsicherheit aus dem Wege gehen. Man realisiert Maßnahmen, die „in der Nähe" des Status quo liegen, weil man sich nur bei kleinen Änderungen vorzustellen vermag, welche Auswirkungen zu erwarten sind. Darüber hinaus sind kleine Änderungen in nachfolgenden Schritten leichter zu korrigieren als große.

Das „A-rationale" des Inkrementalismus zeigt sich bei näherer Betrachtung als durchaus sinnvolles Vorgehen. Das Wissen über die Zusammenhänge in der Organisation und ihre Interdependenzen mit anderen Systemen der Gesellschaft ist zu gering, als daß sich auch ein Mitglied des politischen Systems auf der Basis solch fragmentarischer und unsicherer Informationen auf allzu große Änderungen einlassen könnte. Forderungen, die sich in die Strategie des Inkrementalismus einfügen, haben daher am ehesten eine Chance, bei den politischen Entscheidungen Berücksichtigung zu finden, sofern darüber hinaus eine hinreichende Machtbasis des jeweils Fordernden vorhanden ist.

Diese wenigen Überlegungen zum politischen System und zum Ablauf politischer Entscheidungsprozesse in Organisationen mögen genügen, um auf der Grundlage eines möglichst realistischen Bezugsrahmens eine Explikation des Begriffes „Organisationsziel" zu versuchen.

### Individualziele, Ziele f ü r die Organisation, Ziele d e r Organisation

Die im fogenden darzustellende Konzeption unterscheidet zwischen Individualzielen, Zielen f ü r die Organisation und Zielen d e r Organisation[54]). Ziele für die Organisation sind Forderungen an die Kernorgane des politischen Systems. Ziele der Organisation sind die von den Kernorganen autorisierten und damit für die Organisation verbindlich erklärten Ziele. Alle übrigen innerhalb und außerhalb organisatorischer Entscheidungsprozesse irgendwie bedeutsamen Ziele werden dagegen als *Individualziele* bezeichnet.

Alle diese Ziele beinhalten Beschreibungen gewünschter oder geforderter zukünftiger Zustände. *Ziele* stellen somit *Zustandsbeschreibungen,* nicht jedoch *Prozeßbeschreibungen* dar[55]). Dies gilt auch für den Fall, daß die Prozeßbeschreibungen vergleichsweise generell und global sind. In diesen Fällen soll von Strategien[56]) gesprochen werden. Wie bei den Zielen kann man dann zwischen *Individualstrategien, Strategien f ü r die Organisation* und *Strategien d e r Organisation* unterscheiden.

Diese begriffliche Differenzierung von Zielen steht in einem engen Zusammenhang mit dem Zielbildungsprozeß im politischen System der Organisation. Es erscheint daher zweckmäßig, die Unterscheidung der verschiedenen Ziele im Rahmen einer theoretischen Analyse des Zielentscheidungsprozesses[57]) selbst zu erläutern.

### Die Anreiz-Beitrags-Theorie als Ausgangspunkt

Den Ausgangspunkt der Überlegungen bildet die *Anreiz-Beitrags-Theorie*[58]). Jedes an einer Organisation als Mitglied oder Außenstehender beteiligte Individuum verfügt über individuelle Werte oder Ziele, die es mit seiner Beteiligung an der Organisation erfüllt sehen möchte. Das Individuum empfängt von der Organisation *Anreize,* die es im Lichte seiner persönlichen Werte positiv bewertet. Es sieht sich allerdings auch gezwungen, *Beiträge* zur Organisation zu leisten, die es im Lichte seiner persönlichen Werte negativ bewertet. Solange das Individuum die Anreize höher einschätzt als die Beiträge, wird es zufrieden sein und die gegenwärtige Art und Weise seiner Beteiligung an der Organisation mehr oder weniger routinemäßig aufrechterhalten.

Diese Formulierung impliziert, daß für die vielfältigen Anreize und Beiträge eines Individuums eine gemeinsame *Nutzenskala* angegeben werden kann. Es mag dahin-

---

[54]) Vgl. auch Cartwright und Zander (1960 a); Kirsch (1969); Thompson (1967); Zander (1960, o. J.).
[55]) Vgl. auch Band II, S. 126.
[56]) Der Begriff der Strategie wird in diesem Zusammenhang in einem anderen Sinne verwendet, als es in der Spieltheorie üblich ist.
[57]) Vgl. zu den verschiedenen Konzeptionen der Zielbildungs- oder Zielentscheidungsprozesse in Organisationen die Überblicke bei Bidlingmaier (1967, 1968 a, 1968 b); Feldman und Kanter (1965); Heinen (1966 b), S. 191 ff. und die dort genannte Literatur.
[58]) Vgl. zur Anreiz-Beitrags-Theorie S. 116 f. dieser Arbeit sowie Fäßler (1967), S. 176 ff.

gestellt bleiben, wie die Anreiz-Beitrags-Theorie der Teilnahmeentscheidung zu konzipieren ist, falls eine solche Nutzenfunktion nicht formuliert werden kann. Es ist wohl sinnvoll anzunehmen, daß das Individuum sowohl hinsichtlich der einzelnen Anreize als auch hinsichtlich der einzelnen Beiträge Minimal- bzw. Maximalansprüche besitzt. Darüber hinaus steht nichts im Wege anzunehmen, daß es ein „Mehr" bzw. „Weniger" einzelner Beiträge inkremental vergleichen und bewerten kann. Im folgenden wird ohne eingehende Analyse davon ausgegangen, daß der einzelne Organisationsteilnehmer Vorstellungen über den zulässigen Bereich dieser Anreize und Beiträge besitzen kann, der freilich im Sinne der Theorie der Anspruchsanpassung Veränderungen unterliegt.[59]).

Wird das *Anreiz-Beitrags-Gleichgewicht*[60]) des Individuums auf Grund irgendwelcher Veränderungen innerhalb und außerhalb der Organisation gestört, so wird es nach Mitteln und Wegen suchen, wieder zu einem Gleichgewicht zurückzufinden. Es ist zu erwarten, daß das Individuum Vorstellungen darüber besitzt oder sich bildet, wie der zukünftige Zustand der Organisation sein müßte bzw. welche Strategien und Maßnahmen zu ergreifen wären, damit sein persönliches Anreiz-Beitrags-Gleichgewicht gewahrt bleibt. Solche auf das organisationale System, seine Teile oder seine Umwelt bezogenen Ziele sind Individualziele, die neben jene Vielzahl von Individualzielen eines Individuums treten, die keinerlei Bezug zum System der Organisation besitzen. Sie werden im folgenden als *Individualziele mit inhaltlichem Bezug auf die Organisation* bezeichnet.

Um sein Anreiz-Beitrags-Gleichgewicht zu wahren, stehen dem einzelnen Organisationsteilnehmer in der Regel mehrere Klassen von Reaktionen zur Verfügung. Solange die fraglichen Eigenschaften der Organisation durch die Entscheidungen des betreffenden Organisationsteilnehmers selbst variiert werden können, ist anzunehmen, daß dieser für seine innerorganisatorischen Entscheidungen stets nach Problemlösungen sucht, die nicht nur den Anforderungen seiner formalen und informalen Rollen, sondern auch jenen Beschränkungen genügen, die den zulässigen Bereich der Anreize und Beiträge repräsentieren und sich in seinen Individualzielen manifestieren.

*Reaktionen auf ein gestörtes Anreiz-Beitrags-Gleichgewicht*

In der Regel werden die entsprechenden Eigenschaften des organisationalen Systems vom betreffenden Organisationsteilnehmer nicht unmittelbar beeinflußbar sein, da sie der Kompetenz anderer Entscheidungsträger überlassen sind.

Dem Organisationsteilnehmer stehen dann grundsätzlich zwei Möglichkeiten offen:

(1) Er kann sich zum einen als *Anpasser* verhalten. In diesem Falle nimmt er die Entscheidungen der anderen und damit die Ursachen seines gestörten

---

[59]) Vgl. hierzu Fuchs (1969).
[60]) Vgl. auch zum folgenden March und Simon (1958), S. 84 ff. und Fuchs (1969).

Anreiz-Beitrags-Gleichgewichts als Datum hin. Er paßt sich in der Weise an, daß er seine Beiträge zur Organisation senkt, ganz aus der Organisation ausscheidet oder aber seine Ansprüche hinsichtlich der zu erreichenden Anreize bzw. hinzunehmenden Beiträge verändert.

(2) Der Organisationsteilnehmer kann zum anderen aber auf eine derartige Anpassung verzichten und den Versuch unternehmen, die für die Störung seines Gleichgewichts verantwortlichen Entscheidungsträger zu *manipulieren*[61]). Er übernimmt die Funktion eines Satelliten zu anderen Kernorganen des IES und stellt entsprechende Forderungen. Es hängt von seiner subjektiv wahrgenommenen Interdependenz zu den anderen Entscheidungsträgern und von seiner Einschätzung der Erfolgsaussicht ab, welche Kernorgane bzw. Entscheidungsprozesse der Organisation er fordernd und manipulierend beeinflussen möchte. Es wäre jedoch verfehlt anzunehmen, daß ein Verzicht auf Anpassung gleichzeitig eine Teilnahme am politischen System der Organisation bedeutet. Die meisten Organisationsteilnehmer verhalten sich als Manipulatoren nur gegenüber Kernorganen, die vergleichsweise niedrige Ränge in der Hierarchie einnehmen, während sie sich gegenüber dem politischen System der Organisation als Anpasser verhalten.

Unterstellt man jedoch seine Teilnahme am politischen System, dann bedeutet dies, daß der Organisationsteilnehmer der Meinung ist, durch eine Beeinflussung der Unternehmungspolitik sein Anreiz-Beitrags-Gleichgewicht wahren zu können. In diesem Falle stellt er Forderungen hinsichtlich einzelner politischer Maßnahmen, z. B. hinsichtlich der Formulierung von Strategien und Zielen der Organisation oder hinsichtlich der Besetzung von Führungsstellen. Dies impliziert in der Regel, daß der Organisationsteilnehmer Ziele f ü r die Organisation formuliert. Individuelle Ziele für die Organisation sind somit Forderungen an das politische System. Als solche sind sie von Individualzielen zu unterscheiden[62]).

Jeder Organisationsteilnehmer kennt mehr oder weniger viele „Alternativen", d. h. andere Organisationen oder Gruppen, die für ihn für eine Teilnahme in Frage kommen. Diese „Alternativen" konkurrieren mit der betrachteten Organisation um die meist knappen Beiträge der Organisationsteilnehmer. Alle Maßnahmen der betrachteten Organisationen, die zu einer Veränderung der Anreize und Beiträge führen, berühren indirekt auch die Konkurrenten, die ex definitione nicht zu den Organisationsteilnehmern zu rechnen sind. Auch diese Konkurrenten können sich gegenüber der betrachteten Organisation als Anpasser oder aber als Manipulatoren verhalten. Gleiches gilt schließlich für staatliche Organe, die auf Grund der allgemeinen Interdependenz der Entscheidungen in der Gesellschaft von den Entschei-

---

[61]) Der Organisationsteilnehmer verhält sich im System von March und Simon als Anpasser. Dagegen wendet sich Burns (1966), S. 171; vgl. dazu auch Fäßler (1967), S. 176 ff.; Galbraith (1968), S. 143 ff.; zum Begriff des Anpassers vgl. Kirsch (1968 b), S. 70.

[62]) Vgl. auch Cahill und Goldstein (1964), S. 364 ff., die das Paradigma eines politischen Prozesses anschaulich in einer Abbildung darstellen.

dungen der betrachteten Organisationen betroffen sind. Alle diese Interessenten der Politik der betrachteten Organisation können ebenfalls Ziele mit inhaltlichem Bezug auf diese Organisation besitzen und Ziele für die Organisation als Forderungen an das politische System artikulieren.

Die weiteren Erörterungen stellen jedoch der Einfachheit halber die eigentlichen Organisationsteilnehmer in den Vordergrund. Die Aussagen sind jedoch — unter Beachtung einiger terminologischer Verfeinerungen[62a] — auch auf andere Interessenten, insbesondere auf Gruppen und Organisationen als Interessenten übertragbar.

*Begriffliche Trennung von Individualzielen und Zielen für die Organisation*

*Ziele für die Organisation* sind zunächst Elemente des öffentlichen Informationssystems der Organisation. Die *Individualziele* können dagegen Elemente des kognitiven und des öffentlichen Informationssystems sein. Ziele für die Organisation und Individualziele stimmen zwar bisweilen überein. Meist versucht jedoch das Individuum, seine Individualziele zu verschleiern, wenn es Ziele für die Organisation formuliert. Das Individualziel mag beispielsweise in dem Streben nach persönlichem Prestige bestehen. Das diesem Individualziel entspringende öffentlich formulierte Ziel für die Organisation kann dagegen eine Ausweitung des Marktanteils für einen bestimmten Absatzsektor zum Inhalt haben. Die Individualziele stellen somit jene Werte dar, die das Individuum als Teilnehmer am politischen Prozeß seinen Entscheidungen darüber als Entscheidungsprämissen zugrunde legt, welche Ziele es für die Organisation fordern soll. In diese individuellen Entscheidungen gehen unter anderem auch die subjektiven Schätzungen des Individuums darüber ein, welche Aussichten die ihm alternativ möglich erscheinenden Ziele für die Organisation besitzen, im politischen Prozeß hinreichend Beachtung zu finden. Es ist eine bekannte Taktik bei *Abstimmungen,* nicht für seine meistpräferierte Alternative zu stimmen, weil diese keine Aussicht besitzt, die erforderliche Mehrheit zu bekommen[63]. Die eigene Stimme bleibt dann wirkungslos. Man stimmt für eine nach den eigenen Werten schlechtere Alternative, weil man auf diese Weise glaubt, durch seine Stimme noch schlechtere Lösungen vermeiden zu können, für die sich möglicherweise eine Mehrheit findet.

*Ziele der Organisation als autorisierte Ziele*

Individuelle Ziele für die Organisation sind keine Ziele d e r Organisation. Damit eine Zielformulierung f ü r die Organisation zu einem Ziel d e r Organisation wird, ist es erforderlich, daß diese Zielformulierung autorisiert wird. Die Zielformulierung muß von dem durch die Unternehmungsverfas-

---

[62a] Vgl. hierzu S. 140 f. dieser Arbeit.

[63] Zu Stimmstrategien vgl. Arrow (1963), S. 80 f.; Black (1958), S. 39 ff.; Riker (1962), S. 908 ff.; Thiele (1968), S. 173 ff.

sung hierzu legitimierten Kernorgan „beschlossen" und für die Organisation als verbindlich erklärt werden. *Ziele der Organisation* sind somit die durch Kernorgane autorisierten Zielformulierungen.

Man könnte geneigt sein, als Ziele für die Organisation nur solche Forderungen an das politische System zu bezeichnen, die ausdrücklich verlangen, daß diese geforderten Zielformulierungen autorisiert werden. Dies würde eine Einschränkung der hier vertretenen Konzeption bedeuten. Wenn ein Organisationsteilnehmer fordert, daß die vom Kernorgan zu autorisierenden Strategien oder Einzelmaßnahmen bestimmten Kriterien genügen müssen, so liegt ebenfalls ein Ziel für die Organisation vor, obgleich dieser Organisationsteilnehmer nicht gleichzeitig fordert, daß das Kernorgan diese Zielformulierung selbst als verbindlich erklärt. Es genügt ihm, wenn seine Forderungen bei der Autorisierung der Einzelmaßnahmen oder Strategien hinreichende Berücksichtigung finden.

*Besonderheiten bei den Kernorganen des politischen Systems*

Die begriffliche Trennung zwischen Individualzielen (als kognitiven Informationen bzw. wertenden Entscheidungsprämissen der Entscheidung über die Forderungen an das politische System), Zielen für die Organisation (als Input des politischen Systems) und Zielen der Organisation (als Output des politischen Systems) gilt auch, wenn man die Ziele der Mitglieder des Kernorgans betrachtet. Auch diese Mitglieder des politischen Systems formulieren Forderungen und versuchen, diese im politischen Prozeß durchzusetzen: Sie formulieren Ziele für die Organisation. Als Mitglieder des Kernorgans haben sie jedoch meist die Möglichkeit, bei der der Autorisierung vorausgehenden Entscheidung über die Ziele der Organisation auch ihre Individualziele als Entscheidungsprämissen zum Tragen zu bringen, ohne daß sie zu einem öffentlichen „commitment" gezwungen sind. Kernorgane und Satelliten im politischen System unterscheiden sich folglich unter anderem dadurch, daß die Kernorgane ihre Individualziele unmittelbar in die politischen Zielentscheidungen einbringen und unter Umständen sogar auf eine Formulierung von Zielen für die Organisation verzichten können, während Satelliten stets gezwungen sind, entsprechende öffentliche Forderungen zu stellen.

*Die Rückkopplung von den Zielen der Organisation zu den Individualzielen*

Autorisierte Ziele der Organisation bleiben vielfach nicht ohne Rückwirkungen auf die Individualziele der Beteiligten. Der einzelne Organisationsteilnehmer kann sich mit anderen Individuen oder Gruppen sowie mit deren für ihn zunächst „fremden" Zielen identifizieren[63a]. Dies führt dazu, daß das Individuum diese Ziele auch als „eigene" betrachtet und geneigt ist, seine Anreize und Beiträge auch im Lichte dieser Ziele zu bewerten. Auf diese Weise können sowohl Ziele anderer Individuen oder Gruppen für die Organisation als auch die autorisierten Ziele der Organisation zu Individualzielen

---

[63a]) Zur Identifikation und den damit verbundenen Phänomenen der Sozialisation und Internalisation vgl. S. 175 ff. dieser Arbeit.

der Organisationsteilnehmer werden. „Alte", eigentlich schon außer Kraft gesetzte Ziele der Organisation werden so vielfach zur Basis neuer Forderungen an das politische System.

Individuen internalisieren vielfach auch „fremde" Ziele. Während sie diese zunächst als Entscheidungsprämissen akzeptieren, weil ihre Verletzung mit Bestrafungen bzw. ihre Befolgung mit Belohnungen verbunden ist, geht im Laufe des Sozialisationsprozesses das Wissen verloren, daß es sich hier um fremde Ziele handelt: Das eigene Gewissen oder — um mit Freud zu sprechen — das „Über-Ich" wird zur „strafenden Instanz". Auf diese Weise vermag der Organisationsteilnehmer auch Ziele der Organisation zu internalisieren und als seine eigenen Ziele zu betrachten.

*„Gemeinsame" Werte der Organisationsteilnehmer*

Die begriffliche Trennung von Individualzielen, Zielen für die Organisation und Zielen der Organisation schließt nicht die Annahme aus, daß sich die individuellen Wertsysteme und Ziele der Organisationsteilnehmer trotz aller Verschiedenheiten teilweise decken und es somit einen Kern gemeinsamer Werte und Individualziele gibt. Die Organisationsteilnehmer internalisieren im Laufe ihrer Sozialisation innerhalb und außerhalb der Organisation eine Fülle von kulturellen Normen und Werten, aber auch von Zielen, die von der Kultur der Gesellschaft, der sozialen Schicht oder dem Berufsstand des Individuums sanktioniert werden. Auch solche Ziele gehen in den politischen Zielbildungsprozeß und in die täglichen Entscheidungen der Organisationsteilnehmer als Entscheidungsprämissen ein. Vielfach verfügen die Organisationsteilnehmer auf Grund ihres gemeinsamen gesellschaftlichen Hintergrundes, ihres ähnlichen Berufsweges und ihrer wechselseitigen Sozialisation innerhalb der Organisation über weitgehend identische Werte und Ziele, die gleichsam die spezifische Kultur dieser Organisation prägen. Sie beeinflussen die Entscheidungen, ohne daß sie stets explizit gemacht würden. Freilich darf aus dieser Übereinstimmung solcher Werte und Ziele nicht geschlossen werden, daß die einzelnen Individuen auch zu übereinstimmenden Bewertungen der zur Diskussion stehenden Alternativen und deren Konsequenzen gelangen. Die „übereinstimmenden" kulturellen Ziele sind nur so lange miteinander verträglich, als sie nicht in einer konkreten Situation operationalisiert werden müssen. Es zeigt sich dann sehr schnell, daß die Organisationsteilnehmer, die ihnen unterschiedliche Inhalte beimessen, die offenen Beschränkungen ihrer „gemeinsamen" kulturellen Ziele bzw. Wertvorstellungen sehr unterschiedlich schließen. Trotz eines Kerns solchermaßen „gemeinsamer" individueller Zielvorstellungen der Organisationsteilnehmer, die sich normalerweise am politischen Prozeß beteiligten, kann daher nicht von einem Team gesprochen werden.

*Zusammenfassung und Ausblick*

Die begriffliche Trennung von Individualzielen mit organisatorischem Bezug, Zielen für die Organisation und Zielen der Organisation impliziert, den vieldeutigen Begriff des „Organisationsziels" durch diese drei Begriffe zu ersetzen und jeweils genau anzugeben, welche Bedeutung im konkreten Fall gemeint ist. Dieses begriffliche Instrumentarium ist um die Rollenzumutungen zu ergänzen, die — wie wir noch sehen werden — das kognitive Pendant zu den öffentlichen Zielformulierungen bilden können.

Selbstverständlich ermöglicht es dieser terminologische Bezugsrahmen auch, die vielfältigen begrifflichen Konzeptionen einzuordnen, die in der Literatur vertreten werden. Freilich stößt dies in der Regel auf Schwierigkeiten, da die jeweiligen Autoren nicht von der Unterscheidung kognitiver, öffentlicher und offizieller Informationen und von der damit eng verbundenen Konzeption des politischen Systems einer Organisation ausgehen. Im folgenden soll jedoch kurz eine Konzeption im Lichte des hier vorgetragenen Bezugsrahmens diskutiert werden, auf die sich in der Literatur vielfältige Hinweise finden lassen: Sie beruht auf einer begrifflichen Gleichsetzung der Ziele der Organisation mit einer Teilmenge von Zielen für die Organisation bzw. Individualzielen mit organisatorischem Bezug.

**Die Problematik der Gleichsetzung von Zielen für die Organisation und Zielen der Organisation**

Eine solche Gleichsetzung ist etwa gegeben, wenn man in der traditionellen Unternehmungstheorie die Ziele des Unternehmers für die Unternehmung mit den Zielen der Unternehmung gleichsetzt. Aber auch in der verhaltenswissenschaftlichen Organisationstheorie finden sich Anklänge an eine solche Gleichsetzung. So führt etwa Mayntz aus:

> „Ein soziales System ist ... insofern zielgerichtet, als es Personengruppen gibt, die bewußte Zielvorstellungen für das System besitzen und es in seiner Art und Funktionsweise entsprechend leiten und gestalten."[64]

Noch deutlicher wird dies in der Untersuchung Thompsons, der seine Überlegungen ausdrücklich als eine Weiterführung der bereits skizzierten Konzeption von Cyert und March bezeichnet. Thompson[65] geht davon aus, daß sich in einer Organisation meist mehrere Koalitionen bilden, die um den Einfluß auf die Politik und die Ziele dieser Organisation streiten. Die Ziele der jeweils dominanten Koalition für die Organisation bezeichnet Thompson als die Ziele der Organisation:

> „Es scheint vernünftig zu sein, Ziele f ü r eine Organisation als angestrebte zukünftige Zustände für die Organisation zu betrachten. Ziele für die Organisation werden gewöhnlich mannigfaltig sein und können von Individuen oder Personenkreisen angestrebt werden, die nicht der Organisation angegliedert sind. Auf diese Weise mag die Klientel nach einer von der Organisation verschiedenen Art des Kundendienstes streben; die Investoren mögen vielleicht nach einem gewinnbringenderen oder sicheren Betäti-

---

[64] Mayntz (1963), S. 43.
[65] Vgl. Thompson (1967), S. 36 f. und S. 126 ff.

gungsfeld für die Organisation streben; Mitglieder aus der Umwelt mögen etwa danach trachten, das Betätigungsfeld als ungesetzlich zu definieren; oder Mitglieder unterschiedlicher Abteilungen innerhalb der Organisation haben vielleicht konfliktäre Ansichten über das erwünschte zukünftige Betätigungsfeld. Die Betrachtung der Ziele als angestrebte zukünftige Zustände hat den Vorteil, daß es uns möglich ist, in die Betrachtung einzubeziehen, daß Nichtmitglieder Ziele für die Organisation haben können und vielleicht tatsächlich sehr aktiv werden, indem sie versuchen, das Betätigungsfeld der Organisation zu ändern.

Aber wir können auch Ziele d e r Organisation oder organisationale Ziele als zukünftige Zustände ansehen, die von denjenigen beabsichtigt sind, die der dominanten Koalition angehören. Diese umfaßt nahezu unvermeidlich Mitglieder der Organisation, aber sie kann auch bedeutende Außenseiter mit einschließen. Es ist unschlüssig, ob in Strafanstalten oder Kliniken das therapeutische Ziel ohne Beteiligung der Nichtmitglieder zum Ziel der Organisation werden kann. Nur kann wahrscheinlich die die Heilung verfolgende Partei in solchen Organisationen den unter Schutz Stehenden nicht gewaltsam die Kontrolle entreißen. Wenn nun die Nichtmitglieder, einer Reformbewegung folgend, sich einer Teilnahme an der Koalition entziehen, sind vielleicht die einen Schutz gewährenden Kräfte in der Lage, die Kontrolle wieder zu erlangen. Dies mag der Erklärung dessen dienen, was in solchen Problembereichen als Unschlüssigkeit erscheint.

Die hier dargelegte Sicht organisationaler Ziele überwindet beide traditionellen Probleme; wir haben weder die Organisation konkretisiert, noch haben wir einfach die Präferenzen aller Mitglieder addiert. Aus dieser Sicht werden organisationale Ziele von Individuen festgelegt — aber von interdependenten Individuen, die genügend Macht über organisatorische Ressourcen haben, sie in gesicherte Richtungen zu lenken und sie anderen zu entziehen."[66])

Die Überlegungen Thompsons machen nicht hinreichend klar, ob er die Gleichsetzung der Ziele für die Organisation und der Ziele der Organisation als eine terminologische Gleichsetzung oder aber als eine empirische Übereinstimmung verstanden wissen will. Im folgenden soll untersucht werden, ob die Annahme einer solchen Gleichsetzung zweckmäßig erscheint. Dazu ist es erforderlich, die Analyse des politischen Zielbildungsprozesses noch zu verfeinern.

Die Kernorgane des politischen Systems sehen sich in aller Regel einer Vielzahl von Forderungen ihrer eigenen Mitglieder und ihrer Satelliten gegenüber. Die Handhabung und das „Schicksal" dieser Forderungen im politischen System kann unterschiedlich sein. Easton unterscheidet fünf grundsätzliche Möglichkeiten, die in Abbildung 3.5 schematisch wiedergegeben und durch die Buchstaben S bis W bezeichnet sind[67]).

(1) Die meisten Forderungen „*versiegen*" im politischen System (Buchstabe S). Sie verschwinden von der „Tagesordnung", nachdem sie mehr oder

---

[66]) Thompson (1967), S. 127 f. (im Original teilweise kursiv).
[67]) Vgl. Easton (1965 b), S. 74.

weniger ernsthaft diskutiert wurden. Meist werden sie wegen „information overload" zurückgestellt, ohne je wieder aufgegriffen zu werden.

(2) Andere Forderungen werden unmittelbar und ohne weiter gehende Diskussion aufgegriffen und sofort *akzeptiert* (Buchstabe T). Diese Forderungen mögen durchaus mit anderen bereits autorisierten Entscheidungen oder noch vorliegenden Forderungen konkurrieren. Diese Konkurrenz wird jedoch nicht wahrgenommen. Auf diese Weise ist es zu erklären, daß von politischen Systemen in sequentiellen Entscheidungen Forderungen akzeptiert und verabschiedet werden, die sich zu einem höchst widersprüchlichen Ganzen zusammenfügen. Die sequentielle und fast „zusammenhanglose" Behandlung einzelner Forderungen ist letztlich auf die beschränkte Informationsverarbeitungskapazität der Beteiligten zurückzuführen, die nicht zu einer synoptischen, d. h. alle Interdependenzen und Zusammenhänge beachtenden Betrachtungsweise in der Lage und motiviert sind. Im vorliegenden, durch das Symbol T bezeichneten Fall trifft es in der Tat zu, daß Ziele *für* die Organisation mit Zielen *der* Organisation gleichzusetzen sind. Die folgenden Fälle zeigen jedoch Möglichkeiten, wo dies nicht ohne weiteres angenommen werden kann.

(3) In dem durch Buchstabe U bezeichneten Fall wird eine Reihe von Forderungen auf eine kleinere Zahl von Forderungen *reduziert*. $\Delta R$ bezeichnet einen solchen Reduktionspunkt. Es werden Ähnlichkeiten der Forderungen festgestellt oder durch entsprechende Gegenmanipulationen den Fordernden suggeriert. In der Regel ist dies damit verbunden, daß eine größere Menge von Forderungen durch eine kleinere ersetzt wird, die in den Formulierungen nicht mehr mit den ursprünglichen übereinstimmen müssen. Diese *Reduktion* und *Substitution* führen dazu, daß einzelne Aspekte der Forderungen nicht mehr weiterverfolgt werden: Sie „versiegen". Der autorisierte Output stimmt im Inhalt nur noch zum Teil mit den ursprünglichen Forderungen überein. Auf die Zielbildung übertragen bedeutet dies, daß die Formulierungen der Ziele der Organisation nicht mit den Formulierungen von Zielen für die Organisation identisch sein müssen.

Die *Reduktion* ist das Ergebnis eines Problemlösungsprozesses von Mitgliedern des politischen Systems. Das Problem lautet: „Finde eine Menge von zu autorisierenden Outputformulierungen, die eine größere Menge von Forderungen so widerspiegelt, daß die ursprünglich Fordernden ihre Forderungen hinreichend beachtet sehen und die Unterstützung für das politische System nicht unter das als erforderlich erachtete Maß sinkt." Nicht selten ist eine solche Reduktion mit einem gemeinsamen Problemlösungsprozeß der Beteiligten verbunden: Der kollektive Entscheidungsprozeß verläuft vorwiegend integrativ. Es werden neue Zielformulierungen gesucht, die die zunächst konkurrierenden Ziele für die Organisation reduzieren und zu einem gewissen Ausgleich bringen.

(4) Nicht immer verläuft der politische Prozeß integrativ. Sehr oft wird eine Menge von Forderungen als nicht miteinander vereinbar angesehen. Der

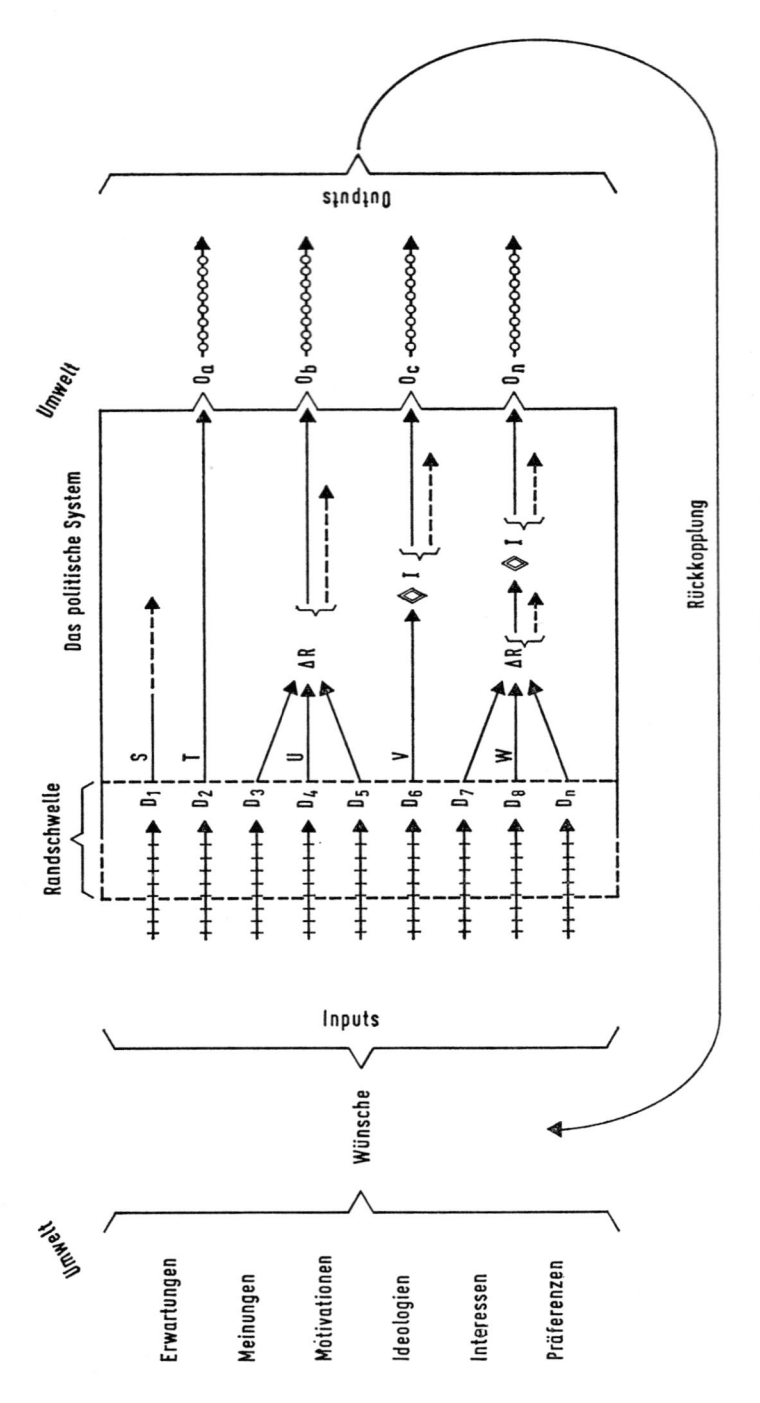

*Abb. 3.5: Forderungsflußdiagramm*[68]

---
[68] Easton (1965 b), S. 74.

Prozeß ist distributiv. Die unterschiedlichen Forderungen sind nicht kombinierbar. Sie bilden einen *Streitfall (issue)*[69]) des politischen Systems (Buchstabe V). In einem Prozeß der wechselseitigen Manipulation wird der *Konflikt* ausgetragen. In einem solchen Fall können nicht alle Forderungen erfüllt werden. Es gibt „Sieger" und „Verlierer". Die Ziele der Organisation entsprechen hier in der Regel den Zielen der „Sieger" für die Organisation.

Ob ein Organisationsteilnehmer mit seinen Forderungen im politischen Prozeß durchzudringen vermag, hängt in entscheidendem Maße davon ab, wie groß seine *Macht*[70]) gegenüber den übrigen am politischen System Beteiligten ist. Diese Macht gründet sich auf die spezifischen Ressourcen, Rechte und Fähigkeiten, die es dem Organisationsteilnehmer ermöglichen, die Entscheidungen der übrigen Beteiligten und damit das Ergebnis des politischen Prozesses zu beeinflussen. Diese Machtbeziehungen sind in der Regel wechselseitiger, reziproker Natur. Das Netz der wechselseitigen Machtbeziehungen konstituiert die spezifische *Machtverteilung* innerhalb des politischen Systems der Organisation. Diese Machtverteilung stellt eine wesentliche Determinante der autorisierten Ziele bzw. Strategien der Organisation als Output des politischen Systems dar. Das politische System einer komplexen Organisation ist in aller Regel ein pluralistisches System mit mehreren *Machtzentren*. Die Gewichte sind zwar ungleichmäßig verteilt, doch keiner der Beteiligten ist völlig „machtlos". Aus diesem Grunde ist es auch zweifelhaft, ob es beispielsweise die Kernorgane des politischen Systems sind, denen jeweils die größte Macht zukommt und die somit als „Sieger" des politischen Prozesses zu erwarten sind. In vielen Organisationen sind die Mitglieder des Kernorgans des politischen Systems keineswegs die „mächtigsten" Teilnehmer — unbeschadet ihrer Rolle, die ihnen bei der Autorisierung des Ergebnisses des politischen Prozesses auf Grund der Verfassung bzw. Kultur zukommt[71]). So müssen sich etwa die Ziele des Vorstandes einer Aktiengesellschaft für die Unternehmung nicht unmittelbar in den von ihm zu autorisierenden Zielen der Unternehmung niederschlagen. Man denke nur an den Vorstand einer Tochtergesellschaft oder einer Gesellschaft, deren Aktienmehrheit in der Hand eines einzigen Aktionärs ist[72]).

(5) Der letzte Fall (Buchstabe W) zeigt eine mögliche *Kombination von Reduktion der Forderungen und Formulierung von Streitfällen*. Ein typisches Beispiel hierfür kann etwa darin erblickt werden, daß sich im politischen Prozeß vielfach mehrere Koalitionen bilden. Jede Koalition einigt sich auf eine reduzierte Menge von Forderungen. Diese Forderungen der verschiedenen Koalitionen stehen sich als nicht vereinbar gegenüber. Die „gewinnende" Koalition bestimmt schließlich, welche Forderungen autorisiert werden. Es bedarf keiner eingehenden Analyse der verschiedenen Möglich-

---

[69]) Vgl. dazu auch Walton und McKersie (1965).
[70]) Vgl. zur Macht S. 184 ff. dieser Arbeit.
[71]) Vgl. Galbraith (1968), S. 63 ff.
[72]) Vgl. dazu die auf empirische Untersuchungen gestützte Arbeit von Werth (1960).

keiten der Koalitionsbildung, um zu sehen, daß sich die ursprünglichen Ziele für die Organisation nur bedingt in den schließlich formulierten Zielen der Organisation wiederfinden müssen.

**Gruppenziele in der Organisation**

Bisher wurde ein terminologisches Instrumentarium entwickelt, das lediglich für den Fall anwendbar ist, daß es in der Organisation keine strukturellen Subsysteme (bzw. Zwischensysteme) gibt und nur Individuen als Teilnehmer des politischen Systems auftreten. Beide sind unzweckmäßige Annahmen. Denn jede Organisation setzt sich aus einer Vielzahl sich überschneidender formaler und informaler Gruppen zusammen; der politische Prozeß ist durch die Teilnahme von Kern- und Satellitengruppen charakterisiert[73]). Diese finden sich wiederum zu vielfältigen Koalitionen[74]) zusammen, die ebenfalls als Gruppen zu bezeichnen sind — auch wenn sie vielfach nur temporärer Natur sind und sich ad hoc für eine bestimmte politische Streitfrage bilden. Akzeptiert man diese Betrachtungsweise, so ist der terminologische Bezugsrahmen um Zielbegriffe zu erweitern, die eine Einbeziehung von Gruppenaspekten in die organisationale Zielanalyse erlauben. Hierzu ist es zunächst lediglich erforderlich, die bisherige Terminologie auf die *Gruppe* zu übertragen. Es sind dann Individualziele mit inhaltlichem Bezug auf die Gruppe, Ziele für die Gruppe und Ziele der Gruppe zu unterscheiden.

*Ziele für die Gruppe* können sowohl Mitglieder als auch Nicht-Mitglieder der Gruppe fordern. Die *Ziele der Gruppe* sind autorisierte Ziele. Die Autorisierung kann durch Mitglieder oder Nicht-Mitglieder erfolgen. Wenn beispielsweise der Vorstand einer Aktiengesellschaft festlegt, daß eine bestimmte Abteilung ein bestimmtes Ziel zu verfolgen hat, dann liegt eine Autorisierung des Zieles der Abteilung durch ein Nicht-Mitglied der formalen Gruppe vor. Es ist jedoch auch denkbar, daß die Verfassung der Organisation vorsieht, daß die einzelnen Abteilungen selbst über ihre Ziele bestimmen dürfen. Dann wirken an der Autorisierung Mitglieder der formalen Gruppe mit. Problematisch wird es, wenn man *informelle Gruppen* in die Betrachtung einbezieht[75]). Auch hier kann es Ziele der Gruppe geben, wenn eine entsprechende Autorisierung vorliegt. Diese Autorisierung gründet sich jedoch auf eine andere Legitimationsbasis als die bisher diskutierten Fälle. Sie ist nicht in der Verfassung der Organisation verankert. Dennoch ist es sinnvoll, auch hier anzunehmen, daß eine Autorisierung stattfinden kann. Die Subkultur der Gruppe kann entsprechende Normen und Werte beinhalten, die einzelne Mitglieder der Gruppe zur Autorisierung legitimieren. Mög-

---

[73]) Dies wird vor allem von jenen Autoren hervorgehoben, die den Gruppenansatz des politischen Prozesses vertreten; vgl. Bentley (1908); Latham (1952); Truman (1951); einen Überblick gibt Hirsch-Weber (1969).
[74]) Vgl. zum Begriff der Koalition und der zugrundeliegenden Literatur S. 226 dieser Arbeit.
[75]) Vgl. March und Simon (1958), S. 75 ff.; zu informellen Gruppen vgl. u. a. Bornemann (1967), S. 110 ff.; Dahrendorf (1959), S. 37 ff.; Grün (1966); König (1961); Leavitt und Pondy (1964); Mayntz (1958), S. 62 ff.; Merton (1968).

licherweise verfügt die informale Gruppe sogar über eine Satzung. Der vielzitierte innerbetriebliche Kegelclub kann als Beispiel hierfür angeführt werden. Solchermaßen autorisierte Ziele sind als *informal* zu bezeichnen. Nicht jede informale Gruppe verfügt jedoch über eine Satzung oder Subkultur, aus der sich eine Legitimation für eine Autorisierung ableiten ließe. Solche informalen Gruppen können auch keine Ziele der Gruppe besitzen. Auch die Verwendung des Begriffes eines Ziels für die Gruppe ist hier irrelevant. In solchen Gruppen gibt es lediglich Individualziele der Gruppenmitglieder, die einen inhaltlichen Bezug auf die Gruppe aufweisen und sich unter Umständen weitgehend decken können.

Auch formale Gruppen (Abteilungen) können informale Ziele der Gruppe besitzen, die neben den verfassungsgemäß autorisierten formalen Zielen der Gruppe stehen. In diesem Falle ist anzunehmen, daß sich in der Abteilung eine von der Verfassung der Organisation unabhängige Subkultur entwickelt hat, die ein Autorisierungsrecht für bestimmte Mitglieder aus der Sicht der Mitglieder dieser Gruppe legitimiert.

Der terminologische Bezugsrahmen kompliziert sich, wenn man zusätzlich berücksichtigt, daß eine Teilmenge der Ziele einer Gruppe Forderungen an andere Gruppen oder an das politische System der Organisation zum Ausdruck bringen kann. In diesem Falle liegen Ziele der Gruppe für andere Gruppen oder für die Organisation vor. Solche Ziele der Gruppe für die Organisation (bzw. für eine andere Gruppe) können formal oder informal sein. Sie sind *formal*, wenn die Verfassung der Organisation die Gruppe legitimiert, am politischen Prozeß teilzunehmen und ihren Wünschen Nachdruck zu verleihen. Das geltende Mitbestimmungsrecht in der Bundesrepublik Deutschland kennt solche Beispiele[76]. Meist fehlt jedoch in den Verfassungen eine entsprechende Regelung, und es hängt von der Kultur der jeweiligen Organisation ab, ob solche formalen Forderungen zulässig sind. Nicht selten dürfte es strittig sein, ob etwa die Subkultur der Gruppe, die ein Autorisierungsrecht für Forderungen an das politische System legitimiert, in die Kultur der Organisation selbst eingegangen ist, was die Ziele der Gruppe für die Organisation zu formalen Zielen machen würde.

## Das Zielsystem der Organisation

Es hat sich eingebürgert, von einem *Zielsystem der Unternehmung* oder — allgemein — der *Organisation* zu sprechen[77]. Es besteht aus der Menge der Ziele der Organisation, die (passive) Elemente des öffentlichen offiziellen Informationssystems der Organisation sind. Zwischen den einzelnen Zielen der Organisation bestehen Beziehungen. Dabei ist davon auszugehen, daß

---

[76]) Vgl. z. B. Albach (1964); Fäßler (1967).
[77]) Vgl. Bidlingmaier (1964); Bidlingmaier (1967); Bidlingmaier (1968 a); Bidlingmaier (1968 b); Gäfgen (1968); Heinen (1966 b); Kirsch (1968 b); Kirsch (1969); Schmidt (1969), S. 110 ff.; Schmidt-Sudhoff (1967); Strasser (1966); zur Konzeption eines Zielsystems öffentlicher Betriebe vgl. Oettle (1966); Witte (1966).

sich dieses Zielsystem von Zeit zu Zeit ändert. Es ist daher zweckmäßig, stets vom Zielsystem der Organisation zu einem bestimmten Zeitpunkt zu sprechen.

Vom Zielsystem *der* Organisation ist das System der Ziele *in* der Organisation zu unterscheiden, das neben den Zielen der Organisation auch die Ziele für die Organisation und die Individual- bzw. Gruppenziele der Beteiligten umfaßt. Die Analyse eines Zielsystems, insbesondere des Zielsystems der Organisation, wirft einige terminologische und empirische Probleme auf, die die Abgrenzung der Zielmenge, die sprachliche Analyse einzelner Ziele als Elemente des Systems sowie die durch Relationen zwischen den Zielen gegebene Ordnung dieser Ziele betreffen. Zwischen den einzelnen Zielen besteht in der Regel eine Vielzahl von Beziehungen. Dabei sind zwei Klassen von Relationen zu unterscheiden: Relationen, die von einem externen Beobachter (z. B. Forscher) ermittelt werden, und Relationen, die von den Organisationsteilnehmern selbst festgestellt werden. Bei den letzteren ist wiederum die Teilmenge jener Relationsaussagen hervorzuheben, die dem offiziellen Informationssystem der Organisation zuzurechnen und demgemäß autorisiert ist. Die Vielzahl der möglichen Relationsaussagen, die mehrere Ziele zueinander in Beziehung setzen, kann auf vier Typen von Relationen zurückgeführt werden: auf die Interdependenzrelation, auf die Kompatibilitätsrelation, auf die Präferenz- oder Dringlichkeitsrelation sowie auf die Instrumentalrelation. Im folgenden wollen wir die Abgrenzung der Zielmenge, die Sprachanalyse einzelner Zielformulierungen sowie die verschiedenen Relationen zwischen den Zielen näher betrachten.

*Die Abgrenzung der Zielmenge*

Zunächst ist die Abgrenzung der in jedem Zeitpunkt zum Zielsystem der Organisation zu rechnenden Ziele näher zu betrachten. Zum Zielsystem sollen alle in der Organisation autorisierten formalen Ziele gerechnet werden, soweit diese nicht als Ziele irgendwelcher Gruppen für andere Gruppen oder für die Organisation Forderungen darstellen. Das Zielsystem der Organisation umfaßt somit sowohl die von den Kernorganen des politischen Systems selbst autorisierten Ziele als auch die von anderen Kernorganen des IES autorisierten Ziele der einzelnen Gruppen und der Abteilungen innerhalb des strukturellen Subsystems der Organisation.

Abgrenzungsprobleme tauchen auf, wenn unklar ist, ob eine Zielformulierung als autorisiert zu gelten hat oder nicht. Die Prozesse und Riten der Autorisierung sind durch die spezifische Kultur oder Verfassung des Systems keineswegs immer eindeutig definiert. Solche Unsicherheiten können etwa bestehen, wenn ein Kernorgan anläßlich der Autorisierung einer bestimmten Maßnahme oder Strategie erläutert, welche Zielvorstellungen für die Entscheidung maßgebend waren. Es kann strittig sein, ob hierdurch auch diese Zielformulierungen autorisiert werden.

Unsicherheiten dieser Art können auch vorliegen, wenn unklar ist, ob ein konkretes Ziel überhaupt autorisiert werden durfte. Das Autorisierungsrecht der Kernorgane ist durch Verfassung und Kultur keineswegs unbeschränkt. Die meisten Satzungen oder Verfassungen der Organisationen umreißen die „Domäne" der Organisation[78]. Sie enthalten eine sehr globale Angabe der allgemeinen Ziele der Organisation und/oder Hinweise auf eine Klasse von Mitteln und Prozessen, die der Erreichung dieser Ziele dienen sollen. So legt beispielsweise das Bundesbahngesetz nach der Novellierung vom 1. 8. 1961 die Domäne der Bundesbahn in § 28 Abs. 1 wie folgt fest:

> „(I) Die Deutsche Bundesbahn ist unter der Verantwortung ihrer Organe wie ein Wirtschaftsunternehmen mit dem Ziel bester Verkehrsbedienung nach kaufmännischen Grundsätzen so zu führen, daß die Erträge die Aufwendungen einschließlich der erforderlichen Rückstellungen decken; eine **angemessene Verzinsung** des Eigenkapitals ist anzustreben. In diesem Rahmen hat sie ihre gemeinwirtschaftliche Aufgabe zu erfüllen."[79]

Oft stehen Zielformulierungen in den Augen der Beteiligten nicht im Einklang mit der Domäne der Organisation. Es bestehen Zweifel an der Verfassungsmäßigkeit der Zielformulierung, was mit einer Unsicherheit über die Autorisierung verbunden ist.

Ähnliche Abgrenzungsprobleme ergeben sich, wenn zwar unstrittig ist, daß eine Zielformulierung autorisiert wurde, wenn aber nicht klar ist, ob dieses Ziel noch verbindlich ist. Einfach ist diese Feststellung, wenn das ursprünglich formulierte Ziel offensichtlich erfüllt ist. Es gibt jedoch Ziele, die niemals endgültig erfüllt sein können, sondern sich stets von neuem stellen. Das ist etwa der Fall, wenn das Ziel fordert, in jeder Periode den Gewinn zu maximieren. Oftmals enthalten Ziele eine *zeitliche Begrenzung*[80]. Nach Ablauf der Frist für die Zielerreichung kann es unklar sein, ob das nicht fristgerecht erreichte Ziel noch weiterhin gültig ist oder nicht. Nur selten werden autorisierte Ziele explizit außer Kraft gesetzt. Eine solche Außerkraftsetzung ist oftmals lediglich zu erreichen, wenn ein neues, dem alten offensichtlich widersprechendes Ziel autorisiert wird. Meist bleibt jedoch nur die Möglichkeit, über eine genaue Registrierung der den vielfältigen Einzelentscheidungen in der Organisation tatsächlich zugrundeliegenden Entscheidungsprämissen festzustellen, ob das autorisierte Ziel noch als verbindlich akzeptiert wird.

Insgesamt zeigt sich, daß das Zielsystem einer Organisation sowohl für einen Beobachter als auch für die Organisationsteilnehmer selbst keineswegs immer eindeutig abgegrenzt ist[81]. Es ist keineswegs auszuschließen, daß innerhalb einer Organisation erhebliche Meinungsverschiedenheiten dar-

---

[78] Zum Begriff der Domäne vgl. Thompson (1967); vgl. auch die ähnliche Interpretation der Domäne als „primary task" durch Miller und Rice (1967), S. 25 ff.
[79] Vgl. Nibler et al., Teil III, 1. Ordner.
[80] Vgl. Bidlingmaier (1964), S. 85 ff.; Heinen (1966 b), S. 85 ff.; Schmidt (1969), S. 126 f.; Schmidt-Sudhoff (1967), S. 94 und S. 111 f.
[81] Vgl. Bidlingmaier (1968); **Kirsch** (1969); **Schmidt** (1969), S. 146 ff.; Witte (1968), S. 625 ff.

über bestehen, ob eine Zielformulierung dem Zielsystem dieser Organisation zuzurechnen ist oder nicht.

*Sprachanalyse von Zielformulierungen*

Die einzelnen Ziele der Organisation sind Elemente des öffentlichen Informationssystems. Das bedeutet, daß sie in einer Sprache formuliert sind. Eine Analyse der einzelnen Ziele kann daher mit Mitteln der *Sprachanalyse* durchgeführt werden. Einige Aspekte sollen im folgenden kurz erläutert werden.

Jede Aussage eines öffentlichen Informationssystems umfaßt zwei Komponenten, die als „Phrastik" und „Neustik" bezeichnet werden. Stegmüller charakterisiert diese Unterscheidung am Beispiel der beiden Aussagen „Du wirst die Türe schließen" (Indikativsatz) bzw. „Schließ die Türe!" (Imperativsatz):

„Beide (Aussagen) sagen etwas über dein Schließen der Türe in der Zukunft, aber sie sagen etwas Verschiedenes darüber aus. Man kann das, was in beiden Fällen verschieden ist, dadurch deutlich machen, daß man den Indikativsatz wiedergibt durch die folgende sprachliche Wendung: ‚dein Schließen der Türe in der Zukunft; ja' (1) und den Imperativsatz ersetzt durch: ‚dein Schließen der Türe in der Zukunft; bitte' (2). Der erste Teil, welcher beiden Sätzen gemeinsam ist, wird die phrastische Komponente, kurz Phrastik, genannt. Sie enthält das, wovon die Rede ist (denn auch im Imperativen ist von etwas die Rede, aber es ist darin nicht nur von etwas die Rede). Derjenige Redeteil, der in beiden Sätzen (1) und (2) verschieden ist (also ‚ja' bzw. ‚bitte'), wird Neustik genannt. Der Unterschied zwischen Indikativsätzen und Imperativen liegt somit gänzlich in der Neustik."[82]

Die *Neustik* einer Aussage oder Information hängt offenbar eng mit der von Morris eingeführten Unterscheidung von *valuativer, präskriptiver* und *designativer Dimension* eines Zeichens zusammen. Wir haben diese Dreiteilung zur Charakterisierung der Neustik kognitiver Information akzeptiert[82a]). So gewährte insbesondere die Unterscheidung von präskriptiven und valuativen kognitiven Informationen einen Zugang zu der Differenzierung von Werten und kognitiven Programmen. Ein kognitives Programm ist zunächst lediglich eine positiv bewertete Beschreibung einer Folge von Operationen. Diese Beschreibung wird — so wurde postuliert — dann zu einem Programm, wenn sie zur Steuerung des Verhaltens des Organismus in ein Arbeitsgedächtnis überführt wird. Erst dadurch wird gleichsam die präskriptive Dimension hinzugefügt. Eine solche Konstruktion ist für die Charakterisierung der Neustik öffentlicher Aussagen oder Informationen ohne Bedeutung. Es fehlt eine hinreichende Begründung für die Unterscheidung von präskriptiver und valuativer Neustik öffentlicher Aussagen. Es ist daher

---

[82]) Stegmüller (1960), S. 505.
[82a]) Vgl. Band II, S. 82 f.

zweckmäßig, Imperative und Werturteile im öffentlichen Informationssystem als äquivalent anzusehen.

Wenn somit Ziele — von ihrer Neustik her gesehen — als imperativische Aussagen bezeichnet werden, so ist damit keine Annahme über die grammatikalisch-syntaktische Form der sie repräsentierenden Sätze impliziert. Ziele können Imperative und Werturteile sein. Ja, es ist sogar sehr häufig, daß Ziele die grammatikalische Form von Indikativsätzen aufweisen. Wenn etwa der Vorstand einer Unternehmung verkündet, daß die Unternehmung versuchen werde, im folgenden Jahr eine 10 %ige Gewinnerhöhung zu erwirtschaften, so wird damit zweifellos ein Ziel postuliert. Die grammatikalische Form dieser Aussage ist jedoch die eines Indikativsatzes. Die grammatikalische Form der Zielaussagen gibt allenfalls gewisse Hinweise auf die Dringlichkeitsordnung der Ziele. Eine imperativische Form oder Wörter wie „muß", „soll" usw. werden vornehmlich bei der Formulierung solcher Ziele verwendet, die in der Dringlichkeitsordnung relativ oben stehen. Die Werturteilsform wird dagegen für weniger dringliche Ziele angewandt. Verallgemeinern lassen sich solche Aussagen kaum. Schließlich spiegelt die Wahl der grammatikalischen Form auch Aspekte des Führungsstils wider.

Hebt man die *Phrastik* der Zielaussagen hervor, so ist zunächst darauf hinzuweisen, daß die Phrastik stets Beschreibungen zukünftiger Zustände beinhaltet. Andernfalls läge nach der hier vorgeschlagenen Terminologie eine Strategie der Organisation vor. Für Prozeßbeschreibungen (Strategien) ist es typisch, daß die Aussage Tätigkeitswörter enthält. Dieses Kriterium zur Unterscheidung von Zielen und Strategien wird jedoch zweifelhaft, wenn für Zielaussagen die grammatikalische Form von Imperativen oder gar Indikativsätzen gewählt wird. In beiden Fällen enthält die Aussage ebenfalls Tätigkeitswörter. Meist handelt es sich hierbei um Termini wie „anstreben", „erreichen", „erhöhen", „ausweiten" und ähnliche. Diese implizieren keine auch noch so allgemein gehaltene Prozeßbeschreibung. Sie beinhalten mit anderen Worten keine zusätzlichen Beschränkungen, denen die Problemlösung genügen muß. Nicht selten werden bei der Formulierung von Zielen jedoch Tätigkeitswörter verwendet, die bereits in relativ globaler Weise Prozeßbeschreibungen implizieren und damit Beschränkungen im Problemlösungsprozeß beinhalten. Solche relativ globalen Prozeßbeschreibungen können als *Strategien* bezeichnet werden. Die Zielaussage umfaßt in diesem Falle gleichzeitig eine strategische Komponente. Solange man sich bei der Analyse von Zielen dieses Umstands bewußt bleibt, spricht nichts dagegen, auch auf Aussagen dieser Art den Terminus „Ziel" anzuwenden.

Jedes Ziel kann nach zwei *Dimensionen* beschrieben werden, die als Sachdimension und als Zeitdimension bezeichnet werden[83]). Die *Sachdimension* gibt das Kriterium wieder, nach dem die vom Ziel geforderten Zustände beschrieben werden. Beispiele sind Gewinn, Marktanteil, Kosten usw. Jeder

---
[83]) Vgl. auch zum folgenden Heinen (1966 b), S. 59 ff.; Kirsch (1968 b), S. 10 ff.

dieser Begriffe umreißt eine ganze Klasse von Zuständen. Sie repräsentieren folglich Variable (Zielvariable).

Die *Zeitdimension* gibt die Zeitpunkte oder Zeiträume an, auf die sich die Forderung nach Erreichung des zukünftigen Zustandes bezieht. Auch die Zeitdimension beschreibt eine Variable, die als Zeitvariable bezeichnet wird.

Eine Zielaussage enthält Hinweise, wie die Ausprägungen von Zeit- und Zielvariablen im Sinne einer Präferenzordnung geordnet sind[84]. Im Falle der Zeitvariablen fehlt freilich nicht selten ein expliziter Hinweis. Implizit ist jedoch dann meist unterstellt, daß eine frühere Zielerreichung einer späteren vorgezogen wird. Im Falle der Zielvariablen ist die Ordnungsrelation ebenfalls vielfach nur indirekt zu entnehmen. Die Forderung, daß der Gewinn zu „maximieren" sei, impliziert, daß die einzelnen Gewinnzahlen in der Weise geordnet sind, daß höhere Gewinnzahlen niederen vorgezogen werden.

Neben dem Hinweis auf die Ordnung der Zielvariablen enthält eine vollständige Zielaussage vor allem eine Festlegung, welche Ausprägungen der Ziel- und Zeitvariablen anzustreben sind.

Betrachten wir zunächst die *Zeitvariable*. Die Zielaussage kann (1) einen ganz bestimmten Zeitpunkt fixieren, zu dem der angestrebte Zustand erreicht werden muß. Sie kann jedoch auch (2) einen Zeitraum nennen, in dem dies geschehen soll; etwa dann, wenn gefordert wird, daß das Ziel „bis spätestens zum 1.1.1980" erreicht sein soll. Dieser Zeitraum kann (2 a) absolut (wie im soeben zitierten Beispiel) oder (2 b) relativ bzw. komparativ definiert sein. Letzteres ist etwa der Fall, wenn ein durch die Sachdimension definierter Zustand „schneller als beim Konkurrenten" erreicht werden soll. (3) Schließlich kann auf eine absolute oder relative Fixierung der Zeit der Zielerreichung verzichtet und lediglich gefordert werden, daß der durch die Sachdimension definierte Zustand „so schnell wie möglich" zu realisieren ist.

Bezüglich der *Zielvariablen* ergeben sich folgende Möglichkeiten: Zum einen kann eine ganz bestimmte Ausprägung der Zielvariablen gefordert sein, z. B. ein Marktanteil von genau 10 %. Eine solche Formulierung ist vor allem dann erforderlich, wenn die Ausprägungen der Zielvariablen nicht geordnet sind. Zum zweiten kann eine Teilmenge der Ausprägungen vorgeschrieben sein. Werden die Ausprägungen der Zielvariablen durch Kardinalzahlen repräsentiert, so kann dies durch Angabe von Ober- und/oder Untergrenzen geschehen. In den übrigen Fällen muß eine Aufzählung der Elemente dieser Teilmenge erfolgen. Die beiden bisher genannten Fälle charakterisieren das, was Heinen als ein begrenztes Ausmaß der Zielerreichung[85] bezeichnet. Hinsichtlich des angestrebten Ausmaßes der Zielerreichung kann eine absolute und eine relative bzw. komparative Formulierung vorliegen. Eine absolute Formulierung ist gegeben, wenn ein „Gewinn von mindestens 1 Million" gefordert ist. Komparativ ist die Formulierung dagegen, wenn ein „um mindestens 10 % höherer Gewinn als im vorigen Jahr" verlangt ist. Oft wird in der

---

[84] Zur Relationentheorie vgl. die in Band I, S. 30 ff., genannte Literatur; zum Begriff der Präferenzrelation vgl. Arrow (1963), S. 11 ff.; Goodman und Markowitz (1952/3); Luce und Raiffa (1957), S. 25.

[85] Vgl. Heinen (1966 b), S. 82 ff.; Heinen, in: Kirsch (1968 b), S. 11.

Zielformulierung eine Begrenzung angedeutet, ohne daß diese präzisiert ist (z. B. „angemessener Gewinn"). Dem begrenzten Ausmaß der Zielerreichung steht die unbegrenzte Formulierung des geforderten Ausmaßes gegenüber. Dies setzt freilich voraus, daß die Ausprägungen der Zielvariablen geordnet sind. Erfolgt diese Ordnung durch eine Zuordnung reeller Zahlen kardinaler oder ordinaler Art, dann manifestiert sich die fehlende Begrenzung durch Zusätze wie „Maximiere!" bzw. „Minimiere!". Oft impliziert die Wahl der Bezeichnung für die Zielvariablen eine gewisse Begrenzung nach unten, obwohl dies nicht explizit ausgesagt wird. Die Forderung nach „Gewinnmaximierung" ist in der Regel so zu verstehen, daß ein Verlust, d. h. ein „negativer Gewinn", nicht entstehen soll. Die unbegrenzte Zielformulierung besitzt deshalb meist eine Angabe über Untergrenzen. Nicht selten werden solche Grenzen auch durch eine komparative Formulierung wie etwa „mehr Gewinn als im Vorjahr" angedeutet. Relative Formulierungen der Ziele der angedeuteten Art beinhalten vielfach ein Wachstum, ein Beibehalten (Stagnation) oder gar eine Verminderung des geforderten Zielerreichungsgrades. Relativ oder komparativ formulierte Ziele werden deshalb auch als Wachstumsziele, Stagnations- oder Erhaltungsziele sowie als Kontraktionsziele bezeichnet, wobei die Zielvariable selbst keine nähere Charakterisierung erfährt.

Diese sicherlich nicht erschöpfende Aufzählung von Möglichkeiten zeigt, welche Komponenten eine Zielaussage aufweisen kann bzw. aufweisen muß, um als „vollständig" zu gelten. Nur vollständige Zielaussagen können zu geschlossenen Beschränkungen der Organisationsteilnehmer werden. Betrachtet man jedoch die Zielformulierungen, die in der Realität zu finden sind, so stellt man sehr schnell fest, daß diese in aller Regel unvollständig sind[86]).

Schließlich muß zur Phrastik der Zielaussage auch die Angabe der „*Extension*"[87]) oder „Domäne" des Zieles gerechnet werden. Sie beinhaltet einen Hinweis, für welche Organisationsteilnehmer das Ziel Verbindlichkeit besitzt, ob es sich um ein Ziel der gesamten Organisation einer Hauptabteilung, einer Unterabteilung oder gar irgendeines einzelnen Gliedes der Organisation handelt. Meist ergibt sich die Domäne des Zieles aus dem Hinweis auf das Kernorgan, von dem das Ziel autorisiert wurde.

*Interdependenz und Kompatibilität von Zielen*

Die Interdependenzrelation gibt an, inwieweit die Erreichung zweier Ziele korreliert ist. Dabei ist zwischen Konkurrenz, Komplementarität und Neutralität zu unterscheiden. Inwieweit eine Konkurrenz oder Komplementarität von Zielen vorliegt, kann nur beantwortet werden, wenn die Ausprägungen der betrachteten Ziele im Sinne einer Präferenzrelation geordnet sind. Konkurrenz liegt vor, wenn eine Erreichung einer höher bewerteten Ausprägung des einen Zieles (d. h. eine Erhöhung der Zielerreichung) mit der Erreichung einer niedriger bewerteten Ausprägung des anderen Zieles korreliert ist. Komplementarität ist demgegenüber gegeben, wenn eine Erhöhung

---

[86]) Vgl. dazu Alexis und Wilson (1967), S. 389; Ansoff (1967), S. 434; Minsky (1963), S. 408; Reitman (1964), S. 282; Simon und Newell (1958), S. 4 ff.; einen guten Überblick zu diesem Problem gibt Klein (1968), S. 9 ff.

[87]) Vgl. Carnap (1960), S. 40 f.; Kirsch (1968 b), S. 25 f.; Stegmüller (1960), S. 128.

der Erreichung des einen Zieles gleichzeitig auch zu einer Erhöhung der Erreichung des anderen Zieles führt. Bei Neutralität besteht schließlich keine Korrelation zwischen den Zielerreichungsgraden[88]).

Von der Interdependenzrelation ist die Kompatibilitätsrelation zu unterscheiden, obwohl dies in der Regel nicht geschieht. Zwei Ziele sind kompatibel, wenn sie gleichzeitig erreichbar sind. Konkurrierende Ziele können durchaus kompatibel sein. Dies ist der Fall, wenn alle betrachteten konkurrierenden Ziele begrenzt formuliert sind. Unbegrenzt formulierte konkurrierende Ziele sind demgegenüber stets inkompatibel. Man kann nicht zwei konkurrierende Ziele gleichzeitig maximal erfüllen.

Eine besondere Schwierigkeit bei der Beurteilung der Art der Zielinterdependenz bzw. Zielkompatibilität ergibt sich, wenn lediglich unvollkommene Informationen über die Konsequenzen der zur Diskussion stehenden Alternativen vorliegen. In diesen Fällen ist es aber denkbar, daß die Wahrscheinlichkeiten voneinander abhängen, mit der etwa begrenzt formulierte Ziele erreichbar sind. Eine Komplementarität (Konkurrenz) liegt dann vor, wenn eine Erhöhung der Wahrscheinlichkeit der Erreichung des einen Zieles mit einer Erhöhung (Verminderung) der entsprechenden Wahrscheinlichkeit des anderen Zieles verbunden ist.

Diese Überlegungen machen bereits deutlich, daß die Frage, ob und inwieweit Zielinterdependenz bzw. Zielkompatibilität vorliegt, nur bei genauer Kenntnis der in einer konkreten Entscheidungssituation gegebenen Alternativen und deren Konsequenzen beantwortet werden kann.

Es ist durchaus möglich, daß im Laufe des Entscheidungsprozesses eine zusätzliche Alternative gefunden wird, die eine zunächst vorhandene Inkompatibilität aufhebt (Konfliktlösung durch Suchverhalten bzw. Innovation). Darüber hinaus ist es denkbar, daß zwei zunächst konkurrierende und nicht zu vereinbarende Ziele kompatibel werden, weil das angestrebte Ausmaß der Zielerreichung gesenkt wird (Konfliktlösung durch Anspruchsanpassung)[88a].

*Präferenz- bzw. Dringlichkeitsrelationen zwischen Zielen*

Die Präferenz- bzw. Dringlichkeitsrelation gibt an, ob und inwieweit ein Entscheidungsträger die Erreichung eines Zieles der Erreichung des anderen Zieles vorzieht und insofern als dringlicher erachtet. Diese Präferenzrelation kann bedingt oder unbedingt formuliert sein. Sie ist bedingt formuliert, wenn die Formulierung Hinweise darauf enthält, unter welchen Bedingungen die angegebene Dringlichkeit gelten soll („In Krisenzeiten ist die Liquiditätssicherung dringlicher als die Erwirtschaftung einer Dividende"). Eine besondere Art der Bedingung (vor allem bei unbegrenzt formulierten Zielen) liegt vor, wenn die Präferenz von der Höhe des jeweiligen Zielerreichungs-

---
[88]) Vgl. Heinen (1968).
[88a]) Vgl. Band I, S. 107 ff.

grades abhängig gemacht wird. Die aus der Nationalökonomie bekannte Indifferenzkurvenanalyse kann dann zur formalen Darstellung der Präferenzrelation herangezogen werden. Indifferenzfunktionen geben die Kombinationen von Zielerreichungsgraden mehrerer Ziele an, die der Entscheidungsträger gleich einschätzt. Besteht darüber hinaus eine Präferenzrelation zwischen allen denkbaren Kombinationen von Zielerreichungsgraden dieser Ziele, so kann die dadurch definierte Präferenzordnung durch eine „Nutzenfunktion" in der Weise abgebildet werden, daß jeweils einer vorgezogenen Kombination von Zielerreichungsgraden eine höhere Zahl („Nutzen") zugeordnet wird (ordinale Nutzenmessung). Die Präferenz- bzw. Dringlichkeitsrelation der bestehenden Zielsysteme weist jedoch keineswegs jene Geschlossenheit und Konsistenz auf, wie sie von der Nutzentheorie der Entscheidungslogik unterstellt werden.

*Instrumentalrelationen zwischen Zielen*

Die Instrumentalbeziehung zwischen zwei Zielen A und B besagt, daß die Erreichung des Zieles A Mittel zum Zwecke der Erreichung des Zieles B ist. Damit wird implizit zum Ausdruck gebracht, daß man auch dem Ziel B näher kommt, wenn man sich bei seinen Entscheidungen darauf konzentriert, das Ziel A zu erreichen. Ziel A kann Ziel B in konkreten Entscheidungen und unter bestimmten Bedingungen als Entscheidungsprämisse ersetzen. Dennoch wird es eine Konsequenz der Realisierung dieser Entscheidungen sein, daß auch das Ziel B erreicht wird. Eine Postulierung der Instrumentalbeziehung impliziert meist eine gewisse Komplementarität zwischen diesen Zielen. Dennoch sind Instrumentalrelationen und Komplementärrelationen nicht identisch. Dies wird deutlich, wenn man berücksichtigt, daß vielfach auch eine „Mittel-Zweck-Beziehung" zwischen Zielen angenommen wird, wenn zwischen den Zielerreichungsgraden eine partielle Konkurrenz besteht. Dennoch glaubt man, daß mit einer Erreichung des Zieles A auch eine befriedigende Erreichung des Zieles B verbunden ist. Man konzentriert sich bei den Entscheidungen auf das Ziel A, weil sich die Entscheidungsüberlegungen erheblich einfacher gestalten, und nimmt dabei in Kauf, das eigentliche Ziel B nur in einem begrenzten Umfang zu erreichen. Ziel A wird zum Ersatzkriterium für das Ziel B. Diese Überlegungen machen darüber hinaus deutlich, daß man die Erreichung des Zieles B derjenigen des Zieles A vorzieht und das Ziel A sofort fallenläßt, wenn sich Anhaltspunkte dafür ergeben, daß es zu Ziel B in einer derart starken Konkurrenz steht, daß die Instrumentalbeziehung nicht mehr angenommen werden kann.

Die durch eine Instrumentalrelation verknüpften Ziele A und B können — je nachdem, ob ihre Zeitdimension Unterschiede aufweist oder nicht — als Vorziel und Endziel bzw. als Unterziel und Oberziel bezeichnet werden. Bei Vorzielen liegt der Zeitpunkt der geforderten Zielerreichung vor jenem des Endzieles, bei Unterziel und Oberziel ist der Zeitpunkt identisch. Dieser Unterscheidung wird jedoch in der Literatur nicht immer gefolgt.

In Organisationen ist es üblich, den Instanzen delegierter Entscheidungen Unterziele bzw. Vorziele vorzugeben, um deren Entscheidungsüberlegungen zu vereinfachen. Vielfach beginnen diese Entscheidungsträger nach einiger Zeit, sich mit diesen „Ersatzkriterien" zu identifizieren. Sie verlieren so ihre instrumentale Bedeutung und gewinnen als „Individualziele" eine „funktionale Autonomie". Es wird dann in der Regel äußerst schwierig, diese Ersatzkriterien bzw. Individualziele wieder aus den Entscheidungsprämissen und Forderungen an das politische System zu eliminieren.

In der Regel wird eine Instrumentalbeziehung zwischen Zielen postuliert und das Ersatzkriterium als Entscheidungsprämisse für die Mittelentscheidungen herangezogen, weil das Unter- bzw. Vorziel als operationaler als das Ober- bzw. Endziel angesehen wird. Die Instrumentalbeziehung rechtfertigt in diesen Fällen eine Schließung offener Beschränkungen, die praktisch in einem völligen Ersatz des ursprünglichen Zieles besteht. Dabei wird freilich in der Praxis wie in der Literatur meist übersehen, daß eine postulierte Instrumentalbeziehung zwischen operationalem Unterziel und nicht-operationalem Oberziel objektiv nicht überprüft bzw. nachgewiesen werden kann. Zu einem nicht-operationalen Oberziel steht — extrem ausgedrückt — nahezu jedes beliebige Ziel in einer Mittel-Zweck-Beziehung. Die Postulierung von im Grunde nicht nachprüfbaren Instrumentalbeziehungen stellt eine beliebte Taktik im politischen und administrativen System einer Organisation dar, mit der bestimmte Individualziele oder darauf gründende Ziele für die Organisation durchgesetzt werden. Dabei werden als Oberziele meist jene von allen Beteiligten mehr oder weniger geteilten, nichtsdestoweniger jedoch äußerst vagen Ziele und Werte „bemüht", die Bestandteil der spezifischen Kultur dieser Organisation oder der sie einschließenden Gesellschaft sind. In der Regel erwartet man auch von der Wissenschaft, daß sie geeignete Ersatzkriterien für solche nicht-operationalen Ober- bzw. Endziele findet. Auch der Wissenschaftler kann dabei jedoch — wie jeder Entscheidungsträger innerhalb der Organisation — nicht anders vorgehen, als zunächst die offenen Beschränkungen der Oberziele zu schließen. Hierfür gibt es jedoch kein intersubjektiv nachprüfbares Verfahren. Somit müssen auch „wissenschaftlich" festgestellte Instrumentalbeziehungen in vielen Fällen als letztlich nicht nachprüfbar angesehen werden.

Die Instrumentalrelation ist für die Analyse des Zielsystems in einer Betriebswirtschaft, das auch die Individualziele und die geforderten Ziele für die Organisation umfaßt, insofern von Bedeutung, als die von einem Organisationsteilnehmer geforderten Ziele für die Organisation meist Mittel zum Zweck der Erreichung seiner Individualziele sind. Selten offenbart der Organisationsteilnehmer seine Individualziele, indem er sie unmittelbar als Forderungen artikuliert. Bisweilen finden sich in der Literatur auch Hinweise, daß die autorisierten Ziele einer Organisation Mittel zum Zweck der Erreichung der Individualziele aller Beteiligten sind oder zumindest sein sollten. Solche Aussagen sind freilich meist von einer bewundernswerten Naivität gegenüber der Realität politischer Prozesse getragen. Es ist durchaus denkbar, daß am Ende eines politischen Prozesses autorisierte Ziele der Betriebswirtschaft stehen, von denen keiner der Beteiligten uneingeschränkt eine Mittel-Zweck-Beziehung zu seinen Individualzielen behaupten kann. Gerade diese Tatsache läßt das Zielproblem für das politische System einer Organisation stets von neuem aktuell werden.

Dennoch machen solche Aussagen deutlich, daß Instrumentalrelationen nicht isoliert auf jeweils zwei Zielformulierungen beschränkt zu sein brauchen. Ein Unterziel (etwa das autorisierte Ziel der Organisation) kann Mittel zum Zweck der befriedigenden Erreichung mehrerer Oberziele (z. B. Individualziele der am politischen Prozeß Beteiligten) sein. Umgekehrt ist es denkbar, daß die Erreichung einer Menge mehrerer Unterziele (Ersatzkriterien) als Mittel zur Erreichung eines Oberziels angesehen wird. Dies ist etwa der Fall, wenn die Unterziele „Kostensenkung" und „Umsatzsteigerung" als Mittel zur Erreichung des Oberziels „Gewinnsteigerung" postuliert werden.

*Die „Unvollkommenheit" des Zielsystems der Organisation*

Betrachtet man das autorisierte Zielsystem der Organisation, so ist davon auszugehen, daß es meist sehr widersprüchliche Ziele beinhaltet, die kaum in Einklang miteinander zu bringen sind. Hierfür ist in erster Linie die Tatsache maßgebend, daß sich das politische System in der Regel in sequentieller und „zusammenhangloser" Weise einzelnen Forderungen oder einem Bündel von Forderungen seiner Teilnehmer zuwendet und zu keinem Zeitpunkt den Versuch unternimmt, zu einer Gesamtschau zu gelangen[89]).

Beschränkt man die Analyse auf solche Beziehungen, die selbst Gegenstand autorisierter Relationsaussagen sind, so ist wohl anzunehmen, daß diese in erster Linie *Prioritäten* oder *Dringlichkeiten* zwischen den Zielen zum Ausdruck bringen[90]). Diese sind in unterschiedlichen sprachlichen Formulierungen manifestiert und vielfach nicht eindeutig präzisiert. Sie können den Einzelfall betreffen und in einer konkreten Situation die Priorität der Ziele fixieren. Sie können aber auch genereller Natur sein. Sie können eine relativ unbedingte Dringlichkeitsordnung[91]) andeuten, die die Dringlichkeit der einzelnen Ziele unabhängig von dem Grad ihrer Zielerreichung sieht. Die Dringlichkeitsordnung kann jedoch auch bedingt sein: Die Prioritäten werden von dem Vorliegen bestimmter Bedingungen (Zielerreichungsgrad, Merkmale der konkreten Situation usw.) abhängig gemacht. Gleichgültig jedoch, wie umfangreich und detailliert solche autorisierten Dringlichkeitsaussagen auch sein mögen, in keinem Falle wird man davon ausgehen können, daß diese die Ziele oder gar die Menge der möglichen Vektoren von Ausprägungen der nach Sach- und Zeitdimension beschriebenen Zielerrei-

---

[89]) Vgl. Simon (1964), S. 14 ff.; vgl. auch Braybrooke und Lindblom (1963), S. 81 ff.; Lindblom (1965).
[90]) Zu einer empirischen Dringlichkeitsordnung vgl. die Untersuchungen des Instituts für Industrieforschung an der Universität München; Heinen (1966 b), S. 37 ff.
[91]) Zu individuellen Dringlichkeitsordnungen vgl. Maslow (1968), S. 118 ff.

chungsgrade in eine zumindest schwache und transitive Ordnung bringen. Die Annahmen der Nutzentheorie sind nicht anwendbar.

Das autorisierte Zielsystem der Organisation stellt allenfalls eine sehr unvollständig geordnete Menge von Zielen dar, die sehr viele Intransitivitäten aufweist[92]). Berücksichtigt man ferner die vielfältigen Zweifel darüber, ob ein Ziel überhaupt als autorisiert zu gelten hat, sowie die meist nur unvollständigen Formulierungen der einzelnen Ziele selbst, so muß das autorisierte Zielsystem einer Organisation als eine höchst unklar abgegrenzte, vage definierte und kaum geordnete Menge angesehen werden.

Es wäre freilich verfehlt, solche „Unvollkommenheiten" allein auf Unvermögen und Nachlässigkeit zurückzuführen. Die Unvollkommenheiten und Vagheiten sind nicht selten Absicht. Es ist ein typisches Merkmal politischer Prozesse, daß man sich auf „Kompromißformeln" einigt, die in der Regel mehrere Auslegungen zulassen. Je allgemeiner und vager solche Kompromißformeln sind, desto eher besteht vielfach die Möglichkeit, die Unterstützung und Zustimmung weiter Kreise der tatsächlichen und potentiellen Organisationsteilnehmer zu erlangen[93]). Man stimmt gerade deshalb zu, weil man eine Chance sieht, die autorisierten Ziele der Organisation in seinem Sinne zu interpretieren. Die folgende Untersuchung der Beziehungen zwischen den Zielen der Organisation und den individuellen Entscheidungsprämissen der einzelnen Organisationsteilnehmer wird Gelegenheit geben, darauf zurückzukommen.

## 2.23 Ziele der Organisation und individuelle Entscheidungsprämissen

Der Vorschlag, die Organisationsziele als Elemente des offiziellen öffentlichen Informationssystems der Organisation zu bezeichnen, könnte als eine Rückkehr zur Konzeption der klassischen Organisationslehre erscheinen, die sich weitgehend auf die offiziellen Organisationspläne, Aufgaben und Ziele der Organisation beschränkte. Nichts liegt uns jedoch ferner, als offizielle Verlautbarungen mit der organisatorischen Realität gleichzusetzen. Das tatsächliche Verhalten der Organisationsteilnehmer kann und wird in der Regel von den offiziell fixierten Vorschriften, Regelungen und Zielen abweichen. Andererseits ist das offizielle öffentliche Informationssystem einer Organisation ein Teil ihrer Realität und sollte bei einer umfassenden organisationstheoretischen Analyse nicht vernachlässigt werden. Das individuelle Entscheidungsverhalten der Organisationsteilnehmer kann zwar nicht ausschließlich aus der Kenntnis des offiziellen öffentlichen Informationssystems erklärt werden. Theoretische Versuche zur Erklärung der Individualentscheidungen der Organisationsteilnehmer werden jedoch so lange erfolglos bleiben müssen, als sie nicht auf Aspekte des offiziellen öffentlichen Informationssystems Bezug nehmen. Wie weit der Einfluß des offiziellen Informations-

---

[92]) Zur Intransitivität vgl. Luce und Raiffa (1957), S. 25 f.
[93]) Vgl. Kirsch (1969), S. 66 ff.

systems auf die Entscheidungen der Organisationsteilnehmer geht, ist ein empirisches Problem. Damit rückt die Frage in den Vordergrund, welche Beziehungen zwischen den offiziellen Organisationszielen und den individuellen Entscheidungsprämissen der Organisationsteilnehmer bestehen.

Diese Frage ist in zwei Schritten zu beantworten. Es ist zu klären, inwieweit erstens die autorisierten Ziele der Organisation in die Rollen der Organisationsteilnehmer eingehen und inwieweit zweitens diese spezifischen Rollenerwartungen zu Beschränkungen konkreter Entscheidungen werden.

## Rollen und Ziele der Organisation

Die Zielaussagen sind „öffentliche" Zeichen dafür, daß von bestimmten *Positionsinhabern* innerhalb der Organisation erwartet wird, sie mögen ihre Entscheidungen an den durch die Ziele manifestierten Werten orientieren. Die Zielaussagen entsprechen somit *kognitiven Rollenerwartungen,* die mit bestimmten Positionen der Organisation assoziiert sind. Da es sich bei den Organisationszielen um Elemente des offiziellen Informationssystems handelt, konstituieren diese ex definitione Aspekte der *formalen Rollen.* Es wäre jedoch verfehlt anzunehmen, daß die Organisationsziele sich gleichsam „automatisch" mit entsprechenden Rollenerwartungen decken. Zum einen muß gewährleistet sein, daß die von den Organisationszielen betroffenen Positionsinhaber die Ziele „gelernt" haben. Dabei ist zu beachten, daß die Interpretation der Zielaussage durch die Positionsinhaber durchaus von der ursprünglich beabsichtigten Bedeutung abweichen können. Zum anderen ist fraglich, ob jede offizielle Zielaussage tatsächlich mit entsprechenden Rollenerwartungen verbunden ist. Nicht selten dienen öffentlich formulierte Organisationsziele lediglich dem Zweck, den Bestand und die Tätigkeit der Organisation gegenüber der Gesellschaft zu rechtfertigen. Keiner der am politischen System der Organisation beteiligten Organisationsteilnehmer verbindet damit jedoch die Erwartung, daß die organisatorischen Entscheidungen tatsächlich an den entsprechenden Werten orientiert werden. Allenfalls liegen *„Kann-Erwartungen"*[94] vor. Ein zu diesen „Kann-Erwartungen" konformes Verhalten löst Zustimmung aus und wird positiv sanktioniert. Ein nicht-konformes Verhalten wird nicht — wie etwa im Falle von *„Muß-Erwartungen"* — bestraft, d. h. negativ sanktioniert.

Sieht man diese Zusammenhänge zwischen den formalen Rollen einzelner Organisationsteilnehmer und den autorisierten Zielen der Organisation, so reduziert sich die Frage, ob und inwieweit Ziele der Organisation zu Entscheidungsprämissen der Organisationsteilnehmer werden, auf die *Rollenkonformität* der Organisationsteilnehmer[95]. Diese Frage soll jedoch an dieser Stelle nicht im einzelnen aufgerollt werden. Die Diskussion beschränkt sich vielmehr auf jene Aspekte des Problems, deren Klärung Mißverständnisse vermeiden hilft, die die hier vorgeschlagene Konzeption der organisa-

---

[94] Vgl. Dahrendorf (1965).
[95] Vgl. zu dieser Problemstellung u. a. March und Simon (1958), S. 52 ff.

torischen Zielanalyse möglicherweise impliziert. Die bisherigen Ausführungen skizzieren in erster Linie einen begrifflichen Bezugsrahmen für die Analyse von Rollen, Organisationszielen und organisationalen Zielentscheidungsprozessen. Dieser begriffliche Bezugsrahmen muß — um für erfahrungswissenschaftliche Zwecke brauchbar zu sein — einen Bezug zur Realität besitzen. Er impliziert jedoch lediglich Möglichkeiten, ohne sich auf konkrete Hypothesen über die Realität festzulegen. Insbesondere werden zwei Behauptungen nicht aufgestellt[96]):

Es wird erstens nicht behauptet, daß es in jeder Organisation zu einem Zielbildungsprozeß in der angedeuteten Weise kommt und demzufolge ein autorisiertes Zielsystem der Organisation existiert.

Es wird zweitens nicht behauptet, daß — unterstellt man einmal die Existenz autorisierter Ziele sowie eine Rollenkonformität der einzelnen Organisationsteilnehmer — diese die Entscheidungen der Organisationsteilnehmer über die einzuschlagenden Strategien und die zu realisierenden konkreten Maßnahmen bzw. Prozesse, d. h. die sogenannten „Mittelentscheidungen", ausschließlich dominieren[97]).

Es sind deshalb abschließend einige Ausführungen darüber zu machen, ob und gegebenenfalls wann *Zielentscheidungen* getroffen werden und welche Bedeutung autorisierte Ziele der Organisation für die Mittelentscheidungsprozesse im politischen System selbst und im administrativen bzw. operativen System der Organisation besitzen.

**Die Bedeutung der Ziele der Organisation im politischen System**

Zunächst sei zur Frage Stellung genommen, ob und inwieweit in den Organisationen tatsächlich Zielentscheidungsprozesse stattfinden, die zu einem autorisierten Zielsystem der Organisation führen. Diese Frage ist sicherlich nur durch empirische Untersuchungen zu klären. Empirische Untersuchungen dieser Art sind freilich bislang nicht eben zahlreich. Man ist daher vorläufig auf Vermutungen angewiesen. Persönliche Erfahrungen haben mich freilich skeptisch gegenüber der Annahme werden lassen, daß es z. B. in großen Unternehmungen stets zu Entscheidungen über Ziele der Unternehmung kommt, die den Mittelentscheidungen (vor allem auf der Führungsebene) zugrunde liegen. Eine von Witte durchgeführte Untersuchung der Entscheidungsprozesse zur Beschaffung einer EDV-Anlage bestätigt diese Zweifel[98]). Ein Ergebnis dieser Untersuchung war die Feststellung, daß die an diesem Entscheidungsprozeß Beteiligten keinen Versuch unternehmen, sich zuerst auf Ziele zu einigen, die der Bewertung der einzelnen Alternativen zugrunde liegen sollen. Mit anderen Worten: Es gibt keinen Zielentscheidungsprozeß, der die heterogenen Ziele der Beteiligten für die Organisation

---
[96]) Vgl. auch Kirsch (1969).
[97]) Vgl. z. B. Bidlingmaier (1964), S. 20; Heinen (1966 b), S. 19.
[98]) Vgl. Witte (1968).

in einem Zielsystem der Organisation zum Ausgleich gebracht hätte. Die Beteiligten bewerteten die Alternativen jeweils aus der Sicht individueller Ziele. Sie formulierten zwar Ziele f ü r die Organisation, denen die zu autorisierende Mittelentscheidung entsprechen sollte. Ziele d e r Organisation wurden jedoch nicht autorisiert.

Dieses Phänomen scheint für alle *Führungsentscheidungen,* d. h. für alle nicht-delegierbaren Mittelentscheidungen des politischen Systems, zuzutreffen. Führungsentscheidungen werden unter anderem deshalb als nicht-delegierbar angesehen, weil sie Rückwirkungen auf die Machtverteilung im politischen System der Organisation besitzen. Die Hypothese sei gewagt: Je mehr eine Mittelentscheidung einer Organisation die Machtverteilung beeinflußt, desto weniger sind die am politischen System Beteiligten bereit, sich aus Anlaß und zum Zweck der Bestimmung dieser Mittelentscheidung auf ein Zielsystem der Organisation zu einigen.

Folgende Überlegungen lassen diese Hypothese plausibel erscheinen[99]): Ein zu vereinbarendes Zielsystem der Organisation hinge unter anderem von der herrschenden Machtverteilung im politischen System der Organisation ab. Eine aus einem solchen Zielsystem der Organisation abzuleitende Mittelentscheidung hätte Rückwirkungen auf diese Machtverteilung und würde letztlich das zunächst für sie relevante Zielsystem der Organisation wieder in Frage stellen. Dieser Einfluß der Mittelentscheidungen auf die Machtverteilung im politischen System läßt sich am Beispiel der Finanzierungsentscheidungen, d. h. der Entscheidung über die Kapitalstruktur der Unternehmung, besonders gut verdeutlichen. Die spezifische Machtverteilung im politischen System der Unternehmung wird nicht zuletzt von der Art und Weise determiniert, wie das erforderliche Kapital der Unternehmung aufgebracht wird. Die Machtverteilung hängt also von der Kapitalstruktur der Unternehmung ab. Die Art und Weise, wie das Beteiligungskapital aufgebracht wird, beeinflußt nicht nur die Machtverteilung innerhalb der Gruppe der Gesellschafter bzw. der Aktionäre, sondern auch das Machtverhältnis zwischen Gesellschaftern und Management[100]). Die Aufnahme von Fremdkapital bedeutet in der Regel eine Machteinbuße von Management und Unternehmungseigentümern, denn die Fremdkapitalgeber lassen sich oft Mitspracherechte hinsichtlich der Kapitaldisposition einräumen. Eine erhöhte Selbstfinanzierung stärkt schließlich das Management — vor allem dann, wenn es sich um stille Rücklagen handelt[101]).

Die Rückwirkungen der Mittelentscheidungen auf die Machtverteilung im politischen System und die damit verbundenen Konsequenzen für die Geltung des Zielsystems können von den am politischen System Beteiligten ohne

---
[99]) Vgl. zum folgenden auch Kirsch (1968 a).
[100]) Vgl. hierzu Berle und Means (1956); Gordon (1945); Pross (1965).
[101]) Vgl. als Beispiel der zu dieser Problematik vorhandenen umfangreichen Literatur Heinen (1968), S. 242 ff.

Schwierigkeit antizipiert werden. Sie werden es daher vorziehen, direkt über die zu treffende Mittelentscheidung zu verhandeln, ohne zuerst eine Einigung über „gemeinsame" Ziele der Organisation herbeizuführen. Jeder, der schon an einem politischen Verhandlungsprozeß teilgenommen hat, wird bestätigen können, daß es vielfach geradezu eine unkluge Verhandlungsstrategie wäre, die Verhandlungspartner auf gemeinsame Ziele oder Werte festlegen zu wollen.

Ziele der Organisation werden allenfalls festgelegt, *nachdem* bereits eine Einigung über eine konkrete Maßnahme oder Strategie herbeigeführt ist. Die dann möglicherweise vereinbarten Ziele der Organisation haben die Aufgabe, das Ergebnis des Mittelentscheidungsprozesses gegenüber Außenstehenden zu erklären und zu rechtfertigen sowie sicherzustellen, daß die nachfolgenden Detail- und Vollzugsentscheidungen des operativen Systems im Sinne des Verhandlungsergebnisses getroffen werden.

Aus alledem ergibt sich, daß Zielentscheidungsprozesse im politischen System einer Organisation nur subsidiäre Bedeutung besitzen. Wenn die Zielentscheidungen zudem in aller Regel den organisationspolitischen Mittelentscheidungen nachfolgen, so ist für die Analyse dieser strategischen Mittelentscheidungen die Kenntnis der Ziele der am politischen Prozeß Beteiligten f ü r die Organisation sicherlich von ausschlaggebender Bedeutung. Darüber hinaus wurde bereits darauf hingewiesen, daß die Mitglieder der Kernorgane des politischen Systems in der Regel die Möglichkeit besitzen, ihre Individualziele bei der Entscheidung über die zu autorisierenden Entscheidungen zum Tragen zu bringen.

Bleibt die Frage, ob die nach den jeweiligen Mittelentscheidungen möglicherweise autorisierten Ziele der Organisation nicht spätere Mittelentscheidungen im politischen System beeinflussen. Dies ist selbstverständlich nicht auszuschließen. Doch ist wohl anzunehmen, daß die entsprechenden Zielformulierungen meist erneut von den einzelnen Teilnehmern des politischen Systems als Ziele für die Organisation gefordert werden. Sie werden sich auf die bereits einmal erfolgte Autorisierung berufen und damit möglicherweise mit ihren Forderungen eher durchkommen als andere Teilnehmer des Systems, deren Forderungen nunmehr in Widerspruch zu den alten Zielen der Organisation stehen.

Auch in diesem Zusammenhang erscheint die Unterscheidung zwischen integrativen und distributiven politischen Prozessen von großer Bedeutung. Folgende Hyothese erscheint plausibel[102]): Je distributiver ein politischer Prozeß ist, desto geringer ist die Wahrscheinlichkeit, daß es zu autorisierten Zielen der Organisation kommt, desto größer ist andererseits jedoch die Wahrscheinlichkeit, daß die einmal autorisierten Ziele der Organisation späterhin ihre Geltung bewahren. Ziele für die Organisation in solchen Fällen durchzu-

---

[102]) Vgl. auch Walton (1966), S. 409 ff.

setzen ist äußerst schwierig; einmal erkämpfte Positionen werden jedoch nicht mehr aufgegeben.

Noch ist es verfrüht, ein abgewogenes Urteil über die Bedeutung autorisierter Ziele der Organisation in politischen Systemen abzugeben. Diese Bedeutung ist sicherlich geringer, als ältere Organisationstheorien vermuten lassen. Sie wächst jedoch, wenn wir jene große Zahl täglicher Mittelentscheidungen betrachten, die nicht Führungsentscheidungen und somit Gegenstand des politischen Systems, sondern Gegenstand des administrativen bzw. operativen Systems der Organisation sind.

**Die Bedeutung der Ziele der Organisation im administrativen System**

Es stellt sich die Frage, inwieweit die Organisationsteilnehmer die autorisierten Ziele der Organisation zu Prämissen ihrer täglichen administrativen Mittelentscheidungen machen oder — was das gleiche bedeutet — inwieweit diese Zielformulierungen in die Definition der täglich zu lösenden Entscheidungsprobleme der einzelnen Organisationsteilnehmer eingehen. Zur Beantwortung dieser Frage ist es zweckmäßig, den Begriff der Quasi-Konfliktlösung in die Betrachtung einzuführen[103]). Die organisatorischen Entscheidungsprozesse zur Zielbildung führen — auch wenn sie lediglich subsidiäre Bedeutung besitzen — zu einer Lösung von Konflikten, die sich in den konkurrierenden Forderungen an das politische System manifestieren. Diese Konfliktlösung ist jedoch in der Regel lediglich eine *Quasi-Lösung,* und zwar in zweierlei Hinsicht[104]):

(1) Die Einigung auf ein autorisiertes Zielsystem der Organisation schließt nicht aus, daß die Organisationsteilnehmer weiterhin versuchen, bei ihren täglichen Mittelentscheidungen ihre Individualziele zum Tragen zu bringen. Dabei sind sie in der Regel gezwungen, ihre Probleme so zu definieren, daß sie einen *Kompromiß* zwischen ihren Individualzielen einerseits und den Forderungen der autorisierten Ziele der Organisation andererseits darstellen. Nur in Ausnahmefällen spitzt sich die Fragestellung auf ein „Entweder-Oder" zu. Sowohl die Individualziele der Organisationsteilnehmer als auch die offiziellen Ziele der Organisation gehen in die Problemdefinition ein — wenn auch je nach Situation und Machtkonstellation in unterschiedlichem Ausmaß. Es wäre also falsch, würde man aus der Tatsache der „Quasi-Lösung" ableiten, daß die Entscheidungen letztlich doch ausschließlich an den Individualzielen der einzelnen Organisationsteilnehmer orientiert sind.

(2) Es ist ein typisches Merkmal politischer Prozesse, daß man sich auf Kompromißformeln einigt, die in der Regel mehrere *Auslegungen* zulassen. Das ist nicht Nachlässigkeit oder Unvermögen, sondern Absicht. Je allgemeiner und vager solche Kompromißformeln sind, desto eher besteht die Mög-

---

[103]) Vgl. zur Quasilösung von Konflikten Cyert und March (1963), S. 117.
[104]) Vgl. auch Kirsch (1969).

lichkeit, eine Unterstützung und Zustimmung der an der Organisation Beteiligten zu erreichen. Man stimmt gerade deshalb zu, weil man eine Chance sieht, die offiziellen Ziele der Organisation in seinem eigenen Sinne zu interpretieren.

Dennoch wird die Existenz autorisierter, d. h. für die Organisation verbindlich erklärter Ziele der Organisation bewirken, daß sich die einzelnen Organisationsteilnehmer bei der Definition ihrer täglichen Entscheidungsprobleme nicht völlig frei fühlen. Die Ziele der Organisation liefern *Beschränkungen,* denen der einzelne bei der Definition und Lösung seiner Probleme Rechnung tragen muß. Diese Beschränkungen sind jedoch *offene Beschränkungen.* Der Organisationsteilnehmer kann und muß sie erst schließen, damit er prüfen kann, ob seine Alternativen tatsächlich eine Lösung seines Problems darstellen. Der Organisationsteilnehmer schließt die offenen Beschränkungen, indem er in seiner Problemdefinition die vagen Zielformulierungen der Organisation durch operationale Definitionsmerkmale ersetzt und die fehlenden Komponenten der Zielformulierungen ergänzt.

Auch dies stellt letztlich einen Kompromiß dar: Der Organisationsteilnehmer interpretiert die Ziele der Organisation zwar im Lichte seiner Individualziele und Werte; dies jedoch nur insoweit, als er sich imstande sieht, die übrigen Beteiligten davon zu überzeugen, daß seine Problemdefinitionen und Problemlösungen im Einklang mit den offiziellen Zielen der Organisation stehen. Auch wenn die autorisierten Ziele der Organisation lediglich „Quasi-Konfliktlösungen" darstellen, so bilden sie dennoch Beschränkungen für den einzelnen Organisationsteilnehmer. Nur in Ausnahmefällen kann der einzelne diese Beschränkungen völlig außer acht lassen und seine Mittelentscheidungen allein an seinen Individualzielen ausrichten.

Damit münden die Überlegungen in das über *wechselseitige Manipulation bei zentraler Koordination*[105]) Gesagte. Die Autorisierung von Zielen in der Organisation ist als Versuch anzusehen, die interdependenten Entscheidungsträger des administrativen Systems der Organisation zentral zu koordinieren. Dieser zentrale Koordinationsprozeß ist durch einen vielfältigen Prozeß der wechselseitigen Anpassung und Manipulation überlagert. Dies gilt sowohl für den politischen Prozeß der Zielbildung selbst als auch für die im Rahmen des administrativen Systems stattfindenden Entscheidungsprozesse. Stets wird der Versuch unternommen, auf die Kernorgane des politischen Systems als die zentralen Koordinatoren der Organisation manipulierend einzuwirken, damit sie (1) nur solche Beschränkungen für das IES festlegen, die mit den Werten und Individualzielen der jeweils fordernden Organisationsteilnehmer im Einklang stehen, und (2) die von den Mitgliedern des administrativen Systems getroffenen Entscheidungen als in Einklang mit den auferlegten Beschränkungen betrachten und nicht mit negativen Sanktionen beantworten.

---

[105]) Vgl. S. 80 ff. dieser Arbeit.

## Die Bedeutung der Ziele der Organisation im operativen System

Die vom politischen System autorisierten Ziele der Organisation haben für das operative System nur eine sehr begrenzte Bedeutung. Die autorisierten Ziele (aber auch die Strategien und Budgets) der Organisation sind primär offene Beschränkungen für die innovativen Entscheidungen des administrativen Systems. Das operative System umfaßt demgegenüber die wohl-definierten Entscheidungen zur programmierten Steuerung und Regelung der physischen Prozesse der Produktion und Distribution. Diese Entscheidungen basieren auf den Programmen, die das administrative System erarbeitet und unter Umständen modifiziert. Diese Programme enthalten zwar ebenfalls Kriterien, an denen die operativen Entscheidungen auszurichten sind. Diese Kriterien sind jedoch operationale Ersatzkriterien für die meist nicht-operationalen Ziele der Organisation und werden im Rahmen der administrativen Entscheidungen mit festgelegt. Nur selten sind diese Ersatzkriterien Gegenstand politischer Prozesse.

Da die operativen Entscheidungen wohl-definiert und weitgehend programmiert sind und auf operationalen, d. h. geschlossenen Beschränkungen beruhen, bleibt für eine Berücksichtigung der Individualziele im Rahmen dieser Entscheidungen kein Spielraum. Der vorwiegend mit operativen Entscheidungen betraute Organisationsteilnehmer hat daher nur die Wahl zwischen einem rollenkonformen oder nicht-rollenkonformen Verhalten. Zwischenstufen gibt es nicht. Sofern die ihm vorgegebenen Programme und darin enthaltenen geschlossenen Beschränkungen zu einer Störung seines Anreiz-Beitrags-Gleichgewichts führen, bleibt ihm meist keine andere Wahl, als aus der Organisation auszuscheiden oder seine Ansprüche entsprechend zu senken. Freilich geht die Tendenz immer mehr dahin, solchen Organisationsteilnehmern auch einen Einfluß auf die administrativen und politischen Entscheidungen einzuräumen. Eine Beteiligung an den administrativen Entscheidungen entspricht der Konzeption des partizipativen Managements. Die formale Beteiligung am politischen System berührt demgegenüber das Problem der Mitbestimmung.

DRITTES KAPITEL

# Soziale Beeinflussung und Genetik individueller Entscheidungsprämissen in der Organisation

Die verhaltenswissenschaftliche Diskussion kennt eine Reihe *sozialer Beeinflussungsprozesse,* die — überträgt man sie auf die entscheidungstheoretische Konzeption — beschreiben, wie kognitive Informationen und Entscheidungsprämissen der Individuen zustande kommen. Betrachtet man es als Aufgabe einer theoretischen Analyse von Entscheidungsprozessen, die Genetik der individuellen Entscheidungsprämissen der Beteiligten zu erklären, so liegt es nahe, auf die umfangreiche verhaltenswissenschaftliche Diskussion sozialer Beeinflussungsprozesse zurückzugreifen und diese zu der entscheidungstheoretischen Konzeption in Beziehung zu setzen. Je mehr es gelingt, die entscheidungstheoretische Grundkonzeption so zu gestalten, daß eine Beziehung zu diesen der Entscheidungstheorie zunächst fremden, verhaltenswissenschaftlichen Erkenntnissen und Theorien hergestellt werden kann, desto aussichtsreicher erscheint letztlich der Versuch, eine auf dem Entscheidungsgesichtspunkt aufbauende umfassende Organisationstheorie zu entwickeln.

Bei der Untersuchung der Genetik der individuellen Entscheidungsprämissen sind grundsätzlich zwei Wege möglich. Man kann zum einen an der Differenzierung zwischen *Persönlichkeit, Einstellung* und *Definition der Entscheidungssituation* anknüpfen. Danach ist zu untersuchen, wie das Individuum im Rahmen von *Lernprozessen* zu dem Komplex kognitiver Informationen gelangt, den wir mit der kognitiven Persönlichkeit gleichgesetzt haben. Weiter ist festzustellen, welche Gesetzmäßigkeiten die *Wahrnehmung* und *Hervorrufung von Informationen* bestimmen, die jeweils die momentane Einstellung des Individuums bilden. Schließlich sind jene Faktoren zu erläutern, die das Individuum dazu bewegen, hervorgerufene und wahrgenommene Informationen zum Bestandteil einer Definition der Entscheidungssituation, d. h. zu Prämissen seiner Entscheidung, zu machen.

Der zweite Weg knüpft an den in der verhaltenswissenschaftlichen Diskussion erörterten sozialen Prozessen an. Dabei ist zu prüfen, inwieweit hierbei Aspekte der Beeinflussung der Persönlichkeit, der Einstellung und/oder der Entscheidungsprämissen angesprochen sind. Dies setzte freilich voraus, daß ein mehr oder weniger abgegrenztes „System" solcher Prozesse vorhanden ist und/oder entwickelt werden könnte.

Im folgenden soll ein Mittelweg gewählt werden. Es werden drei typische soziale Prozesse herausgegriffen, die die literarische Diskussion zwar nicht erschöpfend, dennoch einigermaßen repräsentativ charakterisieren: die *Kommunikation,* die *Sozialisation* sowie die *Manipulation.* Dabei wird mit der Analyse der Kommunikation ein Bezugsrahmen dargelegt, auf den bei der Erörterung der Sozialisation im Zusammenhang mit der sozialen Beeinflussung der Persönlichkeit des Individuums und bei der Erörterung der Macht bzw. Manipulation im Zusammenhang mit der Bildung der Definition der Situation zurückgegriffen wird.

## 3.1 Kommunikation

Stellt man die Frage, welche zusätzlichen Termini und Begriffe erforderlich sind, wenn man das Individuum nicht isoliert, sondern im Rahmen kollektiver Entscheidungsprozesse in seinen Beziehungen zu anderen Individuen betrachtet, so wird in der Regel der Begriff der „sozialen Interaktion" als erster genannt. Es wäre müßig, hier die vielfältigen Bedeutungsnuancen darlegen zu wollen, die dieser Terminus in der verhaltenswissenschaftlichen Diskussion erfahren hat. Die allgemeine Charakterisierung von Becker mag genügen:

> „Soziale Interaktion bezeichnet die gegenseitige Beeinflussung der Handlungen von Personen und Gruppen, in aller Regel mittels Kommunikation..."[1])

Diese Definition läßt den Kommunikationsprozeß in den Mittelpunkt rücken.

### 3.11 Das Paradigma des Kommunikationsprozesses

Zur Analyse des Kommunikationsprozesses hat sich — unter dem Einfluß der technischen Informations- und Kommunikationstheorie — eine relativ einheitliche Terminologie entwickelt[2]). Der Kommunikationsprozeß beginnt bei der *Informationsquelle (Sender),* die eine Nachricht an einen Informationsempfänger übermittelt. Die Nachricht wird in eine bestimmte Folge von *Signalen* verschlüsselt bzw. kodiert und mittels eines *Sendegeräts* über einen *Kanal* an das *Empfangsgerät* des *Informationsempfängers* übertragen. Dort sind die Signale zu entschlüsseln, damit dem Empfänger die vom Sender beabsichtigte Bedeutung der Nachricht zugänglich wird.

> „Man sagt, eine Kommunikation vollziehe sich, wenn eine Informationsquelle Signale über einen Kanal an einen Empfänger am Bestimmungsort übermittelt. Die übermittelten Signale haben gewöhnlich eine repräsentierende Funktion und sind gemäß Regeln zusammengestellt, über die sich Informationsquelle und Informationsempfänger im voraus geeinigt haben."[3])

---

[1]) Becker (1964), S. 657; vgl. ferner Hare (1966), sowie Parsons (1968).

[2]) Vgl. zum folgenden vor allem Ackoff (1958); Birdwhistell (1968); Blau (1968 a); Campbell und Hepler (1965); Cherry (1963); Eisenson et al. (1963); Guetzkow (1965); Haney (1967); Higham (1962); Hill (1964); Jackson (1962); Kramer (1965); Long (1962 b); Maclay (1962); Newman (1966); Pierce (1965); Pollack (1968); Reimann (1968); Shannon und Weaver (1949); Swanson (1968); Thayer (1961); Westley und MacLean (1966).

[3]) Miller (1954), S. 701.

Da der allgemeine Kommunikationsbegriff auch auf die Informationsübermittlung zwischen Mensch und Maschine angewendet werden kann, ist von „*sozialer Kommunikation*" zu sprechen, wenn Sender und Empfänger Individuen (oder Gruppen) sind. Die soziale Kommunikation ist im folgenden ausschließlich gemeint.

**Soziale Kommunikation und interpersonelle Informationsübertragung**

Es erscheint zweckmäßig, zumindest drei Arten der interpersonellen Informationsübertragung zu unterscheiden[4]):

(1) Eine *symbolische Kommunikation* liegt vor, wenn die Kommunikation mit Hilfe von Symbolen, also vor allem in sprachlicher Form, erfolgt. Diese Art der Informationsübermittlung ist die relativ häufigste. Vielfach wird der Kommunikationsbegriff auf diesen Fall beschränkt. In dem Zitat Millers ist sie im zweiten Satz implizit ausgesprochen. Der Kommunikationsbegriff wird dabei jedoch nicht auf diesen Fall eingeengt. Im allgemeinen geht man bei dieser Art der Kommunikation davon aus, daß Sender und Empfänger über einen sich zumindest teilweise deckenden *Zeichenvorrat* verfügen. Neben der informationellen Kopplung besteht hier somit zwischen dem Sender und Empfänger eine weitere Relation[5]), die es erst ermöglicht, daß der Empfänger die Signale als Träger von Symbolen identifiziert, die der Sender übermitteln will.

(2) Eine zweite Form der Kommunikation liegt vor, wenn der Empfänger das Verhalten des Senders beobachtet bzw. direkt wahrnimmt, ohne daß ein Austausch von Symbolen erfolgt. Wenn jemand einen anderen imitiert, so erlangt er die für sein Verhalten erforderlichen Informationen rein auf dem Wege der *Beobachtung*. Eine soziale Beeinflussung der Entscheidungsprämissen erfolgt vielfach auf diesem Wege. Das ist etwa der Fall, wenn sich das Entscheidungssubjekt mit einem anderen Organisationsteilnehmer identifiziert und versucht, dessen Verhalten zu imitieren[6]).

(3) Eine besondere Art der Informationsübertragung ist gegeben, wenn der Empfänger auf dem Wege der *instrumentalen Konditionierung* ein vom Sender gewünschtes Verhalten lernt, ohne daß der Empfänger dieses Verhalten auf dem Weg der symbolischen Kommunikation beschrieben erhält oder sich durch Beobachtung des Senders aneignen könnte. Die „Übertragung" eines Verhaltensprogramms erfolgt in der Weise, daß der „Sender" stets dann, wenn der „Empfänger" mit dem richtigen Verhalten reagiert, diesen belohnt und/oder dann, wenn dieser mit einem falschen Verhalten reagiert, diesen bestraft. Dieser Prozeß wiederholt sich so lange, bis der Empfänger das vom Sender gewünschte Verhaltensprogramm gelernt hat und auszuführen vermag. In einem solchen Falle liegt eine „Informationsübertragung" vor, ohne

---

[4]) Vgl. auch Jones und Gerard (1967), S. 128 ff.
[5]) Vgl. Klaus (1967), S. 272 f.
[6]) Vgl. S. 179 dieser Arbeit.

daß eine informationelle Kopplung im üblichen Sinne gegeben wäre. Es mag im folgenden dahingestellt bleiben, ob dieser Fall als Kommunikation bezeichnet werden soll. In Organisationen werden informale Rollenerwartungen nicht selten in dieser Weise übertragen.

Ein Kommunikationsvorgang läßt sich auf drei Ebenen diskutieren, die als „technische" (vielfach auch „syntaktische"), als „semantische" und als „beeinflussende" („influential", vielfach auch „pragmatische") Ebene bezeichnet werden können[7]). Die letzten beiden Ebenen stehen im Mittelpunkt der folgenden Ausführungen. Die Analyse der Einflüsse von Kommunikationsprozessen auf die beteiligten Individuen setzt eine differenzierte *Beeinflussungstheorie* voraus. Mit der Unterscheidung von Einstellung, Persönlichkeit und Definition der Situation wurden die Grundlagen zu einer solchen Konzeption gelegt. Das gleiche gilt für die semantischen Probleme der Kommunikation, die letztlich die Frage beinhalten, welche Faktoren dafür bestimmend sind, daß ein Individuum empfangene Signalfolgen so und nicht anders interpretiert. Es wurde darauf hingewiesen, daß stets die momentane Einstellung des Individuums den Bezugsrahmen für die Filterung und Interpretation der empfangenen Signale darstellt. Die Frage nach dem Entschlüsseln empfangener Signale ist somit weitgehend identisch mit der Frage nach der menschlichen *Wahrnehmung*. Folgt man diesen Überlegungen, so stellt sich die Aufgabe, das Paradigma des Kommunikationsprozesses mit den im zweiten Band entwickelten Kategorien der IV-Theorie menschlicher Entscheidungs- und Problemlösungsprozesse in Beziehung zu setzen.

Soziale Kommunikationsprozesse sind in der Regel gegenseitig. Sender und Empfänger vertauschen abwechselnd die Rollen. Der ursprüngliche Sender beispielsweise wird zum Empfänger von Rückkopplungsinformationen über das Verhalten des ursprünglichen Empfängers, die dem Sender Anhaltspunkte darüber geben, inwieweit der Empfänger die übermittelte Information verstanden hat und/oder der beabsichtigten Beeinflussung unterliegt. Die Rückkopplungsinformationen sind ihrerseits vom ursprünglichen Sender und nunmehrigen Empfänger zu entschlüsseln und beeinflussen sein nachfolgendes Verhalten.

**Einstellung, Definition der Situation und Persönlichkeit im sozialen Kommunikationsprozeß**

Abb. 3.6 geht von einer solchen zweiseitigen Kommunikation aus[8]). Sie bringt den kognitiven Informationsfluß der am Kommunikationsvorgang beteiligten Individuen sowie die Verflechtung von Einstellung, Definition der Situation und Persönlichkeit als prozeßbestimmenden Faktoren zum Ausdruck. Die beiden linken Reihen von Rechtecken repräsentieren die kognitiven Informatio-

---

[7]) Vgl. Weaver (1966), S. 15.
[8]) Die Abbildung 3.6 stellt die Weiterentwicklung eines Schaubildes dar, das sich bei Haney (1967), S. 160 f. findet.

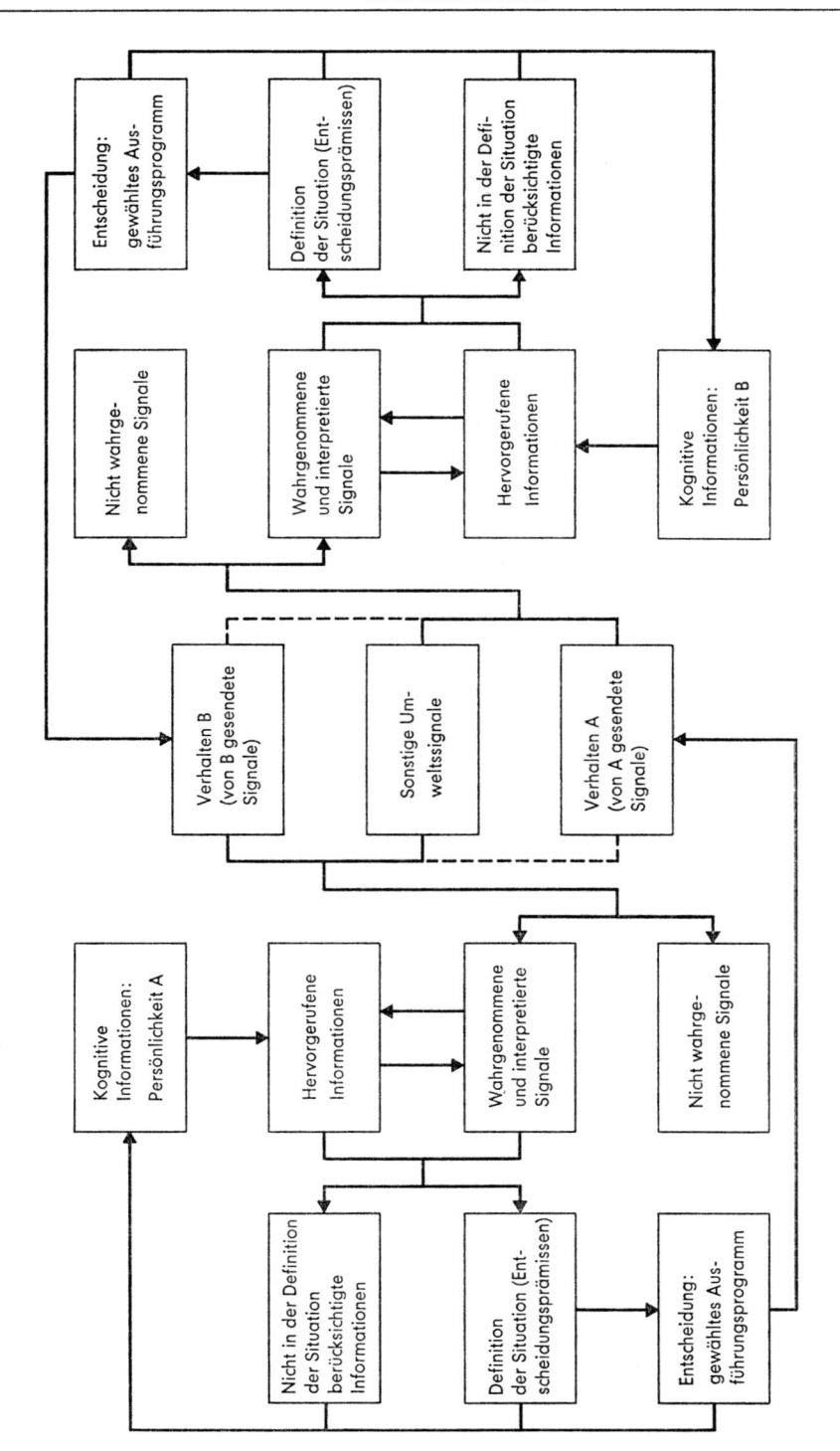

Abb. 3.6: *Der kognitive Informationsfluß bei zweiseitiger Kommunikation*

nen eines Individuums A, die beiden rechten Reihen die kognitiven Informationen eines Individuums B. Die mittlere Reihe von Rechtecken repräsentiert die äußerlich beobachtbare Ebene der Signale. Das Verhalten des B, die sonstigen Umweltsignale und sein eigenes äußeres Verhalten konstituieren die von A empfangenen Signale. Das gleiche gilt entsprechend für die von Individuum B empfangenen Signale.

Eine eingehende Erläuterung der in Abb. 3.6 wiedergegebenen Zusammenhänge würde eine weitgehende Wiederholung der im zweiten Band dargelegten Überlegungen zur Abgrenzung von Einstellung, Persönlichkeit und Definition der Situation bedeuten. Aus diesem Grunde soll ein Beispiel eines Kommunikationsprozesses das Verständnis der Abbildung erleichtern und die Beziehungen aufzeigen helfen, die zu den in der Diskussion von Kommunikationsprozessen verwendeten Konzeptionen und Begriffen bestehen. Da diese Abbildung ein in sich geschlossenes System beschreibt, kann die Beschreibung des Beispieles an einer beliebigen Stelle beginnen.

Es sei angenommen, daß bei A aus irgendeinem Grund das Problem hervorgerufen ist, dem B eine verbale Mitteilung zu machen. Die kognitive Persönlichkeit enthält u. a. die Überzeugung, daß B der deutschen Sprache mächtig sei. Dies ist zweifellos eine für die Absicht des A wesentliche Information, die neben anderen Informationen zur Prämisse seiner Entscheidung über die Art der an B zu übermittelnden Signale (nämlich Wörter der deutschen Sprache) wird. Die — aus welchem Grunde auch immer — gleichfalls hervorgerufene, von A mit der Person des B assoziierte Information, daß dieser verheiratet sei, wird A dagegen nicht in seine Definition der Situation aufnehmen. Da anzunehmen ist, daß A ebenfalls der deutschen Sprache mächtig ist, wird die Definition der Situation des A ein kognitives Programm enthalten, das die „Produktion" der an B zu übermittelnden Signale zu einer reinen Routineangelegenheit macht. A trifft also eine reine Routineentscheidung und führt das kognitive Programm „Sprechen des beabsichtigten Satzes" aus. Dieses äußert sich im beobachteten Verhalten des A. Zusammen mit den sonstigen Umweltsituationen und dem gleichzeitig beobachtbaren Verhalten des B wird das Verhalten des A Quelle von Signalen, die B empfangen hat.

Bleiben wir jedoch einen Augenblick bei A. Während des Sprechens, das gleichzeitig die Quelle von Signalen für A darstellt, bemerkt dieser ein Signal, das er als ein „Versprechen" interpretiert und das ihn zu einer Wiederholung des angefangenen Satzes veranlaßt. Gleiches mag eventuell geschehen, wenn während des Sprechens von außerhalb (d. h. in der sonstigen Umwelt) ein großer Lärm anbricht, der Kanal zur Übertragung der Signale also gestört ist. Beide Male liegt eine Rückmeldung über den gestörten Kanal an den Sender vor.

Nehmen wir an, der von A gesprochene Satz lautete: „In diesem Zimmer ist es schrecklich kalt." Dieser Satz bildet u. a. die von B empfangenen Signale. Sie können nun bei B unterschiedliche Wirkungen zeitigen. Zum einen ist es denkbar, daß B in dem gleichen Augenblick, in dem A den fraglichen Satz ausspricht, sich polternd von seinem Stuhl erhebt (Verhalten B). Neben dem Poltern hört er gerade noch das Satzfragment „... ist es schrecklich kalt". Es liegt auch hier ein Geräusch im Kanal vor, das bewirkt, daß die Signale nur verstümmelt empfangen werden. B muß nun diese verstümmelten Signale interpretieren.

Zunächst kann es das Unglück wollen, daß B Ausländer ist und kein Deutsch kann. Immerhin rufen die Signale bei ihm Assoziationen hervor, die es ihm erlauben, die Signale als deutsche Sprachlaute zu identifizieren. Es entsteht für ihn das Problem, A von seiner Unkenntnis in Kenntnis zu setzen. Um das Problem zu lösen, muß er sich eine Definition der Situation bilden. Sein kognitiver Problemlösungsprozeß führt ihn schließlich zu einem Programm, das ihn den Satz „Nix dütsch" aussprechen läßt, was für ihn keineswegs eine Routineangelegenheit ist. A empfängt diese Signale. Ihre Interpretation bereitet ihm jedoch keinerlei Schwierigkeiten, da er auf Grund des vorhergegangenen „verständnislosen Schauens" des B auf den Empfang dieser oder ähnlicher Signale bereits eingestellt war. Dies führt bei A zu zweierlei. Zum einen fühlt er sich in seiner Überzeugung, B sei der deutschen Sprache mächtig, begreiflicherweise nicht bestärkt. Er wird in Zukunft mit der Person von B kaum noch diese Informationen in seiner kognitiven Persönlichkeit assoziieren. Zum anderen entsteht für A erneut das Problem, sich dem B gegenüber verständlich zu machen.

Doch kehren wir zu B zurück, und unterstellen wir, daß er tatsächlich Deutsch kann. Dennoch ist für ihn die Entschlüsselung der verstümmelt empfangenen Signale nicht unproblematisch. Um die Bedeutung dieser Signale voll zu erfassen, muß er Informationen hinzufügen. Je nach der momentanen Einstellung wird diese Ergänzung unterschiedlich ausfallen. Ist B gerade mit dem Problem beschäftigt, eine Flugreise nach Alaska zu unternehmen, so wird B geneigt sein, die verstümmelte Aussage des A dahin gehend zu interpretieren, daß Alaska schrecklich kalt sei. Hat er sich jedoch selbst gerade darüber geärgert, daß das Zimmer so kalt ist, wird die Interpretation eher in dem von A beabsichtigten Sinne ausfallen.

Letzteres wollen wir einmal annehmen. Damit hat B zumindest die „Phrastik" des von A geäußerten Satzes richtig verstanden. Gleichzeitig — so wollen wir annehmen — haben die wahrgenommenen Signale einige von B gespeicherte kognitive Informationen über A hervorgerufen. Darunter ist das Wissen, daß A eigentlich nie etwas ohne Grund sagt. Für B rufen die empfangenen und interpretierten Signale daher das Problem hervor, ob A eine bestimmte Reaktion erwartet. Diese und sicherlich weitere Informationen über A sowie die gegenwärtigen Umweltbedingungen gehen in die Definition der Situation ein, die sich B von der Situation bildet. Die „Problemlösungsüberlegungen" von B mögen zu einer Definition des Problems führen, daß eine Operation zu finden sei, die den Anfangszustand (kaltes Zimmer) in einen von A mit einer Mitteilung offenbar gewünschten Endzustand (wärmeres Zimmer) zu überführen in der Lage ist. B wird daher das offene Fenster schließen. Dieses Verhalten von B liefert wiederum Signale für A, der in ihnen Rückkopplungsinformationen sieht. Möglicherweise wird er sie dahin gehend interpretieren, daß B zwar die Phrastik, nicht jedoch die Neustik seiner Mitteilung verstanden hat. Es lag ihm fern, B zu einem Schließen des Fensters zu bewegen. Dies mag A zu einer neuen Mitteilung (etwa einer Entschuldigung) bewegen. Gleichzeitig wird er u. a. in der Zukunft mit der Person des B in seiner kognitiven Persönlichkeit die Information assoziieren, daß dieser geneigt ist, einfache Mitteilungen als Bitten oder Befehle zu interpretieren.

Hier mag das Beispiel enden. Im folgenden sollen einige Verfeinerungen und Ergänzungen betrachtet werden, die für die weiteren Erörterungen der sozialen Beeinflussungsprozesse der Sozialisation und Macht wesentlich erscheinen. Zum Teil sind diese Verfeinerungen bereits durch das Beispiel angedeutet.

**Primäre und sekundäre Informationen**

In jedem Kommunikationsprozeß werden primäre und sekundäre Informationen übertragen bzw. durch die übertragenen Signale beim Empfänger hervorgerufen. Diese Unterscheidung beruht auf einem Vorschlag Backs[9]). Back sieht die Kommunikationen als eine Teilmenge der vom Individuum empfangenen Signale, die neben den *Kommunikationen* auch die reinen *Stimuli* umfassen. Stimuli sind Signale der Umwelt, Kommunikationen Signale der Mitwelt:

> „Es gibt ... einen bedeutenden Unterschied zwischen Kommunikation und Stimuli. Erstere kommt von menschlichen Quellen, d. h. von Organismen, die der Empfänger als sich selbst äquivalent betrachtet. Während ein Stimulus eine Nachricht darstellt, die einen objektiven Sachverhalt repräsentiert, gibt eine Kommunikation diesen Sachverhalt als Inhalt wieder und beschreibt zusätzlich den Hervorbringer (originator) der Nachricht."[10])

> „Kann eine Trennung zwischen Kommunikation als Übertragung allgemeiner Information und als Übertragung von Information über den Kommunikator vorgenommen werden? Wir können die zwei Typen von Informationen als primäre und sekundäre Informationen bezeichnen. Jede Nachricht kann beide Arten von Informationen übertragen."[11])

Diese Überlegungen lassen sich verallgemeinern. Es ist anzunehmen, daß die während einer sozialen Kommunikation übermittelten Signale sowohl *primäre* als auch *sekundäre Informationen* hervorrufen. Dies setzt seinerseits voraus, daß das assoziative Netzwerk der kognitiven Persönlichkeit enge assoziative Verbindungen zwischen den primären Informationen und den sekundären Informationen über deren ursprüngliche Herkunft aufweist. Die assoziativen Verbindungen zwischen primären und sekundären Informationen führen dazu, daß primäre Informationen, die unabhängig von einem konkreten Kommunikationsvorgang hervorgerufen werden, mit großer Wahrscheinlichkeit auch entsprechende sekundäre Informationen hervorrufen.

Einen Schritt weiter geht man, wenn man als sekundäre Informationen nicht nur jene auf den Sender verweisenden Informationen bezeichnet, sondern auch solche im Kommunikationsprozeß empfangenen oder hervorgerufenen Informationen, die allgemeine Zustände wie Ort, Zeit usw. der Kommunikation charakterisieren. Solche sekundären Informationen spielen unter Umständen eine große Rolle, wenn der Empfänger über die Annahme oder Ablehnung einer primären Information als Entscheidungsprämisse zu befinden hat[12]). Sekundäre Informationen können faktischer und wertender Art sein. Sie können Überzeugungen des Empfängers, aber auch positive oder negative

---

[9]) Vgl. Back (1962).
[10]) Ebenda, S. 36.
[11]) Ebenda, S. 41.
[12]) Vgl. Band II, S. 97 ff.

Attitüden beinhalten, die sich auf Sender und Umstände der Informationsübertragung beziehen. Letztere können zu Emotionen werden, die die Kommunikation überlagern. Es ist zu erwarten, daß dies nicht ohne Auswirkung darauf bleibt, ob der Empfänger bereit ist, die primären Informationen als Entscheidungsprämissen zu akzeptieren.

**Typen von Kommunikationssituationen**

Die Unterscheidung von primären und sekundären Informationen einerseits sowie von symbolischer Kommunikation und direkter Wahrnehmung andererseits ermöglicht es, eine nach zwei Dimensionen charakterisierende *Typologie von Kommunikationssituationen* darzustellen[13]).

(1) Jeder Kommunikationsprozeß überträgt primäre und sekundäre Informationen oder ruft diese hervor. Der prozentuale Anteil dieser Informationstypen ist jedoch unterschiedlich hoch. Je größer der Anteil der auf die Beteiligten bezogenen Überzeugungen oder Attitüden (sekundäre Informationen) ist, desto mehr geht der Kommunikationsprozeß von einer rein informationellen Kopplung zu einer *zwischenmenschlichen Begegnung* über. Die Beteiligten sind nicht nur durch die informationelle Kopplung, sondern auch durch Relationen verbunden, die die gegenseitigen Attitüden und das Wissen über die Person des anderen repräsentieren. Ist der Anteil sekundärer Informationen gleich Null, so liegt eine Situation vor, die Back nicht als Kommunikation bezeichnet. Es besteht eine informationelle Kopplung zur *Umwelt*, nicht jedoch zur *Mitwelt*. Die von einer menschlichen Quelle gesendeten Signale werden vom Empfänger wie Signale nicht-menschlicher Informationsquellen behandelt.

(2) Die meisten Kommunikationsprozesse stellen eine Kombination von direkter Wahrnehmung und symbolischer Interaktion dar. Der Empfänger hört nicht nur die Sätze (Symbole) des Senders, sondern nimmt auch die Art und Weise direkt wahr, wie und in welcher Situation diese Sätze ausgesprochen werden. Auch hier kann der Anteil der symbolischen Interaktion unterschiedlich hoch sein. Es ist ein Kontinuum anzunehmen, dessen eines Extrem durch reine direkte Wahrnehmung, dessen anderes Extrem durch reine symbolische Interaktion ohne direkte Wahrnehmung zusätzlicher Signale charakterisiert ist.

Jede Kommunikationssituation kann nach diesen beiden Dimensionen beschrieben werden. Zwischen dem Typ der Kommunikationssituation und der Bereitschaft des Empfängers, die empfangenen primären Informationen als Entscheidungsprämissen zu akzeptieren, bestehen Zusammenhänge, die freilich bislang noch nicht im einzelnen untersucht wurden. So bleibt es sicherlich nicht ohne Wirkung auf die Annahme einer primären Information als Entscheidungsprämisse, ob die für diese Annahme unter Umständen aus-

---

[13]) Vgl. zum folgenden Back (1962), dessen Überlegungen jedoch in modifizierter Weise wiedergegeben werden.

schlaggebenden sekundären Informationen durch direkte Wahrnehmung oder durch symbolische Kommunikation übermittelt werden. So wird der Empfänger einer Anweisung eher von der zu erwartenden Bestrafung im Falle einer Nichtbefolgung überzeugt sein, wenn der Sender durch entsprechende Handlungen seine Fähigkeit und Bereitschaft zur Bestrafung sichtbar macht[14]). Verbale Beteuerungen und Drohungen mögen demgegenüber ohne entsprechende Wirkung bleiben. Eine Anweisung, die mit „drohender Stimme" (direkte Wahrnehmung des Empfängers, die eine sekundäre Information hervorruft) vorgetragen wird, wird effizienter sein als ein „normal" ausgesprochener Befehl, der von einer verbalen Sanktionsdrohung begleitet wird, ohne daß dieser ein entsprechender „stimmlicher Nachdruck" verliehen wird.

### 3.12 „Verstehen" im Kommunikationsprozeß

In sozialen Kommunikationsprozessen kommt es nicht selten vor, daß die Interpretation der empfangenen Signale dem Empfänger Schwierigkeiten bereitet. Das „Verstehen" der Kommunikationsinhalte ist keine Selbstverständlichkeit. Mit der Frage nach dem Verstehen treten jene menschlichen Informationsprozesse in den Vordergrund, die man im Rahmen der „Fragen beantwortenden Programme" oder „comprehension programs" (Reitman) zu simulieren trachtet.

**Verstehen als Problemlösungsprozeß**

In der Alltagskommunikation ist das „Verstehen" der Bedeutung empfangener Signale ein Routineprozeß, dessen Ergebnis — wie dargelegt — von der momentanen Einstellung des Individuums und indirekt von dessen Persönlichkeit abhängt. Dieser Prozeß verläuft weitgehend unbewußt. Wie bei jedem Routineverhalten des Individuums, so können auch beim „Verstehen" einer Nachricht innere und äußere Umstände eintreten, die dem Individuum plötzlich ein Problem bewußt werden lassen. Konsequent schlägt Reitman deshalb vor, das Verstehen von Kommunikationsinhalten als Problemlösen zu interpretieren:

„Das Verstehen kann auch als ... Problemlösungsverhalten gesehen werden. Die Problembeschreibung wird definiert im Hinblick auf das empfangene Signal, das verstanden werden soll. Die dem Problem immanente Forderung besteht nun darin, ein kognitives Element zu finden oder zu konstruieren, das der Problembeschreibung genügt."[15])

Probleme dieser Art sind in der Regel *schlecht-definiert* und *nicht-operational*[16]). Sie enthalten offene Beschränkungen, die geschlossen werden müssen. Schon ein alltäglicher Kommunikationsprozeß (wie derjenige des dargestell-

---
[14]) Vgl. S. 217 f. dieser Arbeit.
[15]) Reitman (1965), S. 236.
[16]) Vgl. Band II, S. 147 f. und die dort genannte Literatur.

ten Beispiels) vermittelt einen Eindruck, welche Problemlösungsfähigkeiten in jedem Menschen stecken. Man ist noch weit davon entfernt, diese auch nur annähernd erklären und simulieren zu können. Bisher gibt es kaum Anhaltspunkte, nach welchen Programmen das Individuum solche schlechtdefinierten Probleme löst, welche — offenbar äußerst erfolgreichen — *heuristischen Prinzipien* es dabei verwendet und inwieweit die im Kommunikationsprozeß übermittelten bzw. hervorgerufenen sekundären Informationen diese Problemlösungen beeinflussen.

**Die Definition der Kommunikationssituation**

Wenn die Entschlüsselung bzw. Interpretation einer Kommunikation selbst den *Charakter eines Problemlösungsprozesses* annehmen kann, so bildet sich das Individuum eine Definition der Situation, die grundsätzlich die gleichen Merkmale aufweist wie die bislang diskutierten. Diese Definition enthält insbesondere sekundäre Informationen, d. h. die subjektiven Annahmen des Individuums über die Kommunikationssituation und den Kommunikationspartner, wobei zweifellos auch die Annahmen des Individuums über die Informationen eine Rolle spielen, die der Kommunikationspartner über das betrachtete Individuum selbst hat. Nicht alle während des Kommunikationsvorgangs durch die empfangenen Signale hervorgerufenen Informationen gehen in die Definition der Kommunikationssituation ein. Wenn beispielsweise der Kommunikationspartner vor der Aussprache eines Wortes kurz zögert, so wird dies u. U. bei dem Empfänger die Information hervorrufen, daß sich der Kommunikationspartner über die Korrektheit und die Bedeutung dieses Wortes nicht sicher ist. Dennoch mag dies nicht als Prämisse für den auf die Interpretation der Signale des gesamten Kommunikationsvorgangs gerichteten Problemlösungsprozeß betrachtet werden.

Diese Definition der Kommunikationssituation ist von jener Definition zu unterscheiden, die sich das Individuum von Entscheidungssituationen bildet, auf die sich die Entscheidungen und Problemlösungen beziehen, mit denen das Individuum zur Zeit der Kommunikation gerade befaßt ist. Dennoch bestehen zwischen beiden Arten von Definitionen enge Beziehungen. Zum einen ist es möglich, daß der Sender der Nachricht erkennbar auf ein bestimmtes Entscheidungsproblem des Empfängers Bezug nimmt und mit der Kommunikation die Absicht verbindet, der Empfänger möge die empfangene Information zur Prämisse seiner Entscheidung machen. Zum anderen beeinflussen — worauf bereits hingewiesen wurde — die Informationen einer solchen Definition der Entscheidungssituation sehr viel stärker die momentane Einstellung des Individuums, als es etwa sonstige kognitive Informationen der Persönlichkeit des Individuums vermögen. Dies bedeutet, daß der Empfänger geneigt ist, die empfangenen Signale im Lichte des Entscheidungsproblems zu interpretieren, mit dem er gerade befaßt ist. Es leuchtet ein, daß dies zu Interpretationen führen kann, die nicht mit den vom Sender beabsichtigten Interpretationen übereinstimmen. Die bereits vorhandene Definition einer

Entscheidungssituation führt hier zu einer gewissen *Wahrnehmungsrigidität* im Kommunikationsprozeß.

Diese Überlegungen lassen den Empfänger der Kommunikationsinhalte als mehr passives Wesen erscheinen. Es ist jedoch plausibel anzunehmen, daß das Individuum von vornherein nur auf den Empfang gewisser Signale „eingestellt" ist. Dies wird dann der Fall sein, wenn sich das Individuum inmitten eines Problemlösungsprozesses befindet und es eine Lösungshypothese sucht, die einem ganz bestimmten Lösungsgenerator genügen soll. Das Individuum geht in den Kommunikationsprozeß gleichsam mit einer „Frage" hinein und wird sich auf jene Signale konzentrieren, die eine Antwort auf diese Frage verheißen. Umgekehrt kann — ohne daß dies unmittelbar in der Absicht des Senders lag — die Kommunikation beim Empfänger kognitive Informationen hervorrufen, die ihn bei seiner Problemlösung weiterbringen. Dies ist ein Grund, weshalb vielfach von einer *Überlegenheit von Gruppen oder Kollegien im Problemlösen* gesprochen wird[17]). Die freie Kommunikation in der Gruppe kann für die Mitglieder Signale und Hinweise liefern, die zu einer Aktivierung bereits gespeicherter, aber momentan nicht zugänglicher Informationen führen.

Mit den Definitionen der Situation zur Lösung des Interpretationsproblems und zur Lösung der von den Kommunikationsinhalten im dargelegten Sinne betroffenen Entscheidungsprobleme sind die im Rahmen eines Kommunikationsprozesses zu berücksichtigenden Situationsdefinitionen noch nicht erschöpft. Bereits bei der Darlegung des Beispiels zur Erläuterung der Abb. 3.6 wurde verschiedentlich angedeutet, daß die Auswahl einer geeigneten Reaktion auf die interpretierte Nachricht für den Empfänger ein Entscheidungsproblem eigener Art hervorrufen kann. Die in Abb. 3.6 erwähnten Definitionen der Situation treffen unmittelbar für diesen Fall zu. Normalerweise wird auch diese Reaktion rein routinemäßig erfolgen, etwa dann, wenn zwei Betriebskollegen ein alltägliches Gespräch über den Fußball oder das Wetter führen. Wenn man jedoch mit seinem Vorgesetzten spricht, mag die Wahl der geeigneten Reaktion zu einem echten und zudem noch schlecht-definierten Entscheidungsproblem werden. Umgekehrt mag die Wahl der geeigneten Form einer Anweisung, mit der er den Untergebenen von der Richtigkeit und Zweckmäßigkeit dieser Anweisung überzeugen möchte, für den Vorgesetzten ein echtes Problem dieser Art darstellen. Besonders bedeutsam ist diese Kategorie der Situationsdefinition in Verhandlungsprozessen, wenn es darum geht, den nächsten taktischen Schritt vorzubereiten[18]).

**Informationsüberladung**

Da die Interpretation der empfangenen Signale sowie der Test, inwieweit die Informationen als Entscheidungsprämissen zu akzeptieren sind, ständig einen Teil der Informationsverarbeitungskapazität des Individuums in Anspruch nimmt, kann eine *Informationsüberladung* (information overload) eintreten. Das Kurzgedächtnis wird überlastet. Das Individuum ist einem In-

---

[17]) Vgl. z. B. Jones und Gerard (1967), S. 597.
[18]) Vgl. S. 223 dieser Arbeit.

formations-Streß ausgesetzt. Miller hat mehrere Mechanismen beschrieben, mit denen ein Informationssystem auf eine Informationsüberladung reagiert[19]).

So kann sich das Individuum auf bestimmte Signale konzentrieren und die empfangenen Signale nur sporadisch zu interpretieren versuchen (omission). Dies ist etwa der Fall, wenn jemand der Rezitation eines modernen Gedichts folgt, dieses nicht versteht, sich auf die Interpretation der ersten Zeilen konzentriert und den Rest einfach überhört. Das Individuum kann jedoch auch völlig abschalten (escape). Eine Filterung liegt dagegen vor, wenn das Weglassen systematisch — etwa nach einem heuristischen Prinzip — erfolgt und das Individuum somit in selektiver Weise lediglich einen Teil der empfangenen Signale zu Prämissen seiner Definition der Situation macht. Vor allem dann, wenn die Signale in einem Kommunikationsmedium realisiert werden, das diese speicherbar macht, wird das Individuum der momentanen Informationsüberladung dadurch zu entgehen versuchen, daß es die eingehenden Signale gleichsam Warteschlangen bilden läßt (queuing).

## Verstehen und Lernen

Diese Überlegungen zur Informationsüberladung und zu dem hierdurch verursachten Streß bringen die Diskussion zurück zu dem bereits an anderer Stelle dargestellten Problem der Begriffsaneignung[20]). Der wechselseitige Kommunikationsprozeß wird so zu einem möglicherweise über längere Zeit andauernden *Prozeß des Lernens von Begriffen*. Hierbei stellt sich zunächst die Frage, wann man davon ausgehen kann, daß das Individuum die im Kommunikationsprozeß übermittelten Symbole oder Zeichen „verstanden", d. h. die von diesen Zeichen repräsentierten Begriffe sich angeeignet hat.

Eng damit verbunden sind die Fragen der *kognitiven Repräsentation von Signalen* bzw. des Zusammenhangs zwischen Wahrnehmungen und ihrer sprachlichen Bezeichnung. Die Überlegungen des vorhergehenden Bandes zur kognitiven Repräsentation von Begriffen gingen (im Anschluß an Quillian und Reitman[20a])) von einer *symbolischen* inneren Repräsentation der Begriffe aus. Obgleich diese Symbole bei der modellmäßigen Darstellung durch Wörter der deutschen Sprache repräsentiert werden, darf dies nicht dahin gehend verstanden werden, die kognitiven symbolischen Elemente entsprächen ebenfalls solchen Wörtern.

> „Die Verwendung von Wörtern als Symbole zur Repräsentierung kognitiver Elemente ... sollte uns nicht dazu verleiten zu glauben, daß die kognitiven Elemente selbst als verbal anzunehmen wären. ‚Rot' mag etwa für die Farbe Rot als die Eigenschaft einer Wahrnehmung (percept) stehen. Trotz allem, Begriffe müssen in irgendeiner inneren Sprache kodiert werden, und die Verwendung von Wörtern zur Repräsentation solcher wahrnehmungs-

---

[19]) Vgl. Miller (1962).
[20]) Vgl. Band II, S. 124.
[20a]) Vgl. Quillian (1967); Reitman (1965).

mäßig kodierten Elemente ist eine Frage der Konvenienz. Dies impliziert nicht notwendigerweise eine Übereinstimmung zwischen der Struktur der inneren Sprache der Wahrnehmungen (percept) und der Sprache der Wörter, die wir zur gegenseitigen Kommunikation benützen."[21])

Dies bedeutet, daß ein Individuum beispielsweise einen ihm durch Kommunikation übermittelten Begriff nicht erst dann „verstanden" hat, wenn es eine sprachliche Definition produzieren kann. Es genügt, wenn es entscheiden kann, ob einzelne Objekte Elemente der Extension dieses Begriffes sind. Wenn einem Organisationsteilnehmer ein Ziel durch Kommunikation vorgegeben wird, so bedeutet allein die Tatsache, daß dieser keine Definition des Zieles wiedergeben kann, noch lange nicht, daß der dem Ziel entsprechende Begriff (Wert) für den Organisationsteilnehmer nicht-operational sei und bei seinen Problemlösungsüberlegungen eine offene Beschränkung darstelle. Dies mag ursprünglich der Fall gewesen sein, aber ein dem Empfang der Zielsignale folgender Problemlösungsprozeß kann längst bewirkt haben, daß der Organisationsteilnehmer die Erfordernisse und Attribute des vorgegebenen Zieles versteht. Dabei ist allerdings nicht ausgeschlossen, daß die für diesen Organisationsteilnehmer operationale Zielinterpretation nicht mit jener Bedeutung übereinstimmt, die vom Sender des Zieles beabsichtigt war.

Der den wechselseitigen Kommunikationsprozeß überlagernde *Lernprozeß* wird nunmehr deutlich. Der Empfänger eignet sich in einem sukzessiven Prozeß des Versuchs und Irrtums den Begriff an, indem er etwa versuchsweise Hypothesen darüber bildet, ob bestimmte Gegenstände oder Sachverhalte zur Extension des Begriffes gehören oder nicht und sich durch den Sender die Hypothesen verifizieren oder falsifizieren lassen. Dabei ist anzunehmen, daß sich der Empfänger nicht auf ein „blindes" Verfahren des Versuchs und Irrtums bei der Hypothesenbildung verläßt, sondern in durchaus selektiver, von heuristischen Prinzipien gelenkter Weise vorgeht. Der Prozeß des Verstehens wird somit zu einem Prozeß des „intelligenten Lernens"[22]). Wir werden hierauf im Zusammenhang mit der Untersuchung der Sozialisation zurückzukommen haben.

## 3.2 Sozialisation

Mit der Analyse der Sozialisation wird ein Teilaspekt des umfangreichen verhaltenswissenschaftlichen Komplexes des Lernens angesprochen. Lernen führt ex definitione zu einer Modifikation und Erweiterung der im Langgedächtnis gespeicherten kognitiven Informationen des Individuums. Der Lernprozeß stellt somit einen Prozeß dar, der die Persönlichkeit beeinflußt. Sieht man die Persönlichkeit als Quelle potentieller Entscheidungsprämissen an, so wird der Lernprozeß zu einem tragenden Element in der Analyse der

---

[21]) Reitman (1965), S. 251.
[22]) Vgl. Newell et al. (1960) sowie Simon und Newell (1962). Vgl. auch Band II, S. 63 und die dort angeführte Literatur.

Genetik individueller Entscheidungsprämissen in der Organisation. Es kann nicht Aufgabe dieser Untersuchung sein, eine umfassende Darstellung der im Rahmen der verhaltenswissenschaftlichen Lernforschung entwickelten Theorien und Hypothesen zu versuchen. Vielmehr soll sich die Analyse auf solche Lernprozesse beschränken, die spezifisch soziale Einflüsse auf die Persönlichkeit zum Ausdruck bringen. Im Vordergrund soll dabei der Prozeß der Sozialisation stehen.

## 3.21 Sozialisation, Internalisation und Identifikation

Das Phänomen der *Sozialisation* wird in der Organisationstheorie erst in jüngster Zeit in die Untersuchungen mit einbezogen[23]). In älteren Monographien finden sich dagegen kaum Hinweise. Diese Feststellung bedarf jedoch insoweit einer Einschränkung, als die mit der *Sozialisation* sehr eng zusammenhängenden Probleme der *Internalisation* und *Identifikation* bereits in den Arbeiten von Simon[24]) eine große Rolle spielen. Im folgenden sollen zunächst die eng zusammenhängenden Begriffe der Sozialisation, Internalisation und Identifikation eine Klärung erfahren.

### Zum Begriff der Sozialisation

Einige Definitionen mögen einen Eindruck von der Vielfältigkeit der Bedeutungen des Begriffes der *Sozialisation* in den Verhaltenswissenschaften vermitteln:

> „‚Sozialisation‘ bezieht sich auf die individuelle Adaption und Internalisation von Werten, Anschauungen und Wahrnehmungsweisen der Welt, welche von einer Gruppe geteilt werden."[25])

> „Sozialisation bezeichnet den Prozeß, durch den ein Individuum lernt, sich an eine Gruppe anzupassen, indem es soziales Verhalten annimmt, das diese gutheißt."[26])

> „Das Üben oder Formen, durch das ein Individuum zu einem Mitglied einer bestimmten Gesellschaft gemacht wird, d. h. wie das Kleinkind zum Kind, das Kind zum Erwachsenen wird.
>
> ... Sozialisation bedeutet Kindererziehung im weitesten Sinne — nicht einfach jene Handlungen, die die Eltern bewußt vornehmen, um das Kind richtig aufzuziehen, sondern all die Weisen, mit der die Personen in seiner Umwelt das Kind bewußt oder unbewußt von einem neugeborenen Organismus in ein Mitglied einer bestimmten Gesellschaft umformen."[27])

---

[23]) Vgl. Jones und Gerard (1967), S. 76 ff.; Katz und Kahn (1966), S. 336 ff. Vgl. zu den verschiedenen Aspekten der Sozialisation die Überblicke bei Brim (1968), Burton (1968), Greenstein (1968); Swanson (1968); Whiting (1968) und die jeweils dort genannte umfangreiche Literatur.

[24]) Vgl. Simon (1957 a), S. 102 f.

[25]) Jones und Gerard (1967), S. 76.

[26]) Nimkoff (1964), S. 672.

[27]) Berelson und Steiner (1964), S. 38.

Diese Beispiele zeigen, daß der Sozialisationsbegriff z. T. sehr unterschiedlich verwendet wird, aber dennoch alle Definitionen einen gemeinsamen Kern aufweisen. Allgemein zeichnet sich dabei eine Tendenz ab, den Sozialisationsbegriff nicht nur — wie in der letzten Definition — auf das Kind zu beziehen. Auch Erwachsene sind einem steten *Sozialisationsprozeß* ausgesetzt, der sich an allen Gruppen und Organisationen bemerkbar macht, denen das Individuum gleichzeitig oder nacheinander angehört. Dennoch beziehen sich die meisten empirischen und theoretischen Untersuchungen auf die Sozialisation des Kindes[28]). Erst in jüngster Zeit beginnt man, die Untersuchungen auch auf die Sozialisation von Erwachsenen auszudehnen[29]).

Im folgenden soll unter *Sozialisation* eines Organisationsteilnehmers jeder Lernprozeß verstanden werden, der dazu führt, daß sich das Individuum Informationen gleich welcher Art aneignet und in seinem Langgedächtnis speichert, die bereits unabhängig von dem betrachteten Individuum im öffentlichen und kognitiven Informationssystem der Organisation irgendwie vorhanden sind und — soweit es das kognitive Informationssystem betrifft — von allen oder von einzelnen Gruppen von Organisationsteilnehmern geteilt werden. Das Lernen von Rollen, Werten, besonderen Geschicklichkeiten, aber auch von allgemein geteilten Überzeugungen, das alles vollzieht sich im Rahmen des Sozialisationsprozesses. Selbstverständlich umfaßt die Sozialisation auch das Lernen all jener heuristischen Prinzipien und Faustregeln, mit deren Hilfe die Organisationsteilnehmer die spezifischen Probleme ihrer Organisation lösen. Ausgeschlossen aus der Definition sind jedoch solche sozialen Lernprozesse, in denen sich der Organisationsteilnehmer Informationen aneignet, über die einzelne andere Individuen verfügen, die aber nicht von mehreren Organisationsteilnehmern geteilt werden. Ausgeschlossen sind ferner solche Lernprozesse, die in der Organisation stattfinden, in denen das Individuum „neue" Informationen gewinnt, über die andere Organisationsteilnehmer nicht verfügen. Diese kognitiven Informationen repräsentieren die höchstpersönlichen Erfahrungen des Individuums mit den Problemen seiner Organisation.

**Internalisation**

Der Sozialisationsbegriff wird häufig mit dem Begriff der Internalisation in Verbindung gebracht. Dieser ursprünglich aus der Psychoanalyse stammende Begriff wird allerdings mit unterschiedlichen Bedeutungen verwendet:

> „Das Wort Internalisation wird in mindestens drei Bedeutungen in den Sozialwissenschaften verwendet. Die erste setzt es mit Lernen gleich... Die zweite macht es synonym mit Symbolisation. Weil bereits für diese beiden Verwendungsarten präzise und allgemein übliche Fachausdrücke bestehen, erscheint es wünschenswert, den Begriff der Internalisation für die

---

[28]) Vgl. Berelson und Steiner (1964), S. 38 ff.; Brown (1965), S. 197 ff.; Child (1954); Jones und Gerard (1967), S. 76 ff.; Lambert und Lambert (1964), S. 7 ff.
[29]) Vgl. z. B. Berlew und Hall (1966); Brim (1968); Greenstein (1968); Hyman (1959).

dritte — psychoanalytische — Verwendung zu reservieren, d. h. für das Lernen (oder den Zustand des bereits Gelernthabens) in denjenigen Fällen, in denen sich der Lernende nicht der Bedingungen bewußt ist, die ihn getrieben, beeinflußt oder motiviert haben."[30]

Folgt man dieser zuletzt genannten Definition, so bringt der Begriff der *Internalisation* zum Ausdruck, daß die gelernten kognitiven Informationen (vor allem Werte) nicht mehr mit ihren ursprünglichen Quellen (Sendern) und den Umständen ihrer Aneignung assoziiert werden. Zumindest ist die assoziative Verbindung sehr schwach, und es erscheint äußerst unwahrscheinlich, daß eine Hervorrufung der internalisierten kognitiven Informationen auch zu einer Hervorrufung der assoziierten Information über die Quelle führt. Die internalisierten Werte besitzen somit eine *funktionale Autonomie*. Dies schließt jedoch nicht aus, daß diese Assoziationen unter gewissen psychotherapeutischen Bedingungen hervorgerufen werden können oder daß das Individuum etwa im Rahmen einer akademischen Ausbildung lernt, daß die internalisierten Werte ursprünglich seiner sozialen Umwelt entstammen.

Es erscheint zweckmäßig, bei einer Ausweitung des Sozialisationsbegriffs auf soziale Lernprozesse von Erwachsenen diesen Terminus von der Bedingung der Internalisation zu lösen. Wenn somit beispielsweise das Lernen von Rollenzumutungen als Sozialisation bezeichnet wird, so impliziert dies nicht, daß sich das Individuum nicht mehr bewußt ist, daß diese Rolleninformationen Erwartungen und Zumutungen anderer Organisationsteilnehmer entsprechen. Internalisation erscheint als letzte Stufe eines Sozialisationsprozesses[31]).

Es erscheint plausibel anzunehmen, daß internalisierte Werte im Falle der Hervorrufung in der Regel eine größere Chance besitzen, tatsächlich zu Entscheidungsprämissen des Individuums zu werden. Dies gilt vor allem dann, wenn das Individuum auf Grund der besonderen Umstände nicht damit zu rechnen braucht, im Fall einer Verletzung der nicht internalisierten Werte den Sanktionen anderer Organisationsteilnehmer ausgesetzt zu sein. Werden internalisierte Werte verletzt, erwarten das Individuum auf jeden Fall „Sanktionen", die sich in *Schuldgefühlen* äußern. Geht man beispielsweise von den Organisationszielen aus, so erscheint es im Hinblick auf ihren Einfluß auf die Entscheidungsprämissen wünschenswert, daß die Organisationsteilnehmer diese Ziele internalisieren.

## Identifikation

Eine ähnliche These wird in der Organisationstheorie in der Regel mit dem Terminus der „Identifikation" des Organisationsteilnehmers mit den Organisationszielen zum Ausdruck gebracht[32]).

---

[30]) Swanson (1964), S. 345. Vgl. ferner Berne (1961); Fairbairn (1954); Jones und Gerard (1967), S. 715.

[31]) Zu den verschiedenen Versuchen zur Erklärung des Phänomens der Internalisation vgl. Jones und Gerard (1967), S. 86 ff.

[32]) Vgl. z. B. March und Simon (1958), S. 65 ff. Der Begriff der Identifikation in seiner heutigen Bedeutung geht zurück auf Freud; vgl. Freud (1955), S. 67 ff., insbes. S. 105 ff.

> „Man sagt, daß man sich mit einer sozialen Rolle identifiziert, wenn man nicht nur die Rolle internalisiert, sondern sie als seine eigene übernimmt ... Man sagt, daß man sich mit einer sozialen Gruppe identifiziert, wenn man das Rollensystem der Gruppe internalisiert und sich selbst als ein Mitglied der Gruppe betrachtet."[33]

Die in der Definition hervorgehobene enge terminologische Bindung zur Internalisation macht den Begriff der Identifikation überflüssig. Tatsächlich kann er jedoch — wenn er von der Internalisation begrifflich gelöst wird — zur Bezeichnung eines Tatbestandes herangezogen werden, der für die Analyse individueller Entscheidungsprämissen bedeutsam erscheint. Dabei wird der Kern des üblichen Identifikationsbegriffes nur bedingt getroffen. Ein Hinweis hierfür ergibt sich, wenn man die Aussage, ein Organisationsteilnehmer „identifiziere sich mit der Organisation bzw. ihren Zielen", näher betrachtet. Hieraus läßt sich ein Bezug zum *„Selbstbegriff"*, zum „Ich" des Individuums herauslesen. Mit dem „Selbst" oder „Ich" haben wir jenes assoziative Netz kognitiver Informationen eines Individuums bezeichnet, das dieses mit dem Begriffszeichen „Selbst" verbindet[34]. Diese Information wird das Individuum mit relativ großer Wahrscheinlichkeit aufzählen, wenn man es bittet, alle jene Informationen (Überzeugungen, Begriffe, Werte, Geschicklichkeiten usw.) zu nennen, die es mit seinem Ich verbindet. Da das Selbst für das Individuum in der Regel einen positiven Aspekt darstellt, werden auch die mit ihm assoziierten Attribute positiv bewertet und weisen gegenüber anderen, eventuell inkonsistenten Informationen eine relativ große Stabilität auf. Ein Individuum identifiziert sich mit einer Gruppe oder einem Gruppenziel, wenn es die Mitgliedschaft oder den entsprechenden Wert als Attribut seines Selbstbegriffes betrachtet.

Auf Grund des Modells der Persönlichkeit bzw. des Langgedächtnisses ist jedes Begriffszeichen als Patriarch einer Hierarchie von Merkmalszeichenkonfigurationen zu betrachten. Diese Hierarchie umfaßt im Extremfall alle übrigen Zeichen oder Informationen des Langgedächtnisses. Grundsätzlich bildet auch das Begriffszeichen „Selbst" einen derartigen Zugang zu allen übrigen Informationen. Dies impliziert, daß sich das Individuum gleichsam mit allen seinen kognitiven Informationen identifiziert. Es ist daher zweckmäßig, den Identifikationsbegriff nicht als streng klassifikatorischen Begriff aufzufassen, sondern als einen Terminus, der ein „Mehr oder Weniger" zuläßt. Ein Individuum identifiziert sich mit einem Objekt um so mehr, je höher die entsprechende kognitive Information in der Hierarchie der Merkmalszeichenkonfigurationen steht. Es gibt eine Reihe von Hypothesen und Theorien über die Einflüsse und Bestimmungsfaktoren, die auf das Ausmaß der Identifikation eines Individuums mit einer Gruppe oder Organisation einwirken. Auf ihre eingehende Darstellung soll in diesem Rahmen verzichtet werden[35].

---

[33] Johnson (1960), S. 128; vgl. ferner Jones und Gerard (1967), S. 105.
[34] Vgl. Band II, S. 118 ff.
[35] Vgl. jedoch den Überblick bei March und Simon (1958), S. 67 ff.

Für die Identifikation mit einem Wert ist es gleichgültig, ob sich das Individuum im Fall eines Wertes dessen Herkunft bewußt ist, diesen also internalisiert hat oder nicht. Es ist also durchaus möglich, daß sich ein Organisationsteilnehmer mit einem Organisationsziel identifiziert, d. h. mit dem entsprechenden Wert die Assoziation verbindet, daß dieser ursprünglich aus seiner sozialen Umwelt stammt. Umgekehrt kann das Individuum einen Wert internalisiert haben, ohne sich damit zu identifizieren. So kann ein Individuum das Gebot, nicht zu stehlen, internalisiert haben und im Fall seiner Verletzung Schuldgefühle verspüren, ohne daß es in diesem Wert eine besondere Eigenschaft seines „Selbst" erblickt. Obwohl das Individuum etwas gestohlen hat und sich das Gewissen regt, hat es doch nicht das Gefühl, „sich selbst untreu" geworden zu sein.

Die Identifikation mit einem anderen Individuum oder einer Gruppe hat somit keinerlei terminologische Beziehungen zur Sozialisation oder Internalisation. Die Tatsache der Identifikation kann jedoch diese Prozesse wesentlich fördern und beschleunigen. Darauf wird bei der Analyse des Sozialisationsprozesses stets hingewiesen.

Der hier vorgeschlagene Begriff der Identifikation steht zwar im Einklang mit seiner Verwendung in der entscheidungsorientierten Organisationstheorie, wie sie etwa von March und Simon formuliert wurde. Er bezieht jedoch nicht alle Phänomene ein, die in der Psychoanalyse und der Sozialpsychologie mit dem Terminus Identifikation in Verbindung gebracht werden. Jones und Gerard bezeichnen z. B. mit *Identifikation* den „Prozeß, in dem eine Person die Attribute einer anderen annimmt"[36]). Dies geschieht in der Regel auf dem Wege der *Imitation*. Mit dieser Konzeption wird nicht auf die durch den Selbstbegriff des Individuums charakterisierte Ausgangssituation, sondern auf den Prozeß bzw. das Ergebnis abgestellt. Eine terminologische Verbindung zu dem Selbstbegriff ist hier nicht gegeben. Es erscheint zweckmäßig, zwischen der Imitation des Verhaltens oder der Eigenschaften anderer und der Identifikation als eine der möglichen Voraussetzungen hierfür zu unterscheiden. Die Identifikation einer Person A mit einer anderen Person B stellt dann eine Machtgrundlage für B dar, die unter Umständen dafür maßgebend ist, daß A eine bestimmte von B stammende Information als Entscheidungsprämisse akzeptiert. Bei der Untersuchung der *Machtprozesse* wird daher auf die Identifikation zurückzukommen sein.

## 3.22 Das Lernen von organisationalen Rollen als Sozialisationsprozeß

Die Basis der Sozialisation eines Organisationsteilnehmers liegt in der Kommunikation mit anderen. Es ist daher zweckmäßig, bei der Entwicklung eines Modells des Sozialisationsprozesses vom *Modell des Kommunikationsprozesses* auszugehen. Diesen Weg haben z. B. Katz und Kahn beschritten, die im Anschluß an Kahn et al. ein Modell des Sozialisationsprozesses vor-

---

[36]) Jones und Gerard (1967), S. 714.

schlagen, das der Analyse des *Rollenlernens* dient[37]). Sie beschreiben diesen Prozeß als einen sich über längere Zeit wiederholenden Kommunikationsprozeß zwischen einem „Rollensender" und dem als „Rollenempfänger" bezeichneten Organisationsteilnehmer, dessen Sozialisation zur Diskussion steht. Abbildung 3.7 gibt ein Modell wieder, das an das Beispiel der Abbildung 3.6 anknüpft.

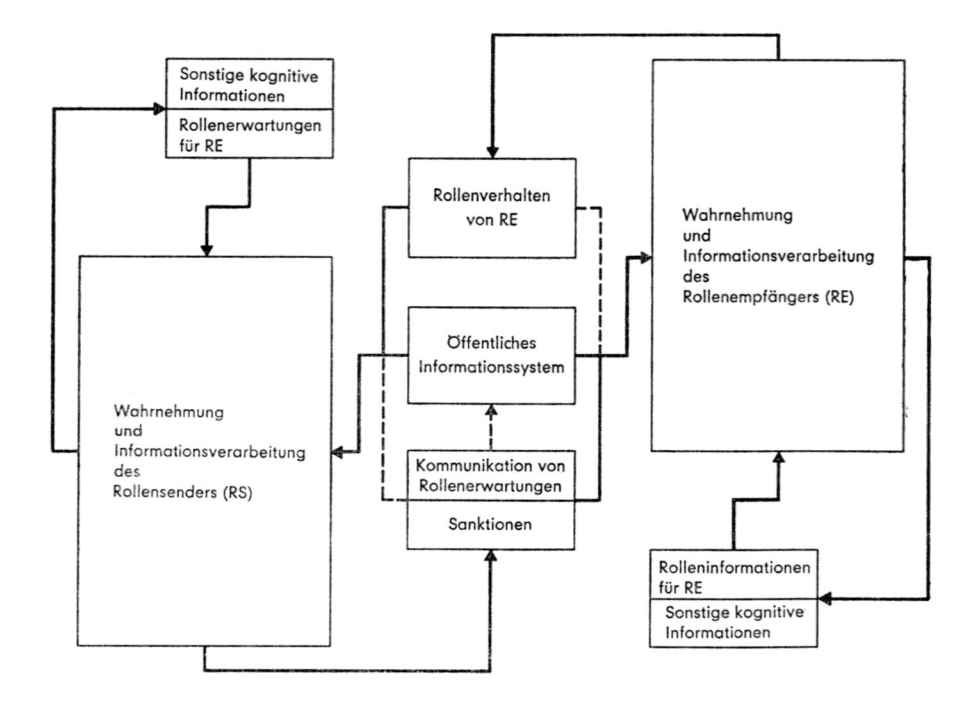

*Abb. 3.7: Das Lernen von organisationalen Rollen*

**Ein Kommunikationsmodell des Rollenlernens**

Den Gepflogenheiten der verhaltenswissenschaftlichen Analyse von Sozialisationsprozessen folgend, weist das Modell der Abbildung 3.7 gegenüber demjenigen der Abbildung 3.6 eine Reihe von Vereinfachungen und Abstraktionen auf. Ein Vergleich der beiden Abbildungen läßt diese unmittelbar sichtbar werden: Die kognitiven Informationsprozesse der beteiligten Individuen werden jeweils durch ein einziges Rechteck angedeutet, das die Wahrnehmung und Informationsverarbeitung des Rollensenders bzw. des Rollenempfängers repräsentiert.

Weitere pointierend hervorgehobene Abstraktionen zeigen sich, wenn man den Inhalt der übrigen Rechtecke beider Abbildungen vergleicht. So liegt

---

[37]) Vgl. Katz und Kahn (1966), S. 175 ff.; ferner Kahn et al. (1964).

beim Verhalten des Rollenempfängers das Schwergewicht auf dessen Rollenverhalten, dessen Konformität der Rollensender wahrzunehmen und zu beurteilen hat. Das Verhalten des Rollensenders interessiert im vorliegenden Fall vornehmlich insoweit, als es der Kommunikation der Rollenerwartungen dient, die der Rollensender mit der Position des Rollenempfängers assoziiert. Außerdem ist jenes Verhalten des Rollensenders hervorgehoben, das Sanktionen gegenüber dem Rollenempfänger androht oder wirksam werden läßt. Ferner richtet sich das Interesse bei den sonstigen Umweltsignalen schwerpunktartig auf jene Signale, die dem öffentlichen Informationssystem (z. B. den Stellenbeschreibungen und Organisationszielen) entsprechen. Schließlich wird im Falle der Persönlichkeit von Rollensender und Rollenempfänger zwischen den Rolleninformationen selbst und den übrigen kognitiven Informationen differenziert. Letztere umfassen u. a. auch jene sekundären Informationen (Überzeugungen und Attitüden), die beide Individuen jeweils mit dem anderen verbinden. Hierin enthalten ist beispielsweise auch, daß sich der Rollenempfänger u. U. mit dem Rollensender identifiziert.

Es ist in diesem Zusammenhang nicht möglich, alle im Rahmen dieses Grundmodells diskutierbaren Hypothesen über *Ablauf und Einflußfaktoren des Sozialisationsprozesses* im einzelnen darzulegen. Die Grundstruktur des Sozialisationsprozesses ist der Abb. 3.7 unmittelbar zu entnehmen. Man kann beispielsweise beim öffentlichen Informationssystem beginnen, das offizielle Stellenbeschreibungen und Ziele der Organisation für die Position des Rollenempfängers enthält. Diese werden von beiden wahrgenommen und interpretiert. Der Rollensender, der vielleicht bei der Ausarbeitung der Stellenbeschreibung mitgewirkt hat, verbindet mit der Position des Rollenempfängers gewisse Erwartungen, die von den durch den Rollenempfänger wahrgenommenen Rolleninformationen erheblich abweichen können. Das Rollenverhalten des Rollenempfängers macht diese Abweichung sichtbar. Dies veranlaßt den Rollensender zur Kommunikation und/oder Sanktion, die wiederum der Rollenempfänger wahrnimmt und die diesen u. U. zu einer Modifikation seiner Rolleninformationen veranlaßt. Die ständige Wiederholung dieses „Kreislaufes" führt zu einer Angleichung der Rolleninformationen von Rollensender und Rollenempfänger. Der Rollenempfänger eignet sich die ihm vorgegebene Rolle im Sinne der Organisation an.

Dieser Sozialisationsprozeß wird von einer Reihe von Faktoren beeinflußt. Jedes Rechteck der Abbildung 3.7 repräsentiert Variable, deren Ausprägungen für Ablauf, Dauer und Ergebnis des Sozialisationsprozesses bestimmend sein können. Der Prozeß wird beispielsweise jeweils anders verlaufen, je nachdem, welche Ausprägungen das öffentliche Informationssystem besitzt, auf welche Weise Rollensender und Rollenempfänger die empfangenen Signale wahrnehmen und verarbeiten und welche Reaktionen beide Beteiligten wählen. Daß dabei die spezifische kognitive Persönlichkeit der Beteiligten nicht ohne Einfluß ist, braucht nicht im einzelnen dargelegt zu werden. Insbesondere spielen die Attitüden und Überzeugungen eine wesentliche

Rolle, die die Beteiligten mit der Person oder Position des anderen jeweils verbinden.

Selbstverständlich ist das hier angedeutete Modell in vielfacher Weise eine Abstraktion der tatsächlichen Abläufe. Katz und Kahn haben insbesondere drei Vereinfachungen dieses Modells des Sozialisationsprozesses, den sie als „*Rollenepisode*" bezeichnen, hervorgehoben:

> „1. Der Begriff einer Rollenepisode ist eine Abstraktion. Er ist einfach ein geeigneter Weg, das darzustellen, was wir für einen komplexen dynamischen Prozeß halten, der alle Mitglieder einer Organisation einbezieht. Der Vorteil besteht darin, daß man Rollenerwartungen als Ausgangspunkt annimmt und sie darstellt, als ob der Interaktionsprozeß eine Folge diskreter Episoden wäre.
>
> 2. Eine weitere Vereinfachung besteht darin, die Rollenerwartungen so zu behandeln, als ob es nur einen einzigen Sender gäbe und dieser in seinen Erwartungen vollständig konsistent wäre oder als ob es einen Konsens unter den Rollensendern gäbe. Tatsächlich werden eine solche Konsistenz und ein solcher Konsens nicht erzielt, und ein bestimmter Grad von Rollenkonflikt ist für menschliche Organisationen charakteristisch.
>
> 3. Die dritte Vereinfachung im Begriff der Rollenepisode ist seine Abstrahierung vom weiteren Kontext der organisationalen Ereignisse. Jede Handlung, sei es Rollensendung oder Rollenempfang, wird teilweise durch den Kontext bestimmt, in welchem sie sich abspielt."[38])

**Sozialisation als intelligentes Lernen**

Der Sozialisationsprozeß ist ein Lernprozeß, der zu einer Änderung der Persönlichkeit des zu sozialisierenden Organisationsteilnehmers führt. Fragt man nach der psychologischen Charakterisierung dieses Lernprozesses, so bietet sich zunächst das *Paradigma der instrumentalen Konditionierung* an. Die Sanktionen des Rollensenders stellen für den Rollenempfänger Belohnungen oder Bestrafungen dar. Immer wenn der Rollenempfänger (zufällig) ein rollenkonformes Verhalten zeigt, wird er belohnt, oder es bleibt eine Bestrafung aus. Auf diese Weise bildet sich der Rollenempfänger allmählich einen Begriff von dem seiner Position adäquaten Verhalten. Dies macht deutlich, daß die Macht des Rollensenders, zu belohnen oder zu bestrafen, einen wesentlichen Einfluß auf den Sozialisationsprozeß ausübt. Im nachfolgenden Abschnitt werden wir sehen, daß es noch andere *Machtgrundlagen* gibt, die für den Rollensender gegeben sein können.

Das Paradigma der instrumentalen Konditionierung ist jedoch für die Charakterisierung des Lernprozesses eines zu sozialisierenden Organisationsteilnehmers nur bedingt geeignet. Es impliziert, daß sich der Rollenempfänger angesichts der Ungewißheit über seine Rolle ausschließlich nach der *Methode des Versuchs und Irrtums* verhält. Eine sinnvollere Vorstellung

---
[38]) Katz und Kahn (1966), S. 184.

von der Art des Lernprozesses erhält man, wenn man sich verdeutlicht, daß sich der Rollenempfänger einen „Begriff" aneignen soll, über den der Rollensender bereits verfügt. Die psychologischen Untersuchungen zum Problem des individuellen Begriffslernens stellen daher auch eine Basis für die Analyse des Sozialisationsprozesses dar. Dabei ist zu berücksichtigen, daß das Individuum beim Lernen von Begriffen spezifische *heuristische Prinzipien* anwendet, wie sie etwa von Bruner et. al. zum ersten Mal beschrieben und von einer Reihe von Autoren simuliert wurden[38a]). Dies macht deutlich, daß der Sozialisationsprozeß bei erwachsenen Organisationsteilnehmern in der Regel ein *intelligentes Lernen* darstellt[39]).

Diesen Gesichtspunkt vermißt man in der Regel in Analysen des Sozialisationsprozesses, die von einer allzu behavioristischen Konzeption des individuellen Lernens ausgehen. Letztlich bedeutet dies, daß eine genauere Analyse des Sozialisationsprozesses weiter gehende Annahmen über die kognitiven Informationsprozesse des zu sozialisierenden Organisationsteilnehmers voraussetzt, als es das Modell der Abb. 3.7 enthält. Im Rahmen dieser Untersuchung ist es nicht möglich, auf diese Probleme näher einzugehen. Der Hinweis auf die Relevanz der Theorie des Begriffslernens macht jedoch deutlich, daß es nicht ausgeschlossen erscheint, im Rahmen eines IV-Ansatzes zu einem relativ umfassenden Modell der Sozialisation zu gelangen, das die Grundlage von Simulationen bilden kann.

## 3.3 Manipulation

Die bisher betrachtete Sozialisation ist der Prototyp für die soziale Beeinflussung der Persönlichkeit der einzelnen Organisationsteilnehmer. Die Persönlichkeit als Inbegriff der im Langgedächtnis gespeicherten Informationen umfaßt jedoch zunächst nur potentielle Entscheidungsprämissen. Damit diese in einer konkreten Entscheidungssituation zu tatsächlichen Entscheidungsprämissen werden, müssen sie hervorgerufen und in die Definition der Situation aufgenommen werden. Die Frage, inwieweit ein Individuum Informationen, die von anderen stammen, zu Prämissen seiner Entscheidung macht, ist die Frage nach der Macht.

Ergreift ein Machthaber Maßnahmen der aktiven Beeinflussung, die einen anderen Entscheidungsträger dazu bewegen sollen, seine Entscheidungen an bestimmten Entscheidungsprämissen zu orientieren, so liegt eine *Manipulation* dieses Entscheidungsträgers vor. Bereits an verschiedenen Stellen dieser Untersuchung wurde auf die große Bedeutung der Manipulation in kollektiven Entscheidungsprozessen hingewiesen. Nunmehr gilt es, die Beziehungen

---

[38a]) Vgl. Band II, S. 71 f.

[39]) Simon und Newell (1962) zeigen, daß das Modell des General Problem Solver auf den bei der Sozialisation des Kindes so bedeutsamen Prozeß des Sprechenlernens anwendbar ist. Diese Überlegungen sind jedoch spekulativer Art, sie lassen eine Simulation vorläufig nicht zu. Die Basis menschlicher Lernprozesse ist jedoch stets im Prozeß von „Versuch und Irrtum" zu erblicken. Hierauf weist vor allem Campbell (1960) hin.

zwischen Manipulation und Machtausübung (3.31), die Gründe für eine Annahme „fremder" Entscheidungsprämissen (3.32) und die in kollektiven Entscheidungsprozessen den einzelnen interdependenten Entscheidungsträgern zur Verfügung stehenden manipulativen Taktiken (3.33) näher zu untersuchen. Schließlich soll abschließend noch kurz auf die Verhandlungen als wechselseitige Manipulation im kollektiven Entscheidungsprozeß eingegangen werden (3.34), um damit den spezifischen Zusammenhang sichtbar werden zu lassen, in den Individualentscheidungsprozesse in komplexen Systemen interdependenter Entscheidungsträger gestellt sind.

## 3.31 Machtausübung und Manipulation

Die verhaltenswissenschaftliche Diskussion kennt eine Fülle von Begriffen, die Macht- oder Einflußphänomene kennzeichnen[40]) und von Dahl[41]) unter dem Sammelnamen „Machttermini" zusammengefaßt werden. Macht, Einfluß, Herrschaft, Autorität, Kontrolle (control), Zwang, Gewalt, Überzeugen, Überreden, Manipulation, Führung sind Beispiele hierfür.

### Zum Machtbegriff

In allgemeinster Weise bringen diese Termini eine spezifische Klasse von Beziehungen zwischen (lebenden) Verhaltenssystemen wie Individuen, Gruppen, Organisationen usw. zum Ausdruck. Eine solche Beziehung liegt vor, wenn ein System durch sein tatsächliches oder zu erwartendes Verhalten ein anderes System zu einem Verhalten veranlaßt, das dieses sonst nicht durchführen würde. Aus der Beschränkung dieser Untersuchung auf die Individualentscheidungen folgt, daß uns im folgenden vor allem jener Fall zu interessieren hat, in dem das Verhalten eines Individuums durch das Verhalten anderer Individuen oder einer Gruppe im weitesten Sinne beeinflußt wird. Da das *Verhalten von Gruppen* immer *Verhalten von Individuen* als Mitgliedern dieser Gruppen ist, können die folgenden Überlegungen weitgehend auf die Fälle *interindividueller Beeinflussung* beschränkt werden.

---

[40]) Die Literatur zu diesen Begriffen ist kaum noch überschaubar. Fast alle im ersten Kapitel dieser Untersuchung angeführten organisationstheoretischen, soziologischen und sozialpsychologischen Werke enthalten Beiträge hierzu. Zusätzlich seien u. a. folgende Beiträge zu den mit den Begriffen „Macht", „Autorität", „Führung" usw. angesprochenen Phänomenen genannt: Adams und Romney (1962); Bachrach und Baratz (1962); Banfield (1961); Bass (1960); Bavelas (1960); Bennis (1962); Cartwright (1959) und (1965); Cartwright und Zander (1960 c); Dahl (1957); Dahl (1961); Deutsch (1963), S. 110 ff. u. S. 245 ff.; French und Raven (1959); Friedrich (1958); Gehlen (1961); Gipp (1954); Gilman (1962); Goldhamer und Shils (1939); Golembiewski (1964); Guetzkow (1963); Harsanyi (1965), S. 190 ff.; Hartmann (1964); Hollander (1964); Hopkins (1964); Hovland (1964); Jackson (1964); Jones und Gerard (1967); Kahn und Boulding (1964); Klis (1969), S. 106 ff.; Lasswell und Kaplan (1950); Lindblom (1965); Mandeville (1962); March (1962); McGregor (1966); Miller, W. B. (1959); Narr (1969); Naschold (1969), S. 128 ff.; Parsons (1951, 1960, 1961, 1964, 1968); Peabody (1964); Petrullo und Bass (1961); Presthus (1962); Rapoport (1960); Riker (1959, 1964); Russell (1960); Schmitt, Th. E. (1969), S. 75 ff.; Shapley und Shubik (1965), S. 148 ff.; Simon (1957 f., 1961); Tannenbaum et al. (1961); Thibaut und Kelley (1959); Weber (1964).

[41]) Dahl (1957, 1968).

Es fehlt in den Verhaltenswissenschaften nicht an Versuchen, eine Reihe von Beziehungen, die alle dieser allgemeinen Formel entsprechen, zu unterscheiden und mit einem der vielen Machttermini zu belegen. Auch der Machtbegriff im eigentlichen Sinne wird vielfach auf eine engere Klasse solcher Beziehungen beschränkt, ohne daß sich freilich eine einheitliche Terminologie herausgebildet hätte. Trotz der Vielfalt der Begriffe und Bezugssysteme und des Fehlens jeglicher einheitlichen Verwendung der verschiedenen Termini zeigen die unterschiedlichen Ansätze und Konzeptionen doch gewisse Gemeinsamkeiten, die der Diskussion von Machtphänomenen eine gewisse Einheitlichkeit geben.

Cartwright hat den Versuch unternommen, einen Überblick über die Literatur zu vermitteln. Die Macht- bzw. Einflußbeziehung charakterisiert er dabei zunächst wie folgt:

> „... wir werden drei Hauptaspekte des Einflußprozesses identifizieren, auf die sich die Aufmerksamkeit richten mag. Diese sind: (a) der Aktor, der Einfluß ausübt..., (b) die Methode, mit der Einfluß ausgeübt wird, und (c) der Aktor, der dem Einfluß unterliegt... Wenn ein Aktor (O) eine Handlung durchführt, die in irgendeiner Änderung in einem Aktor (P) resultiert, so sagen wir, O beeinflusse P. Wenn O die Fähigkeit besitzt, P zu beeinflussen, so sagen wir, daß O über P Macht habe."[42]

Cartwright verwendet dieses Paradigma als allgemeinen Bezugsrahmen für eine ausführliche Darstellung der vielfältigen Auffassungen von Macht und den verwandten Begriffen[43].

Viele Untersuchungen gehen vom Machthaber O aus und stellen die Frage in den Mittelpunkt, welche Mittel dem O zur Verfügung stehen müssen, damit dieser Macht besitze. Die Tatsache, daß jemand über solche Mittel verfügt, bedeutet jedoch nicht, daß er auch willens ist, andere zu beeinflussen. Diese Frage der Motivation der Machtausübung ist eng mit dem terminologischen Problem verbunden, ob die Absicht, einen anderen zu beeinflussen, zum Begriffsmerkmal der Machtausübung erhoben werden soll. Eine Reihe von Autoren geht bei ihren terminologischen Erörterungen von den Methoden der Beeinflussung aus und gelangt auf diese Weise zu einer begrifflichen Differenzierung der Begriffe wie Autorität, Manipulation, Überzeugung usw. Schließlich ist es in jüngster Zeit üblich geworden, die Analyse beim Machtunterworfenen zu beginnen. Die Beziehung zwischen dem Beeinflussenden und dem Beeinflußten ist aus der Sicht des letzteren zu betrachten. Maßgeblich für diese Konzeption ist die Erkenntnis, daß es zunächst die Wahrnehmungen, Werte und Überzeugungen des Beeinflußten sind, die für das Wirksamwerden von Einflußprozessen ausschlaggebend sind. Die objektiven Gegebenheiten, insbesondere die Mittel und Methoden des Beeinflussenden, wirken sich nur indirekt über die kognitiven Informationsstrukturen und

---

[42] Cartwright (1965), S. 4.
[43] Vgl. ebenda.

Informationsprozesse des Beeinflußten aus. Die Aussage, daß O Macht über P besitze, bedeutet in dieser Betrachtungsweise, daß P gewisse Werte und Überzeugungen hinsichtlich der Mittel des O besitzt, die diesen in die Lage versetzen, das Verhalten des P zu ändern.

Damit wird freilich ein zentrales Problem der Machtdiskussion angeschnitten. Es stellt sich die Frage, ob Macht nur dann vorliegt, wenn O das tatsächlich beobachtbare, äußere Verhalten des P ändert, oder ob es genügt, daß der Beeinflussungsprozeß die (innere) Bereitschaft des P verändert, ein bestimmtes Verhalten an den Tag zu legen (readiness to act). Die erste Möglichkeit der Interpretation liegt etwa dem behavioristisch orientierten Versuch Dahls[44]) zugrunde, dem Machtbegriff eine exakte Definition zu geben. Dahl geht davon aus, daß ein Individuum P in jeder Situation ein Verhalten x mit einer Wahrscheinlichkeit p ergreift. O besitzt über P Macht, wenn O durch sein Verhalten die Wahrscheinlichkeit von Ps Verhalten x verändert. Das Ausmaß der Macht kann durch die Differenz beider Wahrscheinlichkeiten gemessen werden.

Stellt man den Machtbegriff in den Mittelpunkt der Untersuchung, inwieweit das Individuum „fremde" Entscheidungsprämissen akzeptiert, so wird die behavioristische Machtkonzeption aufgegeben. Da jedoch das äußere Verhalten gleichzeitig als letzte Instanz für die Annahme einer Theorie oder Hypothese angesehen wird, ist der Machtbegriff als theoretisches Konstrukt aufzufassen, dessen Zweckmäßigkeit von der prognostischen Relevanz dieses Begriffs bzw. der Entscheidungstheorie abhängt. In diesem Sinne kann *Macht* in bezug auf die Entscheidungsprämissen eines Individuums wie folgt definiert werden: Eine Person oder Gruppe (im weitesten Sinne) hat über ein Individuum Macht, wenn sie das Individuum dazu veranlassen kann, seinen Entscheidungen Informationen als Entscheidungsprämissen zugrunde zu legen, die es sonst nicht in seine Definition der Situation aufnehmen würde. Dabei ist es irrelevant, wie das betreffende Individuum zu diesen Informationen gelangt.

Diese Charakterisierung des Machtbegriffes, die das Machtphänomen in enger Beziehung zum Phänomen des Entscheidens bringt, kann für sich weder in Anspruch nehmen, die vielfältigen literarischen Überlegungen zur Macht zu einem Ausgleich zu bringen, noch läßt sie alle Einwendungen gegen die verschiedenen Konzeptionen plötzlich als irrelevant erscheinen. Sie fügt sich jedoch — wie noch zu zeigen sein wird — vergleichsweise gut in die hier vertretene entscheidungstheoretische Konzeption ein. Betrachtet man die Entscheidungsprämisse als kleinste Einheit der Analyse organisatorischer Entscheidungsprozesse, so wird die Macht zum zentralen Problem, wenn man von Individualentscheidungen zu kollektiven Entscheidungsprozessen übergeht.

[44]) Vgl. Dahl (1957).

## Elemente der verhaltenswissenschaftlichen Machtanalyse

Die verhaltenswissenschaftliche Literatur diskutiert eine Fülle von Aspekten der Macht bzw. der Machtausübung, die recht heterogener Natur sind und in ihrer verwirrenden Vielfalt sicherlich die Komplexität dieses Phänomens widerspiegeln. Im folgenden sollen — ohne Anspruch auf Systematik und Vollständigkeit — einige der wichtigsten Elemente der verhaltenswissenschaftlichen Machtanalyse referiert und — soweit nötig — zu der hier vertretenen Konzeption in Verbindung gesetzt werden. Viele dieser Aspekte werden vor allem im Zusammenhang mit der Diskussion der Frage dargelegt, wie Macht zu messen sei. Diesem Problem der Messung wurde lange Zeit keine Aufmerksamkeit gewidmet, obwohl in der umgangssprachlichen und wissenschaftlichen Diskussion Aussagen wie „A hat größere Macht als B" üblich sind. Harsanyi unterscheidet im Anschluß an Dahl folgende Elemente einer Machtbeziehung, wobei er Dahls Katalog um die im folgenden unter (f) und (g) genannten Gesichtspunkte ergänzt:

> „(a) Die Machtgrundlage (base of power), d. h. die Hilfsquellen (wirtschaftliche Mittel, verfassungsmäßige Vorrechte, militärische Gewalt, Popularität usw.), die A zur Beeinflussung des Verhaltens von B benutzen kann.
>
> (b) Die Machtmittel (means of power), d. h. die spezifischen Aktionen (Versprechungen, Drohungen, öffentliche Aufrufe usw.), mit denen A sich diese Hilfsmittel zum Zwecke der Beeinflussung des Verhaltens von B tatsächlich zunutze machen kann.
>
> (c) Der Machtbereich (scope of power), d. h. die spezifischen Aktionen, deren Durchführung A mit Hilfe seiner Machtmittel von B erzwingen kann.
>
> (d) Die Machtfülle (amount of power), d. h. die Netto-Erhöhung der Wahrscheinlichkeit dafür, daß B eine bestimmte Aktion X durchführt, falls A seine Machtmittel gegenüber B einsetzt...
>
> (e) Die Menge der Individuen, über die A Macht hat — diese Menge nennen wir die Ausdehnung der Macht (extension of power) von A...
>
> (f) Die Opportunitätskosten, die A durch seinen Versuch, das Verhalten von B zu beeinflussen, entstehen, d. h. die Opportunitätskosten für die Ausübung seiner Macht über B (und für den Erwerb dieser Macht über B, falls A noch nicht über die erforderliche Macht verfügt), die wir die Kosten der Macht von A über B nennen werden;
>
> (g) und die Opportunitätskosten, die B durch seine Weigerung, das zu tun, was A von ihm verlangt, entstehen, d. h. die Weigerung, dem Versuch von A, sein Verhalten zu beeinflussen, nachzugeben. Da diese Opportunitätskosten die Stärke des Anreizes für B, dem Einfluß von A nachzugeben, messen, werden wir sie die Stärke der Macht von A über B nennen."[45]

Dieser Katalog, der sich unschwer erweitern ließe, zeigt eine starke Verquickung von Elementen, die ex definitione das Machtphänomen charakterisieren und von Dahl[46] als deskriptive Elemente bezeichnet werden, und

---

[45] Harsanyi (1965), S. 191 und 193.
[46] Dahl (1968).

von Elementen, die zur Erklärung der deskriptiven Elemente herangezogen werden (explanative Elemente). Deskriptive Elemente sind Machtfülle, Machtbereich und Machtausdehnung; explanative Elemente sind die Machtgrundlagen, die Machtmittel sowie die Opportunitätskosten der Machtausübung und der Weigerung, dem Beeinflussungsversuch nachzugeben.

Letztere werden von Harsanyi und Dahl als Indizes für die Messung der Macht herangezogen. Sie umfassen jedoch keineswegs all jene Gesichtspunkte, die in der verhaltenswissenschaftlichen Diskussion zur Erklärung von erfolgreichen bzw. erfolglosen Beeinflussungsprozessen herangezogen werden.

Die Machtgrundlagen oder Ressourcen werden in der Regel bei allen explanativen Untersuchungen an erster Stelle genannt. Ein $A_1$ wird bei seinem Versuch, die Entscheidungsprämissen eines B zu beeinflussen, erfolgreicher als $A_2$ sein, wenn er über umfangreichere Ressourcen verfügt. Zwei Personen mit gleichen Machtressourcen müssen jedoch nicht gleichermaßen erfolgreich in ihren Beeinflussungsversuchen sein. Die Geschicklichkeit, die Ressourcen einzusetzen, wird zweifellos als weitere Determinante des Erfolges zu beachten sein. Schließlich spielt auch die Motivation, die Ressourcen zur Beeinflussung einzusetzen, eine erhebliche Rolle. Die Entscheidung, dies zu tun, hängt sicherlich von dem erwarteten Erfolg und den Opportunitätskosten der Machtausübung im Sinne Harsanyis ab. Die Prognose der Erfolgswahrscheinlichkeit wird durch die Einschätzung der Opportunitätskosten der Weigerung für den Machtunterworfenen beeinflußt, die wiederum von dem mutmaßlichen Wert bestimmt werden, den der Machtunterworfene auf Grund seines spezifischen Wertsystems den Ressourcen des Machthabers beimißt. Diese Bewertung hängt sicherlich von der Situation ab, in der sich der Machtunterworfene gegenwärtig befindet. Bedarf dieser im Rahmen eines für ihn „brennenden" Entscheidungsproblems bestimmter Informationen, über die der Machthaber verfügt, so wird diese Ressource bzw. Machtbasis für den Machtunterworfenen einen höheren Wert besitzen als in einer Situation, in der ihn kein Entscheidungsproblem „plagt".

Der Prozeß der Machtausübung wird unterschiedlich sein, je nachdem, welchen Wert der Machtunterworfene den Ressourcen tatsächlich beimißt und welchen Wert nach Ansicht des Machthabers der Machtunterworfene diesen Ressourcen zuordnet. Diese Überlegungen zeigen bereits, daß eine Analyse und Erklärung von Machtprozessen mit einem „Spiegelphänomen" fertig werden muß, dessen Komplexität beliebig erweitert werden kann. Diese Komplexität erschwert nicht nur die wissenschaftliche Analyse der Macht, sondern auch die Entscheidungen der Beteiligten, Macht auszuüben und die Entscheidungsprämissen zu akzeptieren. Die Beteiligten werden sehr schnell an die Grenzen ihrer Kombinationsfähigkeit gelangen. Die Machtanalyse hat dies zu berücksichtigen.

Die meisten deskriptiven und explanativen Analysen von Machtprozessen gehen von der Annahme einer dyadischen Relation zwischen Machthaber und

Machtunterworfenen aus. Diese Beschränkung ist nicht widerspruchslos hinzunehmen. Ihre Mängel werden besonders deutlich, wenn man die Untersuchungen von Shapley betrachtet, die Macht eines Individuums zu bestimmen, das Sitz und Stimme in einem Entscheidungskollegium besitzt[47]. Die Abstimmungsregeln legen hier fest, welche Mehrheit ein Antrag erhalten muß, um akzeptiert zu werden, und wie viele Stimmen die einzelnen Mitglieder des Kollegiums besitzen. Solange die Mehrheit für einen bestimmten Antrag größer als die erforderliche Mehrheit ist, haben die Stimmen der einzelnen Mitglieder keinen Einfluß auf den Beschluß. Es können jedoch Situationen eintreten, in denen die Stimme eines bestimmten Mitgliedes den Ausschlag gibt. Das Mitglied nimmt eine gewisse Schlüsselstellung ein. Seine Entscheidung bzw. Stimmabgabe macht eine bereits existierende Koalition zur *gewinnenden Koalition*. Der von Shapley und Shubik vorgeschlagene *Machtindex* knüpft an der Wahrscheinlichkeit bzw. relativen Häufigkeit an, mit der die einzelnen Mitglieder des Kollegiums eine solche Schlüsselstellung einnehmen können. Diese Wahrscheinlichkeit wird allein unter Berücksichtigung der für das Kollegium gültigen Abstimmungsregeln ermittelt. Wenn hierbei von einer großen (oder kleinen) Macht eines Mitgliedes des Kollegen gesprochen wird, so bezieht sich dies allein auf sein Recht, an der nach bestimmten Regeln ablaufenden Abstimmung teilzunehmen. Seine Fähigkeit, die Abstimmungsentscheidungen anderer Mitglieder zu beeinflussen, bleibt dabei ebenso unberücksichtigt wie die Frage, ob das Abstimmungsergebnis von den Mitgliedern des Kollegiums oder Außenstehenden als Prämisse ihrer nachfolgenden Entscheidungen akzeptiert wird. Wenn somit der von Shapley und Shubik entwickelte Machtindex nur sehr beschränkte Aussagekraft besitzt, so lenken diese Überlegungen doch die Aufmerksamkeit auf ein sehr wesentliches Problem der Macht in organisatorischen Kontexten: auf die Frage nach der Macht, die ein Organisationsteilnehmer auf Grund seines Rechtes besitzt, als Mitglied einer Kerngruppe an der Abstimmung über die Autorisierung einer bestimmten Entscheidung beteiligt zu sein. Eine Betrachtung rein dyadischer Beziehungen reicht hier nicht mehr aus.

Gegen eine isolierende Analyse dyadischer Beziehungen hat sich — wenn auch in anderem Zusammenhang — vor allem auch Jackson gewandt:

„Dyadische Formulierungen von Macht und Einfluß haben der Organisationstheorie so lange nicht viel zu bieten, als sie nicht in begrifflicher und operationaler Weise demonstrieren, wie das Zwei-Personen-Paradigma angewandt werden kann, um eine Vielzahl interagierender Individuen oder ein soziales System zu erfassen."[48]

Jackson versucht daher einen abweichenden Ansatz. Er glaubt nachweisen zu können, daß dieser Ansatz implizit allen bisherigen verhaltenswissen-

---

[47] Vgl. Shapley (1953); Shubik (1965), insbes. S. 53 ff.; Shapley und Shubik (1965); Mann und Shapley (1965); Riker (1959, 1962, 1964, 1968).
[48] Jackson (1964), S. 218.

schaftlichen Analysen des Macht- bzw. Autoritätsphänomens zugrunde liegt. Jackson stellt fest, daß das „autoritative Verhalten" eines Organisationsteilnehmers gegenüber anderen Organisationsteilnehmern ebenso Gegenstand von Erwartungen und Zumutungen der Organisationsteilnehmer ist wie der größte Teil des übrigen Verhaltens. Folgt man dieser These, so ist das Zwei-Personen-Paradigma des Einflußprozesses durch die Einbeziehung der Erwartungen und Normen derjenigen sozialen Systeme zu ergänzen, in deren Rahmen der Einflußprozeß stattfindet. Bei der Analyse einer Macht- oder Autoritätsbeziehung zwischen einem Individuum A und einem Individuum B sind somit auch die Erwartungen und die Normen der übrigen Organisationsteilnehmer zu berücksichtigen. Dieser Konzeption wollen wir im weiteren folgen, wenn wir die Macht- und Autoritätsprozesse in ihrer Beziehung zu den Entscheidungsprämissen der einzelnen Organisationsteilnehmer näher untersuchen.

**Macht in kollektiven Entscheidungssystemen**

In der gegenwärtigen Diskussion der Macht spielt die Frage nach der Messung der Macht eine große Rolle, nachdem diesem Problem lange Zeit kaum Aufmerksamkeit gewidmet wurde. Freilich wurde über die Diskussion der Frage, w i e Macht zu messen sei, fast völlig aus dem Auge verloren, w a r u m eine solche Messung erfolgen solle. Das ist letztlich die Frage nach der Funktion des Machtbegriffes in einem Aussagensystem einer Organisationstheorie, die von den Entscheidungsprozessen in der Organisation ausgeht.

March hat diese Frage aufgegriffen. Er prüft die Funktion und Zweckmäßigkeit des Machtbegriffes in verschiedenen Modellen der sozialen Wahl. Dabei stellt er die von ihm als „force models" bezeichneten Typen den sogenannten „process models" gegenüber[49]). Prozeß-Modelle werden durch die auch in dieser Arbeit dargestellten Ansätze repräsentiert, wie sie etwa mit den Namen Cyert und March[50]) sowie Lindblom[51]) verbunden sind. Die Ansätze der „force models" vernachlässigen den Prozeßablauf, der zu einer sozialen Wahl führt.

> „In reinster Form können die einfachen ‚force models' von Funktionen wiedergegeben werden, die die resultierende soziale Wahl als gewichteten Durchschnitt der individuellen Ausgangspositionen darstellen, wobei die

---

[49]) March (1966), S. 49 ff. Den „force models" und „process models" fügt March noch „chance models" hinzu, um damit eine umfassende Konzeption der sozialen Wahl aufzustellen. Dabei wird in den „chance models" angenommen, daß die Wahl ein Zufallsereignis ist, das völlig unabhängig ist von der Macht. Auf die Ansätze der „force models" und „process models" wird im folgenden näher eingegangen. Bei der Entwicklung dieser Modelle bezieht sich March auf Deutsch und Madow (1961); Harsanyi (1962 b); Long (1958); MacRae und Price (1959); Schulze (1958); Tonge (1963 c); Wolfinger (1960).
Eine Systematisierung der Machtstruktur im Entscheidungskollegium findet sich bei Thibaut und Kelley (1959), S. 198 ff.; Wurst (1967), S. 90 ff.

[50]) Cyert und March (1959, 1963).

[51]) Lindblom (1965).

Gewichtungsfaktoren die Macht repräsentieren, die den verschiedenen Individuen zukommt."[52])

Die Konzeption der „*force models*" läßt sich am Beispiel eines politischen Systems mit Input und Output verdeutlichen, wobei jedoch die intervenierenden, d. h. die Inputs in die Outputs transformierenden Prozesse unberücksichtigt bleiben. Betrachtet seien m verschiedene Streitfragen des politischen Systems. Der Output des Systems in bezug auf die j-te Streitfrage sei mit $C_j$ bezeichnet. Jeder der an dem System Beteiligten nimmt zu jedem der m Streitpunkte eine bestimmte Position ein. Er besitzt Vorstellungen über die von ihm gewünschte Entscheidung. Die Ausgangsposition des i-ten Teilnehmers zur j-ten Streitfrage sei mit $A_{ij}$ bezeichnet. Darüber hinaus verfügt jedes Individuum über gewisse Machtgrundlagen. Die Ressourcen des i-ten Teilnehmers in bezug auf den j-ten Streitfall seien $m_{ij}$*. Die Macht $m_{ij}$ des i-ten Teilnehmers in bezug auf den j-ten Streitfall wird durch seinen Anteil an den gesamten relevanten Ressourcen aller Teilnehmer gemessen. Der einfachste Fall eines „force models" kann dann wie folgt geschrieben werden:

$$C_j = \sum_{i=1} m_{ij} \cdot A_{ij}$$

March bezeichnet diesen Fall als „*basic force model*". Der Output $C_j$ des Systems in bezug auf die j-te Streitfrage ist eine einfache Funktion der mit den Machtindizes der Beteiligten gewichteten Inputs des Systems, die sich in den Wünschen oder Präferenzen der Beteiligten manifestieren. Typisch für solche „basic force models" sind die Annahmen, daß (1) die Ressourcen bzw. Grundlagen der Macht bereits hinreichende Indizes für die tatsächliche Einflußnahme des jeweiligen Teilnehmers sind und (2) diese Ressourcen bzw. Machtindizes im Zeitablauf konstant bleiben, die Outputs des Systems insbesondere keine Rückwirkungen auf die Macht der Beteiligten in zukünftigen Streitfragen besitzen. Annahme (1) hebt die „force activation models", Annahme (2) die „force-conditioning models" bzw. die „force depletion models" auf.

Die „*force activation models*" gehen davon aus, daß die an einem System Beteiligten bei jeder Streitfrage jeweils nur einen Teil ihrer durch die Ressourcen repräsentierten potentiellen Macht „aktivieren". Nur dieser aktivierte Teil ist als Gewichtungsfaktor bei der Prognose des Systemoutputs heranzuziehen. In diesen Fällen ist streng zwischen dem Besitz von potentieller Macht und der tatsächlichen Ausübung zu unterscheiden. Selbstverständlich ist dann im Rahmen der Modelle hinreichend zu erklären, durch welche Faktoren die tatsächlich ausgeübte Macht bestimmt wird.

Die „*force-conditioning models*" gehen von der Tatsache aus, daß die Macht einer Person sehr wesentlich davon abhängt, ob die anderen davon überzeugt sind, daß dieser Macht besitzt bzw. auszuüben vermag. Umgekehrt besteht eine solche Überzeugung, weil die Erfahrungen zeigen, daß dieser

---

[52]) March (1966), S. 54.

Machthaber tatsächlich Macht besitzt und in der Machtausübung erfolgreich war:

> „Die grundlegenden Mechanismen sind einfach: (1) Menschen haben Macht, weil man überzeugt ist, daß sie Macht haben. (2) Man ist überzeugt, daß Menschen Macht haben, weil man beobachtet hat, daß sie Macht haben."[53]

Akzeptiert man diese These, so ist es zweckmäßig, die Macht, die ein Teilnehmer des Systems in bezug auf die j-te Streitfrage besitzt, davon abhängig zu machen, ob er in vorhergehenden Streitfragen mit seinen Vorstellungen durchgedrungen ist oder nicht. Es ist ein dynamisches Modell zu formulieren, bei welchem Erfolge der Machtausübung die Macht für spätere Streitfragen erhöhen, Mißerfolge sie dagegen vermindern.

Die „*force depletion models*" beinhalten hierzu entgegengesetzte Annahmen. Jede Machtausübung „verbraucht" einen Teil der Ressourcen, die die Macht begründen. Die potentielle Macht wird deshalb durch Machtausübung „abgenützt", gleichgültig, ob diese erfolgreich war oder nicht. Auch dies ist im Rahmen eines dynamischen Modells zu formulieren.

March, der die verschiedenen „force models" und ihre Varianten sowie die mit ihnen verbundenen Probleme der Machtmessung und des Testens der Modellhypothesen eingehend diskutiert, kommt zu einem sehr zurückhaltenden Urteil über die Relevanz dieser Modelle und der damit verbundenen Machtkonzeptionen:

> „Vielleicht ist ein Modell, das Aktivierung, Konditionierung und Machtabnutzung berücksichtigt, empirisch handhabbar, aber ein solches Modell (und die damit verbundenen Beobachtungen) würde eine größere methodische Leistungsfähigkeit bedingen. Wir sind bisher nicht innerhalb der Schußdistanz hierfür.
>
> Wenn wir jedoch eines Tages ein solches Modell bekommen sollten, werden wir wohl finden, daß es einfach nicht paßt und daß eine neue Ausarbeitung erforderlich ist. Von einer einfachen Machtkonzeption in einem einfachen ‚force model' gelangten wir zu einem Machtkonzept, das weiter und weiter von der durch das einfache Modell erfaßten, grundlegenden intuitiven Bedeutung entfernt ist, und zu Modellen, bei welchen einfache Beobachtungen der Macht immer weniger brauchbar sind. Von diesem Punkt ist es lediglich ein kurzer Schritt zu einer Klasse von Modellen, die begrifflich weit entfernt von der ursprünglichen Konzeption eines Sozialwahl-Systems sind."[54]

Prozeß-Modelle sind nach Ansicht Marchs solche Modelle. Hierzu rechnet March unter anderem Problemlösungs- und Entscheidungsmodelle. Zwar sei es möglich — so March —, in allen diesen Prozeß-Modellen den Beteiligten Macht zuzuschreiben. Der Machtbegriff trage jedoch wenig zum Verstehen solcher Systeme bzw. Prozesse bei. Der Machtbegriff — wie er sich in den verschiedenen Versuchen der Messung der Macht manifestiert — erweise

---

[53] March (1966), S. 61.
[54] Ebenda, S. 65.

sich als ein „enttäuschender Begriff"[55]), der sehr wenig zur Formulierung brauchbarer Modelle komplexer Systeme der sozialen Wahl nütze.

Dieser Argumentation ist nicht voll zuzustimmen. Betrachtet man komplexe kollektive Entscheidungsprozesse bzw. Entscheidungssysteme, die eine Menge von informationell gekoppelten Individuen als Entscheidungsträger umfassen, so kann auf eine Einbeziehung des Machtphänomens in die Analyse nicht verzichtet werden. Stets ist zu klären, unter welchen Bedingungen die einzelnen Teilnehmer Informationen, die von anderen Teilnehmern stammen, zu Prämissen ihrer Entscheidungen machen. Diese Einbeziehung des Machtphänomens — und hier ist March zuzustimmen — kann jedoch nicht in der Weise erfolgen, wie es in den „force models" üblich ist. Die weiteren Überlegungen sollen Anhaltspunkte geben, wie das Machtphänomen und seine in den verschiedenen Typen von „force models" berücksichtigten Aspekte in Modellen kollektiver Entscheidungsprozesse zu erfassen sind. Es versteht sich von selbst, daß diese Hinweise nicht als voll ausgearbeitete Modelle zu betrachten sind.

## Macht und Abhängigkeit

Das organisationale IES umfaßt eine Vielzahl von interdependenten Entscheidungsträgern. Das Phänomen kollektiver Entscheidungsprozesse läßt sich letztlich aus dieser Interdependenz ableiten. Interdependenz bedeutet wechselseitige Abhängigkeit. Sehr viele Autoren sehen jedoch in der Machtrelation lediglich die Umkehrung der Abhängigkeitsrelation[56]). A hat über B Macht, wenn B von A abhängig ist. Auch wenn dieser einfachen Formel nicht uneingeschränkt zugestimmt werden kann, so vermag doch die Analyse der Abhängigkeit wesentliche Gesichtspunkte für die Betrachtung von Macht und Machtausübung sichtbar zu machen.

Geht man von der Konzeption der „force-conditioning models" aus, so kann man diese Aussage dahin gehend umdeuten, daß A über B dann Macht besitzt, wenn B überzeugt ist, von A abhängig zu sein. B hat diese Überzeugung gelernt. Der Terminus „force-conditioning" deutet auf diesen Lernvorgang der Konditionierung hin. Durch die tatsächliche Machtausübung des A wird B in seiner Überzeugung bestärkt. Erleidet A dagegen mit dem Versuch, Macht auszuüben, einen Mißerfolg, so wird die Überzeugung des B geschwächt. Die Abhängigkeit als Basis für soziale Beeinflussung bzw. Macht wird vor allem in der Sozialpsychologie hervorgehoben. Jones und Gerard unterscheiden zwischen „effect dependence"[57]), die am zweckmäßigsten mit „Erfolgsabhängigkeit" übersetzt wird, und „information dependence"[58]). Die

---

[55]) March (1966), S. 70.
[56]) Vgl. Dahl (1968), S. 410 ff.; Emerson (1962), S. 31 ff.; Jones und Gerard (1967), S. 523 ff.; Thibaut und Kelley (1959), S. 100 ff.; Thompson (1967), S. 30 ff.
[57]) Jones und Gerard (1967), S. 83 ff., S. 407 ff., S. 515 ff.
[58]) Vgl. dazu Jones und Gerard (1967), S. 120 ff., S. 515 ff.

*Erfolgsabhängigkeit* ist gegeben, wenn die Konsequenzen der Entscheidungen des B vom Verhalten bzw. von den Entscheidungen des A abhängig sind. Im Rahmen der Diskussion der Interdependenz von Entscheidungsträgern wurde diese Abhängigkeit bereits dargestellt. Diese Erfolgsabhängigkeit ist der in der Machtdiskussion hauptsächlich untersuchte Fall. Meist wird sie auch dadurch zum Ausdruck gebracht, daß das Verhalten des A für den abhängigen B positive oder negative Sanktionen impliziert. Das dargestellte Kommunikationsmodell des Sozialisationsprozesses beinhaltet diese Abhängigkeit.

Die *Informationsabhängigkeit* wurde demgegenüber lange Zeit unberücksichtigt gelassen. Sieht man einmal von dem allgemeinen Erkundungsmotiv des Individuums ab, so entsteht die Informationsabhängigkeit des Individuums vor allem in Entscheidungssituationen, die durch einen intraindividuellen Konflikt geprägt sind[59]. Es wurde bereits darauf hingewiesen, daß das Individuum auf intraindividuelle Konflikte mit der Suche nach Informationen über Alternativen (Lösungshypothesen) und über Konsequenzen der Alternativen, aber auch mit der Suche nach zusätzlichen Werten bzw. Kriterien reagiert, die zu einer eindeutigen Bewertung der Alternativen führen sollen. Die Informationsabhängigkeit kann aber auch auf Verhaltensprogramme bezogen sein. Das Individuum weiß nicht, wie es bei der Lösung seiner Probleme vorgehen soll. Nicht selten hat das Individuum jedoch gelernt, daß bestimmte Personen über die verlangten Informationen, Werte und Programme verfügen. Diese Abhängigkeit des entscheidenden Individuums verschafft dieser Person Macht und Einfluß auf die Entscheidungen, vielfach ohne es zu bemerken.

Die Überzeugung, in der einen oder anderen Weise abhängig zu sein, wird nicht lange bestehen, wenn der Machthaber nicht tatsächlich die Erfolge oder Informationen „kontrolliert". Das englische „control" wird daher nicht selten als Synonym für Macht verwendet. Es läge nahe, analog zu den verschiedenen Typen von Abhängigkeit zwischen der „Erfolgskontrolle" und „Informationskontrolle" zu unterscheiden. Jones und Gerard[60] fassen diese unter der Bezeichnung „outcome control" zusammen. *Outcome control* des A liegt vor, wenn dieser über Ressourcen oder Informationen verfügt, die B positiv bewertet. Zwei Aspekte, die ein Machthaber unter Kontrolle haben kann, die jedoch nicht als Pendant irgendwelcher Abhängigkeiten des Machtunterworfenen zu sehen sind, sind in diesem Zusammenhang hervorzuheben: die „Umweltkontrolle" *(ecological control)*[61] und die „Kontrolle der Schlüsselreize" *(cue control)*[62]. Beide Aspekte hängen eng zusammen.

---

[59] Vgl. dazu Band I, S. 96 ff.
[60] Vgl. Jones und Gerard (1967), S. 513 ff.
[61] Cartwright (1965), S. 19 ff.; Cartwright (1959).
[62] Jones und Gerard (1967), S. 513 ff. Die neben „cue control" und „outcome control" bei der Ausübung sozialer Macht zu beachtenden relevanten Faktoren hat Klis (1969), S. 126, in einem Schaubild zusammengestellt, wobei er die maßgeblichen Beziehungen erläutert.

Die *Umweltkontrolle* ist gegeben, wenn ein Machthaber die Umwelt eines Machtunterworfenen durch eigene Aktionen so verändern kann, daß dieser etwa die Konsequenzen seiner Alternative in anderer Weise prognostiziert. Ganz allgemein liegt eine Umweltkontrolle vor, wenn die Wahrnehmungen des Entscheidungssubjekts und damit die empfangenen Informationen verändert werden. Meist ist sich der Machtunterworfene dieser Art der Beeinflussung nicht bewußt: Er gründet seine Entscheidungen auf Informationen, die seinen eigenen Wahrnehmungen entsprechen, und weiß nicht, daß andere die Umwelt, auf die sich seine Wahrnehmungen beziehen, entsprechend manipuliert haben.

Ähnlicher Natur ist die Kontrolle der Schlüsselreize (cue control), die sich nicht selten in einer Umweltmanipulation äußert. Eine *Kontrolle der Schlüsselreize* liegt — nach Jones und Gerard — vor, wenn der Machthaber durch Kommunikation oder Umweltmanipulation diejenigen Stimuli hervorzubringen vermag, die beim Machthaber eine vorher angeeignete routinemäßige Reaktion auszulösen vermögen. Überträgt man diese Konzeption auf die im Rahmen des Informationsverarbeitungsansatzes vorgeschlagene Unterscheidung von Einstellung (set) und Persönlichkeit, so ist die Kontrolle der Schlüsselreize mit der Kontrolle derjenigen Bedingungen oder Stimuli gleichzusetzen, die beim Beeinflußten bestimmte, im Langgedächtnis gespeicherte Informationen (Programme, Werte, Überzeugungen, Attitüden) hervorrufen. Man kann auch von einer *Kontrolle der Hervorrufungsbedingungen* sprechen. Die Konzeption bleibt somit nicht allein auf routinemäßige Verhaltensmuster beschränkt.

Eine wesentliche Voraussetzung für eine erfolgreiche Machtausübung ist es, daß in der konkreten Entscheidungssituation beim Individuum die Überzeugung hervorgerufen wird, vom Machthaber abhängig zu sein. Nicht selten ist es dieser Machthaber selbst, der durch die Kontrolle der Hervorrufungsbedingungen diese Abhängigkeit hervorruft. Dies setzt in der Regel weitgehende Kenntnisse des Machthabers über die Persönlichkeit des Machtunterworfenen voraus. Diese Kenntnisse ermöglichen es ihm, in einer konkreten Situation genau jene Informationen bzw. Stimuli zu liefern, mit denen das zu beeinflussende Individuum diese seine Abhängigkeit assoziiert.

**Manipulation als Methode der Machtausübung**

Sowohl die dem Individuum nicht erkennbare Kontrolle seiner Umwelt als auch die Kontrolle der Schlüsselreize sind Beispiele jener Beeinflussungsmethode, die man gemeinhin als Manipulation bezeichnet[63]). Die Manipulation wird vielfach anderen Beeinflussungsmethoden wie Autorität, Überzeugen, physische Gewalt usw. gegenübergestellt[64]). Dieser Begriff der Manipulation ist freilich enger als der im Rahmen dieser Untersuchung im

---

[63]) Vgl. Klis (1969), S. 26 ff., S. 30 ff., insbes. S. 115 ff. und die dort angegebene Literatur.
[64]) Vgl. Gilman (1962).

Anschluß an Lindblom⁶⁵) verändert verwendete. *Manipulation* in diesem engeren Sinne liegt vor, wenn der Beeinflußte nicht erkennt, daß überhaupt eine Machtausübung vorliegt oder — falls er dies doch erkennt — wer ihn beeinflußt bzw. welcher Methoden sich dieser bedient. *Manipulation im weiteren Sinne* ist jedoch jede Aktion eines Machthabers, die den Zweck verfolgt, den Machtunterworfenen dazu zu bewegen, seinen Entscheidungen bestimmte Entscheidungsprämissen zugrunde zu legen.

Manipulation charakterisiert den Prozeß der Machtausübung. Sie ist mit diesem jedoch nur dann identisch, wenn die Machtausübung erfolgreich ist, der Beeinflußte also tatsächlich die gewünschten Entscheidungsprämissen akzeptiert. Geht man von der begrifflichen Trennung von Besitz und Ausübung der Macht aus, so könnte man das Verhältnis von Macht und Manipulation zunächst etwa wie folgt umreißen: (1) Durch die Kontrolle über bestimmte Machtgrundlagen besitzt ein Individuum potentielle Macht. (2) Diese Machtgrundlagen versetzen das Individuum in die Lage, manipulative Maßnahmen zu ergreifen. (3) Wenn diese Manipulation erfolgreich ist, so hat das Individuum tatsächlich Macht ausgeübt.

Diese einfache Formel wirft freilich einige in der Machtdiskussion oft erörterte Probleme auf. Zunächst kann ein Individuum zu manipulativen Maßnahmen greifen, ohne über entsprechende Ressourcen zu verfügen. Dies ist etwa der Fall, wenn A mit Sanktionen droht, ohne in der Lage zu sein, die Sanktionen gegebenenfalls wirksam werden zu lassen. Solange er mit seinem Bluff erfolgreich ist, ist er auch gar nicht gezwungen, zu Sanktionen zu greifen⁶⁶). Es liegt ein der Geld- bzw. Kreditschöpfung analoger Tatbestand vor. Ein Bankensystem kann erheblich mehr Kredite gewähren, als es über Einlagen verfügt. Diese Fähigkeit beruht auf der simplen Erkenntnis, daß es — von Ausnahmesituationen abgesehen — äußerst unwahrscheinlich ist, daß alle Einlagen gleichzeitig abgehoben werden. Ähnliches gilt für die auf Sanktionen beruhende Macht. Solange nicht alle Beeinflußten gleichzeitig sich widersetzen und den Einsatz von Sanktionen notwendig machen, kann ein Individuum eine erheblich größere Anzahl von Individuen durch Drohungen gleichzeitig beeinflussen, als seine vorhandenen Ressourcen eigentlich ermöglichen würden⁶⁷). Mit einer Kugel im Lauf kann man eine Gruppe in Schach halten.

Erfolgreiche Machtausübung setzt nicht immer manipulative Maßnahmen voraus, es sei denn, man beschränkte den Machtbegriff auf das Ergreifen

---

⁶⁵) Vgl. Lindblom (1965), S. 54 ff. Lindblom unterscheidet fünf Arten der Manipulation: (1) A beeinflußt die Vorstellung des B über g e g e b e n e Vorteile und Nachteile einer Handlungsweise; (2) A ändert (bedingt) t a t s ä c h l i c h Vorteile und Nachteile einer Handlungsweise des B; (3) A zwingt B zu reagieren; (4) A ändert bedingungslos Vorteile und Nachteile einer Handlungsweise des B; (5) A schreibt B gebieterisch vor; vgl. ebenda, S. 62 ff. Eine weitere Aufgliederung der vorstehenden Globaleinteilung ist bei Lindblom (1965), S. 63, tabellarisch dargestellt. Vgl. ferner Goldhamer und Shils (1939).

⁶⁶) Zur Strategie des Bluffens vgl. z. B. Deutsch (1963), S. 61; Morgan (1949); v. Neumann und Morgenstern (1961), S. 189 ff.

⁶⁷) Vgl. z. B. Deutsch (1963); Lasswell und Kaplan (1950).

solcher Manipulationen. So kann ein Individuum A das Verhalten eines anderen Individuums B unter Umständen allein dadurch beeinflussen, daß es sich als Anpasser verhält. Auch das Verhalten eines Anpassers kann Daten setzen, die die Entscheidungen bzw. Entscheidungsprämissen des anderen verändern. Bedeutsamer in der Machtdiskussion ist freilich jener Fall, in dem der Machtunterworfene die manipulativen Maßnahmen des Machthabers antizipiert[68]) und — um diesen zuvorzukommen — seine Entscheidungsprämissen so setzt, daß sich die Manipulation erübrigt. In solchen Fällen ist die begriffliche Trennung von potentieller Macht und ausgeübter Macht nur schwer aufrechtzuerhalten. Die Frau, deren Mann ihr — um sie nicht zu verlieren — jeden „Wunsch von den Lippen abliest", besitzt und übt Macht aus, ohne drohen, d. h. manipulieren zu müssen.

Zusammenfassend kann somit die hier vertretene begriffliche Konzeption von Manipulation und Macht wie folgt charakterisiert werden: *Machtausübung* von A über B liegt vor, wenn die Existenz und/oder das Verhalten des A den B veranlaßt, seinen Entscheidungen Prämissen zugrunde zu legen, die er sonst nicht in seine Definition der Situation aufnehmen würde. *Manipulation* ist eine Klasse von Verhaltensweisen des A, die darauf gerichtet sind, den B zur Annahme bestimmter Entscheidungsprämissen zu bewegen. In den folgenden Abschnitten soll untersucht werden, was den B zur Annahme „fremder" Entscheidungsprämissen veranlassen kann (3.32) und welche manipulativen Taktiken dem A zur Verfügung stehen, um eine solche Annahme von Entscheidungsprämissen herbeizuführen (3.33).

## 3.32 Die Annahme von Entscheidungsprämissen

Eine Analyse der Manipulation als Instrument der Machtausübung setzt zunächst die Untersuchung der Frage voraus, warum ein manipulierter Entscheidungsträger bereit sein kann, bestimmte Informationen als Entscheidungsprämissen zu akzeptieren und in seine Definition der Situation aufzunehmen. Der Prozeß der Annahme oder Ablehnung einer Entscheidungsprämisse ist selbst ein den eigentlichen Entscheidungsprozeß überlagernder und mit ihm auf das engste verbundener Prozeß der kognitiven Informationsverarbeitung. Bereits im zweiten Band wurde die These vertreten, daß jede hervorgerufene Information erst einer Reihe von Tests genügen müsse, um als Entscheidungsprämisse akzeptiert zu werden. Ein solcher Test zeigt sich als kognitiver Informationsverarbeitungsprozeß. Output dieses Prozesses ist die Annahme oder Ablehnung einer potentiellen Entscheidungsprämisse, Input dagegen diese potentielle Entscheidungsprämisse selbst sowie eine Reihe von zusätzlichen Informationen, deren Art durch das jeweilige Testkriterium bestimmt ist. Besteht beispielsweise eine Voraussetzung für die Annahme einer Information als Entscheidungsprämisse darin, daß diese Information mit den bereits als Entscheidungsprämissen akzeptierten Infor-

---

[68]) Vgl. Friedrich (1963).

mationen logisch verträglich sein muß, so bilden diese ebenfalls den Input des Annahmetests.

**Routinemäßige und kalkulierte Annahme von Entscheidungsprämissen**

Der Prozeß der Annahme einer Entscheidungsprämisse ist selbst ein Entscheidungsprozeß. Letztlich lassen sich daher die für Entscheidungsprozesse typischen Unterscheidungen auch auf diesen Prozeß übertragen. Dies gilt vor allem für die Unterscheidung von routinemäßigen und echten Entscheidungsprozessen. In Anlehnung hierzu kann zwischen einer routinemäßigen und einer kalkulierten Annahme von Entscheidungsprämissen unterschieden werden. Selbstverständlich sind auch hier lediglich die beiden Extrempunkte eines ganzen Kontinuums von Möglichkeiten hervorgehoben.

Erfolgt eine *kalkulierte Annahme einer Entscheidungsprämisse,* so wird die Annahme oder Ablehnung von Informationen als Problem betrachtet. Es existiert ein intraindividueller Konflikt. Das Individuum wird mit einem Suchverhalten reagieren, in dessen Verlauf es sich genauere Vorstellungen etwa über die Ressourcen des Machthabers, seine Motivation und Geschicklichkeit, diese Ressourcen auch tatsächlich einzusetzen, sowie seine eigenen Kosten der Weigerung usw. zu verschaffen trachtet. Die Überlegungen Harsanyis[69]) zum Machtproblem können geradezu als Prototyp der Analyse der kalkulierten Annahme angesehen werden. Freilich beschränkt sich Harsanyi dabei auf das Instrumentarium der geschlossenen Modelle des Entscheidungsverhaltens.

Das Entscheidungsproblem im Rahmen einer kalkulierten Annahme beschränkt sich nicht nur auf eine Auswahl zwischen den beiden Alternativen „Annahme" oder „Ablehnung". Das Individuum kann — im Falle offener Beschränkungen — nach Schließungen bzw. Interpretationen suchen, die einer modifizierten Annahme gleichkommen. Es kann die Entscheidungsprämisse nur vorläufig annehmen und sich in einem Problemlösungsprozeß darüber Gedanken machen, wie es durch geeignete Gegenmanipulationen den Kontrahenten dazu überreden kann, mit einer modifizierten Annahme zufrieden zu sein. Unternimmt das Individuum solche Maßnahmen, bevor es eine Entscheidungsprämisse akzeptiert, und reagiert darauf der Kontrahent erneut mit manipulativen Aktionen, so wird der individuelle Entscheidungsprozeß immer mehr zu einem Bestandteil eines umfassenden Verhandlungsprozesses.

Je mehr der Prozeß der Annahme einer Entscheidungsprämisse als kalkulierte Annahme zu qualifizieren ist und je mehr das Individuum Entscheidungsprämissen in modifizierter Form und/oder vorläufig akzeptiert, desto mehr durchdringen sich der eigentliche Entscheidungsprozeß (um dessen Entscheidungsprämissen es geht) und der Prozeß der Annahme bzw. Ablehnung solcher Entscheidungsprämissen. Es leuchtet ein, daß dann die begriffliche

---

[69]) Vgl. Harsanyi (1965).

Trennung dieser beiden Prozesse immer mehr einen rein analytischen Charakter annimmt. Dennoch wird eine solche Trennung als zweckmäßig erachtet. Sie ist eine Konsequenz der realistischen Annahme, daß der Mensch ein serieller Informationsverarbeiter ist, der nicht mehrere „Dinge" gleichzeitig tun kann, weil seine Informationsverarbeitungskapazität beschränkt ist.

Die kalkulierte Annahme bezieht sich nicht nur auf die Akzeptierung wertender Informationen. Auch Informationen faktischer Art können Gegenstand eines solchen Prozesses sein. Wenn es beispielsweise um die Annahme oder Ablehnung einer Prognose von Entscheidungskonsequenzen geht, so mag das Individuum nach Informationen suchen, die die Annahme dieser Prognose stützen. Es kann nach Beobachtungen suchen, die die Hypothesen der Prognose plausibel erscheinen lassen, und prüfen, ob ihm der durch diese Beobachtungen implizierte Plausibilitätsgrad der Hypothese ausreichend erscheint. Das Individuum kann auch nach Informationen über den Sender der Hypothese suchen, die einen Schluß auf dessen Sachverständigkeit zulassen.

Nicht immer nimmt das Individuum die Annahme oder Ablehnung einer Entscheidungsprämisse als Problem wahr. Man kann dies auch für den Fall unterstellen, daß die routinemäßige Annahme einer Entscheidungsprämisse die eigentliche Entscheidung zu einem Problem macht bzw. zu einem intraindividuellen Konflikt führt. Erst dann, wenn das Entscheidungsproblem trotz mehr oder weniger intensiver Versuche nicht einer Lösung näher gebracht werden kann, mag das Individuum die Annahme oder Ablehnung der Entscheidungsprämisse nachträglich zu einem Problem erheben, um dann zu einer kalkulierten Annahme oder Ablehnung zu gelangen.

Im Falle einer *routinemäßigen Annahme* ist davon auszugehen, daß das Individuum gelernt hat, daß es „gut" oder „zweckmäßig" sei, die fragliche, von einem anderen übermittelte Information als Entscheidungsprämisse zu akzeptieren. Das Individuum verfügt über eine Attitüde (d. h. einen abgeleiteten Wert)[70], die die Annahme stützt, d. h. legitimiert. Das Individuum testet allenfalls, ob die Bedingungen vorhanden sind, unter denen seine entsprechende Attitüde gilt. So mag es sich beispielsweise vergewissern, ob die fragliche Information tatsächlich von demjenigen stammt, auf den sich seine Attitüde bezieht. Das Individuum verzichtet jedoch darauf zu prüfen, inwieweit die Annahme oder Ablehnung mit Vorteilen bzw. Nachteilen verbunden ist. Mit anderen Worten, das Individuum nimmt die Entscheidungsprämisse an, ohne zu klären, ob diese seine Attitüde zu Recht besteht und ob die Werte und Überzeugungen, aus denen seine Attitüde abgeleitet ist, in der konkreten Situation aufrechterhalten werden können. Das Individuum B besitze etwa die Attitüde, es sei gut, eine von A übermittelte Information zu akzeptieren. Die dieser Attitüde zugrunde liegende Wertprämisse lautet, es sei gut, alles zu tun, um ernste Sanktionen zu vermeiden. Dieser Wert kann seinerseits eine Attitüde sein, die aus anderen Werten bzw. Überzeugungen ab-

---
[70] Vgl. Band II, S. 124 ff.

geleitet ist. Die Überzeugung als faktische Prämisse der betrachteten Attitüde lautet demgegenüber, daß mit ernsten Sanktionen zu rechnen sei, wenn man Informationen von A nicht als Entscheidungsprämisse akzeptiert. Solange das Individuum die Entscheidungsprämisse routinemäßig annimmt, sucht es nicht nach Informationen bzw. Hinweisen, ob A im Falle der Ablehnung tatsächlich zu Sanktionen greifen wird. Die der Attitüde zugrundeliegende Überzeugung wird nicht überprüft. Das Individuum prüft aber auch nicht, ob es nicht besser ist, in der vorliegenden Situation die evtl. Sanktionen in Kauf zu nehmen, und ob die Nachteile, die mit der Annahme der Entscheidungsprämisse verbunden sind, nicht größer sind als die Nachteile dieser Sanktionen.

An anderer Stelle wurde zwischen Manipulation und Anpassung als möglichen Verhaltensweisen in Situationen interdependenter Entscheidungen unterschieden[71]. Nach dem Gesagten leuchtet ein, daß die Annahme von Entscheidungsprämissen nicht mit der Anpassung gleichzusetzen ist. Vor allem die kalkulierte Annahme kann sehr wohl mit Gegenmanipulationen verbunden sein. Lindblom unterscheidet drei Arten einer Anpassung[72]. *Parametrische Anpassung* liegt vor, wenn das Entscheidungssubjekt die Entscheidung der anderen als Datum hinnimmt, ohne die Konsequenzen seiner Entscheidung für die anderen zu beachten, die diese möglicherweise wieder zu einer Modifikation ihrer Entscheidungen veranlassen könnten. Eine *unterwürfige Anpassung* ist gegeben, wenn sich der Entscheidungsträger an die als Datum hingenommenen Entscheidungen der anderen so anpaßt, daß er negative Konsequenzen für diese zu vermeiden trachtet. Bei einer *kalkulierten Anpassung* beachtet das Entscheidungssubjekt schließlich die Konsequenzen für die anderen; es nimmt diese jedoch bewußt in Kauf, wenn es sich davon einen Vorteil verspricht. Kalkulierte Anpassung im Sinne Lindbloms beinhaltet also auch den Fall, daß der Beeinflußte die vom Machthaber gewünschte Entscheidungsprämisse nur in mehr oder weniger modifizierter Form akzeptiert und bei diesem Problemlösungsprozeß die Konsequenzen dieser Verfahrensweise für den anderen in Betracht zieht. Vergleicht man die Arten des Anpassungsverhaltens im Sinne Lindbloms mit der hier vorgeschlagenen Unterscheidung von routinemäßiger und kalkulierter Annahme von Entscheidungsprämissen, so ergeben sich folgende Beziehungen: *Parametrische und unterwürfige Anpassung* können Ergebnis sowohl eines Prozesses der kalkulierten Annahme als auch der routinemäßigen Annahme von Entscheidungsprämissen sein, wobei wohl letzteres die Regel sein wird; *kalkulierte Anpassung* ist dagegen stets das Ergebnis einer kalkulierten Annahme von Entscheidungsprämissen.

**Motivierende bzw. legitimierende Informationen**

Sieht man den Prozeß der Annahme von Entscheidungsprämissen als eine Folge von Tests, denen die Informationen genügen müssen, um als Ent-

---

[71]) Vgl. S. 69 dieser Arbeit.
[72]) Vgl. Lindblom (1965), S. 35 ff.

scheidungsprämissen akzeptiert zu werden, so weisen die bisherigen Überlegungen bereits auf einige solche mögliche Tests hin. Ein Testkriterium mag etwa darin bestehen, daß die von anderen Individuen übermittelten Informationen akzeptiert werden, wenn diese Individuen die Möglichkeit zu Sanktionen besitzen. In diesem Falle bildet die Überzeugung, daß mit Sanktionen zu rechnen sein wird, die Inputinformation. Wir wollen im folgenden alle jene Inputinformationen, die auf Grund des jeweiligen Testkriteriums zur Annahme oder Ablehnung einer potentiellen Entscheidungsprämisse erforderlich sind, als die zur Annahme motivierenden Informationen (kurz: *motivierende Informationen*) bezeichnen. In Anlehnung an die von Presthus[73]) zur Analyse von Macht- bzw. Autoritätsbeziehungen vorgeschlagene Terminologie kann auch von *legitimierenden Informationen* gesprochen werden. Die motivierenden Informationen rechtfertigen (legitimieren) die Annahme der Entscheidungsprämisse. Kennt man die jeweiligen Testkriterien und die spezifische Ausprägung der entsprechenden motivierenden Informationen, so ist es möglich, die Annahme oder Ablehnung von potentiellen Entscheidungsprämissen zu erklären und zu prognostizieren.

Die Beeinflussung eines Individuums durch andere ist in der Regel eine Folge der sozialen Kommunikation. Die motivierenden Informationen beziehen sich in vielen Fällen auf den Sender derjenigen Information, deren Annahme oder Ablehnung als Entscheidungsprämisse zur Diskussion steht. Es erscheint daher zweckmäßig, den Vorschlag Backs[74]) aufzugreifen, der zwischen der Übertragung von primären und sekundären Informationen im Rahmen eines sozialen Kommunikationsprozesses unterscheidet. *Sekundäre Informationen* sind alle Informationen, die auf den Sender und die allgemeinen Umstände wie Ort, Zeit usw. der Übertragung der primären Information verweisen. Legitimierende Informationen, die die Annahme einer Entscheidungsprämisse stützen, können primärer und sekundärer Natur sein. Das Individuum B mag beispielsweise vor der Entscheidung stehen, eine bestimmte von A übermittelte Prognose als Basis seiner Entscheidungen zu akzeptieren. Wenn A gleichzeitig mit der Kommunikation dieser Prognose eine Reihe von Informationen über konkrete Beobachtungen übermittelt, die die Hypothese der Prognose stützen, so fungieren *primäre Informationen* als Legitimation der Annahme der Entscheidungsprämisse. Weiß B jedoch, daß A auf dem entsprechenden Gebiet ein Experte ist, und vermag A diese von B wahrgenommene Sachverständigkeit zusätzlich ins rechte Licht zu rücken, so liegt eine sekundäre legitimierende Information vor. In der Realität werden meist primäre und sekundäre Informationen gleichzeitig die Legitimationsbasis bilden.

## Autorität und Autorisierung

Die Unterscheidung von primären und sekundären legitimierenden Informationen einerseits und von routinemäßiger und kalkulierter Annahme der

---

[73]) Vgl. Presthus (1962), S. 125 ff.
[74]) Vgl. Back (1962) und S. 168 dieser Arbeit.

Entscheidungsprämissen andererseits ermöglicht es, den im Zusammenhang mit Machtprozessen verwendeten Terminus der Autorität zu präzisieren und zu der hier vertretenen Konzeption in Beziehung zu setzen. Barnard gibt folgende, inzwischen klassische Definition der Autorität:

> „Autorität ist der Charakter einer Kommunikation (Anweisung) in einer formalen Organisation, auf Grund dessen sie von einem Teilnehmer oder ‚Mitglied' der Organisation als Anleitung für die Aktion akzeptiert wird, die er beiträgt..."[75])

Diese Definition läßt sich unschwer dahin gehend interpretieren, daß eine übermittelte Anweisung als primäre Information vorliegt, die auf Grund des „Charakters der Kommunikation", der durch sekundäre Informationen beschrieben wird, angenommen wird. *Autorität im Sinne Barnards* liegt folglich dann vor, wenn die motivierenden oder legitimierenden Informationen einer potentiellen Entscheidungsprämisse sekundärer Art sind. Wenn ein Beeinflussender A einem Beeinflußten B eine (primäre) Information übermittelt, diese bei B die sekundäre Information hervorruft, daß A über die Mittel für Sanktionen gegen B verfügt, und B daraufhin die primäre Information als Entscheidungsprämisse akzeptiert, so besitzt A über B Autorität. Hierbei ist es nicht erforderlich, daß B etwa von der Gültigkeit oder der Richtigkeit dieser Entscheidungsprämisse überzeugt ist.

Diese Überlegungen geben auch einen Hinweis darauf, wie Autorität von „Überzeugen" als sozialem Beeinflussungsprozeß abzugrenzen ist. Als Überzeugen sollen solche Einflußprozesse bezeichnet werden, bei welchen die motivierenden Informationen primärer Natur sind. Ein *Überzeugungsprozeß* liegt somit vor, wenn A neben der potentiellen Entscheidungsprämisse weitere primäre Informationen übermittelt, die die Annahme der Entscheidungsprämisse aus der Sicht des B rechtfertigen. In diesem Falle versucht A während des Kommunikationsvorganges nachzuweisen, daß die potentielle Entscheidungsprämisse mit anderen kognitiven Informationen (Werten, Überzeugungen, Attitüden) des B in Einklang steht, deren Richtigkeit B nicht in Frage stellt. Es ist die Kunst des Überzeugers, dem zu Überzeugenden jene motivierenden primären Informationen zu liefern (oder zumindest bei ihm hervorzurufen), die für die Annahme der potentiellen Entscheidungsprämisse hinreichend sind.

Je mehr der Beeinflussende durch seine Kontrolle der Hervorrufungsbedingungen (cue control) die legitimierenden primären Informationen steuert, desto mehr manipulative Elemente enthält der Überzeugungsprozeß. Er ist dann — geht man von der Konnotation der Termini in der deutschen Sprache aus — eher als *Überreden* zu charakterisieren. Nicht selten wird der Terminus Überreden auch verwendet, wenn neben primären auch sekundäre Informationen zur Motivation bzw. Legitimation der Annahme einer Entscheidungsprämisse herangezogen werden. Die Abgrenzung von Autorität

---
[75]) Barnard (1938), S. 163.

und Überzeugung bzw. Überredung auf Grund der Unterscheidung von primären und sekundären legitimierenden Informationen reicht jedoch nicht aus. Dies wird etwa deutlich, wenn wir den Autoritätsbegriff Simons betrachten, der als eine Weiterführung des Barnardschen angesehen werden kann. Simon definiert wie folgt:

> „Von einem Untergebenen wird gesagt, daß er Autorität akzeptiert, wenn immer er zuläßt, daß sein Verhalten durch eine Entscheidung des Vorgesetzten geleitet wird, ohne unabhängig die Vorteile dieser Entscheidung zu prüfen."[76])

Der Unterschied zur Barnardschen Definition läßt sich durch die Feststellung charakterisieren, daß die Annahme einer Entscheidungsprämisse offenbar im Rahmen eines routinemäßigen Verfahrens erfolgt, das keine die Vor- und Nachteile einer Annahme kalkulierenden Überlegungen beinhaltet. Die Unterscheidung von routinemäßiger und kalkulierter Annahme wird somit auch für die Abgrenzung des Autoritätsbegriffes relevant. *Autorität im Sinne Simons* liegt demnach vor, wenn eine „fremde" Information auf Grund sekundärer legitimierender Informationen routinemäßig akzeptiert wird.

Die von Lindblom in enger Anlehnung an Easton vorgeschlagene Definition der Autorität bringt eine weitere Verfeinerung:

> „Die Autoritätsrelation existiert, (a) wenn eine Person von einer anderen eine explizite Nachricht empfängt, (b) wenn sie diese daraufhin als Basis der Entscheidung oder Aktion annimmt und (c) wenn die Gründe hierfür darin bestehen, daß den Nachrichten, die in dieser Art und Weise von anderen empfangen werden, gehorcht werden soll, ohne sie einer unabhängigen Bewertung im Licht der eigenen Bewertungskriterien zu unterwerfen."[77]

Autorität im Sinne Lindbloms liegt somit nur vor, wenn eine Information als Entscheidungsprämisse akzeptiert wird, weil eine Norm existiert, die eine routinemäßige Annahme vorschreibt. Dies schließt nicht aus, daß tatsächlich eine kalkulierte Annahme vorliegt, weil das Individuum etwa die Nachteile der bei Verletzung der Norm zu erwartenden Sanktionen gegen die Vorteile abwägt, die ihm bei Weigerung, die Entscheidungsprämisse zu akzeptieren, entstehen.

Im folgenden soll nur dann von *Autorität* gesprochen werden, wenn die Annahme tatsächlich routinemäßig erfolgt, wobei es irrelevant ist, ob dies auf Grund entsprechender Normen geschieht oder nicht. Der durch die Definition Lindbloms charakterisierte Begriff der Autoritätsrelation soll dagegen durch den Terminus „Autorisierungsrecht" ersetzt werden. A besitzt gegenüber B ein *Autorisierungsrecht,* wenn es eine kulturelle oder verfassungsmäßige Norm gibt, die dem B die Annahme einer von A stammenden Information (Anweisung, Vorschrift, Befehl) vorschreibt, sofern ihre Entstehung und Übermittlung bestimmte Merkmale aufweisen. Die Ausstattung dieser Infor-

---

[76]) Simon (1957 b), S. 11.
[77]) Lindblom (1965), S. 77 (im Original Kursivdruck).

mationen mit diesen Merkmalen erfolgt im Prozeß der *Autorisierung*. Auf die Bedeutung der Autorisierung in kollektiven Entscheidungsprozessen wurde bereits hingewiesen[78]). Autorisierte Informationen können vom Empfänger routinemäßig akzeptiert werden. Insofern liegt zusätzlich Autorität vor. Sie können jedoch auch Gegenstand eines Prozesses der kalkulierten Annahme bzw. Ablehnung sein.

**Machtgrundlagen und legitimierende Informationen**

In der verhaltenswissenschaftlichen Diskussion ist es üblich, mehrere Machtgrundlagen (bases of power) zu unterscheiden. Diese liefern Hinweise auf die möglichen sekundären Informationen über die Sender, die die Annahme der übermittelten Informationen als Entscheidungsprämisse legitimieren. Die Machtgrundlagen können somit im weitesten Sinne als *Legitimationsgrundlagen* der Annahme von Entscheidungsprämissen bezeichnet werden.

*Zur Klassifikation der Machtgrundlagen*

Von den neueren Versuchen zur Klassifikation dieser Legitimationsgrundlagen sind vor allem jene von French und Raven[79]), Peabody[80]), Presthus[81]) und Simon[82]) zu nennen[83]). Abb. 3.8 gibt die von diesen Autoren getroffenen Unterscheidungen wieder. Dabei ist es zweckmäßig, Macht und Autorität synonym zu verwenden. Die Abbildung zeigt die zum Teil sehr weitgehenden Übereinstimmungen der einzelnen Klassifikationsversuche. Keine dieser Klassifikationen fügt sich jedoch unmittelbar in die hier vertretene terminologische Konzeption ein. Die Ansätze von Peabody und Presthus erscheinen darüber hinaus auch insofern als ungeeignet, als die Sanktionsfähigkeit des Beeinflussenden seiner Position bzw. formalen Rolle zugeschrieben wird. Dies macht einen grundsätzlichen Mangel der meisten Klassifikationen sichtbar: Sie beruhen auf einer Verquickung von mindestens zwei Kriterien zur Abgrenzung der verschiedenen Autoritätsformen. Isoliert man beide Gesichtspunkte, so ergibt sich eine Klassifikation, die durch eine Matrix darzustellen ist. Abbildung 3.9 gibt eine solche Matrix wieder.

Die Kopfspalte der Matrix charakterisiert die Quelle der potentiellen Entscheidungsprämissen, deren Annahme oder Ablehnung durch den Beein-

---

[78]) Vgl. S. 54 dieser Arbeit.
[79]) Vgl. French und Raven (1959), S. 155 ff.
[80]) Vgl. Peabody (1964), S. 117 ff.
[81]) Vgl. Presthus (1962), S. 127 ff.
[82]) Vgl. Simon (1957 f), S. 104 ff.
[83]) Auf eine eingehende Diskussion der wohl berühmtesten Klassifikation der Macht bzw. Machtgrundlagen durch Weber (1964) wird hier verzichtet. Seine Unterscheidung von t r a d i t i o n e l l e r , c h a r i s m a t i s c h e r und r a t i o n a l e r (legaler) Macht hat zweifellos die modernen differenzierenden Behandlungen der Machtphänomene entscheidend mitgeprägt. Die modernen Klassifikationsversuche lassen die Unterscheidungen Webers nur noch in historischem Interesse erscheinen. Vgl. zur Begriffsabgrenzung auch Peabody (1964), S. 5 f. Eine Darstellung verschiedener Klassifikationsversuche bringt Peabody (1964) auf S. 120.

| French und Raven | reward power | coercive power | expert power | referent power | legitimate power |
|---|---|---|---|---|---|
| Peabody | authority of position | | authority of competence | authority of person | authority of legitimacy |
| Presthus | legitimation (of authority) by formal role | | legitimation by expertise | legitimation by rapport | legitimation by generalized deference of authority |
| Simon | authority of sanctions | | authority of confidence | (techniques of persuasion) | authority of legitimacy |

*Abb. 3.8: Klassifikationen von Machtgrundlagen[84]*

---

[84] Vgl. insbes. Peabody (1964), S. 120.

| | Sanktionen | | Sachverständig-keit und Koorientierung | Identifikation mit dem Beeinflussenden | Internalisation der Gehorsamspflicht |
|---|---|---|---|---|---|
| | durch den Beeinflussenden | durch andere | | | |
| Beeinflussender als Individuum | 1 X | 4 | 7 | 10 | 13 |
| Beeinflussender als Positionsinhaber | 2 X | 5 X | 8 X | 11 X | 14 X |
| Beeinflussender als Gruppenmitglied | 3 | 6 X | 9 X | 12 X | 15 |

*Abb. 3.9: Machtgrundlagen und sekundäre legitimierende Informationen*

flußten zur Diskussion steht. Es erscheint zweckmäßig, hierbei drei Möglichkeiten zu unterscheiden. Die die Annahme der potentiellen Entscheidungsprämisse legitimierenden sekundären Informationen können auf ein Individuum, eine Position oder eine Gruppe verweisen. Ein Beeinflussender erscheint somit in der Wahrnehmung des Beeinflußten als Individuum, als Inhaber einer spezifischen Position oder aber als Mitglied einer Gruppe zur Beeinflussung legitimiert. „Gruppe" umfaßt dabei im weitesten Sinne jede kleine Gruppe, Organisation oder Gesellschaft. Die Kopfzeile der Matrix kennzeichnet die spezifische Art der legitimierenden Informationen aus der Sicht des beeinflußten Individuums. Diese die Annahme von Entscheidungsprämissen legitimierenden sekundären Informationen sollen im folgenden näher analysiert werden.

*Sanktionserwartungen*

Die legitimierende Information kann zunächst in einer Überzeugung des Beeinflußten bestehen, daß die Annahme bzw. Ablehnung der potentiellen Entscheidungsprämissen mit positiven bzw. negativen Sanktionen, d. h. mit Belohnungen bzw. Bestrafungen, verbunden ist. Diese Sanktionen kann der Beeinflußte sowohl vom Beeinflussenden selbst als auch von anderen Mitgliedern derjenigen sozialen Systeme erwarten, denen der Beeinflussende und gegebenenfalls auch der Beeinflußte angehören. Beide Sanktionserwartungen können gleichzeitig gegeben sein. Dies gilt vor allem dann, wenn der Beeinflussende als Inhaber einer Position auftritt. In diesem Falle ist anzunehmen, daß innerhalb des betreffenden sozialen Systems Normen existieren, die einen Gehorsam gegenüber dieser Position vorschreiben. Ein Ungehorsam bedeutet eine Verletzung dieser Normen, die mit Sanktionen nicht nur durch den Positionsinhaber, sondern auch durch andere Mitglieder des Systems geahndet wird. Auf diese normative Basis des autoritativen Verhaltens in der Organisation hat vor allem Jackson hingewiesen. Er geht allerdings davon aus, daß diese normative Basis für alle Formen der Autoritätsausübung gegeben ist. Eine solche normative Basis ist jedoch in der Regel zu verneinen, wenn der Beeinflussende als Individuum und nicht als Positionsinhaber oder Mitglied einer Gruppe in Erscheinung tritt. Aus diesem Grund fehlt im Matrixfeld 4 ein Kreuz. Das Fehlen des Kreuzes im Matrixfeld 3 deutet demgegenüber an, daß sich die Sanktionserwartungen des Beeinflußten im Falle des Auftretens des Beeinflussenden als Gruppenmitglied primär auf Sanktionen der übrigen Mitglieder der fraglichen Gruppe erstrecken. Dies schließt nicht aus, daß auch der Beeinflussende in seiner Eigenschaft als Gruppenmitglied Sanktionen ergreift. Diese Erwartungen des Beeinflußten treten jedoch in den Hintergrund.

Oft werden positive und negative Sanktionen als äquivalent betrachtet. Zwar wird keineswegs der Unterschied zwischen Belohnung und Bestrafung geleugnet. Auch wird stets erkannt, daß der Einsatz von Bestrafungen — zumindest im westlichen Kulturkreis und soweit es sich um Organisationen mit freiwilliger Mitgliedschaft handelt — immer mehr in den Hintergrund tritt. Die Äquivalenz wird vielmehr aus der Überlegung hergeleitet, daß der Entzug einer Belohnung einer Bestrafung gleichkommt und der Verzicht auf Bestrafung wie eine Belohnung wirken kann. French und Raven zeigen jedoch, daß Belohnungen und Bestrafungen langfristig sehr unterschiedliche Wirkungen haben können. Zwar bedürfen sowohl die positiven als auch die negativen Sanktionen eines Einsatzes der Machtressourcen. Solange die Androhung von Bestrafung wirksam ist, erübrigt sich jedoch dieser Einsatz, ohne daß dadurch die Überzeugung des Machtunterworfenen leidet, bei späteren Fällen des Ungehorsams mit negativen Sanktionen rechnen zu müssen. Bleibt jedoch im Falle des Gehorsams die Belohnung aus, so wird der Machtunterworfene im Wiederholungsfall lernen, daß der Machthaber lediglich blufft und falsche Versprechungen macht. Die Erwartung positiver Sanktionen verliert dann an motivierender Wirkung.

*Sachverständigkeit und Koorientierung*

Die durch Sanktionserwartungen legitimierten Entscheidungsprämissen sind in erster Linie Informationen präskriptiver bzw. wertender Natur. Die Überzeugung des beeinflußten Individuums, daß der Beeinflussende über Informationsvorteile verfügt und somit Experte oder Sachverständiger ist, betrifft demgegenüber primär (wenn auch nicht ausschließlich) die Annahme oder Ablehnung faktischer Informationen als Entscheidungsprämissen. Die Macht des Experten — auch *funktionale Autorität*[85] genannt — ging erst relativ spät in die sozialwissenschaftliche Diskussion der Grundlagen und Formen von Macht und Autorität in sozialen Systemen ein. Hartmann weist darauf hin, daß die für alle nachfolgenden Versuche grundlegende Klassifikation der Typen der Herrschaft durch Max Weber noch keinen Hinweis auf diese Form der Autorität enthält[86]). In der Regel wird unterstellt, daß die funktionale Autorität nur mit der Person des Beeinflussenden verbunden ist (Matrixfeld 7). Tatsächlich ist jedoch davon auszugehen, daß das beeinflußte Individuum eine Entscheidungsprämisse auch deshalb akzeptiert, weil sich die Quelle als Inhaber einer bestimmten Position oder als Mitglied einer spezifischen Gruppe ausweist. Ein Unternehmer wird u. U. geneigt sein, eine langfristige Konjunkturprognose als Prämisse seiner Entscheidungen zu akzeptieren, weil sie etwa von einem Professor der Nationalökonomie stammt. Die Kenntnis dieser Position mag dabei das einzige Wissen des Unternehmers über seine Informationsquelle sein. Ähnliches gilt für den Fall, daß lediglich die Gruppenmitgliedschaft der Informationsquelle bekannt ist. Die Information wird als Entscheidungsprämisse akzeptiert, weil das beeinflußte Individuum überzeugt ist, daß die Gruppe über Informationsvorteile verfügt, die sich auf Grund der internen Kommunikationsbeziehungen der Gruppe auf alle Gruppenmitglieder übertragen.

---

[85]) Vgl. hierzu die Monographie Hartmanns (1964).
[86]) Vgl. Peabody (1964).

Für die funktionale Autorität eines Positionsinhabers bzw. eines Gruppenmitglieds kann ebenfalls eine normative Basis existieren. In sozialen Systemen können Normen existieren, die die Annahme von Expertenurteilen bestimmter Positionsinhaber oder Gruppenmitglieder sanktionieren. Wenn etwa ein Richter bei seinem Urteilsspruch das Gutachten eines Sachverständigen unbeachtet läßt, so muß er u. U. mit Mißfallensäußerungen (Sanktionen) rechnen. Die mögliche Legitimation faktischer Entscheidungsprämissen (Tatsachenurteile) durch Sanktionen wird in der Literatur meist übersehen. March und Simon weisen jedoch darauf hin, daß in Organisationen in der Regel „offizielle", d. h. autorisierte Prognosen existieren, an die sich die Organisationsteilnehmer bei ihren Entscheidungen zu orientieren haben:

> „... wenn jeder Organisationseinheit gestattet wäre, eine eigene Prognose der Verkäufe zu machen, dann ergäbe sich unter Umständen ein weiter Bereich solcher Schätzungen, woraus Inkonsistenzen zwischen den durch die verschiedenen Abteilungen getroffenen Entscheidungen resultierten ... In solchen Fällen mag es wichtig sein, eine offizielle Prognose zu machen und diese offizielle Prognose als Basis für die Aktion in der gesamten Organisation zu verwenden.
>
> Wo es bedeutsam ist, daß alle Teile einer Organisation auf Grund der gleichen Prognose handeln, und wo verschiedene Individuen verschiedene Schlußfolgerungen aus den Ausgangsdaten ziehen, dort wird eine formale Stelle für Ungewißheitsabsorption eingerichtet, und die von dieser Stelle gezogenen Folgerungen werden in der Organisation einen offiziellen Status als ‚legitimierte' Schätzungen haben. Je größer das Bedürfnis nach Koordination in der Organisation ist, desto größer ist die Verwendung legitimierter ‚Tatsachen' ..."[87])

Der funktionalen Autorität des Experten oder Sachverständigen sehr ähnlich ist der Einfluß, den der „*Gleichgesinnte*" (cooriented peer) auf die Entscheidungsprämissen eines Individuums auszuüben vermag[88]). Das beeinflußte Individuum akzeptiert Informationen als Entscheidungsprämissen, weil es weiß, daß die Informationsquelle über gleiche Überzeugungen und Werte verfügt wie es selbst. Das Individuum verzichtet darauf, die Gültigkeit der potentiellen Entscheidungsprämisse zu überprüfen, da es erwartet, daß es zu gleichen Schlußfolgerungen gelangen wird wie die „gleichgesinnte" Informationsquelle.

Sachverständigkeit und Koorientierung werden vor allem als Machtgrundlagen relevant, wenn der Machtunterworfene in einer konkreten Entscheidungssituation einem Konflikt ausgeliefert ist und nach Verhaltensalternativen, Prognosen oder gar Bewertungskriterien sucht. Er befindet sich in einer Informationsabhängigkeit. Man geht dabei wohl nicht fehl in der Annahme, daß die Sachverständigkeit vor allem dann relevant ist, wenn die Unsicherheit als Konfliktursache dominiert und die Gewinnung von Pro-

---

[87]) March und Simon (1958), S. 166.
[88]) Vgl. Jones und Gerard (1967), S. 319 f.

gnosen über die Konsequenzen von Handlungsmöglichkeiten im Vordergrund steht. Die Koorientierung wird demgegenüber relevant, wenn das Individuum nach zusätzlichen Werten zur Bewertung von Alternativen und deren Konsequenzen und/oder nach solchen Handlungsalternativen selbst sucht. Bei der Suche nach Handlungsmöglichkeiten spielt die Koorientierung deshalb eine Rolle, weil das entscheidende Individuum in selektiver Weise möglichst nur solche Alternativen in Erwägung ziehen möchte, bei denen die Chance relativ groß ist, daß sie auch später akzeptiert werden. Die Koorientierung geht somit gleichsam in ein heuristisches Prinzip für die selektive Suche im Problemlösungsprozeß ein.

*Identifikation*

Diese Überlegungen implizieren, daß Sachverständigkeit und Koorientierung in erster Linie dann als Machtgrundlagen wirksam werden, wenn sich das Individuum bereits in einem Konflikt befindet und eine Informationsabhängigkeit wahrnimmt. Für die Macht, die in der Identifikation des Beeinflußten mit dem Beeinflussenden wurzelt, gelten andere Bedingungen, wenngleich zu der auf der Sachverständigkeit bzw. Koorientierung gründenden Macht ein enger empirischer Zusammenhang besteht. Tatsächlich ist die von einem Individuum wahrgenommene Uniformität oder Übereinstimmung der Meinungen und Werte eine wesentliche Einflußgröße des Ausmaßes der Identifikation dieses Individuums mit einem anderen Individuum oder einer Gruppe[89]. Die auf der Identifikation beruhende Macht bzw. Autorität wird von French und Raven als „referent power" bezeichnet:

> „Die ‚referent power' ... besitzt ihre Basis in der Identifikation von P mit O. Als Identifikation bezeichnen wir ein Gefühl der Einheit (feeling of oneness) von P mit O oder einen Wunsch nach einer solchen Identität. Wenn O eine Person ist, zu der sich P stark hingezogen fühlt, wird P den Wunsch besitzen, mit O in engere Verbindung zu gelangen. Wenn O eine attraktive Gruppe ist, wird P ein Gefühl der Mitgliedschaft oder einen Wunsch nach Beitritt besitzen. Wenn P bereits zu O in enger Verbindung steht, wird er diese Beziehung aufrechtzuerhalten wünschen... Die Identifikation von P mit O kann herbeigeführt oder aufrechterhalten werden, wenn P handelt, glaubt und wahrnimmt wie O. Entsprechend besitzt O die Fähigkeit, P zu beeinflussen, selbst wenn P sich dieser ‚referent power' nicht bewußt ist. Eine Verbalisierung solcher Macht durch P mag etwa lauten: ‚Ich bin wie O und werde deshalb handeln und glauben wie O' oder: ‚Ich wünsche wie O zu sein, und ich werde eher wie O sein, wenn ich handle oder glaube wie O'."[90]

Die Überlegungen Frenchs und Ravens verweisen unmittelbar darauf, daß der Beeinflussende sowohl als Individuum als auch als Mitglied seiner Gruppe auf Grund der Identifikation des Beeinflußten Macht ausüben kann. Vieles spricht dafür, daß sich ein Individuum auch mit einer Position, die es

---

[89] Vgl. March und Simon (1958), S. 64 ff.
[90] French und Raven (1959), S. 161 f.

selbst noch nicht innehat, identifizieren kann. Dies ist u. a. eine Folge des Karrieredenkens der Organisationsteilnehmer. Das Individuum strebt bestimmte Positionen an und identifiziert sich bereits mit ihnen, bevor es diese tatsächlich innehat. Entsprechend ist anzunehmen, daß die gegenwärtigen Inhaber dieser Positionen „referent power" über das Individuum besitzen.

Die der „referent power" entsprechenden kognitiven Informationsprozesse zur Annahme von Entscheidungsprämissen des beeinflußten Individuums werden deutlicher, wenn man die Konzeption der „referent power" zu jenen sozialpsychologischen Theorien in Beziehung setzt, die das Bedürfnis des Individuums nach kognitiver Konsistenz zum Gegenstand haben. Neben der Theorie Festingers über die Reduktion der kognitiven Dissonanz sind vor allem die Ansätze von Heider (Balance Theory)[91], Abelson und Rosenberg (Psycho-Logic Model)[92] sowie Osgood und Tannenbaum (Congruity Principle)[93] zu nennen. Ohne auf die vorhandenen Unterschiede dieser Konzeptionen im einzelnen einzugehen, kann man ihnen folgenden, auf die vorliegende Problematik übertragen Kern der Argumentation entnehmen: Die Annahme oder Ablehnung einer primären Information als Entscheidungsprämisse impliziert eine positive oder negative Bewertung dieser Information. Denn Termini wie „akzeptierbar" sind Ausdrücke einer wertenden Sprache. Im Falle einer Identifikation des Beeinflußten mit dem Beeinflussenden drückt die legitimierende sekundäre Information ebenfalls eine Bewertung aus, die sich direkt oder indirekt auf die Quelle der primären Information bezieht. Ist das Individuum — aus welchem Grunde auch immer — zunächst geneigt, die primäre Information als Entscheidungsprämisse abzulehnen, d. h. negativ zu bewerten, und identifiziert es sich gleichzeitig mit der Quelle der Information und bewertet diese positiv, so besteht eine „psycho-logische" Inkongruenz oder Inkonsistenz zwischen primärer und sekundärer Information. Die Reduktion dieser Inkongruenz führt u. a. zu einer Neubewertung der primären Information. Das Individuum akzeptiert diese als Entscheidungsprämisse, um auf diese Weise sein „kognitives Gleichgewicht" wiederherzustellen. Selbstverständlich sind die zugrundeliegenden kognitiven Prozesse dem Individuum in der Regel nicht bewußt.

*Internalisation der Gehorsamspflicht*

Es liegt auf der Linie der hier in Anlehnung an Presthus vertretenen Terminologie, daß jede Autoritätsausübung ex definitione legitimiert ist. Die die Annahme einer potentiellen Entscheidungsprämisse motivierenden sekundären Informationen sind stets legitimierende Informationen. Wenn eine Reihe von Autoren die „legitimierte Macht" oder die „Autorität durch Legitimation" als spezifische Form der Macht oder Autorität hervorhebt, so liegt dem

---

[91] Vgl. Heider (1958).
[92] Vgl. Abelson und Rosenberg (1958).
[93] Vgl. Osgood und Tannenbaum (1955).

ein wesentlich engerer Begriff der Legitimation zugrunde. Wir wollen dieses terminologische Problem zunächst zurückstellen[94]) und den Kern dieses Machttyps herausarbeiten. French und Raven definieren wie folgt:

> „Legitimierte Macht ... ist als die Macht definiert, die von internalisierten Werten des P stammt, die diktieren, daß O ein legitimiertes Recht besitzt, P zu beeinflussen, und daß P eine Verpflichtung hat, diesen Einfluß zu akzeptieren."[95])

Presthus spricht demgegenüber von einer „generalisierten Unterwerfung unter die Autorität" (generalized deference to authority):

> „Hier nützt die Organisation den tiefsitzenden Respekt vor Autorität, der den meisten Individuen durch die Sozialisation eingepflanzt ist. Diese Legitimation mag als eine generelle Kategorie gedacht werden, die all den anderen Machtbasen zugrunde liegt ... Man ist geneigt zu behaupten, daß die anderen oft nur Rationalisierungen für dieses noch grundlegendere Instrument darstellen."[96])

Der zentrale Begriff in der Analyse dieser Autoritätsform ist der Begriff der Internalisation des Weisungsrechtes bestimmter Positionen sozialer Systeme bzw. der Gehorsamspflicht durch das beeinflußte Individuum. Das Individuum hat sich im Laufe seines Sozialisationsprozesses Normen (Werte) angeeignet und internalisiert, die unmittelbar als legitimierende sekundäre Informationen dienen.

Bereits an anderer Stelle wurde darauf hingewiesen, daß die Internalisation lediglich als letzte Stufe im Laufe eines Sozialisationsprozesses anzusehen ist. Das Individuum hat eine kognitive Information (Norm) internalisiert, wenn ihm die ursprüngliche Quelle und die Umstände der Aneignung dieser Information nicht mehr bewußt sind. Sozialisation und Internalisation sind somit einander nicht gleichzusetzen. Wenn ein Individuum über kognitive Normen verfügt, die ihm den Gehorsam gegenüber bestimmten Positionen sozialer Systeme vorschreiben, so muß damit nicht automatisch die Internalisation dieser Normen verbunden sein.

*Die Mehrstufigkeit der Analyse von Machtgrundlagen*

Diese Betrachtungsweise führt zu einer mehrstufigen Analyse des Macht- bzw. Autoritätsphänomens. Diese gewinnt an Klarheit, wenn man die Frage nach der Legitimation dieser Normen selbst stellt. Betrachtet man aus einer höheren Betrachtungsebene eine solche Norm als primäre Information, die ihrerseits durch sekundäre Informationen zu legitimieren ist, so bedeutet Internalisation dieser Norm, daß das Individuum mit dieser primären Information keine sekundäre Information assoziiert. Die den Gehorsam legiti-

---

[94]) Vgl. jedoch S. 215 dieser Arbeit.
[95]) French und Raven (1959), S. 159.
[96]) Presthus (1962), S. 132.

mierenden Normen können jedoch ihrerseits durch Sanktionserwartungen des Individuums „legitimiert" sein. Die Analyse kompliziert sich noch mehr, wenn man zusätzlich in Erwägung zieht, daß das Recht der Sanktion seinerseits durch Normen gestützt wird, in denen wiederum Sanktionserwartungen anderer Mitglieder des sozialen Systems stehen können.

Selbstverständlich können Normen ihrerseits durch andere Normen gestützt werden. Dabei erscheint es zweckmäßig, zwischen Normen als Elementen des kognitiven Informationssystems und Regelungen als Elementen des offiziellen, öffentlichen Informationssystems zu differenzieren. Schließlich sind zwei Kategorien von Normen zu unterscheiden: Normen, die das kognitive Pendant der öffentlichen Regelungen darstellen, und Normen, die das Befolgen dieser Regelungen legitimieren. So mag beispielsweise die Regelung bestehen, daß eine bestimmte Position A Weisungsbefugnisse gegenüber einer anderen Position B besitzt. Der Inhaber der Position B mag diese Regelung im Rahmen seines Sozialisationsprozesses gelernt haben. Eine Weisung des Inhabers der Position A wird diese Norm (Rollenzumutung) bei B hervorrufen. Gleichzeitig wird B damit die Information assoziieren, daß die entsprechende Regelung vom Inhaber der Position C getroffen wurde. Die Norm, die den Erlaß der Regelung durch C bestimmt, mag B internalisiert haben. Ihre Legitimation mag jedoch auch in Sanktionserwartungen des B wurzeln. Wie dem auch im einzelnen sei, die Überlegungen implizieren eine Hierarchie von Normen und gleichsam „zwischengeschalteten" öffentlichen Regelungen. Die jeweils übergeordnete Norm legitimiert dabei die untergeordnete. Selbstverständlich setzt sich diese Hierarchie nicht ad infinitum fort. Sie wird in der Regel nur wenige Glieder umfassen. Die jeweils oberste Norm ist entweder internalisiert oder durch Sanktionserwartungen bzw. durch Identifikation mit der ursprünglichen Quelle der Norm legitimiert.

Abbildung 3.10 gibt in schematischer Weise die Zusammenhänge wieder, die mit der Einbeziehung von Normen in die Analyse der Annahme oder Ablehnung potentieller Entscheidungsprämissen verbunden sind. Die Abbildung zeigt gleichzeitig die Vielschichtigkeit der einzelnen Grundlagen der Macht bzw. Autorität und die zwischen den einzelnen Machtgrundlagen feststellbaren Interdependenzen. Die Pfeile der Abbildung bringen im einzelnen folgende Zusammenhänge zum Ausdruck:

Die Pfeile 1, 2 und 3 geben die Legitimation einer primären Information als Entscheidungsprämisse durch die Sanktionserwartungen des beeinflußten Individuums, durch sein Wissen um die Sachverständigkeit oder die Koorientierung der Informationsquelle sowie durch seine Identifikation mit dem Beeinflussenden wieder. Die Pfeile 4 und 5 deuten die Legitimation der Entscheidungsprämisse an, die sich aus der Internalisation der legitimierenden Normen durch das beeinflußte Individuum ergibt. Die Pfeile 1 bis 5 repräsentieren somit die in der Kopfzeile der Abb. 3.9 angedeuteten Zusammenhänge.

Pfeil 6 bringt zum Ausdruck, daß die Normen selbst durch Sanktionen legitimiert sein können. Eine Ablehnung einer bestimmten Entscheidungsprämisse, die von einem Positionsinhaber stammt, bedeutet eine Verletzung einer den Gehorsam vor-

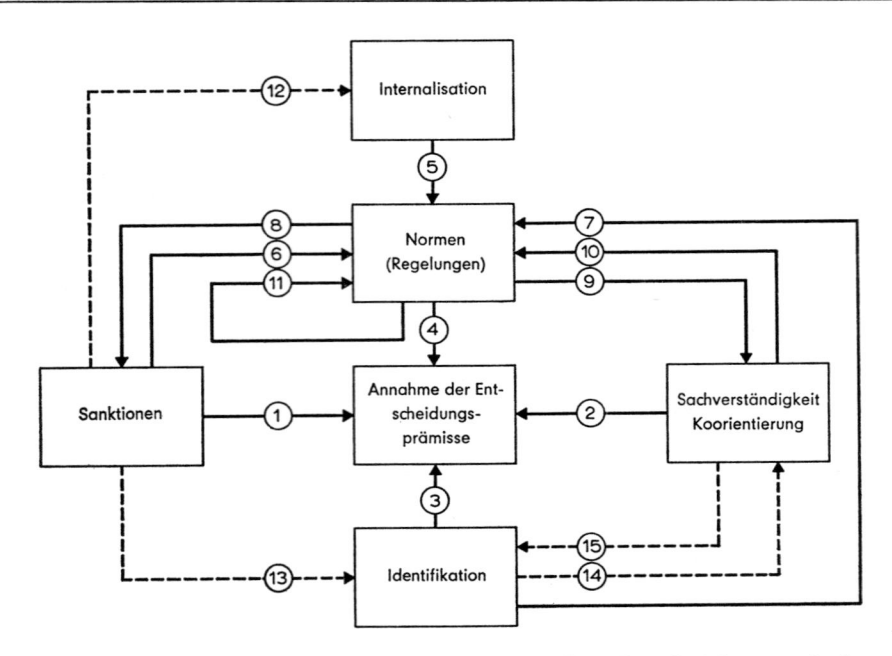

*Abb. 3.10: Annahme oder Ablehnung potentieller Entscheidungsprämissen*

schreibenden Norm, was wiederum Sanktionen erwarten läßt. Pfeil 7 zeigt an, daß die Legitimation einer solchen Norm auch in der Identifikation des Individuums mit dem entsprechenden Wert (bzw. der dahinterstehenden Gruppe) begründet sein kann. Pfeil 8 gibt die Möglichkeit wieder, daß die Ausübung von Sanktionen zur Bestrafung oder Belohnung von Ungehorsam bzw. Gehorsam Gegenstand von Normen sein kann. Diese Normen können gemäß den Pfeilen 5, 6 und 7 internalisiert oder durch Sanktionen bzw. Identifikationen legitimiert sein. Pfeil 9 deutet die bereits dargelegten Möglichkeiten an, daß auch die Annahme von Expertenurteilen als Entscheidungsprämissen durch entsprechende Normen legitimiert sein **können, während Pfeil** 10 impliziert, daß Koorientierung und Sachverständigkeit möglicherweise eine Norm oder eine Regelung legitimieren. Schließlich gibt Pfeil 11 die Möglichkeit wieder, daß Normen als kognitive Pendants autorisierter Regelungen durch höhere Normen gestützt werden.

Die unterbrochenen Pfeile 12 bis 15 bringen Beziehungen zwischen den einzelnen Autoritäts- bzw. Machtgrundlagen zum Ausdruck, die durch längerfristige Prozesse wirksam werden. Pfeil 12 repräsentiert die Hypothese, daß eine wiederholte Sanktion im Rahmen des Sozialisationsprozesses zu einer Internalisation einer Norm führen kann. Pfeil 13 zeigt die Abhängigkeit der Identifikation von Sanktionen. Eine wiederholte Belohnung (positive Sanktion) durch ein Individuum oder eine Gruppe verstärkt — wegen der damit verbundenen Befriedigung der individuellen Bedürfnisse — die Neigung, sich mit diesem Individuum oder dieser Gruppe zu identifizieren. Negative Sanktionen (Bestrafungen) besitzen die entgegengesetzte Wirkung. Pfeil 14 zeigt den Einfluß der Identifikation eines Individuums auf seine Wahrnehmung der Koorientierung (Gleichgesinnung). Je mehr sich ein Individuum **mit einem anderen identifiziert,** desto mehr werden dessen Überzeugungen und

Werte als mit den eigenen übereinstimmend wahrgenommen. Pfeil 15 bringt schließlich zum Ausdruck, daß umgekehrt die Identifikation vom Ausmaß der wahrgenommenen Koorientierung abhängig ist. Wahrgenommene Koorientierung und Identifikation verstärken sich somit in einem dynamischen Prozeß gegenseitig.

*Legitimierte Macht*

Die Überlegungen zur normativen Basis der Autoritätsbeziehungen in der Organisation ermöglicht es, dem in der sozialwissenschaftlichen Diskussion bedeutsamen Begriff der legitimierten Macht bzw. Autorität im Lichte der hier skizzierten Konzeption einen präziseren Inhalt zu geben. Folgt man der Konvention, daß jede Autorität ex definitione legitimiert ist, so ist mit dem Terminus der legitimierten Autorität als spezieller Autoritätstyp ein Begriff der Legitimation im engeren Sinne verbunden. Es liegt nahe, von *Legitimation im engeren Sinne* dann zu sprechen, wenn eine Legitimation durch Normen bzw. Regelungen vorliegt. Nicht zweckmäßig jedoch erscheint es zu fordern, daß diese Normen vom beeinflußten Individuum internalisiert sein müssen. Von *legitimierter Macht* soll daher auch gesprochen werden, wenn die entsprechenden Normen ihrerseits durch Sanktionserwartungen, Identifikation oder durch übergeordnete Normen gestützt sind. Diese Definition schließt selbstverständlich die empirisch u. U. zu verifizierende Hypothese nicht aus, daß die letztliche Basis der legitimierten Macht in der Internalisation der sie direkt oder indirekt stützenden Normen zu erblicken ist.

*Reziprozität*

Die Überlegungen zur legitimierten Macht bedürfen freilich einer Einschränkung hinsichtlich des Inhalts der Normen (Werte), die die Annahme der Entscheidungsprämisse legitimieren. Diese Einschränkung ergibt sich aus der *Reziprozitätsnorm*[97]). Diese in den meisten Kulturkreisen beachtete Norm fordert, daß man nicht einseitig nur Vorteile empfangen kann, ohne zu einer irgendwie gearteten Gegenleistung verpflichtet zu sein, auch wenn keine vertragliche Pflicht zur Gegenleistung existiert. Wer um Gegenleistung gebeten wird und seiner durch die Reziprozitätsnorm begründeten Verpflichtung nicht nachkommt, hat auf die Dauer mit Sanktionen der Gesellschaft zu rechnen. Dabei ist davon auszugehen, daß die Reziprozitätsnorm im Laufe des Sozialisationsprozesses internalisiert und für die Mitglieder des Kulturkreises zu einem selbstverständlichen Wert wird.

Besteht für ein Individuum B eine Verpflichtung gegenüber A, so mag es die Norm der Reziprozität dazu veranlassen, seinem Verhalten die von A gewünschten Beschränkungen aufzuerlegen. Nicht selten akzeptiert ein Individuum aber auch Entscheidungsprämissen, ohne daß es sich hierzu verpflichtet fühlt. Dahinter steht der Kalkül, daß es sich dadurch A für die Zukunft verpflichtet. Daraus ergibt sich das Paradoxon, daß die Machtgrundlage des

---

[97]) Die entscheidenden Ansätze zu diesem Problemkreis stammen von Gouldner (1960). Vgl. ferner Blau (1964), S. 25 ff., S. 91 ff., S. 312 ff.; Blau (1968 b), S. 452 ff.; Lindblom (1965), passim.

A unter anderem in der Fähigkeit des A besteht, zu einem späteren Zeitpunkt selbst von B gewünschte Entscheidungsprämissen zu akzeptieren. Diese Machtbasis ist jedoch nur wirksam, wenn sich A und B gegenseitig dahin gehend vertrauen, daß jeder die grundlegende Reziprozitätsnorm akzeptiert.

**Zusammenfassung**

Die vorstehende Analyse der Grundlagen und Formen der Macht bzw. Autorität kann lediglich als allerdings grundlegende Vorstufe für eine eingehende theoretische Untersuchung der Frage angesehen werden, welche Faktoren einen Organisationsteilnehmer dazu bewegen, empfangene oder hervorgerufene Informationen als Entscheidungsprämissen zu akzeptieren und in seine Definition der Situation aufzunehmen. Die Überlegungen bieten lediglich Hinweise darauf, welchen Tests das Individuum bei der Annahme oder Ablehnung potentieller Entscheidungsprämissen folgen kann. Wenig ist über jene Faktoren bekannt, die bestimmen, welche dieser Tests in einer konkreten Situation tatsächlich durchgeführt werden. Desgleichen ist die sozialwissenschaftliche Forschung weit davon entfernt, kognitive Programme darlegen zu können, welche die Autoritätstests zum Gegenstand haben. Weiterhin fehlt es an konkretem Wissen darüber, inwieweit die Annahme oder Ablehnung einer potentiellen Entscheidungsprämisse selbst zu einem Problem für das Individuum werden kann. Dies ist beispielsweise denkbar, wenn die legitimierenden Informationen zu unvollkommen sind, um eine eindeutige Entscheidung über die Annahme oder Ablehnung zuzulassen. Zum Problem kann die Annahme einer potentiellen Entscheidungsprämisse auch werden, wenn sich die legitimierenden Informationen widersprechen, d. h. einmal die Annahme, zum anderen die Ablehnung naheliegt.

Schließlich bleibt ungeklärt, unter welchen Bedingungen ein Individuum eine zunächst vorläufig akzeptierte Entscheidungsprämisse nachträglich wieder aus der Definition seines Problems eliminiert, weil seine Problemlösungsversuche zu keinem Ergebnis geführt haben. Die Liste solcher und ähnlicher Fragen ließe sich beliebig fortsetzen.

Gleichgültig jedoch, welche Antworten die zukünftige Forschung auf diese Frage einmal geben wird, vieles spricht dafür, daß die auf dem Informationsverarbeitungsansatz basierende Entscheidungstheorie einige terminologische Konzeptionen zu liefern vermag, die eine bislang kaum gekannte Präzisierung dieser Fragestellungen erlaubt. Dies in einem ersten Versuch sichtbar zu machen war Hauptaufgabe der Überlegungen dieses Abschnittes.

Gleichzeitig werden damit auch die Grundlagen für die Untersuchung der Frage gelegt, welche manipulativen Taktiken der einzelne interdependente Entscheidungsträger in der Organisation zur Verfügung hat, andere zu der Annahme bestimmter Entscheidungsprämissen zu bewegen. Dieser Frage wollen wir uns nunmehr zuwenden.

### 3.33 Manipulative Taktiken

Das Repertoire manipulativer Maßnahmen oder Taktiken, das einem Individuum zur Verfügung steht, hängt von den ihm verfügbaren und/oder von anderen zugeschriebenen Machtgrundlagen ab. Eine Diskussion der manipulativen Taktiken hat daher in Anlehnung an die legitimierenden Informationen zu erfolgen, die das manipulierte Individuum zur Annahme bestimmter Entscheidungsprämissen motivieren. Manipulative Taktiken können geradezu als Maßnahmen charakterisiert werden, die der Übermittlung und/oder Hervorrufung solcher legitimierenden Informationen beim Beeinflußten dienen. Diese Aussage gilt es jedoch zu verfeinern und zu modifizieren.

**Manipulation und informationelle Kopplung**

Sieht man einmal von dem besonderen Fall der Manipulation der Umwelt des zu beeinflussenden Individuums ab, so bedingen Manipulationen stets eine informationelle oder stofflich-energetische Kopplung zwischen Machthaber und Machtunterworfenem. Diese kann direkter und/oder indirekter Natur sein. Sie ist indirekt, wenn A zunächst einen Dritten C durch Manipulation dazu bringt, seinerseits den B manipulativ zu beeinflussen. Dies mag für B erkennbar sein oder nicht. Die Informationen, die B auf Grund der Manipulation durch A zu Entscheidungsprämissen machen soll, können während des Beeinflussungsprozesses übermittelt oder aber bereits vorher von B gespeichert und in der konkreten Situation durch die Kontrolle der Schlüsselreize durch A oder anderweitig hervorgerufen sein. Die informationelle Kopplung, die mit manipulativen Taktiken verbunden ist, muß sich daher nicht unbedingt auf jene Informationen beziehen, die B zu Prämissen seiner Entscheidung machen soll. Wenn der A den B zu einem rollenkonformen Verhalten bewegen will, so mag B seine Rolle in einem vorangegangenen Sozialisationsprozeß schon längst gelernt haben. Schließlich kann die Manipulation über andere Kanäle erfolgen als die Kommunikation der als Entscheidungsprämissen gewünschten Informationen. Diese Gesichtspunkte sind ergänzend zu beachten, wenn wir im folgenden in Anschluß an Lindblom[98]) die wichtigsten manipulativen Taktiken darlegen, die freilich zum Teil bereits beispielhaft genannt wurden.

**Drohungen**

Eine erste manipulative Taktik ist in der Drohung[99]) zu erblicken. Der Machthaber A kündigt für den Fall, daß B nicht das gewünschte Verhalten

---

[98]) Vgl. Lindblom (1965), S. 54 ff. und S. 66 ff. Die von Lindblom vorgenommene Unterscheidung manipulativer Taktiken stellt Schmitt (1969), S. 75 ff. in Kurzform dar.

[99]) Vgl. zu diesem Problemkreis Boulding (1962); Thiele (1968), S. 125 ff.; Brody (1968), S. 130 ff. und die dort angegebene Literatur, insbes. Schelling (1960), S. 35 ff. und S. 123 ff. Auf die Überlegungen von Schelling geht Rapoport (1960), S. 227 ff. näher ein. Er stellt darüber hinaus ein Konzept zur Beseitigung der Drohung auf, das drei Komponenten enthält: (1) die Mitteilung an den Gegenspieler, daß er gehört und verstanden wurde; (2) die Beschreibung des Verhandlungsbereiches des Gegenspielers; (3) die Überredung des Gegenspielers zur Aufnahme derselben Taktik gegenüber seinem Partner; vgl. ebenda, S. 286 f. Vgl. weiterhin auch Walton und McKersie (1965), S. 107 ff.

wählt bzw. seinen Entscheidungen nicht gewünschte Beschränkungen auferlegt, negative Sanktionen an. Drohungen müssen nicht explizit ausgesprochen werden, sondern können den Beeinflußten auch durch Handlungen signalisiert werden, die die entsprechenden Sanktionserwartungen hervorrufen. Der Aufbau einer Armee hat solche Wirkungen, ohne daß je explizit mit ihrem Einsatz gedroht würde.

Es wurde bereits darauf hingewiesen, daß die Durchführung der Sanktionen gewisse Ressourcen voraussetzt, daß jedoch ein Machthaber eine sehr viel größere „Machtausdehnung" besitzen kann, als eigentlich durch seine Ressourcen im Ernstfall mit Sanktionen belegt werden kann. Ein Problem für den Machthaber besteht meist darin, den Bedrohten glaubhaft zu machen, daß er im Falle des Ungehorsams tatsächlich Sanktionen wirksam werden läßt. Nicht selten sind die angedrohten Sanktionen so geartet, daß ihre Realisation auch den Machthaber selbst schlechter stellt, obwohl dieser damit das von ihm gewünschte Verhalten des B erzwingt. Der Machthaber muß die ihm keinen Vorteil einbringenden Sanktionen durchführen, damit seine Glaubwürdigkeit für spätere Manipulationsversuche nicht leidet. Diese Überlegung ist letztlich identisch mit der Grundannahme der „force-conditioning models"[100]).

**Versprechungen**[101])

Das Problem der Glaubwürdigkeit besteht auch in jenen Fällen, in denen der Machthaber den Machtunterworfenen durch Kompensation für den Fall belohnt, daß dieser das gewünschte Verhalten zeigt. In diesem Falle besteht die manipulative Maßnahme in einem Versprechen positiver Sanktionen oder Belohnungen. Auch hier muß der Machthaber jene Ressourcen besitzen, die er zur Realisation der versprochenen positiven Sanktionen verwenden kann. Dabei kann der Machthaber auch in diesem Falle mit seinen Maßnahmen Erfolg haben, ohne daß er die Sanktion tatsächlich wirksam werden läßt. Freilich wird seine Glaubwürdigkeit sehr schnell darunter leiden, wenn er nicht jedesmal sein Versprechen einlöst und den Machtunterworfenen tatsächlich belohnt. Die Erfüllung der Versprechungen kann jedoch auch negative Auswirkungen auf die Glaubwürdigkeit in zukünftigen Manipulationsversuchen besitzen. Dies ist der Fall, wenn die Grundthese der „force depletion models" zutrifft, daß mit den positiven Sanktionen bzw. Kompensationen die als Machtgrundlage fungierenden Ressourcen erkennbar verbraucht werden und es somit unwahrscheinlich wird, daß der Machthaber in Zukunft seinen Versprechungen nachkommen kann.

Dies hängt freilich unter anderem davon ab, worauf sich die Versprechungen beziehen. Cartwright[102]) unterscheidet in diesem Zusammenhang vier Fälle:

---

[100]) Vgl. dazu S. 191 f. dieser Arbeit.
[101]) Vgl. hierzu Lindblom (1965), S. 222 ff.; Luce und Raiffa (1957); Schelling (1960), S. 31 ff. und S. 88 ff.
[102]) Vgl. Cartwright (1965), S. 17.

(a) „Transferierung" der Ressourcen (A verliert, B gewinnt); (b) „Konsum" der Ressourcen (A verliert die Machtbasis, B gewinnt jedoch keine Ressourcen); (c) „Streuung" (A behält seine Ressourcen, z. B. spezifische Informationen, B erlangt zusätzlich deren Besitz); (d) keine Änderung (wenn A seine Versprechungen nicht einhält). Nur die Fälle (a) und (b) stehen im Einklang mit der Annahme der „force depletion models".

Versprechungen spielen insbesondere bei der Bildung von Koalitionen[103]) als Ankündigung bedingter Kompensations- oder Ausgleichszahlungen (side payments) eine besondere Rolle. Solche Kompensationszahlungen müssen nicht unbedingt monetärer Natur sein. Auch das Versprechen von Konzessionen, d. h. der Bereitschaft, den eigenen Entscheidungen bestimmte Beschränkungen aufzuerlegen, oder das Versprechen, den anderen bei späteren Entscheidungsproblemen entsprechend zu unterstützen, sind typische Mittel, die im Zusammenhang mit der Koalitionsbildung eingesetzt werden. Schließlich kann das Versprechen auch darin bestehen, eine bereits existierende Drohung nicht auszuführen. Die Drohung wird damit zu einem „negativen Versprechen".

**Unbedingte Kompensationen**

Im Falle der Versprechungen liegen bedingte Kompensationen vor. Der Machthaber leistet dem B nur unter der Bedingung Kompensationen, daß dieser seine Entscheidungen entsprechend trifft oder sich zur Annahme bestimmter Beschränkungen als Entscheidungsprämissen verpflichtet. Häufig besteht die Manipulation jedoch in einer unbedingten Kompensation[104]). Der Machthaber leistet die Kompensation ohne Bedingungen, weil er erwartet, daß der Machtunterworfene durch die Kompensation in die Lage versetzt wird, die vom Machthaber gewünschte Entscheidung zu treffen. Der Machthaber nimmt hier an, daß gleichgerichtete Interessen existieren, der Machtunterworfene jedoch durch gewisse Umstände daran gehindert ist, die auch von ihm selbst meist präferierte Alternative zu wählen. Die Gewährung von Entwicklungshilfe, die an keinerlei Bedingungen geknüpft ist, kann als eine manipulative Maßnahme dieser Art aufgefaßt werden.

Wenn solche Kompensationen auch nicht von Bedingungen abhängig gemacht werden, so ist die Gewährung der Kompensation doch oft mit dem Versuch verbunden, den anderen von seinem gerade durch die unbedingte Kompensation hervorgerufenen Mißtrauen zu befreien. Auch hier kommt somit das Problem der Glaubwürdigkeit zum Tragen, keine anderen „Hintergedanken" zu besitzen, als den anderen in die Lage zu versetzen, seinen komplementären Interessen entsprechend zu entscheiden.

---

[103]) Vgl. dazu Gamson (1961 a, 1961 b, 1964, 1968) und die dort angegebene Literatur, insbes. Luce und Raiffa (1957); Riker (1962, 1964, 1968).
[104]) Vgl. Lindblom (1965), S. 78 ff.

## Reziprozität[105]

Subtilere Methoden der Manipulation als Drohungen oder bedingte bzw. unbedingte Kompensationen liegen vor, wenn sich der Machtausübende bei seinem Beeinflussungsprozeß auf die Reziprozitätsnorm bezieht. Diese Norm schreibt vor, daß man keine Leistung und kein Zugeständnis akzeptieren sollte, ohne sich zu einer „fairen" Gegenleistung verpflichtet zu fühlen. Dieser meist internalisierte Wert ist freilich lediglich eine offene Beschränkung, deren Schließung recht unterschiedlich ausfallen mag. Über das, was als „fair" anzusehen ist, wird kaum ein allgemeiner Konsens vorhanden sein. Dennoch ist die Bezugnahme auf diesen Wert eine ebenso häufige wie erfolgreiche Methode, andere zur Annahme von Entscheidungsprämissen zu motivieren. Ein Blick in die Realität zeigt, wie viele Entscheidungen dadurch beeinflußt werden, daß sich der Entscheidungsträger jemand anderem „erkenntlich zeigen" möchte — sei es, daß er sich diesem bereits verpflichtet fühlt, weil dieser sich früher „erkenntlich gezeigt" hat, sei es, daß er den anderen sich verpflichten möchte, damit sich dieser bei späterer Gelegenheit erkenntlich zeigen muß. Die Reziprozitätsnorm impliziert somit zwei Arten manipulativer Taktiken.

Eine erste Form dieser manipulativen Maßnahme liegt vor, wenn der Machtausübende in einer konkreten Entscheidungssituation versucht, beim Beeinflußten, den er sich bei anderer Gelegenheit durch Zugeständnisse oder Kompensationen verpflichtet hat, diese Verpflichtung hervorzurufen. Eine zweite Form ist dagegen gegeben, wenn der Machtausübende in einer konkreten Situation um Zugeständnisse bzw. Beachtung bestimmter Beschränkungen als Entscheidungsprämissen bittet und damit gleichzeitig zu verstehen gibt, daß er die Reziprozität akzeptiert und sich dem Beeinflußten für die Zukunft verpflichtet fühlt.

Nicht selten dient die bereits erwähnte Taktik der unbedingten Kompensation nicht nur dem Zweck, für den Machtunterworfenen in einer konkreten Situation die Voraussetzungen zu schaffen, die von ihm und dem Machthaber gleichermaßen vorgezogene Entscheidung zu treffen. Gleichzeitig wird damit versucht, beim Empfänger der Kompensation eine Verpflichtung im Sinne der Reziprozitätsnorm zu schaffen.

## Vollendete Tatsachen

Die Taktik der vollendeten Tatsachen oder Vorwegentscheidung (prior decision) stellt ebenfalls eine sehr subtile Form der Manipulation dar. Lindblom charakterisiert diese Form der Manipulation eines Machthabers X wie folgt:

> „X nimmt ... eine Interdependenz zwischen seiner Entscheidung und derjenigen von Y wahr. Er ist auch überzeugt, daß Y diese Interdependenz ähnlich sieht. In den Augen von X ist es zu seinem Vorteil und zum Vorteil des

---

[105] Vgl. dazu auch S. 215 f. dieser Arbeit.

> Y, daß die entsprechenden Entscheidungen koordiniert sind. Er verhandelt jedoch nicht. Statt dessen trifft er seine Entscheidung, bevor Y dies tut, um Y zu zwingen, sich an die Entscheidung des X anzupassen. Er mag dabei den Anreiz hierzu verstärken, indem er seiner Entscheidung eine Richtung gibt, die Y vorzieht."[106])

Die manipulative Taktik der vollendeten Tatsache ist sehr schwer von einer reinen Anpassung zu unterscheiden. Dies gilt vor allem für den Machtunterworfenen. Im Gegensatz jedoch zur Anpassung, die dem anderen meist mehrere Möglichkeiten der Reaktion — insbesondere der Manipulation — offenläßt, wird bei der Taktik der vollendeten Tatsachen die Entscheidung vom Machthaber bewußt so getroffen, daß dem anderen praktisch nur die Möglichkeit bleibt, auf die vom Machthaber intendierte Entscheidung einzugehen oder erhebliche Nachteile in Kauf zu nehmen. Es entspricht der Taktik der vollendeten Tatsachen, daß der Machthaber seine Entscheidung mit einer öffentlichen Festlegung (commitment)[107] verbindet und/oder alle Kommunikationsverbindungen zum Machtunterworfenen abbricht („mit unbekanntem Ziel abgereist"). Dieser besitzt keine Möglichkeit mehr, ihn durch manipulative Maßnahmen zur Revision seiner Entscheidung zu bewegen. Vor allem in Verhandlungen ist diese Taktik ein im Endstadium häufig gebrauchtes Mittel, um Verhandlungen erfolgreich abzuschließen. Wir werden darauf noch zurückzukommen haben.

## Autorisierte Vorschriften

Eine — zumindest was ihre literarische Erörterung betrifft — in Organisationen im Vordergrund stehende manipulative Taktik ist die autorisierte Vorschrift. Sie hat mit der Taktik der vollendeten Tatsachen gewisse Ähnlichkeit. In diesen Fällen macht der Machthaber von seinem verfassungsmäßigen Recht der Autorisierung von Entscheidung Gebrauch. Er schafft damit durch die Kultur und die Verfassung sanktionierte offizielle Informationen, die der Machtunterworfene als Prämissen seiner Entscheidungen zu akzeptieren hat. Während bei der Taktik der vollendeten Tatsachen die weitere Diskussion durch das Verhalten des Machthabers ausgeschlossen wird, wird diese Diskussion im Falle der autorisierten Vorschrift durch die das Autorisierungsrecht legitimierenden Normen abgebrochen. Die das Autorisierungsrecht legitimierenden Normen und Werte schreiben nicht nur den routinemäßigen Gehorsam vor, sondern verbieten auch meist die weitere Diskussion, nachdem der Akt der Autorisierung einmal vollzogen ist. Es wurde bereits darauf hingewiesen, daß diese Norm ihrerseits durch Sanktionen des sozialen Systems gestützt wird. Die Autorisierung ist deshalb auch als implizite Drohung zu betrachten, Bestrafungen wirksam werden zu lassen.

---

[106]) Lindblom (1965), S. 80.
[107]) Vgl. hierzu Kahn (1965); Schelling (1960), S. 22 ff., S. 121 ff., S. 184 ff., S. 276 ff.; Weinstein (1969), S. 39 ff. Eine Konzeption der „commitment tactics" legen Walton und McKersie (1965), S. 82 ff. vor.

Umgekehrt kann eine explizite Drohung die Autorisierung für den Fall ankündigen, daß der Beeinflußte nicht „freiwillig" eine gewünschte Entscheidungsprämisse akzeptiert. Alle Beteiligten wissen, daß der Akt der Autorisierung für den Inhaber des Autorisierungsrechts die legale Möglichkeit eröffnet, für den Fall des Ungehorsams Sanktionen wirksam werden zu lassen. Inwieweit die autorisierte Vorschrift bei den alltäglichen Entscheidungen des organisatorischen Informations- und Entscheidungssystems als dominierende manipulative Taktik anzusehen ist, ist eine empirisch zu klärende Frage. Vielfach wird der autorisierte Befehl nur als ultima ratio angesehen, wenn andere Manipulationsmaßnahmen versagen.

### Überzeugen und Überreden

Vor allem die Taktik des Überzeugens oder Überredens (persuasion) wird heute als die in zunehmendem Maße den Befehl ersetzende Führungs- bzw. Beeinflussungsmethode angesehen. Nicht selten beinhaltet die Kultur der Organisation bereits informelle Normen, die den Befehl zugunsten der Überzeugung fast schon tabuieren. Schon die für unseren Kulturkreis typische positive Konnotation des Wortes „Überzeugung" und die negative Konnotation des Wortes „Befehl" deuten auf diese Tatsache hin.

Überzeugen und Überreden zu definieren und voneinander abzugrenzen bereitet einige Schwierigkeiten. Dies gilt um so mehr, als die angelsächsische Literatur eine solche sprachliche Differenzierung nicht kennt und allein von „persuasion" spricht. Die Hauptzahl der wissenschaftlichen Erörterungen der verschiedenen Methoden und Taktiken des „persuasion" entstammt jedoch dem angelsächsischen Sprachraum[108]). Bereits an anderer Stelle[109]) wurde der Vorschlag gemacht, von Überzeugung dann zu sprechen, wenn die legitimierenden Informationen nicht sekundärer Art sind, also nicht auf Sender und Kommunikationsumstände verweisen, und der Machthaber nur in geringem Umfange von einer Kontrolle der Hervorrufungsbedingungen Gebrauch macht. Andernfalls liegt Überredung vor.

Die Verwendung des Überredungsbegriffes kann jedoch unterschiedlich eingeschränkt werden. Eine Möglichkeit besteht darin, von Überredung nur zu sprechen, wenn zwar eine Manipulation der Hervorrufungsbedingungen erfolgt, die übermittelten bzw. selektiv hervorgerufenen legitimierenden Informationen aber primärer Natur sind. In der angelsächsischen Literatur wird der Terminus „persuasion" aber auch dann verwendet, wenn sich der Beeinflussende zusätzlich der Macht der Identifikation und der vom Beeinflußten wahrgenommenen Sachverständigkeit bzw. Koorientierung bedient. In diesen Fällen wirken auch sekundäre Informationen legitimierend. Die weiteste Fassung erfährt der Begriff der Überredung bzw. „persuasion", wenn

---

[108]) Vgl. Janis (1968) und die dort aufgeführte Literatur, insbes. Hovland und Janis (1959); Hovland, Janis und Kelley (1953); Klapper (1960); vgl. ferner Bettinghaus (1968); Jones und Gerard (1967); Klis (1969).
[109]) Vgl. S. 202 dieser Arbeit.

er als Gegensatz zur autorisierten Vorschrift gesehen wird und auch die Taktiken des Drohens, des Versprechens und der Reziprozität beinhaltet, wobei allenfalls eine Einschränkung auf die mehr implizite Verwendung dieser Taktiken erfolgt. Dies ist etwa der Fall, wenn die Macht des amerikanischen Präsidenten als „power to persuade" charakterisiert wird[110]).

**Beziehungen zwischen den Taktiken**

Die terminologischen Schwierigkeiten, „persuasion" abzugrenzen, haben ihren Grund vor allem darin, daß die verschiedenen Taktiken der Manipulation nur selten allein eingesetzt werden. Dies gilt vor allem dann, wenn damit gerechnet werden muß, daß der Beeinflußte nicht routinemäßig mit der Annahme der gewünschten Entscheidungsprämisse reagiert, sondern die Annahme oder Ablehnung zu einem expliziten Entscheidungsproblem erhebt. Die verschiedenen Taktiken können dabei durchaus konkurrieren. So wird eine ausgesprochene Drohung meist ein „Klima" schaffen, das einem Überzeugungsversuch nicht gerade förderlich ist. Andererseits kann durchaus eine *Komplementarität* bestehen. Hierbei kann zwischen einer Art „horizontaler" und „vertikaler" Komplementarität unterschieden werden. *Horizontale Komplementarität* liegt etwa vor, wenn eine autorisierte Vorschrift erlassen wird, deren Annahme als Entscheidungsprämisse durch den gleichzeitigen erfolgreichen Versuch unterstützt wird, den Beeinflußten davon zu überzeugen, daß die Annahme der Entscheidungsprämisse im Einklang mit seinen eigenen Werten und Überzeugungen steht. *Vertikale Komplementarität* ist dagegen dann gegeben, wenn etwa die manipulative Taktik des Versprechens eingesetzt wird und zusätzlich der Versuch unternommen wird, den Beeinflußten von der für den Erfolg der Taktik ausschlaggebenden Glaubwürdigkeit des Versprechenden zu überzeugen. In diesem Falle wird nicht — wie im Beispiel der horizontalen Komplementarität — versucht, den Beeinflußten von der Richtigkeit der potentiellen Entscheidungsprämisse zu überzeugen, sondern in seiner Erwartung zu bestärken, daß die Versprechungen tatsächlich eingehalten werden.

## 3.34 Wechselseitige Manipulation und Verhandlung

Ein manipulierter Entscheidungsträger im organisationalen IES hat grundsätzlich zwei Möglichkeiten, auf Manipulationsversuche anderer zu reagieren. Er kann sich zum einen als *Anpasser* verhalten und seinen eigenen Entscheidungen die gewünschten Beschränkungen als Entscheidungsprämissen zugrunde legen. Er kann zum andern jedoch zu *manipulativen Gegenmaßnahmen* greifen. In diesem Falle tritt der Entscheidungsträger in Verhandlungen mit anderen ein. Dieser Begriff der Verhandlung bedarf freilich noch einiger Erläuterungen.

---

[110]) Vgl. Neustadt (1960, 1966).

## Zum Verhandlungsbegriff

Ausschlaggebend für den hier verwendeten Verhandlungsbegriff[111]) ist, daß die wechselseitige Manipulation mehr oder weniger *simultan* erfolgen muß. Sehr viele Entscheidungsinterdependenzen werden durch eine Art „Schisma" gehandhabt. In der einen Situation verhält sich A als Manipulator und B als Anpasser, in der nächsten umgekehrt. Hier liegt eine *Folge unilateraler Manipulationen* vor. Nicht selten ist die Reziprozitätsnorm die Basis für solche alternierenden Folgen unilateraler Manipulationen. Für die Anwendung des Verhandlungsbegriffes ist es irrelevant, welche der manipulativen Taktiken die Kontrahenten ergreifen. Auch ist es nicht erforderlich, daß die Kontrahenten die gleichen Taktiken verwenden. Eine solche Symmetrie der verwendeten Taktiken liegt dagegen in Debatten und Aushandlungsprozessen vor. Beide Formen der wechselseitigen Manipulation werden als Sonderfälle der Verhandlung angesehen.

Eine *Debatte*[112]) ist gegeben, wenn die Kontrahenten sich der Taktik des Überredens oder Überzeugens bedienen. Sie tauschen Informationen aus und appellieren an gemeinsame Werte und Überzeugungen; sie verzichten aber darauf, mit negativen Sanktionen zu drohen, Versprechungen zu machen oder ihr Recht der Autorisierung in Anspruch zu nehmen. Debatten sind *parteiische Diskussionen* (partisan discussion)[113]) und unterscheiden sich von rein *kooperativen Diskussionen* (cooperative discussion)[113]), wie sie gemeinhin in Problemlösungsprozessen zugrunde liegen. Kooperative Diskussionen dienen dem Informationsaustausch, ohne daß damit Manipulationsabsichten verbunden sind. Die meisten Diskussionen der Organisation sind freilich Debatten, auch wenn sie offiziell als kooperative Diskussion bezeichnet werden.

Ein Verhandlungsprozeß (negotiation) wird zu einem *Aushandeln* (bargaining), wenn sich alle Beteiligten unter anderem der Taktik des Drohens und/ oder des Versprechens bedienen. Dies schließt nicht aus, daß Aushandlungsprozesse auch Elemente von Debatten und kooperativen Diskussionen umfassen.

In Organisationen sind Aushandlungsprozesse vielfach nicht direkt zu erkennen. Nur eine genauere Analyse der Beiträge zu „Diskussionen" zeigt, daß scheinbar „harmlose" Mitteilungen nicht selten verdeckte Drohungen oder Versprechungen beinhalten. Oftmals werden diese Drohungen und Versprechungen überhaupt nicht ausgesprochen, sondern durch unmißverständliche Handlungen signalisiert. In diesem Falle liegt *implizites Aushandeln* (implicit oder tacit bargaining)[114]) vor. Dieser Terminus, der vor allem bei der Analyse internationaler Beziehungen eine große Rolle spielt, wird frei-

---

[111]) Vgl. zum folgenden insbes. Lindblom (1965).
[112]) Vgl. dazu auch Naschold (1969); Rapoport (1960).
[113]) Vgl. Lindblom (1965), insbes. S. 220 ff.
[114]) Vgl. Lindblom (1965), S. 69 ff. und S. 113 ff.; Schelling (1960), S. 54 ff., S. 225 ff., S. 261 ff. und S. 271 ff.

lich meist auf jene Aushandlungsprozesse beschränkt, die ganz auf explizite Kommunikation verzichten und allein auf Handlungen als Signalen für die einzelnen Verhandlungszüge beruhen. Organisatorische Verhandlungen werden jedoch kaum jeweils implizite Aushandlungsprozesse im Sinne dieses engen Begriffes sein. Meist sieht die Verfassung der Organisation Sitzungen und Konferenzen vor, die der Kommunikation im kollektiven Entscheidungsprozeß dienen. Damit sind die Gelegenheiten für Diskussionen, Debatten und explizites Aushandeln gegeben. Man muß sich freilich dabei bewußt bleiben, daß sich organisatorische Verhandlungen nur zu einem geringen Teil bei Sitzungen und Konferenzen abspielen.

**Verhandlungsprozesse**

Grundsätzlich kann man davon ausgehen, daß Verhandlungsprozesse im organisationalen Informations- und Entscheidungssystem meist das gesamte Repertoire manipulativer Taktiken umfassen[115]). Die einzelnen Verhandlungsprozesse unterscheiden sich allenfalls dadurch, daß die einzelnen Taktiken unterschiedlich häufig und mehr oder weniger „verdeckt" angewandt werden. Die Verhandlungsprozesse können mehr integrativer oder mehr distributiver Natur sein. Bei *integrativen Verhandlungen* überwiegen Diskussionen und Debatten, während *distributive Verhandlungen* mehr Elemente des unverblümten Aushandelns umfassen. Zwei Haupteinflußgrößen dürften dafür maßgeblich sein, ob die Verhandlungsprozesse als integrativ oder distributiv zu qualifizieren sind.

*Normen und sozio-emotionale Beziehungen*

Zum einen ist die spezifische Kultur der Organisation ausschlaggebend. Nicht selten entwickelt die Organisation ein System *informeller Normen*[116]), die den unverblümten Einsatz von Drohungen tabuieren und Diskussionen fördern. Zum anderen sind die *sozio-emotionalen Beziehungen*[117]) zwischen den Beteiligten von Bedeutung, die sich in positiven oder negativen gegenseitigen Attitüden manifestieren.

Positive Attitüden fördern integrative Verhandlungen. Beide Einflußgrößen (kulturelle Normen und sozio-emotionale Beziehungen) können sich ergänzen oder widersprechen. Häufig fordern die kulturellen Normen integrative Verhandlungen, während die Beteiligten auf Grund der wechselseitigen negativen Attitüden geneigt sind, eine härtere Gangart anzuschlagen. Meist wird der Schein der kooperativen Diskussion nach außen hin gewahrt, während die Verhandlungen durch Aushandlungsprozesse, die nur die Beteiligten erkennen, überlagert sind.

---

[115]) Zur Unterscheidung verschiedener manipulativer Taktiken vgl. insbes. Lindblom (1965); Walton und McKersie (1965) sowie die Ausführungen auf S. 69 ff. und S. 217 ff. dieser Arbeit.
[116]) Vgl. dazu Albers (1961); Festinger (1950); Grün (1966); Wurst (1967), S. 83 ff. und S. 117 ff.
[117]) Vgl. dazu Wurst (1967), S. 121 ff. und die dort angegebene Literatur.

Die Bedeutung der kulturellen Normen der Organisation und der sozio-emotionalen Beziehungen zwischen den Organisationsteilnehmern für den Charakter und den Ablauf der Verhandlungen wird auch von den Verhandelnden selbst erkannt. Das führt dazu, daß die manipulativen Taktiken nicht nur eingesetzt werden, um den anderen zur Annahme bestimmter Entscheidungsprämissen zu bewegen, sondern auch zu dem Zweck, die kulturellen Normen zu stützen oder zu interpretieren und die wechselseitigen Attitüden der Beteiligten zu verstärken oder zu ändern. Walton und McKersie[118]) haben deshalb das „attitudinal structuring" als wesentlichen Teilprozeß aller Verhandlungen hervorgehoben.

*Koalitionsbildung und Mehrstufigkeit der Verhandlungen*

Das Bild organisatorischer Verhandlungsprozesse gewinnt an weiterer Komplexität, wenn man die Tatsache einbezieht, daß an einem kollektiven Entscheidungsprozeß die Kernorgane mehrere Personen umfassen und auch mehrere Satelliten bzw. Satellitengruppen auf die Entscheidungen der Kernorgane Einfluß nehmen möchten. Das bedeutet, daß an den Verhandlungen mehr als zwei Personen teilnehmen und diese Verhandlungen in der Regel mehrstufiger Natur sind.

Nehmen an Verhandlungen mehr als zwei Personen teil, so besteht die Möglichkeit, daß sich Koalitionen[119]) bilden. Ein Teil der Verhandlungsteilnehmer schließt sich zusammen, um ihre Forderungen und Manipulationsversuche gegenüber den anderen aufeinander abzustimmen und ihnen größeren Nachdruck zu verleihen. Die Bildung solcher Koalitionen ist selbst Gegenstand von Verhandlungen, die sich auch nach ihrer Bildung fortsetzen, um die jeweils zu stellenden Forderungen und zu ergreifenden Taktiken in der eigentlichen Verhandlung abzusprechen. Meist lassen sich die Mitglieder bei den Verhandlungen auch durch einen Repräsentanten vertreten. Die Verhandlungen zur Koalitionsbildung und während des Bestehens der Koalition dienen dann unter anderem dazu, die Beschränkungen zu bestimmen, die der Repräsentant bei seinen Verhandlungen im Interesse der Koalitionsmitglieder zu beachten hat.

Diese Beschränkungen sind meist offene Beschränkungen, die der Repräsentant zu schließen hat. Er muß dann nicht selten in späteren Verhandlungen innerhalb der Koalition die Beteiligten davon überzeugen, daß seine Schließung im Interesse der Koalitionsteilnehmer steht. Nicht selten sieht sich der Repräsentant gezwungen, die Beschränkungen in der eigentlichen Verhandlung zu verletzen. Er hat dann die Zustimmung der Koalitionsmitglieder zu der jeweils bezogenen Verhandlungsposition bzw. dem ausgehandelten Ergebnis in Verhandlungen innerhalb der Koalition seinerseits zu „erhandeln".

---

[118]) Vgl. Walton und McKersie (1965), S. 184 ff.
[119]) Einen Überblick über die Ansätze zur Koalitionsbildung vermitteln van Doorn (1966), S. 111 f.; Gamson (1968), S. 529 ff.; Riker (1968), S. 524 ff. und Thiele (1968), S. 264 ff.; vgl. ferner die Ausführungen auf S. 140 dieser Arbeit.

In organisatorischen Entscheidungsprozessen erfolgt die Koalitionsbildung freilich oftmals nicht explizit. Die Existenz solcher „stillschweigenden" Koalitionen ist meist schwer nachweisbar, da ihr Entstehen das Ergebnis impliziter Aushandlungsprozesse ist, die nicht zu einer expliziten Koalitionsvereinbarung führen. Sie erreichen auch sicherlich nicht jene Dauerhaftigkeit, die sie im politischen System der Gesellschaft besitzen können. Eine Dauerhaftigkeit besitzen sie meist nur, wenn die Mitglieder auch durch andere Interessen zusammengehalten werden und die Koalitionen den Rang informeller Gruppen innerhalb der Organisation einnehmen. Meist existiert die informelle Gruppe zuerst und wird so zur Basis für eine relativ dauerhafte Koalition im formalen Entscheidungsprozeß der Organisation.

Diese Überlegungen zur Koalitionsbildung weisen bereits auf mehrstufige Verhandlungen hin. Solche liegen vor, wenn Verhandlungen stattfinden, die das Verhalten und die Entscheidungsprämissen von Teilnehmern an anderen Verhandlungen betreffen. Abbildung 3.11 gibt ein fiktives Beispiel eines solchen partiellen Entscheidungssystems innerhalb des Informations- und Entscheidungssystems einer Organisation wieder. Die Abbildung zeigt einige der vielfältigen Möglichkeiten mehrstufiger Verhandlungen im kollektiven Entscheidungsprozeß. Auf die Berücksichtigung der vielen unilateralen Manipulationen innerhalb des kollektiven Entscheidungsprozesses, die das Bild noch mehr komplizieren würden, wurde dabei verzichtet.

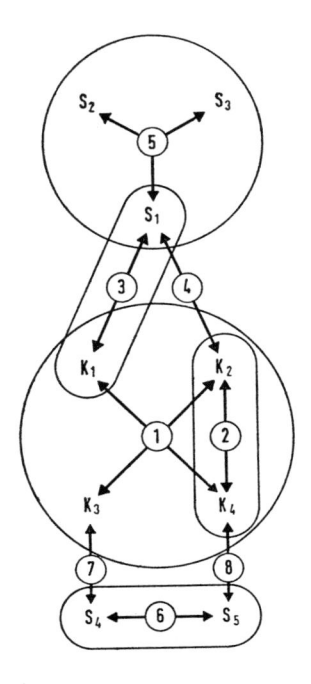

*Abb. 3.11: Mehrstufige Verhandlungen im kollektiven Entscheidungsprozeß*

Es wird ein Kernorgan unterstellt, das aus vier Teilnehmern besteht. Das Pfeilbündel 1 repräsentiert die Verhandlungen innerhalb dieses Kernorgans. Der Pfeil 2 deutet an, daß $K_2$ und $K_4$ eine Koalition bilden und über eine Abstimmung ihrer Forderungen und Verhandlungstaktiken verhandeln. $K_1$ verhandelt demgegenüber mit dem Außenstehenden $S_1$ (Pfeil 3), den er zu einem gemeinsamen Vorgehen gegenüber $K_2$ bewegen möchte. $K_1$ und $S_1$ bilden eine Koalition, wobei die bilateralen Verhandlungen von $S_1$ und $K_2$ (Pfeil 4) mit dem Vorgehen von $K_1$ bei Verhandlungen des Kernorgans abgestimmt werden. $S_1$ repräsentiert eine Gruppe in der Organisation. Er muß seine Verhandlungen mit $K_1$ und $K_2$ durch $S_2$ und $S_3$ sanktionieren lassen (Pfeilbündel 5). Die Satelliten $S_4$ und $S_5$ bilden ebenfalls eine Koalition (Pfeil 6), in der sie ihre bilateralen Verhandlungen mit $K_3$ (Pfeil 7) bzw. $K_4$ (Pfeil 8) aufeinander abstimmen.

Die verhaltenswissenschaftliche Diskussion von Verhandlungsprozessen[120]) ist noch weit davon entfernt, einen einheitlichen Bezugsrahmen für die Analyse komplexer mehrstufiger Verhandlungen anbieten zu können. Die meisten Erörterungen beschränken sich auf bilaterale Verhandlungen. Auch hier existiert noch keine Theorie im eigentlichen Sinne, die Ablauf und Ergebnis von Verhandlungsprozessen erklären bzw. prognostizieren könnte. Die meisten Ansätze bedienen sich darüber hinaus des Instrumentariums geschlossener Modelle des Entscheidungsverhaltens. Damit wird von vornherein die Tatsache aus der Analyse ausgeschlossen, daß sich die Verhandlungspartner Entscheidungssituationen gegenübersehen, die in aller Regel schlecht und unvollständig definiert sind und in denen die Entscheidungsprämissen einem durch die wechselseitige Manipulation verursachten steten Wandel ausgesetzt sind. Die nachfolgenden Ausführungen beschränken sich darauf, einige Begriffe und Konzeptionen der Diskussion von Verhandlungsprozessen aufzugreifen, die aus der Sicht der hier vertretenen entscheidungstheoretischen Konzeption als erfolgversprechende Bausteine einer zukünftigen Verhandlungstheorie erscheinen.

### Die Definition der Verhandlungssituation

Sieht sich ein Individuum A im Zusammenhang mit einem Entscheidungsprozeß Manipulationsversuchen eines anderen, B, ausgesetzt und erwägt es daraufhin, seine Entscheidungsprämissen durch Gegenmanipulationen „abzuschirmen", so ist dies mit der Feststellung identisch, daß das Individuum A das Vorliegen einer Verhandlungssituation erkennt. Es liegt nahe, sein Verhalten im Verhandlungsprozeß aus der spezifischen Definition abzuleiten, die sich das Individuum von der Verhandlungssituation bildet. Es liegt ferner nahe anzunehmen, daß diese Definition der Verhandlungssituation auf Grund der wechselseitigen Manipulation im Verlauf des Prozesses Ände-

---

[120]) Vgl. dazu die auf S. 70, Fußnote 121 angeführte Literatur. Dieser Problemkreis wird ferner von folgenden Autoren behandelt: Boulding (1962), S. 313 ff.; Cross (1965); Harsanyi (1956, 1957/58, 1962a); Iklé (1964, 1965); Krelle (1968), S. 373 ff.; Nash (1950a, 1950b, 1951); Pen (1952), S. 24 ff.; Rapoport (1960), insbes. S. 245 ff.; Schelling (1960); Siegel und Fouraker (1960); Stevens (1963); **Walton und McKersie (1965).**

rungen unterliegt. In der Natur des Verhandlungsprozesses ist schließlich begründet, daß bei seiner Analyse von ebenso vielen Definitionen der Verhandlungssituationen auszugehen ist, wie Personen am Verhandlungsprozeß beteiligt sind. Im folgenden sollen vereinfachend nur zwei Beteiligte unterstellt werden.

*Zur begrifflichen Abgrenzung*

Die Definition der Verhandlungssituation wird von der Definition der eigentlichen Entscheidungssituation, um deren Bestandteile (Entscheidungsprämissen) es bei den Verhandlungen geht, begrifflich getrennt. Hinter dieser Konzeption steht die These, daß eine solche Trennung auch von den Entscheidenden selbst vorgenommen wird, um die Komplexität der Situation mit der beschränkten Informationsverarbeitungskapazität in Einklang zu bringen. Wie in der gesamten Arbeit wird angenommen, daß sich das Individuum zunächst über seine Entscheidungsprämissen klar wird, bevor es die endgültige Entscheidung trifft. Diese Annahme wird durch die Überlegung gestützt, daß es in Verhandlungen vielfach um die generelle Akzeptierung von Informationen als Entscheidungsprämissen einer ganzen Klasse zukünftiger Einzelentscheidungen geht. Dies ist etwa der Fall, wenn generelle Regelungen ausgehandelt werden. Freilich gibt es Verhandlungsprozesse, bei welchen die Beteiligten am Ende Beschränkungen für ihre Entscheidungen akzeptieren müssen, die den Entscheidungsspielraum so einengen, daß die Zustimmung zum Verhandlungsergebnis und die endgültige Entscheidung uno actu erfolgen. Hier sind zwar Entscheidungsproblem und Verhandlungsproblem sehr eng verbunden. Dennoch dürfte es auch hier zweckmäßig sein, davon auszugehen, daß das Individuum zwar zwischen beiden Problemen in rascher Folge hin- und herwechselt, sie jedoch in Gedanken trennt und in gewissem Maße verselbständigt, um die Komplexität in den Griff zu bekommen. Dies schließt nicht die Annahme aus, daß die Definition der Verhandlungssituation eine stark vereinfachte Version der Definition der eigentlichen Entscheidungssituation bzw. der Klasse mutmaßlicher zukünftiger Entscheidungssituationen umfaßt, um deren Entscheidungsprämissen es geht.

*Verhandlungsproblem und Verhandlungsbereich*

Das Verhandlungsproblem eines jeden Teilnehmers lautet zunächst wie jedes Entscheidungsproblem: Gegeben ist ein Anfangszustand, gefordert ein Endzustand, gesucht ein Prozeß, der den Anfangszustand in den Endzustand überführen kann. Die spezifischen Probleme zeigen sich jedoch erst, wenn man die relevanten Zustands- bzw. Prozeßbeschreibungen näher betrachtet. Die Zustände sind Kombinationen von Entscheidungsprämissen bzw. Beschränkungen der interdependenten Entscheidungsträger. Der Anfangszustand repräsentiert die Entscheidungsprämissen, die ohne Verhandlungen zu erwarten sind. Der Endzustand wird durch die angestrebte Konstellation fremder und eigener Entscheidungsprämissen charakterisiert. Die fremden Entscheidungsprämissen sind jene, deren Annahme gefordert wird. Die eigenen Entscheidungsprämissen im geforderten Endzustand berücksichtigen demgegenüber die Erkenntnis, daß eine Einigung nur möglich sein wird, wenn man auch hinsichtlich der eigenen Entscheidungsprämissen Zugeständnisse macht. In der Regel hält der Verhandlungsteilnehmer mehrere solcher Konstellationen für realistische Verhandlungsergebnisse, die mit einiger Aussicht auf Erfolg angestrebt werden können. In diesem Falle soll im folgenden von *Alternativen* gesprochen werden. Die gesuchte Prozeßbeschreibung repräsentiert schließlich eine Folge von manipulativen Taktiken, die die angestrebte Konstellation von Entscheidungsprämissen herbeiführen. Wir werden gleich sehen, daß damit jedoch der Einsatz manipulativer Taktiken im Verhandlungsprozeß nicht erschöpft ist.

Die Definition des Verhandlungsproblems ist nicht-operational und enthält offene Beschränkungen spezifischer Art, die für Verhandlungen typisch sind. Zunächst leuchtet ein, daß der Anfangszustand insofern keineswegs hinreichend bekannt ist, weil die Teilnehmer in der Regel keine genaueren Vorstellungen darüber besitzen, auf welche Entscheidungsprämissen der andere seine Entscheidungen basiert. Typischer freilich ist der angestrebte Endzustand. In einfachen Entscheidungssituationen ist die Beschreibung des Endzustandes Ergebnis einer Anspruchsniveausetzung hinsichtlich der hervorgerufenen und als relevant akzeptierten Werte bzw. Ziele. In Verhandlungssituationen erweitert sich das Anspruchsniveau zu einer ganzen *Anspruchszone,* die den gesetzten Verhandlungsbereich wiedergibt[121]).

Der *subjektiv geschätzte Verhandlungsbereich* ist eine Menge von Alternativen, von denen der Verhandlungsteilnehmer glaubt, daß sie Gegenstand einer Einigung werden könnten. Der Verhandlungsbereich leitet sich aus der eigenen Bewertung der Alternativen und den Annahmen darüber ab, wie der Kontrahent diese Alternativen bewertet. Solche Bewertungen sind äußerst komplexe Prozesse, da sie ein zumindest überschlägiges Durchspielen der Alternativen hinsichtlich ihrer Konsequenzen für die eigene Hauptentscheidung beinhalten, wegen deren Entscheidungsprämissen die Verhandlungen letztlich geführt werden. Der Verhandlungsteilnehmer stellt sich etwa folgende Frage: „Wird es eine für mich befriedigende Lösung meiner Hauptentscheidung geben, wenn ich mir selbst die Beschränkung a auferlege und der andere die Beschränkung b akzeptiert, die dessen Verhalten vermutlich in der und der Weise beeinflussen wird, und mich in die Lage versetzt, meine Hauptentscheidung auf eine solche Prognose als Entscheidungsprämisse zu basieren?" Eine Bejahung dieser Frage bewertet die Alternative als „gut", eine Verneinung als „schlecht". Da das Individuum solche Fragen — wenn überhaupt — nur mit sehr vagen Wahrscheinlichkeiten zu beantworten vermag, wird es die Alternativen mit „gut" nur dann bewerten, wenn es sich der Bejahung einigermaßen sicher ist. Besteht lediglich eine gewisse Chance, daß es sein Hauptproblem vermutlich zu lösen vermag, so

---

[121]) Vgl. hierzu Siegel und Fouraker (1960); Walton und McKersie (1965).

wird das Individuum die Alternative zwar nicht als „gut", so doch möglicherweise als „noch akzeptierbar" qualifizieren[122]).

In der Regel wird der Verhandlungsteilnehmer mit vergleichsweise wenigen Bewertungskategorien auskommen, wobei die Bewertung höchst instabil sein wird. Es ist auch zu erwarten, daß die Bewertung von exogenen Einflüssen abhängt, da eine analytische Bewertung über die Lösungswahrscheinlichkeit des Hauptentscheidungsproblems zu kompliziert ist. Dies gilt vor allem dann, wenn der Verhandlungsprozeß um die Akzeptierung genereller Regelungen geführt wird, die als Entscheidungsprämissen einer ganzen Klasse von zukünftigen Entscheidungen gedacht werden. Es ist letztlich ein ungelöstes Problem, wie der Verhandlungsteilnehmer zu der Bewertung von Alternativen in der Verhandlungssituation gelangt. Noch komplexer wird das Problem, die Bewertung des Kontrahenten zu mutmaßen, da zudem dieser unter Umständen alles daransetzen wird, seine Bewertung im unklaren zu lassen. Geschickte Verhandler verfügen freilich über ein Repertoire von Taktiken, die der Gewinnung von Informationen über die tatsächliche Bewertung der Alternativen durch den Kontrahenten dienen.

Besitzt der Verhandlungsteilnehmer Vorstellungen darüber, wie er bzw. sein Kontrahent die Alternativen bewertet, so hat er auch gewisse Vorstellungen über den Verhandlungsbereich. Er umfaßt jene Alternativen, die er selbst und der Kontrahent als zumindest noch akzeptierbar bewerten. Alle übrigen Alternativen sind Konstellationen von Entscheidungsprämissen, bei welchen entweder der Kontrahent oder aber der Verhandlungsteilnehmer selbst die Verhandlungen scheitern lassen würde. Dies schließt jedoch nicht aus, daß man versucht, den Kontrahenten zu einer Änderung seiner Bewertung zu bringen, um damit den Verhandlungsbereich zu verändern.

Der subjektiv geschätzte Verhandlungsbereich kann unterschiedliches Aussehen besitzen. Er kann streng konkurrierend sein, wenn der Verhandlungsteilnehmer glaubt, daß die Bewertungen jeweils entgegengesetzt sind und eigene „gute" Alternativen vom Gegner allenfalls noch gerade als akzeptabel angesehen werden und umgekehrt. Der Verhandlungsbereich kann jedoch auch eine gewisse Komplementarität aufweisen; nämlich dann, wenn zwar beide Kontrahenten nicht ihre meist präferierte Alternative realisieren können, der Verhandlungsbereich aber Alternativen umfaßt, die für beide hinreichend gut sind. Die Verhandlungen sind als „gemischtes Spiel"[123]) zu sehen, wobei die gemeinsamen Interessen über die für alle Verhandlungen relevante Tatsache hinausgehen, daß beide Kontrahenten eine Verhandlung, d. h. wechselseitige Manipulation, und mögliche Einigung einer A-priori-Anpassung vorziehen. Bei einem solchermaßen „gemischt" wahrgenommenen Verhandlungsbereich bleibt freilich oft das Problem, auch den Kontrahenten davon zu überzeugen.

---

[122]) Vgl. hierzu die Bewertungskategorien von March und Simon (1958), die in Band I, S. 102 ff diskutiert wurden.
[123]) Vgl. dazu S. 64 f. dieser Arbeit.

Die Existenz eines subjektiv wahrgenommenen Bereiches möglicher Ergebnisse von Einigungen führt dazu, daß der Endzustand des Verhandlungsproblems lediglich in gewissen Grenzen umrissen ist. Das Verhandlungsproblem ist indeterminiert. Dies schließt nicht aus, daß der Verhandlungsteilnehmer bei der Definition seines Verhandlungsproblems einzelne Alternativen des Verhandlungsbereiches hervorhebt, weil er sie für besonders wahrscheinliche Verhandlungsergebnisse hält. Nicht selten vereinfacht sich der Verhandlungsteilnehmer das Problem dadurch, daß er seine Überlegungen auf das Erreichen dieses wahrscheinlichsten Ergebnisses konzentriert, wobei ihn freilich die Gegenmaßnahmen und sonstigen Informationen zwingen können, seinen angestrebten Endzustand laufend zu modifizieren. Ein solches Vorgehen ist vor allem dann zu erwarten, wenn die Menge der Alternativen auf Grund exogener Merkmale besonders auffällige Alternativen enthält, die beiden Kontrahenten auffallen und auf die sich deren Erwartungen hinsichtlich des wahrscheinlichsten Ergebnisses konzentrieren.

Normalerweise besteht jedoch — zumindest zu Beginn der Verhandlung — der Verhandlungsbereich aus einer Reihe von Teilmengen von Alternativen, die sich aus den verschiedenen Bewertungen durch die Beteiligten ergeben (z. B. die Teilmenge der von A als gut, von B dagegen als gerade noch akzeptierbar bewerteten Alternativen, die Teilmenge der von A als besonders wahrscheinlich bewerteten Alternativen usw.). Oft sind diese Teilmengen freilich zunächst leere Mengen, d. h., der Verhandlungsteilnehmer definiert sein Verhandlungsproblem mit Hilfe dieser Kategorien, weiß aber zunächst noch nicht, welche Alternativen überhaupt existieren und unter welche Kategorie sie im einzelnen fallen. Nicht selten treten Verhandlungsteilnehmer in die Verhandlungen ein, ohne genaue Vorstellungen über die mutmaßlichen Verhandlungsbereiche zu besitzen. Die Generierung, Bewertung und Auswahl manipulativer Taktiken besitzt dann in besonderem Maße die typischen Merkmale nicht-operationaler Probleme.

*Heuristische Prinzipien*

Der Verhandlungsteilnehmer verfügt bei Vorliegen nicht-operationaler Probleme nicht über einen Algorithmus, der ihm genau vorschreibt, welche manipulativen Taktiken er zu ergreifen hat und wie er auf die Manipulationen des Kontrahenten zu reagieren hat, um mit Sicherheit zu einer für ihn erfolgreichen Einigung zu gelangen. *Verhandeln* ist ein schrittweises, von heuristischen Faustregeln gelenktes Tasten, um zu einer Definition und Lösung des nicht-operationalen Problems zu gelangen. Der Verhandlungsteilnehmer benötigt heuristische Prinzipien, die ihm eine Beurteilung erlauben, ob er mit den einzelnen manipulativen Taktiken der Lösung seines Verhandlungsproblems, d. h. einer für ihn vorteilhaften Einigung, näher kommt. Bisher hat noch niemand die Frage untersucht, welche allgemeinen und spezifischen heuristischen Prinzipien Verhandelnde anwenden. Es ist zu erwarten, daß auch hier ähnliche Verfahren herangezogen werden, wie sie in der Mittel-Zweckanalyse und der Planung des GPS beschrieben sind[124]). Da die Problemdefinition bei Verhandlungen offene Beschränkungen beinhaltet und die Analyse der menschlichen Heuristiken und Lösungsverfahren bei nicht-operationalen Problemen vorläufig noch kaum in Angriff genommen wurde, ist in absehbarer Zeit sicherlich nicht mit einer die besonderen Verhältnisse von Verhandlungen erfassenden Klärung zu rechnen.

*Kongruente und inkongruente Verhandlungsbereiche*

Die bisherigen Überlegungen betrafen die Definition der Verhandlungssituation, ihre Komponenten und davon insbesondere die subjektive Abgrenzung des Verhandlungsbereichs. Von dieser ist der *tatsächliche Verhandlungsbereich* zu unterscheiden, der nur dann mit der subjektiven Abgrenzung identisch ist, wenn beide Kontrahenten den Verhandlungsbereich gleich definieren, die subjektiven Definitionen somit übereinstimmen. In der Regel sind diese jedoch inkongruent. Der tatsächliche Verhandlungsbereich entspricht dann jenem Teil, in dem sich die beiden subjektiven Abgrenzungen decken. Oftmals liegt völlige Inkongruenz vor; der Verhandlungsbereich ist „negativ".

Die individuelle Definition der Verhandlungssituation beinhaltet nicht nur die mehr oder weniger vollständige Abgrenzung des mutmaßlichen Verhandlungsbereiches, sondern auch Schätzungen darüber, wie der Kontrahent den Verhandlungsbereich sieht. Die Auswahl und der Erfolg einzelner Schritte im Manipulationsprozeß hängen von diesen Schätzungen ab. Dies führt dazu, daß manipulative Taktiken angewandt werden, um den Kontrahenten zu einer bestimmten Abgrenzung des Verhandlungsbereiches zu bewegen. Hier zeigen sich wiederum die für Interaktionsprozesse so typischen „Spiegelphänomene", die die Analyse, vor allem aber auch die Entscheidungen der Beteiligten selbst so komplizieren. Solche auf die gegnerische Abgrenzung des Verhandlungsbereiches ausgerichteten manipulativen Taktiken sind vor allem zu erwarten, wenn die Verhandlungsteilnehmer eine totale Inkongruenz der Verhandlungsbereiche wahrnehmen. Die wechselseitige Manipulation zum Zwecke der Neudefinition der Verhandlungsbereiche stellt dann eine Voraussetzung dafür dar, daß die Verhandlungsteilnehmer überhaupt die Möglichkeit einer Einigung erwarten.

*Änderungen der Definition der Verhandlungssituation im Verhandlungsprozeß*

Die vorstehenden Überlegungen deuten bereits darauf hin, daß die Definitionen der Verhandlungssituation im Verlaufe des Verhandlungsprozesses Änderungen unterliegen. Diese Aussage leitet sich nicht nur aus der Tatsache her, daß die Verhandlungsteilnehmer zum Teil versuchen, die Definition der Verhandlungssituation des Gegners zu manipulieren. Wesentlich

---
[124]) Vgl. hierzu Band II, S. 173 f.

hierfür ist vor allem auch, daß sich die Verhandlungssituation selbst von „Runde zu Runde" ändert. Jeder Einsatz manipulativer Taktiken hat meist irreversible Folgen. Das Aussprechen einer Drohung zwingt den Verhandlungsteilnehmer etwa, die Beschreibung des Anfangzustandes in seiner Problemdefinition anzupassen. Denn ein Scheitern der Verhandlungen setzt ihn dann unter Umständen der Notwendigkeit aus, die angedrohte Sanktion tatsächlich durchzuführen. Gleichzeitig wird durch diese Drohung die eigene Definition des Verhandlungsbereiches (Beschreibung des Endzustandes) und jene des Kontrahenten beeinflußt. Letztlich ist dies eine Konsequenz der Tatsache, daß die Lösung eines Verhandlungsproblems im Gegensatz zur Lösung normaler Entscheidungsprobleme Schritte erforderlich macht, die das Geschehen teilweise außerhalb des rein kognitiven Bereiches verlagern. Manipulationen sind Verhandlungszüge, die nicht nur Phasen eines kognitiven Entscheidungsprozesses darstellen, sondern konkret beobachtbar sind. Diese Überlegung legt es nahe, den Terminus der jeweils bezogenen Verhandlungsposition in die Betrachtung einzubeziehen.

**Die bezogenen Verhandlungspositionen**

Die von einem Verhandlungsteilnehmer in jedem Zeitpunkt des Verhandlungsprozesses bezogene Verhandlungsposition ist der Inbegriff der zu diesem Zeitpunkt von ihm getroffenen, einem Beobachter zugänglichen Festlegungen (commitments)[125], soweit sie Bestandteile manipulativer Taktiken oder Forderungen an den Kontrahenten beinhalten. Die bezogene Verhandlungsposition manifestiert sich etwa in den Drohungen und Versprechungen sowie den damit verbundenen Forderungen, die der Verhandlungsteilnehmer gegenwärtig aufrechterhält. Die Verhandlungsposition umfaßt aber auch andere Kommunikationen, mit denen der Verhandlungsteilnehmer etwa Informationen über seinen tatsächlichen oder vorgetäuschten Verhandlungsbereich sowie über den von ihm geschätzten Verhandlungsbereich des Gegners kundtut. Schließlich sind auch die von ihm verlautbarten „öffentlichen" Informationen über seine Ziele, Werte, Überzeugungen usw. hierzu zu rechnen, die es dem Verhandlungsteilnehmer erschweren, bei zukünftigen Überredungsversuchen auf etwa entgegengesetzte Werte und Überzeugungen Bezug zu nehmen. Die Veränderung der Verhandlungsposition ist ein im allgemeinen irreversibler Vorgang, der dem Verhandlungsteilnehmer Beschränkungen für zukünftige Verhandlungszüge auferlegt. Hat der Verhandlungsteilnehmer einmal eine ursprüngliche Forderung durch eine für den Kontrahenten günstigere Forderung ersetzt, so scheidet damit in der Regel die Möglichkeit aus, in Zukunft wieder auf die ursprüngliche Forderung zurückzukehren und ein Beharren auf dieser Forderung glaubwürdig erscheinen zu lassen. Das Beziehen von Verhandlungspositionen besitzt einen gewissen „Sperrklinkeneffekt". Diese *Sperrklinkenfunktion* besitzt die bezogene Verhandlungsposition nur, wenn sich der Verhandlungsteilnehmer auf sie in einer Weise festgelegt hat, die für den Kontrahenten glaubwürdig

---

[125] Vgl. dazu auch S. 221 dieser Arbeit.

ist. Die Festlegungen, Selbstverpflichtungen oder „commitments" der Verhandlungsteilnehmer werden so zu einem zentralen Problem der Analyse von Verhandlungsprozessen.

Eine Veränderung der Verhandlungsposition, die für den Verhandlungsteilnehmer eine solche Einengung des von ihm definierten Verhandlungsspielraums bewirkt, daß er damit für die Zukunft eine höher bewertete Alternative aufgibt, ist ein *Zugeständnis*. Im Gegensatz zu *echten Zugeständnissen* liegt ein scheinbares oder *vorgetäuschtes Zugeständnis* vor, wenn der Verhandlungsteilnehmer eine Veränderung seiner Verhandlungsposition in der Weise vornimmt, daß er lediglich solche Alternativen aufgibt, von denen er sowieso nicht glaubte, daß sie im Verhandlungsbereich liegen, mit deren Realisierbarkeit er folglich überhaupt nicht gerechnet hat. Scheinbare Zugeständnisse sind jedoch auch dann gegeben, wenn durch den Wechsel der Verhandlungsposition lediglich solche Alternativen ausgeschlossen werden, die man schlechter bewertete als die noch verbleibenden, wenn man jedoch dem Kontrahenten das Gegenteil einzureden versucht.

Ein Verhandlungsprozeß kann als eine Folge von echten und scheinbaren Zugeständnissen angesehen werden. Kontrahenten werden sich Erwartungen darüber bilden, inwieweit der andere noch Zugeständnisse zu machen bereit ist und selbst glaubt, daß man seinerseits noch entsprechende Zugeständnisse machen wird. Nicht selten wird die Folge der Zugeständnisse durch die Norm der Reziprozität beherrscht. Man macht ein Zugeständnis, weil man sich auf Grund eines vorhergehenden Zugeständnisses des Kontrahenten dazu verpflichtet fühlt oder dadurch eine entsprechende Verpflichtung des Kontrahenten schaffen möchte. Die Existenz und die generelle Anerkennung der Reziprozitätsnorm erleichtern somit auch die Bildung von Erwartungen über die möglichen Zugeständnisse der anderen. Gleichzeitig wird durch die Antizipation der Folge solcher gegenseitigen Zugeständnisse der Bereich eingeengt, in welchem die Verhandlungsteilnehmer das wahrscheinlichste Verhandlungsergebnis erwarten.

**Kompromiß und Einigung**

Ein Verhandlungsprozeß endet mit der Kompromißfindung oder mit dem Scheitern der Verhandlungen. In Situationen einer grundsätzlichen Indeterminiertheit, wie es Verhandlungen sind, bereitet es meist große Schwierigkeiten zu erklären, weshalb sich die Beteiligten gerade auf diese und keine andere Alternative geeinigt haben. Nicht einfacher ist die Klärung der Frage, weshalb diese Alternative in einem Bereich des ursprünglichen Verhandlungsbereichs liegt, der einen der Teilnehmer möglicherweise unerwartet stark bevorzugt. In der verhaltenswissenschaftlichen Verhandlungstheorie werden in diesem Zusammenhang zwei Konzeptionen hervorgehoben, die Anhaltspunkte für eine solche Erklärung bieten können: die Existenz „auffälliger Alternativen" (focal points) und die Taktik der vollendeten Tatsachen.

*Konvergenz der gegenseitigen Erwartungen und auffällige Alternativen*

Es wurde bereits darauf hingewiesen, daß Verhandlungen als Folge gegenseitiger Zugeständnisse betrachtet werden können und die Verhandlungsteilnehmer sich Erwartungen darüber bilden, welche Zugeständnisse der andere machen wird und welche er erwartet, daß man selbst bereit ist zu machen. Es existieren reflexive wechselseitige Erwartungen über Erwartungen über Erwartungen ... usw. Würde der Mensch zu einer solchen komplexen Erwartungsbildung fähig sein und kämen diese Erwartungen darüber hinaus durch gegenseitigen Informationsaustausch und Manipulation zu einer Deckung, paßten sich ferner beide an diese Erwartungen an, so ließe sich daraus jener Punkt des Verhandlungsbereiches ableiten, der das Ergebnis des Verhandlungsprozesses darstellt.

Die Verhandlungsteilnehmer werden sich in der Regel Vorstellungen über das wahrscheinliche Ergebnis bilden. Freilich werden sie nicht auf diese komplizierte Weise zu solchen Vorstellungen gelangen. Auch besteht zunächst keine große Chance, daß beide Teilnehmer zufällig die gleiche Alternative als das wahrscheinlichste Verhandlungsergebnis halten. Eine Konvergenz der wechselseitigen Erwartungen und eine identische Einschätzung des wahrscheinlichsten Verhandlungsergebnisses ist jedoch denkbar; dies ist der Fall, wenn exogene Merkmale, die für die Bewertung der Alternativen an und für sich irrelevant sind, eine einzelne Alternative des Verhandlungsbereiches in der Weise hervorheben, daß diese bei allen Verhandlungsteilnehmern gleichermaßen als Hypothese für das mutmaßliche Ergebnis hervorgerufen wird. Wenn zwei Oligopolisten über die Aufteilung einer Marktregion verhandeln, damit in Zukunft jeder ohne Konkurrenz einen Teil der Region beliefern kann, und quer durch diese Region ein Fluß, eine Grenze oder sonst eine hervorgehobene Trennungslinie verläuft, so ist zu erwarten, daß beide Verhandlungspartner diese Linie zum Ausgangspunkt ihrer Schätzung des wahrscheinlichsten Ergebnisses machen und sich die Schätzungen auch tatsächlich decken.

Die Konzeption des „focal point" wirft auch ein Licht auf die Funktion des Schlichters oder Vermittlers im Verhandlungsprozeß. Oft ist es erstaunlich, daß ein *Vermittler* mit seinem Vermittlungsvorschlag Erfolg hat, obwohl er keine Machtgrundlagen besitzt, die Verhandlungsteilnehmer zu einer bestimmten Einigung zu zwingen. Indem er einen in gewissem Sinne „willkürlichen" Vermittlungsvorschlag macht, schafft er eine auffällige Alternative, die eine Konvergenz der wechselseitigen Erwartungen der Verhandlungsteilnehmer und damit eine Kompromißfindung ermöglicht[126]).

*Die Taktik der vollendeten Tatsachen*[127])

Es ist üblich, das Verhandlungsergebnis als von der Macht und dem Geschick der Beteiligten abhängig zu sehen. Dabei wird unter *Macht* vielfach eine

---

[126]) Vgl. Schelling (1960), S. 144.

[127]) Vgl. hierzu insbes. Walton und McKersie (1965), S. 82 ff. Ferner wird auf die Ausführungen auf S. 220 f. dieser Arbeit und die dort angeführte Literatur verwiesen.

Unabhängigkeit in dem Sinne verstanden, daß derjenige große Macht besitzt, der auf eine Einigung nicht unbedingt angewiesen ist und auf Grund seiner anderen Möglichkeiten einem Scheitern der Verhandlungen in Ruhe entgegensehen kann. Je mehr alternative Möglichkeiten der Verhandlungsteilnehmer besitzt, desto größer ist seine Unabhängigkeit bzw. seine Macht[128]).

Zu dieser Aussage in scheinbarem Widerspruch steht die paradoxe Feststellung, daß Verhandlungsmacht gerade in der Fähigkeit des Verhandlungsteilnehmers bestehen kann, sich selbst zu binden und gerade deshalb das Verhandlungsergebnis unter Umständen zu seinen Gunsten zu beeinflussen, weil er alle offenstehenden Alternativen unwiderruflich aufgibt[129]). Gelingt es einem Verhandlungsteilnehmer, sich auf eine Verhandlungsposition so festzulegen, daß der andere nicht mehr weitere Zugeständnisse erwarten kann, so bleibt diesem nur die Möglichkeit, sich anzupassen. Er kann die Forderung annehmen oder die Verhandlungen scheitern lassen. Zu Gegenmanipulationen bleibt ihm jedoch keine Gelegenheit. Mit seiner unwiderruflichen Festlegung schafft der Verhandlungsteilnehmer somit vollendete Tatsachen.

Beinhaltet die unwiderrufliche Verhandlungsposition eine Forderung nach einer für den Kontrahenten gerade noch akzeptablen Alternative, so ist zu erwarten, daß er das „kleinere Übel" wählt, und die Annahme einem Scheitern der Verhandlungen vorzieht. Die Festlegung auf eine unwiderrufliche Verhandlungsposition kann somit das Verhandlungsergebnis stark zu ungunsten des Kontrahenten beeinflussen.

Genaugenommen ist die Taktik der vollendeten Tatsachen zunächst eine manipulative Taktik, die nur einseitig mit Erfolg angewandt werden kann. Sie erfordert ex definitione, daß der andere sich anpassen muß. Ihre Verwendung im Verhandlungsprozeß beendet somit praktisch die Verhandlungen. Sie zwingt den Kontrahenten, seine Definition der Situation zum letzten Male zu modifizieren und zu der Überzeugung zu gelangen, daß ab jetzt keine eigentliche Verhandlungssituation mehr vorliegt.

Die erfolgreiche Anwendung der Taktik der vollendeten Tatsachen setzt unter anderem voraus, daß präzise und realistische Vorstellungen über den Verhandlungsbereich des Kontrahenten vorliegen. Die zuletzt bezogene Verhandlungsposition muß noch im Verhandlungsbereich liegen, da sonst zu erwarten ist, daß der Gegner ein Scheitern vorzieht. Ferner ist erforderlich, daß der Kontrahent tatsächlich keine Möglichkeit zu Gegenmanipulationen oder zu zu erwartenden Zugeständnissen mehr sieht. Die Anwendung der Tak-

---

[128]) Der hier verwendete Begriff der Macht (Konzeption II) weicht von der weiter oben vertretenen Konzeption I (vgl. S. 184 ff.) zumindest in zweierlei Hinsicht ab: (1) Einmal wechselt die Betrachtungsweise schwerpunktmäßig vom Machtunterworfenen (I) zum Machthaber (II). (2) In Konzeption I werden Mittel und Methoden einbezogen, während Konzeption II die Unabhängigkeit eines Individuums im Sinne der Möglichkeit der Verfügung über mehrere Alternativen in den Mittelpunkt rückt.
[129]) Vgl. Schelling (1960), S. 22 ff.

tik der vollendeten Tatsachen muß also „alle Brücken hinter sich abbrechen", um dem Kontrahenten zu verdeutlichen, daß es keinen Weg zurück mehr gibt. Das Abbrechen jeder Kommunikationsmöglichkeit ist hierfür ein Beispiel. Aber auch eine Veröffentlichung der Festlegung und eine sehr enge Verquickung mit dem eigenen Prestige kann solche Wirkungen besitzen, da ein erneutes Zugeständnis als „Umfallen" bzw. „Gesichtsverlust" in der Öffentlichkeit gewertet würde.

Schwierig wird die Glaubwürdigkeit der Unwiderruflichkeit, wenn der Kontrahent glaubt, daß der betreffende Verhandlungsteilnehmer eine Wiederaufnahme der Verhandlungen letztlich doch einem endgültigen Scheitern vorziehen würde. Das ist etwa der Fall, wenn die zuletzt bezogene Verhandlungsposition eine Drohung beinhaltet, deren Realisierung dem Drohenden ebenso schadet wie dem Bedrohten. Hier kann die zuletzt bezogene Verhandlungsposition nur dann als unwiderruflich glaubhaft gemacht werden, wenn mit der Anwendung der Taktik der vollendeten Tatsachen ein Mechanismus zur Ausführung der Drohung in Gang gesetzt wurde, den der Verhandlungsteilnehmer selbst nicht mehr allein stoppen kann.

*Indizien der Einigung in Organisationen*

Man ist geneigt, von einer Einigung bei Verhandlungen dann zu sprechen, wenn sich die an den Verhandlungen Beteiligten explizit zu einer Alternative bekennen. Das Verhandlungsergebnis ist Gegenstand eines Vertrages[130]). Kommt kein Vertrag zustande, so gelten die Verhandlungen als gescheitert. Bei der Analyse organisatorischer Verhandlungsprozesse ist dieses Indiz für die Existenz einer Einigung jedoch nicht ausreichend. Hier werden in den seltensten Fällen Einigungen in expliziter Weise fixiert. Solche Indizien sind allenfalls bei Verhandlungen in Kerngruppen brauchbar, wo die Einigung durch die Abstimmung autorisiert und damit offiziell gemacht wird. Bei allen anderen Verhandlungen, an denen insbesondere Satelliten beteiligt sind, müssen sich die Beteiligten oft auf Hinweise oder Signale verlassen, die einen Konsens meist nur sehr vage signalisieren. Die Grenze zwischen Scheitern und Einigung ist hier fließend.

Dies wird besonders deutlich, wenn man die beiden zuletzt diskutierten Konzeptionen des „focal point" und der Taktik der vollendeten Tatsachen näher betrachtet. Liegt eine Konvergenz der Erwartungen hinsichtlich des wahrscheinlichsten Ergebnisses vor, so besteht grundsätzlich die Möglichkeit, daß die Beteiligten auf weitere Manipulationen verzichten, die wahrscheinlichste Konstellation der von beiden Seiten zu akzeptierenden Entscheidungsprämissen als Datum hinnehmen und sich nunmehr als Anpasser verhalten. Es ist nicht mehr erforderlich, daß die Beteiligten den erreichten Konsens bzw. die damit verbundene Abstimmung ihrer Entscheidungen gleichsam vertraglich fixieren. Ähnliches gilt für den Fall, daß die Taktik

---

[130]) Vgl. zum folgenden auch Lindblom (1965), S. 58.

der vollendeten Tatsachen angewandt wird. Sie stellt, wenn sie wirklich „vollendete" Tatsachen schafft, ex definitione die letzte zum Einsatz gelangende Verhandlungstaktik dar. Von da an verhalten sich die Beteiligten als Anpasser.

Viele „Verhandlungen" in der Organisation sind Episoden der gegenseitigen Manipulationen, die von einem bestimmten Punkt an durch ein gegenseitiges Anpassungsverhalten abgelöst werden, ohne daß der Übergang von der Manipulation zur Anpassung als Scheitern oder Einigung sichtbar würde. Es würde eine für organisationstheoretische Überlegungen unzweckmäßige Einengung des Verhandlungsbegriffes bedeuten, würde man fordern, daß an seinem Ende eine explizite Einigung oder ein allgemein anerkanntes Scheitern steht.

VIERTES KAPITEL

# Schlußbetrachtung

Ein Schlußwort bietet dem Autor eine willkommene Gelegenheit, auf offene Probleme hinzuweisen und einige Gesichtspunkte, die auf Grund der ursprünglich gewählten Konzeption vielleicht etwas in den Hintergrund getreten sein mögen, neu zu akzentuieren. Im Mittelpunkt der vorliegenden Untersuchung stand der Versuch, die wichtigsten Elemente einer deskriptiven Theorie individueller und kollektiver Entscheidungsprozesse zusammenzutragen und einen begrifflich-theoretischen Bezugsrahmen zu erarbeiten, der eine gewisse Integration dieser Elemente oder Bausteine ermöglicht. Es sei erlaubt, abschließend einige Überlegungen zum Sinn und Zweck theoretischer Bezugsrahmen in der verhaltenswissenschaftlichen Forschung anzustellen und auf einige Gesichtspunkte des angestrebten Bezugsrahmens hinzuweisen, die — obgleich in der vorliegenden Untersuchung angeschnitten — einer weiteren Vertiefung bedürfen.

Wissenschaftliche Probleme sind äußerst schlecht-definierte Probleme. Wissenschaftliche Problemlösungsversuche zeigen daher auch alle jene Merkmale, die wir in den drei Bänden der vorliegenden Untersuchung darzulegen versuchten. Insbesondere gilt, daß das Definieren des Problems ein integrativer Bestandteil des Gesamtproblemlösungsprozesses ist. Um Definitionen und Lösungshypothesen für schlecht-strukturierte Probleme generieren zu können, benötigt die Forschung begrifflich-theoretische Bezugsrahmen[1]. Ein Bezugsrahmen verhält sich zu einem Modell bzw. einer Theorie wie die Planung zu der Lösung des ursprünglichen Problems (vgl. Band II). Ein Bezugsrahmen erfüllt somit primär *heuristische Funktionen*. Er kann selbst weder verifiziert noch falsifiziert werden. Er muß nach dem Wert beurteilt werden, den er für die weitere Forschung besitzt.

Ein *theoretischer Bezugsrahmen* ist somit lediglich eine Vorstufe der *Modellentwicklung*. Er enthält eine Reihe theoretischer Begriffe, von denen angenommen wird, daß sie einmal Bestandteil von Modellen bzw. Theorien werden könnten. Darüber hinaus umfaßt ein theoretischer Bezugsrahmen einige, freilich sehr allgemeine Gesetzeshypothesen, die jedoch meist nur tendenzielle Zusammenhänge andeuten. Nicht selten beschränken sich die Aussagen darauf, daß zwischen bestimmten Variablen funktionale Beziehungen angenommen werden, ohne daß diese Funktionen eingehender präzisiert werden.

In erster Linie dient ein theoretischer Bezugsrahmen dazu, das Denken über komplexe reale Systeme zu ordnen und *exploratorische Beobachtungen* zu

---

[1]) Vgl. hierzu Bales (1951), S. 30 ff.; Easton (1965 a); Snyder et al. (1962), S. 14 ff., insbes. S. 26 ff.

leiten, die mit der Zeit eine genügend große Zahl von Beobachtungsaussagen erbringen, um konkrete Modelle mit konkreten Gesetzeshypothesen zu formulieren. Diese exploratorischen Beobachtungen sind gleichzeitig Tests des Bezugsrahmens. Die Tests sind freilich nur bedingt intersubjektiv überprüfbare Operationen. Sie bewirken jedoch laufende Modifikationen und Anpassungen des Bezugsrahmens.

Viele theoretische Bezugsrahmen werden niemals so weit entwickelt, um tatsächlich Grundlage für Modelle und exakte Modelltests zu werden. Dennoch spielen sie in der verhaltenswissenschaftlichen Diskussion eine große Rolle. Die meisten Ausschnitte der verhaltenswissenschaftlich relevanten Realität sind heute noch keineswegs reif für die Entwicklung und Analyse von Modellen. Die Entwicklung und Diskussion von Bezugsrahmen ist hier vorläufig die einzige Möglichkeit der theoretischen Analyse.

Bezugsrahmen erscheinen vielfach „realistischer" als konkrete Modelle, die — um sie für existierende Lösungsverfahren handhabbar zu machen — meist erhebliche Vereinfachungen enthalten und in der Regel auch nur einen Ausschnitt der durch den Bezugsrahmen erfaßten Realität behandeln. Deshalb sind theoretische Bezugsrahmen gerade auch für Ausbildungszwecke vielfach besser geeignet als Modelle selbst. Die Beherrschung eines theoretischen Bezugsrahmens zur Analyse bestimmter Verhaltenssysteme ermöglicht es dem Studenten und Praktiker meist, seine eigenen Erfahrungen mit Verhaltenssystemen der betrachteten Art in eine gedankliche Ordnung zu bringen. Nicht selten konkretisiert sich ein solcher Bezugsrahmen später in einem „inneren Modell" des realen Systems, die den in einem bestimmten Bezugsrahmen zu denken Gewohnten in die Lage versetzen, sehr sichere „Expertenurteile" zu treffen.

Im Bereich der angewandten Wissenschaften, wie etwa der Betriebswirtschaftslehre, hängt daher die Bewertung eines theoretischen Bezugsrahmens zusätzlich von seiner *heuristischen Effizienz* für die Formulierung und Lösung praktischer Probleme ab, für die es bislang keine wissenschaftlichen Modellösungen gibt. Diese Funktion vom begrifflich-theoretischen Bezugsrahmen wird meist übersehen. In der Betriebswirtschaftslehre kann man immer wieder beobachten, daß die Praxis exakte Modelle mit begrenztem Anwendungsbereich ablehnt und allgemeine, nicht unmittelbar anwendbare Bezugsrahmen willig aufgreift, weil diese offenbar Ordnung in eine komplexe Umwelt des Praktikers bringen und dessen Phantasie anregen. Bezugsrahmen erleichtern es dem Praktiker, akzeptable Problemdefinitionen zu formulieren, komplexe Probleme in einfachere Teilprobleme zu zerlegen und hierfür Lösungshypothesen zu generieren. Für alle diese Schritte gibt es keine Algorithmen, und die Existenz eines begrifflich-theoretischen Bezugsrahmens macht diese Prozesse keineswegs zu einer Routineangelegenheit mit Lösungsgarantie. Bezugsrahmen können aber helfen, äußerst schlecht-strukturierte Entscheidungsprobleme der Praxis etwas besser zu strukturieren, ohne sie gleich zu wohl-definierten Entscheidungen zu machen.

Dies ist auch der Grund, weshalb die Beurteilung eines vorgeschlagenen Bezugsrahmens selbst ein schlecht-strukturiertes Problem ist. Begrifflich-theoretische Bezugsrahmen werden daher in der Regel zum Gegenstand politischer Prozesse innerhalb der betroffenen Wissenschaften.

Solange sich eine wissenschaftliche Disziplin vorwiegend auf der Ebene begrifflich-theoretischer Bezugsrahmen und nicht auf der Ebene daraus zu entwickelnder Modelle mit der Möglichkeit einer strengen empirischen Überprüfung bewegt, trägt sie den Charakter einer „inexakten Wissenschaft". Die *Verhaltenswissenschaften* sind — obwohl sie den Status einer „exakten Wissenschaft" mit Vehemenz anstreben — weitgehend noch „inexakte Wissenschaften". Die Methodologie der inexakten Wissenschaften ist jedoch noch kaum beschrieben[2]), die Rolle begrifflich-theoretischer Bezugsrahmen hierin nicht geklärt. Die moderne Wissenschaftstheorie ist ausschließlich durch die exakten Wissenschaften geprägt. Zur Methodologie der inexakten Wissenschaften hat sie — außer einer gewissen Geringschätzung — nichts beizutragen. Sofern methodologische Erörterungen theoretischer Bezugsrahmen vorliegen, stammen sie von Wissenschaftlern, die sich an vergleichsweise komplexen Zusammenhängen interessiert zeigen, aber bei dem Versuch, Modelle bzw. Theorien im strengen wissenschaftstheoretischen Sinne zu entwickeln, scheitern mußten und vor der Entscheidung standen, entweder die zu untersuchenden Zusammenhänge auf jene der exakten Modellanalyse zugänglichen Dimensionen zu reduzieren oder sich mit der Entwicklung und Diskussion eines begrifflich-theoretischen Bezugsrahmens zu begnügen.

Vor eine solche Entscheidung sieht man sich auch gestellt, wenn man sich um eine realistischere Betrachtungsweise von Entscheidungsprozessen bemüht. Obgleich einige der in den vorliegenden drei Bänden dargelegten Aspekte Gegenstand exakter Modellanalyse sind, kann ein vergleichsweise umfassendes Gesamtbild nur auf der Ebene begrifflich-theoretischer Bezugsrahmen entworfen werden. Dieser bedarf freilich noch erheblicher Verfeinerungen und Vertiefungen. Den Ausgangspunkt der vorliegenden Untersuchung bildeten die Individualentscheidungen und die individuellen Entscheidungsprämissen. Diese blieben auch im Vordergrund, als wir uns im vorliegenden letzten Band mit den Entscheidungen in Organisationen befaßten. Die komplexen Informations- und Entscheidungssysteme der Organisationen und die kollektiven Entscheidungsprozesse zur Steuerung und Regelung des organisationalen Geschehens wurden nur insoweit dargestellt, als es die Diskussionen der Individualentscheidungen und individuellen Entscheidungsprämissen in Situationen interdependenter Entscheidungen erforderlich machten. Dies bedingte, daß einige für die Diskussion komplexer Informations- und Entscheidungssysteme bzw. kollektiver Entscheidungsprozesse

---

[2]) Vgl. jedoch Helmer und Rescher (1959).

wesentliche Fragestellungen, Konzeptionen und Bezugsrahmen nur am Rande Erwähnung finden konnten.

Die vorgeschlagene Konzeption eines Informations- und Entscheidungssystems der Organisation basiert auf der Vorstellung, daß die Menge der zur Steuerung und Regelung der Organisation zu treffenden Entscheidungen in drei Klassen einzuteilen ist: in die *operativen, administrativen* und *politischen Entscheidungen.* Jeder Entscheidungstyp ist grundsätzlich mit Hilfe eines anderen begrifflich-theoretischen Instrumentariums zu analysieren. Viele Irrtümer entstanden, weil man glaubte, alle Entscheidungen mit dem gleichen Instrumentarium angehen zu können. Operative Entscheidungen sind wohl-definierte, administrative und politische Entscheidungen dagegen in hohem Maße schlecht-definierte Entscheidungen. Lange Zeit wurden alle organisatorischen Entscheidungen so behandelt, als seien sie wohl-definiert. Die Darlegungen des Informationsverarbeitungsansatzes der Entscheidungstheorie hat die grundsätzlichen Unterschiede zwischen wohl-definierten und schlecht-definierten Entscheidungen deutlich gemacht. Schwierig ist die Unterscheidung zwischen administrativen und politischen Entscheidungen, die beide schlecht definiert sind. Zwischen beiden bestehen auf den ersten Blick lediglich graduelle Unterschiede. Dennoch spricht vieles dafür, daß die Organisationstheorie diese beiden Typen von Entscheidungen methodisch trennen sollte. Politische Entscheidungen transformieren die individuellen Wert- und Zielvorstellungen der politisch relevanten Organisationsteilnehmer und sonstigen Interessenten in globale, meist „offene" Beschränkungen für die Organisation. Die administrativen Entscheidungen dienen der Schließung dieser offenen Beschränkungen und deren Transformation in handhabbare Programme und Algorithmen für die operative Steuerung und Regelung der organisatorischen Prozesse. Der Input des administrativen Systems (d. h. die autorisierten Beschränkungen) sind „objektiviert" in dem Maße, wie das Autorisierungsrecht der politischen Instanzen als legitimiert angesehen wird. Der Input des politischen Systems (die subjektiven Werte und die hieraus resultierenden Forderungen) bleibt für alle erkennbarer Ausfluß subjektiver Präferenzen, auch wenn die Beteiligten vielfach so tun, als entsprächen ihre Forderungen dem allgemeinen „Wohl" der Organisation und nicht ihren individuellen Interessen. Es ist anzunehmen, daß z. B. die Konflikte in politischen und administrativen Entscheidungsprozessen einen unterschiedlichen Charakter besitzen.

Nicht verbunden mit der Unterscheidung von politischen und administrativen Entscheidungen ist die Annahme, daß politische Entscheidungen — da sie einen noch geringeren Strukturierungsgrad aufweisen als administrative Entscheidungen — größere Problemlösungsfähigkeiten der Entscheider voraussetzen. Eher das Gegenteil scheint der Fall zu sein. Die Tätigkeit des Politikers in der Organisation setzt weniger Problemlösungsfähigkeit, sondern eher Geschick im Handhaben der von subjektiven Wertungsunterschieden und Machtüberlegungen getragenen Konflikte sowie im Stimulieren einer hinreichenden Unterstützung für das politische System und seine Komponenten voraus. Noch fehlen uns die nötigen sprachlichen Differenzierungsmöglichkeiten, um diese Unterschiede zu verdeutlichen. Es ist jedoch anzunehmen, daß eine komparative Analyse unterschiedlicher Organisationstypen unter Einbeziehung öffentlicher Verwaltungen eine Präzisierung solcher Vorstellungen, die zunächst vorwiegend durch die Verhältnisse in Unternehmungen geprägt sind, erwarten lassen. Vieles spricht dafür, daß gerade in öffentlichen Verwaltungen Politik und Administration auch strukturell stärker getrennt sind, als es in Unternehmungen der Fall ist. Der Vorstand einer Aktiengesellschaft ist in der Regel sowohl an politischen wie an administrativen Entscheidungen beteiligt. Seine Karriere führt ihn zudem typischerweise über „Erfolge" im administrativen System in die politische Ebene der Unternehmung.

Eine Verfeinerung der Konzeption des Informations- und Entscheidungssystems unter systematischer Einbeziehung politischer Entscheidungen bringt eine Reihe von aktuellen Problemen in den Bereich verhaltenswissenschaftlicher Organisationsforschung. Als Beispiel sei die Diskussion um die Demokratisierung der Unternehmensverfassung hervorgehoben. Ohne realistische Vorstellungen von den strukturellen Merkmalen und dem Funktionieren organisatorischer Informations- und Entscheidungssysteme, die auch die politologischen Gesichtspunkte einbeziehen, sind sinnvolle organisationstheoretische Aussagen hierzu nicht zu erwarten. Ähnliches gilt für eine Reihe von Konzeptionen der normativen Organisationslehre (z. B. *Matrixorganisation* usw.), mit denen versucht wird, die erheblichen Koordinationsprobleme bei der Realisation umfangreicher Projekte in den Griff zu bekommen. Die Diskussion dieser Vorschläge leidet vielfach darunter, daß diese Konzeptionen nicht im Rahmen eines umfassenderen Bezugsrahmens des Informations- und Entscheidungssystems der Organisation gesehen werden.

Es liegt in der Natur der Sache, daß die traditionelle Organisationslehre voll von Hinweisen auf *strukturelle Merkmale* und *Gestaltungsprinzipien* organisatorischer Informations- und Entscheidungssysteme ist. Gerade diese Gestaltungsprinzipien, die vornehmlich von Autoren mit erheblicher praktischer Erfahrung formuliert wurden, waren in der verhaltenswissenschaftlichen Organisationstheorie lange Zeit als Ausdruck einer unkritischen Haltung in Mißkredit geraten. Erst die Erkenntnis, daß für die Lösung schlecht-definierter Probleme *heuristische Prinzipien* erforderlich sind, rehabilitiert diese Gestaltungsprinzipien in einem gewissen Maße. Da Aufbau und Struktur des Informations- und Entscheidungssystems einer Organisation selbst Ergebnis einer Folge kollektiver Entscheidungsprozesse sind, hinterlassen die in diesen Entscheidungsprozessen verwendeten *heuristischen Gestaltungsprinzipien* ihre Spuren im IES der Organisation.

Die Konzeption des Informations- und Entscheidungssystems einer Organisation wird vervollständigt, wenn man den drei genannten Subsystemen (dem operativen, administrativen und politischen System) das *Intelligenzsystem* als weiteres Subsystem gegenübergestellt. Das Intelligenzsystem dient der Gewinnung und Verarbeitung von Informationen über die Umwelt und die Organisation selbst sowie der Entwicklung von Problemlösungen und Plänen zur Unterstützung der Entscheidungsinstanzen und umfaßt insbesondere die nicht zur Entscheidungsautorisierung berechtigten Stäbe und Nachrichtendienste der Organisation.

Die Analyse dieses Intelligenzsystems erfährt durch die zum Teil erfolgreichen Versuche, *computer-unterstützte Management-Informationssysteme*[3]) bzw. *Mensch-Maschinen-Digitalsysteme*[4]) zu entwickeln, erhebliche Impulse. Da solche Untersuchungen und Entwicklungen ohne explizite Berücksichtigung der Verwendung der durch die computer-unterstützten Intelligenzsysteme „produzierten" Informationen im operativen, administrativen und politischen System ohne Sinn bleiben, sind aus dieser Forschungsrichtung auch Impulse für eine umfassende Betrachtung des Informations- und Entscheidungssystems der Organisation zu erhoffen. Gegenwärtig hat man freilich vielfach den Eindruck, als seien die Erörterungen der Möglichkeiten und Grenzen computer-unterstützter Management-Informationssysteme von zum Teil wenig realistischen Vorstellungen über das tatsächliche Entscheidungsverhalten im administrativen und vor allem im politischen Bereich getragen. Vor allem die Tatsache, daß diese Entscheidungsprozesse kollektiver Natur sind, an denen neben den Kernorganen (Instanzen) und deren Stäben auch eine Reihe von offiziellen und inoffiziellen Satelliten als Interessenten teilnehmen, wird allzu wenig betrachtet. Sofern dies geschieht, wird von der Fiktion ausgegangen, als handle es sich hierbei vorwiegend um kooperative Diskussionen. Zumindest wird angenommen, daß diese kooperativen Diskussionen zwar angestrebt, aber mangels eines Management-Informationssystems mit allen Möglichkeiten des time sharing, der Mensch-Maschine-Kommunikation und der Real-time-Verarbeitung vorläufig nicht so recht realisiert sind. Gegenwärtig weiß man wenig über die Informationsbedürfnisse von Kernorganen, Stäben und Satelliten kollektiver Entscheidungsprozesse in der Organisation und über jene Einflußgrößen, die die Konflikte prägen und die kollektiven Entscheidungsprozesse einen distributiven Charakter annehmen lassen. Die weiteren Fortschritte bei der Entwicklung computer-unterstützter Management-Informationssysteme hängen von Fortschritten in der Beantwortung solcher und ähnlicher Fragen ab.

Es fehlt aber in der verhaltenswissenschaftlichen Entscheidungsforschung nach wie vor ein hinreichend ausgearbeiteter Bezugsrahmen, der in der Lage wäre, die aus der Theorie der Individual- und Gruppenentscheidung, der Verhandlungstheorie und der Theorie interpersoneller Beeinflussungsprozesse stammenden „Bausteine" zu einer Gesamtschau zusammenzufügen. Die Begriffe „Kernorgan", „Satellit", „Stab", „Nachrichtendienst" usw. reichen

---

[3]) Vgl. z. B. Blumenthal (1969); Will (1970).
[4]) Meadow (1970); Sackman (1967); Sackman (1970).

nicht aus, um die unterschiedlichen Rollen und Funktionen in komplexen organisatorischen Entscheidungsprozessen mit ihrer schwer durchschaubaren Mischung von formalen und informalen Elementen adäquat zu erfassen. Die mehr normative Organisationsforschung kennt eine Reihe von Figuren, wie *Projektmanager, Prozeßpromotor, change agent, steering committee* u. a., deren Funktion im kollektiven Entscheidungsprozeß in der verhaltenswissenschaftlichen Entscheidungsforschung noch wenig Beachtung gefunden hat. Ähnliches gilt für die in jeder Organisation zu findenden *Ablaufprogramme* für den Verlauf komplexer, viele Organisationsteilnehmer offiziell einbeziehender Entscheidungsprozesse. Wenig ist in diesem Zusammenhang auch über die heuristischen Prinzipien und Faustregeln bekannt, die in diese Programme eingehen und nach denen jeweils die für den weiteren Verlauf wesentlichen Steuerungsentscheidungen getroffen werden. Grundsätzlich ist zwar auch der Ablauf des Entscheidungsprozesses selbst potentieller Gegenstand von Verhandlungsprozessen innerhalb der Organisation. Es kann jedoch nicht davon ausgegangen werden, daß alle das weitere Vorgehen betreffenden Teilentscheidungen innerhalb eines kollektiven Entscheidungsprozesses Anlaß zu Konflikten sind. Genauso wie eine innovative Entscheidung eines Individuums nur möglich wird, wenn es für die vielen Teilprozesse und Teilentscheidungen über routinemäßige Verhaltensmuster verfügt, benötigt auch eine Organisation für administrative und politische Entscheidungen zumindest globale Ablaufprogramme, die normalerweise von allen Beteiligten akzeptiert werden und den generellen Rahmen abstecken, innerhalb dessen die Problemlösungsbemühungen und Beeinflussungsversuche der Beteiligten ablaufen. Ein konfliktgeladener kollektiver Entscheidungsprozeß über einen bestimmten Streitpunkt kann nur zum Abschluß gebracht werden, wenn nicht gleichzeitig alle Verfahrensfragen ebenfalls zu Streitpunkten innerhalb des Prozesses werden.

Überblickt man auf der Suche nach geeigneten Bezugsrahmen für die Diskussion kollektiver Entscheidungsprozesse die verhaltenswissenschaftliche Literatur, so erscheinen gegenwärtig die politologischen bzw. die durch die politischen Wissenschaften beeinflußten organisationstheoretischen Beiträge am erfolgversprechendsten. Der in der vorliegenden Arbeit der Diskussion der organisatorischen Zielbildung zugrundegelegte systemtheoretische Bezugsrahmen Eastons[5]) kann als relativ weit gediehener Prototyp für die Bemühungen angesehen werden, kollektive Entscheidungsprozesse in relativ umfassender Sicht zu erfassen. Die existierenden Ansätze sind freilich noch zu wenig prozeßorientiert. Sie werden darüber hinaus bislang kaum auf politische Entscheidungsprozesse in Organisationen angewandt. Es fehlt ferner die Verknüpfung der Aussagen mit jenen der Theorie des Individualverhaltens, insbesondere des individuellen Entscheidungsverhaltens. Die Ansätze beachten schließlich zu wenig, daß die kollektiven Entscheidungsprozesse in einer technologisch-wissenschaftlichen Welt eine Reihe der *Rationa-*

---

[5]) Easton (1965 b).

*litätsnorm* entspringender Kalküle, Verfahren und Technologien einbeziehen, die den Entscheidungsprozeß in gewisser Weise „kanalisieren" und nicht ohne Einfluß auf Ablauf und Ergebnis dieser Prozesse sind.

Eine gewisse Ausnahme bilden jene Ansätze, die die *Budgetierungsprozesse* in Organisationen (insbesondere in öffentlichen Verwaltungen)[6], d. h. jene umfassenden kollektiven Entscheidungsprozesse, betrachten, in deren Rahmen die Gewinnung und vor allem Allokationen der finanziellen Ressourcen auf die einzelnen Organisationseinheiten bzw. auf die einzelnen Projekte („Programme") geplant werden. Die Voraussetzungen für die Untersuchung dieses Typs politischer Entscheidungsprozesse sind insofern besonders günstig, als diese Prozesse in regelmäßigen Abständen wiederholt werden und — was den Ablauf betrifft — relativ weitgehend programmiert sind, ohne daß deshalb die Budgetierung dadurch den Charakter eines schlecht-strukturierten, konfliktgeladenen Entscheidungsproblems für die Organisation verlieren würde. Viele Eigenschaften relativ komplexer Entscheidungsprozesse lassen sich hier studieren, nicht zuletzt die Rolle von Kalkülen und Verfahrensregeln. Die Entscheidung des Präsidenten der Vereinigten Staaten, das *Planning-Programming-Budgeting-System (PPBS)*[7] für weite Bereiche der Verwaltung obligatorisch zu machen, hat zahlreiche Untersuchungen hierüber angeregt.

Der Budgetierungsprozeß ist jedoch nicht typisch für kollektive Entscheidungsprozesse, vor allem auf politischer Ebene. Die Entscheidungsforschung muß daher versuchen, auch andere, mehr *einmalige politische Prozesse* zum Gegenstand detaillierterer Untersuchungen zu machen. Die Ansätze hierzu sind nicht eben zahlreich. Sie sind darüber hinaus meist normativer Natur, d. h., sie beinhalten Empfehlungen, wie vorgegangen werden soll, und nicht Beschreibungen, wie tatsächlich vorgegangen wird. Typisch hierfür ist der breit angelegte Versuch Ansoffs[8], ein globales, aber umfassendes Ablaufprogramm für den Entscheidungsprozeß zur Formulierung einer Diversifikationsstrategie zu entwerfen, das auch die Nutzbarmachung analytischer Kalküle (Prognoseverfahren, Entscheidungsmodelle) ermöglichen soll.

Ähnliches gilt für die Vielzahl von Ansätzen, die Vorschläge für den Ablauf von Prozessen der Entwicklung komplexer Systeme (z. B. computer-unterstützte Informations- und Entscheidungssysteme) beinhalten. Freilich vermengen sich gerade in diesem Bereich deskriptive und normative Aussagen insofern, als diese vorwiegend von Praktikern stammen, die zunächst das tatsächliche Vorgehen nach ihrer Erfahrung beschreiben, um es für ähnliche Fälle zu empfehlen. Hier werden komplexe Entscheidungsprozesse beschrieben, in deren Rahmen in arbeitsteiliger Weise umfassende Entwurfsprobleme gelöst, aber auch Konflikte zwischen den Beteiligten gehandhabt

---

[6] Vgl. hierzu beispielsweise Bamberger (1971); Barber (1966); Crescine (1969); Wildavsky (1964).
[7] Vgl. z. B. Lyden (1969); Novick (1967).
[8] Ansoff (1957); Ansoff (1958).

werden. Eine Sichtung dieses „quasi-empirischen" Materials kann wesentliche Hinweise liefern, wie in Organisationen komplexe Probleme angegangen werden, in deren Lösungsprozeß eine kaum noch überschaubare Zahl von Beteiligten involviert ist. So sind Hinweise darauf zu finden, wie offene Beschränkungen des Problems sukzessive geschlossen werden, welche heuristischen Verfahren die erforderliche Selektivität des Vorgehens leisten, inwieweit diese selbst Gegenstand von Konflikten sind usw. Besondere Anhaltspunkte sind hier auch für die Untersuchung der Frage zu erwarten, welche Rolle die „Planung" im Sinne des General Problem Solver in kollektiven Entscheidungsprozessen spielt. Wenn in fast allen Beschreibungen dieses Prozesses unter anderem „Entwurf", „Produktion" und „Installation" des Informationssystems als typische „Phasen" hervorgehoben werden[9]), so deutet dies auf die Dominanz der *Planungsheuristik* hin. Im Rahmen der Entwurfsphase wird eine „Modellvorstellung" für das zu realisierende System entwickelt, die dann durch Produktion bzw. Beschaffung der erforderlichen Hardware und Software realisiert wird. Schließlich spielt auch die *Mittel-Zweck-Heuristik* im gesamten Prozeß der Systementwicklung eine dominierende Rolle. Dies zeigt die Vorgehensweise der *Aufgabenanalyse,* die freilich im Vergleich zur traditionellen Organisationslehre eine erhebliche Modifikation erfährt. Das Grundprinzip der Aufgabenanalyse ist die stete Wiederholung der Frage, welche Teilaufgaben niedriger Ordnung Mittel zum Zweck der Erfüllung von Aufgaben höherer Ordnung sind.

Wenig findet man in den meisten Beschreibungen komplexer Entscheidungsprozesse zur Planung und Entwicklung von Systemen über die Aspekte der gegenseitigen Beeinflussung, des Verhandelns und der Konflikthandhabung. Nur zwischen den Zeilen kann man lesen, von welchen Auseinandersetzungen und Konfrontationen, aber auch latenten bzw. unterdrückten Konflikten die kollektiven Problemlösungsbemühungen normalerweise begleitet werden, auf welche Weise die Verhaltensweise der Beteiligten in den persönlichen Motivationsstrukturen verankert ist und welche Methoden der Konflikthandhabung zur Anwendung gelangen.

Dies sind jedoch die Fragen, die — ebenfalls in vorwiegend normativer Weise — in jener verhaltenswissenschaftlichen Literatur diskutiert werden, die unter der Bezeichnung *Planned Organizational Change*[10]) bekanntgeworden ist und sich mit tiefgreifenden Änderungen organisationaler Systeme befaßt. Der Prozeß des geplanten Wandels organisationaler (Teil-)Systeme wird hier in erster Linie als *Prozeß der Konflikthandhabung* gesehen. Den Ausgangspunkt der Überlegungen bildet die methodisch begründete Annahme, daß jeder Versuch eines tiefgreifenden Wandels der Organisation ein spezifisches *Anpassungssystem* entstehen läßt, das als ein partielles Entscheidungssystem im Sinne der vorliegenden Untersuchung interpretiert werden kann.

---

[9]) Vgl. z. B. Rosove (1967).
[10]) Vgl. z. B. Bennis et al. (1969).

Dieses Anpassungssystem umfaßt zunächst die zur Autorisierung der Änderungsvorschläge legitimierten Kernorgane des politischen Systems und deren Satelliten sowie den zumeist sehr umfangreichen und stark differenzierten Planungsstab, der den Entwurf, aber auch die Produktion bzw. die Beschaffung von Hardware und Software zu erarbeiten bzw. vorzuschlagen hat. Hinzu kommen das für die Steuerung des Prozesses zuständige Projektmanagement und das sogenannte Klientensystem, d. h. jener Teil der Organisation, der von den geplanten Änderungen unmittelbar betroffen ist. Ein solches Anpassungssystem weist vielfältige Konfliktbeziehungen auf. Neben den Konflikten innerhalb des politischen Systems und den klassischen Stab-Linien-Konflikten, die auch hier die Beziehungen zwischen dem politischen System und dem Planungsstab beherrschen, sind vor allem auch die Konflikte zwischen dem politischen System und dem Stab einerseits und dem von der Änderung betroffenen Klientensystem andererseits hervorzuheben, die sich in latenten oder manifesten Anpassungswiderständen der Betroffenen äußern.

Alle diese Konflikte sind zwar bei tiefgreifenden Veränderungen der Organisation kaum zu vermeiden, geschweige denn zu lösen. Sie sind jedoch unter Kontrolle zu halten und zu handhaben, wenn die Änderung des Systems erfolgreich geplant und realisiert werden soll. In den meisten Fällen erfolgt die Konflikthandhabung in *dezentraler* Weise. Die Beteiligten handhaben ihre Konflikte selbst. Das zunehmende Interesse der verhaltenswissenschaftlichen Organisationstheorie an den Konflikten in der Organisation führt jedoch zu der Empfehlung, den wechselseitigen Konfliktprozessen der „Parteien" im Prozeß des geplanten Wandels der Organisation die Hilfe eines *zentralen* Konfliktmanagements angedeihen zu lassen. Da die Kernorgane des politischen Systems oder das für die Steuerung des komplexen kollektiven Problemlösungsprozesses verantwortliche Projektmanagement selbst Konfliktparteien sind und bei diesen Beteiligten zudem in aller Regel nicht die für das Konfliktmanagement erforderlichen verhaltenswissenschaftlichen Kenntnisse vorausgesetzt werden können, wird vorgeschlagen, den sogenannten „Change Agent" als weitere Figur in den kollektiven Entscheidungs- bzw. Problemlösungsprozeß einzuführen. Der Change Agent übernimmt die Rolle eines zentralen Konfliktmanagers, dessen (freilich schlecht-definierte) Aufgabe darin besteht, dem gesamten Entscheidungsprozeß einen relativ integrativen Charakter zu bewahren.

Die normativen Überlegungen der Diskussion des Planned Organizational Change beruhen auf einer Fülle von Erfahrungsberichten von Verhaltenswissenschaftlern, die in der Praxis bereits die Funktion eines Change Agent ausgeübt haben. Diese als Fallstudien angelegten empirischen Aussagen beinhalten, viele, bislang in der Entscheidungsforschung kaum genutzte Hinweise über Ablauf und Konfliktprobleme kollektiver Entscheidungsprozesse. Es ist zu vermuten, daß ein Zusammenführen der empirischen Berichte aus dem Bereich der Planung und Entwicklung komplexer Systeme und des geplanten organisatorischen Wandels die Basis für einen relativ realistischen Bezugsrahmen zur Analyse komplexer Entscheidungsprozesse liefern kann.

Allerdings scheint bei all diesen Berichten und Überlegungen eine weitere Dimension zu fehlen, die für nicht wenige organisatorische Entscheidungsprozesse typisch ist. Viele kollektive Entscheidungsprozesse sind *multi-organisationale Entscheidungsprozesse*, d. h., sie sind „gemeinsame", miteinander eng verzahnte Entscheidungsprozesse mehrerer Organisationen. Dabei ist weniger an jene Fälle gedacht, in denen eine Organisation externe Berater heranzieht, die im innerorganisatorischen Entscheidungsprozeß vorübergehend Stabsfunktionen wahrnehmen oder als Projektmanager bzw. Change Agent tätig sind. Typisch für multi-organisationale Entscheidungsprozesse sind vielmehr etwa jene, die im Rahmen des *Investitionsgütermarketings* ablaufen. Die Aufgabe des Investitionsgütermarketings einer betriebswirtschaftlichen Organisation besteht unter anderem darin, die kollektiven Kaufentscheidungen der potentiellen Kunden zu beeinflussen. Kauf- und Verkaufentscheidungen werden meist im Rahmen kollektiver Verhandlungen getroffen, an denen viele Mitglieder der betreffenden Organisationen direkt oder indirekt beteiligt sind. Ähnliches gilt für Kooperationsentscheidungen zwischen Konkurrenten, die nicht selten mit den Kaufverhandlungen verzahnt sind. Schließlich sind auch Banken und staatliche Organe in diese kollektiven, mehrere Organisationen umgreifenden Entscheidungprozesse eingeschaltet.

Die Ausweitung der entscheidungstheoretischen Betrachtung auf derartige multi-organisationale Entscheidungsprozesse ist für die Entscheidungs- und Organisationsforschung von ähnlicher Bedeutung wie der Übergang von der Betrachtung der Individualentscheidungen in sozialen Kontexten auf die Betrachtung von Gruppenentscheidungen und Verhandlungen, in denen die Beteiligten in enger Interaktion zueinander ihre Entscheidungen treffen. Organisationstheoretische Ansätze für die Analyse solcher Entscheidungsprozesse existieren bislang nicht[11]). Auch hier sind jedoch einige, freilich noch in den Anfängen steckende Ansätze der politischen Wissenschaften relevant, die die internationalen Beziehungen von Nationen[12]) und die kollektiven Verhandlungen von Diplomaten und Staatsmännern mehrerer Nationen[13]) zum Gegenstand haben.

Multi-organisationale Entscheidungprozesse wie etwa jene des Investitionsgütermarketings sind sicherlich die komplexesten Entscheidungsprozesse, die organisationstheoretisch relevant erscheinen. Im Extremfall umfassen sie den Entwurf und die Realisation komplexer Hardware- oder Informations- und Entscheidungssysteme und werfen für Anbieter und Nachfrager Probleme tiefgreifender Veränderungen einzelner Teile ihrer Organisation auf. Eine

---

[11]) Vgl. jedoch den empirischen Forschungsansatz von Witte (1968 b).
[12]) Vgl. Snyder et al. (1962), S. 26 ff.; Guetzkow (1963).
[13]) Vgl. Iklé (1964).

zentrale Prozeßsteuerung und ein zentrales Konfliktmanagement sind hier jedoch kaum möglich. Es ist bedauerlich, daß sich zu diesen Entscheidungsprozessen in der Literatur bislang nicht einmal Beschreibungen und Empfehlungen von Praktikern finden, die deren praktische Erfahrungen mit Entscheidungen dieser Art wiedergeben. Die wissenschaftliche Analyse dieser in der Realität so bedeutsamen Prozesse ist daher noch weitgehend auf Vermutungen angewiesen.

Die betriebswirtschaftliche Diskussion der unternehmerischen Investitionsentscheidungen liefert keine Anhaltspunkte hierzu. Sie gibt zwar Empfehlungen von Entscheidungsmodellen und Rechenverfahren für diese Entscheidungen. Sie enthält auch empirische Hinweise, welche Kalküle tatsächlich zur Anwendung gelangen. Über die Rolle dieser Kalküle im kollektiven Entscheidungsprozeß findet sich jedoch herzlich wenig.

Solche in organisatorischen Entscheidungsprozessen verwendeten Kalküle bzw. Entscheidungsmodelle sind in aller Regel dem Vorbild des homo oeconomicus nachgebildet und stellen z. T. wesentliche Verfeinerungen, z. T. aber auch Vereinfachungen der normativen Entscheidungslogik dar. Ihre Verwendung in kollektiven Entscheidungsprozessen ist Ausfluß der in vielen Kulturkreisen herrschenden Normen und Werte, denen zufolge Entscheidungen „rational" sein sollen. Es ist eine empirisch zu klärende Frage, welche inhaltliche Bedeutung die Rationalitätsnorm im konkreten Fall besitzt und welchen Einfluß diese Norm auf den kollektiven Entscheidungsprozeß in Organisationen ausübt. Ist das „Rechnen" in politischen Entscheidungsprozessen nur eine Art „Kult", der dem Beobachter wie ein Schleier den Blick für die „politischen Realitäten" trübt? Oder erfahren die kollektiven Entscheidungsprozesse durch die Einführung von Entscheidungsmodellen und Rechenverfahren tiefgreifende Veränderungen? Unter welchen Voraussetzungen können — wenn solche tiefgreifenden Veränderungen zu erwarten sind — einem Informations- und Entscheidungssystem „rationale Entscheidungskalküle" aufgezwungen werden? Unter welchen Bedingungen können sich Mitglieder eines politischen Systems auf die Anwendung solcher Kalküle einigen? Die Liste solcher und ähnlicher Fragen ließe sich beliebig fortsetzen. Ihre Beantwortung wird für den zukünftigen Erfolg der Betriebswirtschaftslehre als angewandte Wissenschaft, die die „Rationalisierung" von Entscheidungsprozessen und Informations- und Entscheidungssystemen in Organisationen auf ihren Banner geschrieben hat, von ausschlaggebender Bedeutung sein. Fortschritte in der Beantwortung dieser Fragen wird man nur erzielen, wenn man von einer realistischen Betrachtung der individuellen und kollektiven Entscheidungsprozesse, wie sie tatsächlich sind, ausgeht. Die vorliegende Arbeit sollte den Weg für weitere Schritte in dieser Richtung eröffnen.

# Literaturverzeichnis

Abelson, R. P. und Rosenberg, M. J. (1958), Symbolic Psycho-Logic: A Model of Attitudinal Cognition, Behavioral Science 1958, S. 1 ff.

Aberle, D. F. et al. (1950), The Functional Prerequisites of a Society, in: Ethics, S. 100 ff.

Ackoff, R. L. (1958), Towards a Behavioral Theory of Communication, Management Science 1958, S. 218 ff.

Adam, D. (1969), Koordinationsprobleme bei dezentralen Entscheidungen, Zeitschrift für Betriebswirtschaft 1969, S. 615 ff.

Adams, J. S. und Romney, A. K. (1962), The Determinants of Authority Interactions, in: Washburne, N. F. (Hrsg.), Decisions, Values and Groups, Vol. 2, Oxford - London - New York - Paris 1962, S. 227 ff.

Albach, H. (1959 a), Zur Theorie der Unternehmungsorganisation, Zeitschrift für handelswissenschaftliche Forschung 1959, S. 238 ff.

Albach, H. (1959 b), Wirtschaftlichkeitsrechnung bei unsicheren Erwartungen, Köln und Opladen 1959

Albach, H. (1961), Entscheidungsprozeß und Informationsfluß in der Unternehmensorganisation, in: Schnaufer, E. und Agthe, K. (Hrsg.), Organisation, TFB-Handbuchreihe, 1. Band, Berlin - Baden-Baden 1961, S. 355 ff.

Albach, H. (1964), Zum Einfluß der Belegschaft auf die Willensbildung in den Betrieben der Bundesrepublik Deutschland und der sogenannten Deutschen Demokratischen Republik, in: Systeme und Methoden in den Wirtschafts- und Sozialwissenschaften, Festschrift zum 75. Geburtstag von Erwin von Beckerath, Hrsg. N. Kloten, W. Krelle u. a., Tübingen 1964, S. 423 ff.

Albers, H. H. (1961), Organized Executive Action: Decision-Making, Communication and Leadership, New York - London 1961

Albert, H. (Hrsg., 1964), Theorie und Realität, Ausgewählte Aufsätze zur Wissenschaftslehre der Sozialwissenschaften, Tübingen 1964

Alexis, M. und Wilson, C. Z. (1967), Organizational Decision Making, Englewood Cliffs, N. J. 1967

Allport, F. H. (1933), Institutional Behavior, Chapel Hill, N. C. 1933

Almond, G. A. (1956), Comparative Political Systems, Journal of Politics 1956, S. 391 ff.

Andrew, G. (1968), An Analytic System Model for Organization Theory, in: Vardaman, G. T. und Halterman, C. C., Managerial Control through Communication, New York - London - Sydney 1968

Ansoff, I. (1957), Strategies for Diversification, Harvard Business Review 1957, S. 157 ff.

Ansoff, I. (1958), A Model for Diversification, Management Science 1958, S. 392 ff.

Ansoff, I. (1965), Corporate Strategy, New York - San Francisco - Toronto - London - Sydney 1965

Ansoff, I. (1967), A Quasi-Analytic Method for Long Range Planning, in: Alexis, M. und Wilson, C. Z. (Hrsg.), Organizational Decision Making, Englewood Cliffs, N. J. 1967, S. 427 ff.

Argyris, D. (1962), Interpersonal Competence and Organizational Effectiveness, Homewood, Ill. 1962

Arrow, K. J. (1951), Alternative Approaches to the Theory of Choice in Risk-Taking Situations, Econometrica 1951, S. 404 ff.

Arrow, K. J. (1963), Social Choice and Individual Values, 2. Aufl., New York 1963

Ashby, W. R. (1961), An Introduction to Cybernetics, London 1961

Ashby, W. R. (1962), Simulation of a Brain, in: Borko, H. (1962), Computer Applications in the Social Sciences, Englewood Cliffs, N. J. 1962, S. 452 ff.

Atteslander, P. (1959), Konflikt und Kooperation im Industriebetrieb, Köln - Opladen 1959

Bachrach, P. und Baratz, M. (1962), Two Faces of Power, American Political Science Review 1962, S. 947 ff.

Back, K. W. (1962), Can Subjects Be Humans and Humans Be Subjects? in: Criswell, J. H., Solomon, H. und Suppes, P. (Hrsg.), Mathematical Methods in Small Group Processes, Stanford, Calif. 1962, S. 35 ff.

Bakke, E. W. (1952), Organization and the Individual, New Haven 1952

Bakke, E. W. (1959), Concept of the Social Organization, in: Haire, M. (Hrsg.), Modern Organization Theory, New York - London 1959, S. 16 ff.

Bales, R. F. (1950), Interaction Process Analysis: A Method for the Study of Small groups, Reading, Mass. 1950

Bales, R. F. (1951), Interaction Process Analysis, Cambridge 1951

Bales, R. F. und Slater, P. E. (1955), Role Differentiation in Small Decision-Making Groups, in: Parsons, T. und Bales, R. F. (Hrsg.), Family, Socialization and Interaction Process, Glencoe, Ill. 1955, S. 259 ff.

Bales, R. F. und Strodtbeck, F. L. (1967), Phases in Group Problem-Solving, in: Alexis, M. und Wilson, C. Z., Organizational Decision Making, Englewood Cliffs, N. J. 1967

Bamberger, I. (1971), Budgetierungsprozesse in Organisationen, Diss. Mannheim 1971

Banfield, E. C. (1961), Political Influence, New York 1961

Barber, J. D. (1966), Power in Committees: An Experiment in the Governmental Process, Chicago 1966

Barnard, C. I. (1938), The Functions of the Executive, Cambridge, Mass. 1938

Barnett, H. G. (1953), Innovation: The Basis of Cultural Change, New York - Toronto - London 1953

Bass, B. M. (1960), Leadership, Psychology, and Organizational Behavior, New York - Evanston - London 1960

Bauer, R. A. und Gergen, K. J. (1968), The Study of Policy Formation, New York - London 1968

Bavelas, A. (1960), Leadership: Man and Function, Administrative Science Quarterly 1960, S. 491 ff.

Becker, H. (1964), Social Interaction, in: Gould, J. und Kolb, W. L. (Hrsg.), A Dictionary of the Social Sciences, Glencoe 1964, S. 657 ff.

Beer, S. (1959), Cybernetics and Management, London 1959

Bender, K. (1951), Pretiale Betriebslenkung, Essen 1951

Bendixen, P., Schnelle, E. und Staehle, W. (1958), Die Evolution des Management, Quickborn 1958

Bennis, W. G. (1962), Leadership Theory and Administrative Behavior: The Problem of Authority, in: Shull, F. A., jr. und Delbecq, A. L. (Hrsg.), Selected Readings in Management, Homewood, Ill. 1962, S. 273 ff.

Bennis, W. G., Benne, K. D. und Chin, R. (1969), The Planning of Change, New York - London 1969

Bentley, A. F. (1908), The Process of Government, Chicago 1908

Berelson, B. und Steiner, G. A. (1964), Human Behavior — An Inventory of Scientific Findings, New York - Chicago - Burlingame 1964

Bergson, A. (1938), A Reformulation of Certain Aspects of Welfare Economics, Quarterly Journal of Economics 1938, S. 310 ff.

Berle, A. A., jr. und Means, G. C. (1956), The Modern Cooperation and Private Property, New York 1956

Berlew, D. E. und Hall, D. T. (1966), The Socialization of Managers: Effects of Expectations on Performance, Administrative Science Quarterly 1966/67, S. 207 ff.

Bernard, J. (1931), Where is the Modern Sociology of Conflict? American Journal of Sociology 15, 1931

Berne, E. (1961), Transactional Analysis in Psychotherapy, New York 1961

Bettinghaus, E. P. (1968), Persuasive Communication, New York - Chicago - San Francisco - Toronto - London 1968

Biddle, B. J. (1961), The Present Status of Role Theory, Columbia, Missouri 1961

Biddle, B. J. (1964), Roles, Goals, and Value Structures in Organizations, in: Cooper, W. W., Leavitt, H. J. und Shelly II, M. W. (Hrsg.), New Perspectives in Organization Research, New York - London - Sydney 1964, S. 150 ff.

Biddle, B. J. und Thomas, E. J. (Hrsg., 1966), Role Theory: Concepts and Research, New York - London - Sydney 1966

Bidlingmaier, J. (1964), Unternehmerziele und Unternehmerstrategien, Wiesbaden 1964

Bidlingmaier, J. (1967), Zur Zielbildung in Unternehmungsorganisationen, Zeitschrift für Betriebswirtschaft 1967, S. 246 ff.

Bidlingmaier, J. (1968 a), Unternehmerische Zielkonflikte und Ansätze zu ihrer Lösung, Zeitschrift für Betriebswirtschaft 1968, S. 149 ff.

Bidlingmaier, J. (1968 b), Zielkonflikte und Zielkompromisse im unternehmerischen Entscheidungsprozeß, Wiesbaden 1968

Birdwhistell, R. L. (1968), Communication, in: Sills, D. L. (Hrsg.), International Encyclopedia of the Social Sciences, ohne Verlagsort 1968, Vol. 3, S. 24 ff.

Black, D. (1958), The Theorie of Committees and Elections, Cambridge 1958

Blackwell, D. und Girshik, M. A. (1954), Theory of Games and Statistical Decisions, New York 1954

Blake, R. R., Shephard, H. A. und Mouton, J. S. (1964), Managing Intergroup Conflict in Industry, Houston, Texas 1964

Blau, P. M. (1964), Exchange and Power in Social Life, New York - London - Sydney 1964

Blau, P. M. (1968 a), Theories of Organizations, in: Sills, D. L. (Hrsg.),International Encyclopedia of the Social Sciences, ohne Verlagsort 1968, S. 297 ff.

Blau, P. M. (1968 b), Interaction: Social Exchange, in: Sills, D. L. (Hrsg.), International Encyclopedia of the Social Sciences, ohne Verlagsort 1968, Vol. 7, S. 452 ff.

Blau, P. M. und Scott, W. R. (1962), Formal Organizations, London 1962

Bleicher, K. (1966), Zentralisation und Dezentralisation von Aufgaben in der Organisation der Unternehmungen, Berlin 1966

Blohm, H. (1969), Organisation, Information und Überwachung, Wiesbaden 1969

Blumenthal, S. C. (1969), Management Information Systems, Englewood Cliffs, N. J. 1969

Bonini, C. P. (1963), Simulation of Information and Decision Systems in the Firm, Englewood Cliffs, N. J. 1963

Bonini, C. P. (1964), Simulating Organizational Behavior, in: Cooper, W. W., Leavitt, H. J. und Shelly II, M. W., New Perspectives in Organization Research, New York - London - Sydney 1964, S. 276 ff.

Bornemann, E. (1967), Betriebspsychologie, Wiesbaden 1967

Boulding, K. E. (1957), Organization and Conflict, Journal of Conflict Resolution 1957, S. 122 ff.

Boulding, K. E. (1962), Conflict and Defense, A General Theory, New York 1962

Boulding, K. E. (1964), Two Principles of Conflict, in: Kahn, R. L. und Boulding, E. (Hrsg.), Power and Conflict in Organizations, New York 1964, S. 75 ff.

Brändle, R. (1966), Unternehmungswachstum — Zur Dogmengeschichte und Methodologie der Theorie des Unternehmungswachstums, Diss. München 1966

Braybrooke, D. und Lindblom, C. E. (1963), A Strategy of Decision, Glencoe 1963

Brim, O. G., jr. (1968), Socialization: Adult Socialization, in: Sills, D. L. (Hrsg.), International Encyclopedia of the Social Sciences, ohne Verlagsort 1968, Vol. 17, S. 555 ff.

Brody, R. A. (1968), Deterrence, in: Sills, D. L. (Hrsg.), International Encyclopedia of the Social Sciences, ohne Verlagsort 1968, Vol. 4, S. 130 ff.

Brown, R. (1965), Social Psychology, New York - London 1965

Buchanan, J. M. (1954), Individual Choice in Voting and the Market, Journal of Political Economy 1954, Vol. 62

Buckley, W. (1967), Sociology and Modern Systems Theory, Englewood Cliffs, N. J. 1967

Burger, E. (1959), Einführung in die Theorie der Spiele, Berlin 1959

Burns, T. (1966), On the Plurality of Social Systems, in: Lawrence, J. R. (Hrsg.), Operational Research and the Social Sciences, London 1966, S. 165 ff.

Burns, T. und Stalker, G. M. (1961), The Management of Innovation, London 1961

Burton, R. V. (1968), Socialization: Psychological Aspects, in: Sills, D. L. (Hrsg.), International Encyclopedia of the Social Sciences, ohne Verlagsort 1968, Vol. 14, S. 534 ff.

Cadwallader, M. L. (1966), The Cybernetic Analysis of Change in Complex Social Organizations, in: Smith, A. G. (Hrsg.), Communication and Culture, New York - Chicago - San Francisco - Toronto - London 1966, S. 397 ff.

Cahill, R. S. und Goldstein, M. N. (1964), Notes on a Theory of Political Actualisation: A Paradigma of the Political Process, in: Gore, W. J. und Dyson, J. W. (Hrsg.), The Making of Decisions, Glencoe 1964, S. 359 ff.

Campbell, D. T. (1958), Common Fute, Similarity und other Indices of the Status of Aggregates of Persons as Social Entities, Behavioral Science 1958, 3, S. 14 ff.

Campbell, D. T. (1960), Blind Variation and Selective Survival as a General Strategy in Knowledge-Processes, in: Yovits, M. C. und Cameron, S. (Hrsg.), Self-Organizing Systems, Oxford - London - New York - Paris 1960, S. 205 ff.

Campbell, J. H. und Hepler, H. W. (Hrsg., 1965), Dimensions in Communication, Belmont, Calif. 1965

Cancian, F. M. (1968), Functional Analysis: Varieties of Functional Analysis, in: Sills, D. L. (Hrsg.), International Encyclopedia of the Social Sciences, Vol. 6, ohne Verlagsort 1968, S. 29 ff.

Carlsson, G. (1967), Betrachtungen zum Funktionalismus, in: Topitsch, E. (Hrsg.), Logik der Sozialwissenschaften, Köln - Berlin 1967, S. 236 ff.

Carnap, R. (1960), Einführung in die symbolische Logik, 2. Aufl., Wien 1960

Cartwright, D. (Hrsg., 1959), Studies in Social Power, Ann Arbor 1959

Cartwright, D. (1965), Influence, Leadership, Control, in: March, J. G. (Hrsg.), Handbook of Organizations, Chicago 1965, S. 1 ff.

Cartwright, D. und Zander, A. (Hrsg., 1960 a), Group Dynamics, 2. Aufl., Evanston 1960

Cartwright, D. und Zander, A. (1960 b), Individual Motives and Group Goals: Introduction, in: Cartwright, D. und Zander, A. (Hrsg.), Group Dynamics, 2. Aufl., Evanston 1960, S. 345 ff.

Cartwright, D. und Zander, A. (1960 c), Leadership and Group Performance: Introduction, in: Cartwright, D. und Zander, A. (Hrsg.), Group Dynamics, 2. Aufl., Evanston 1960, S. 487 ff.

Charnes, A. und Cooper, W. W. (1961), Management Models and Industrial Applications of Linear Programming, Volume II, New York und London 1961

Cherry, C. (1963), Kommunikationsforschung — eine neue Wissenschaft, Frankfurt am Main 1963

Child, I. L. (1954), Socialization, in: Lindzey, G. (Hrsg.), Handbook of Social Psychology, Vol. II, London 1954, S. 655 ff.

Chin, R. (1961), The Utility of System Models and Developmental Models for Practitioners, in: W. G. Bennis, K. D. Benne und R. Chin (Hrsg.), The Planning of Change, New York - Chicago - San Francisco - Toronto - London 1961, S. 201 ff.

Churchman, C. W. und Ackoff, R. L. (1950), Purposive Behavioral and Cybernetics, in: Social Forces 29, 1950, S. 32 ff.

Clark, P. B. und Wilson, J. Q. (1965), Incentive Systems: A Theory of Organizations, in: Greenwood, W. T. (Hrsg.), Management and Organizational Behavior Theories, Cincinnati, Ohio 1965, S. 760 ff.

Clarkson, G. P. E. und Tuggle, F. D. (1966), Toward a Theory of Group-Decision Behavior, Behavioral Science 1966, S. 33 ff.

Cohen, K. J. und Cyert, R. M. (1965), Theory of the Firm: Resource Allocation in a Market Economy (Firm), Englewood Cliffs 1965

Coleman, J. S. (1957), Community Conflict, Glencoe, Ill. 1957

Cooper, W. W., Leavitt, H. J. und Shelly II, M. W. (Hrsg., 1964), New Perspectives in Organization Research, New York - London - Sydney 1964

Corwin, E. S. (1954), The Constitution and What it Means Today, 11. Aufl., Princeton, N. J. 1954

Coser, L. A. (1956), The Functions of Social Conflict, Glencoe, Ill. 1957

Coser, L. A. (1964), Conflict, in: Gould, J. und Kolb, W. L. (Hrsg.), A Dictionary of the Social Sciences, Glencoe 1964, S. 123 f.

Coser, L. A. (1965), Theorie sozialer Konflikte, Neuwied 1965

Coser, L. A. (1967), Continuities in the Study of Social Conflict, New York 1967

Crescine, J. P. (1969), Governmental Problem-Solving. A Computer Simulation of Municipal Budgeting, Chicago 1969

Cross, J. G. (1965), A Theory of Bargaining Process, The American Economic Review, Vol. LV, 1965, S. 67 ff.

Cyert, R. M. und March, J. G. (1959), A Behavioral Theory of Organizational Objectives, in: Haire, M. (Hrsg.), Modern Organization Theory, New York - London 1959, S. 76 ff.

Cyert, R. M. und March, J. G. (1963), A Behavioral Theory of the Firm, Englewood Cliffs, N. J. 1963

Cyert, R.M., Simon, H. A. und Trow, D. B. (1966), Observation of a Business Decision, in: Rubenstein, A. H. und Haberstroh, Ch. J. (Hrsg.), Some Theories of Organization, rev. ed., Homewood, Ill. 1966, S. 591 ff.

Dahl, R. A. (1957), The Concept of Power, Behavioral Science 1957, S. 201 ff.

Dahl, R. A. (1961), Who Governs? Democracy and Power in an American City, New Haven 1961

Dahl, R. A. (1963), Modern Political Analysis, Englewood Cliffs, N. J. 1963

Dahl, R. A. (1968), Power, in: Sills, D. L. (Hrsg.), International Encyclopedia of the Social Sciences, ohne Verlagsort 1968, Vol. 12, S. 405 ff.

Dahl, R. A. und Lindblom, C. E. (1953), Politics, Economics and Welfare, New York 1953

Dahrendorf, R. (1959), Sozialstruktur des Betriebes, Wiesbaden 1959

Dahrendorf, R. (1961), Gesellschaft und Freiheit, München 1961

Dahrendorf, R. (1962), Industrie- und Betriebssoziologie, 2. Aufl., Berlin 1962

Dahrendorf, R. (1964), Pfade aus Utopia. Zu einer Neuorientierung der soziologischen Analyse, in: Albert, H. (Hrsg.), Theorie und Realität, Tübingen 1964, S. 331 ff.

Dahrendorf, R. (1965), Homo Sociologicus, 5. Aufl., Köln - Opladen 1965

Deutsch, K. W. (1963), The Nerves of Government: Models of Political Communication and Control, New York 1963

Deutsch, K. W. und Madow, W. G. (1961), A Note on the Appearance of Wisdom in Large Organizations, Behavioral Science 1961, S. 72 ff.

Deutsch, M. (1968), Groups: Group Behavior, in: Sills, D. L. (Hrsg.), International Encyclopedia of the Social Sciences, Vol. 6, 1968, S. 265 ff.

Dienstbach, H. (1968), Die Anpassung der Unternehmungsorganisation, Diss. München 1968

Dill, W. R. (1958), Environment as an Influence on Managerial Autonomy, Administrative Science Quarterly 1958, S. 409 ff.

Dill, W. R. (1962), Administrative Decision-Making, in: Mailick, S. und Van Ness, E. H. (Hrsg.), Concepts and Issues in Administrative Behavior, Englewood Cliffs, N. J. 1962, S. 29 ff.

Dill, W. R. (1964), The Varieties of Administrative Decisions, in: Leavitt, H. J. und Pondy, L. R. (Hrsg.), Readings in Managerial Psychology, Chicago - London 1964, S. 457 ff.

Dill, W. R. (1965), Business Organizations, in: March, J. G. (Hrsg.), Handbook of Organizations, Chicago 1965, S. 1071 ff.

van Doorn, J. A. A. (1966), Conflict in Formal Organizations, in: de Reuck, A. und Knight, J. (Hrsg.), Conflict in Society, London 1966, S. 111 ff.

Dresher, M. (1961), Games of Strategy: Theory and Applications, Englewood Cliffs, N. J. 1961

Dresher, M., Shapley, L. S. und Tucker, A. W. (Hrsg., 1964), Advances in Game Theory, Annals of Mathematic Studies, Bd. 32, Princeton University Press 1964

Drucker, P. F. (1962), Business Objectives and Survival Needs, in: Shull, F. A., jr. und Delbecq, A. L. (Hrsg.), Selected Readings in Management, Homewood, Ill. 1962, S. 553 ff.

Easton, D. (1953), The Political System, New York 1953

Easton, D. (1957), An Approach to the Analysis of Political Systems, World Politics 1957, S. 383 ff.

Easton, D. (1965 a), A Framwork for Political Analysis, Englewood Cliffs, N. J. 1965

Easton, D. (1965 b), A Systems Analysis of Political Life, New York - London - Sydney 1965

Easton, D. (Hrsg., 1966), Varieties of Political Theory, Englewood Cliffs, N. J. 1966

Eells, R. (1962), The Government of Corporations, Glencoe 1962

Eells, R. und Walton, C. (1961), Conceptual Foundation of Business, Homewood, Ill. 1961

Eisenson, J., Auer, J. J. und Irwin, J. V. (1963), The Psychology of Communication, New York 1963

Emerson, R. M. (1962), Power-Dependence Relations, American Sociological Review 1962, S. 31 ff.

Emery, F. E. und Trist, E. L. (1960), Socio-Technical Systems, in: Management Sciences Models and Techniques, Vol. 2, London 1960

Etzioni, A. (1964), Modern Organizations, Englewood Cliffs, N. J. 1964

Evan, W. M. (1966), The Organization-Set: Toward a Theory of Interorganizational Relations, in: Thompson, J. D. (Hrsg.), Approaches to Organizational Design, University of Pittsburgh Press 1966

Fäßler, K. (1967), Die betriebswirtschaftliche Mitbestimmungsdiskussion im Licht sozialwissenschaftlicher Modelle der Unternehmung, Diss. München 1967

Fairbirn, W. R. (1954), An Object-Relations Theory of the Personality, New York 1954

Fayol, H. (1916), Administration Industrielle et Générale, Paris 1916

Feldman, J. und Kanter, H. E. (1965), Organizational Decision Making, in: March, J. G. (Hrsg.), Handbook of Organizations, Chicago 1965, S. 614 ff.

Festinger, L. (1950), Informal Social Communication, Psychological Review 1950, S. 271 ff.

Fichter, J. H. (1964), Reductionism, in: Gould, J. und Kolb, W. L. (Hrsg.), A Dictionary of the Social Sciences, Glencoe 1964, S. 579 ff.

Forrester, J. W. (1961), Industrial Dynamics, Cambridge, Mass. 1961

Fouraker, S. und Siegel, L. (1965), Bargaining Behavior, New York - Chicago - San Francisco - Toronto - London 1965

Francis, E. K. (1957), Wissenschaftliche Grundlagen soziologischen Denkens, Bern - München 1957

French, J. R. P. jr. und Raven, B. (1959), The Bases of Social Power, in: Cartwright, D. (Hrsg.), Studies in Social Power, Ann Arbor 1959, S. 150 ff.

Freud, S. (1955), Group Psychology and the Analysis of the Ego, in: The Standard Edition of the Complete Psychological Works of Sigmund Freud, London 1955, Vol. 18, S. 67 ff.

Friedman, M. (1953), Essays in Positive Economics, Chicago 1953

Friedrich, C. J. (Hrsg., 1958), Authority, Cambridge, Mass. 1958

Friedrich, C. J. (1963), Man and His Government: An Empirical Theory of Politics, New York 1963

Fuchs, M. (1969), Unternehmung und Wirtschaftsverband — das Problem der Beteiligungsentscheidung, Diss. München 1969

Gäfgen, G. (1961), Zur Theorie kollektiver Entscheidungen in der Wirtschaft, Zeitschrift für Nationalökonomie und Statistik 1961, S. 1 ff.

Gäfgen, G. (1968), Theorie der wirtschaftlichen Entscheidung, 2. Aufl., Tübingen 1968

Galbraith, J. K. (1968), Die moderne Industriegesellschaft, München - Zürich 1968

Gamson, W. A. (1961 a), A Theory of Coalition Formation, American Sociological Review 1961, S. 373 ff.

Gamson, W. A. (1961 b), An Experimental Test of a Theory of Coalition Formation, American Sociological Review 1961, S. 565 ff.

Gamson, W. A. (1964), Experimental Studies of Coalition Formation, in: Berkowitz, L. (Hrsg.), Advances in Experimental Social Psychology, Vol. 1, New York 1964, S. 81 ff.

Gamson, W. A. (1968), Coalitions: Coalition Formation, in: Sills, D. L. (Hrsg.), International Encyclopedia of the Social Sciences, ohne Verlagsort 1968, Vol. 2, S. 529 ff.

Gehlen, A. (1961), Macht: (I) Soziologie der Macht, in: Beckerath, E. v. et al. (Hrsg.), Handwörterbuch der Sozialwissenschaften, 7. Band, Stuttgart - Tübingen - Göttingen 1961, S. 77 ff.

Gibb, C. A. (1954), Leadership, in: Lindzey, G. (Hrsg.), Handbook of Social Psychology, Vol. II, Reading, Mass. - London 1954, S. 877 ff.

Gilman, G. (1962), An Inquiry into the Nature and Use of Authority, in: Haire, M. (Hrsg.), Organization Theory in Industrial Practice, New York 1962, S. 105 ff.

Goffman, E. (1959), The Presentation of Self in Everyday Life, Garden City, N. Y. 1959

Goldhamer, H. und Shils, E. (1939), Types of Power and Status, The American Journal of Sociology 1939, S. 171 ff.

Golembiewski, R. T. (1962), The Small Group: An Analysis of Research Concepts and Operations, University of Chicago Press 1962

Golembiewski, R. T. (1964), Authority as a Problem of Overlays: A Concept for Action and Analysis, Administrative Science Quarterly 1964/65, S. 23 ff.

Goodman, L. A. und Markowitz, H. (1952/3), Social Welfare Functions Based on Individual Rankings, American Journal of Sociology 1952/3, S. 257 ff.

Gordon, R. A. (1945), Business Leadership in the Large Corporation, Washington 1945

Gore, W. J. (1964), Administrative Decision-Making, New York - London - Sydney 1964

Gore, W. J. und Dyson, J. W. (Hrsg., 1964), The Making of Decisions, Glencoe 1964

Gouldner, A. W. (1960), The Norm of Reciprocity: A Preliminary Statement, American Sociological Review 1960, S. 161 ff.

Greenstein, F. J. (1968), Socialization: Political Socialization, in: Sills, D. L. (Hrsg.), International Encyclopedia of the Social Sciences, ohne Verlagsort 1968, Vol. 14, S. 551 ff.

Greenwood, W. T. (1965), Management and Organizational Behavior Theories: An Interdisciplinary Approach, Cincinnati, Ohio 1965

Gronau, H. (1965), Die soziologische Rollenanalyse als betriebsorganisatorisches und berufspädagogisches Instrument, Stuttgart 1965

Gross, B. (1964), The Managing of Organizations, New York 1964

Gross, N., Mason, S. W. und McEachern, W. A. (1958), Explorations in Role Analysis, New York 1958

Grün, O. (1966), Informale Erscheinungen in der Betriebsorganisation, Berlin 1966

Guetzkow, H. (1960), Differentiation of Roles in Task-oriented Groups, in: Cartwright, D. und Zander, A. (Hrsg.), Group Dynamics, 2. Aufl., Evanston 1960, S. 683 ff.

Guetzkow, H. (1963), A Use of Simulation in the Study of Inter-Nation Relations, in: Guetzkow, H., Alger, C. F., Brody, R. A., Noel, R. C., Snyder, R. C. (Hrsg.), Simulation in International Relations: Developments for Research and Teaching, Englewood Cliffs, N. J. 1963, S. 24 ff.

Guetzkow, H. (Hrsg., 1963), Groups, Leadership and Men, New York 1963

Guetzkow, H. (1965), Communications in Organizations, in: March, J. G. (Hrsg.), Handbook of Organizations, Chicago 1965, S. 534 ff.

Gutenberg, E. (1962), Unternehmensführung — Organisation und Entscheidungen, Wiesbaden 1962

Gutenberg, E. (1969), Grundlagen der Betriebswirtschaftslehre, Erster Band, Die Produktion, 15. Aufl., Berlin - Heidelberg - New York 1969

Hadley, G. (1964), Nonlinear and Dynamic Programming, Reading, Mass. - Palo Alto - London 1964

Haire, M. (Hrsg., 1959), Modern Organization Theory, New York - London 1959

Haney, W. V. (1967), Communication and Organizational Behavior, 2. Aufl., Homewood, Ill. 1967

Hare, A. P. (1966), The Dimensions of Social Interaction, in: Smith, A. G. (Hrsg.), Communication and Culture, New York - Chicago - San Francisco - Toronto - London 1966, S. 88 ff.

Harsanyi, J. C. (1956), Approches to the Bargaining Problem Before and After the Theory of Games, Econometrica, Vol. 24, S. 144 ff.

Harsanyi, J. C. (1957/58), Notes on the Bargaining Problem, The Southern Economic Journal, Vol. 24, S. 471 ff.

Harsanyi, J. C. (1962 a), Bargaining in Ignorance of the Opponents Utility Function, The Journal of Conflict Resolution, Vol. 6, 1962, S. 29 ff.

Harsanyi, J. C. (1962 b), Measurement of Social Power, Opportunity Costs, and the Theory of Two-Person Bargaining Games, Behavioral Science 1962, S. 67 ff.

Harsanyi, J. C. (1965), Messung der sozialen Macht, in: Shubik, M. (Hrsg.), Spieltheorie und Sozialwissenschaften, Hamburg 1965, S. 190 ff.

Hartmann, H. (1964), Funktionale Autorität, Stuttgart 1964

Hartmann, H. (Hrsg., 1967), Moderne amerikanische Soziologie, Stuttgart 1967

Hawkins, J. K. (1961), Self-Organizing System, a Review and Commentary, Proc. IRE 49, 1961, S. 31 ff.

Hax, H. (1965), Koordination von Entscheidungen, Köln - Berlin - Bonn - München 1965

Hax, H. (1967), Bewertungsprobleme bei der Formulierung von Zielfunktionen für Entscheidungsmodelle, Zeitschrift für betriebswirtschaftliche Forschung 1967, S. 749 ff.

Heider, F. (1958), The Psychology of Interpersonal Relations, New York 1958

Heinen, E. (1962), Die Zielfunktion der Unternehmung, in: Koch, H. (Hrsg.), Zur Theorie der Unternehmung, Festschrift zum 65. Geburtstag von E. Gutenberg, Wiesbaden 1962, S. 11 ff.

Heinen, E. (1965), Betriebswirtschaftliche Kostenlehre, Band I, Begriff und Theorie der Kosten, 2. Aufl., Wiesbaden 1965

Heinen, E. (1966 a), Betriebswirtschaftslehre heute, Wiesbaden 1966

Heinen, E. (1966 b), Das Zielsystem der Unternehmung, Wiesbaden 1966

Heinen, E. (1968), Einführung in die Betriebswirtschaftslehre, Wiesbaden 1968

Helmer, O. und Rescher, N. (1959), On the Epistemology of the Inexact Sciences, in: Starr, M. K. (Hrsg.), Executive Readings in Management Sciences, New York - London 1965, S. 50 ff.

Hempel, C. G. (1959), The Logic of Functional Analysis, in: Gross, L. (Hrsg.), Symposium on Sociological Theory, New York - Evanston - London 1959, S. 271 ff.

Hermans, A. (1964), Verfassungslehre, Frankfurt - Bonn 1964

Higham, T. M. (1962), Basic Psychological Factors in Communication, in: Shull, F. A., jr. und Delbecq, A. L. (Hrsg.), Selected Readings in Management, Homewood, Ill. 1962, S. 163 ff.

Hill, L. S. (1964), Communications, Semantics, and Information Systems, Santa Monica, Calif. 1964

Hill, W. (1969), The Goal Formation Process in Complex Organizations, The Journal of Management Studies 1969, S. 198 ff.

Hirsch-Weber, W. (1969), Politik als Interessenkonflikt, Stuttgart 1969

Hollander, E. P. (1964), Leadership, Groups, and Influence, New York 1964

Homans, G. C. (1960), Theorie der sozialen Gruppe, Köln - Opladen 1960

Homans, G. C. (1966), Bringing Men Back In, in: Rubenstein, A. H. und Haberstroh, Ch. J. (Hrsg.), Some Theories of Organizations, rev. ed., Homewood, Ill. 1966, S. 34 ff.

Homans, G. C. (1968), Groups: The Study of Groups, in: Sills, D. L. (Hrsg.), International Encyclopedia of the Social Sciences, ohne Verlagsort 1968, Vol. 6, S. 259 ff.

Hopkins, T. K. (1964), Bureaucratic Authority: The Convergence of Weber and Barnard, in: Etzioni, A. (Hrsg.), Complex Organizations, New York - Chicago - San Francisco - Toronto - London 1964, S. 82 ff.

Hovland, C. I. (1964), Studies in Persuasion, in: Leavitt, H. J. und Pondy, L. R. (Hrsg.), Readings in Managerial Psychology, Chicago - London 1964, S. 179 ff.

Hovland, C. I. und Janis, I. L. (1959), Summary and Implications for Future Research, in: Janis, I. L. et al. (Hrsg.), Personality and Persuasibility, New Haven 1959, S. 225

Hovland, C. I., Janis, I. L. und Kelley, H. H. (1953), Communication and Persuasion, Psychological Studies of Opinion Change, New Haven 1953

Hyman, H. H. (1959), Political Socialization: A Study in the Psychology of Political Behavior, Glencoe, Ill. 1959

Iklé, F. C. (1962) (in Zusammenarbeit mit Leiter, N.), Political Negotiations as a Process of Modifying Utilities, The Journal of Conflict Resolution, Vol. 6, 1962, S. 19 ff.

Iklé, F. C. (1964), How Nations Negotiate, New York 1964

Iklé, F. C. (1965), Strategie und Taktik des diplomatischen Verhandelns, Gütersloh 1965

Jackson, J. M. (1962), The Organization and Its Communications Problem, in: Shull, F. A., jr. und Delbecq, A. L. (Hrsg.), Selected Readings in Management, Homewood, Ill. 1962, S. 172 ff.

Jackson, J. (1964), The Normative Regulation of Authoritative Behavior, in: Gore, W. J. und Dyson, J. W. (Hrsg.), The Making of Decisions, Glencoe 1964, S. 213 ff.

Jones, E. E. und Gerard, H. B. (1967), Foundations of Social Psychology, New York - London - Sydney 1967

Jones, M. H. (1957), Executive Decision Making, Homewood, Ill. 1957

Johnson, H. M. (1960), Sociology: A Systematic Introduction, New York 1960

Johnson, R. A., Kast, F. E. und Rosenzweig, J. E. (1967), The Theory and Management of Systems, 2. Aufl., New York - St.Louis - San Francisco - Toronto - London - Sydney 1967

Juran, J. M. (1964), Managerial Breakthrough, New York - Toronto - London 1964

Kägi, W. (1945), Die Verfassung als rechtliche Grundordnung des Staates. Untersuchungen über die Entwicklungstendenzen eines modernen Verfassungsrechts, Zürich 1945

Kahn, H. (1965), On Escalation: Metaphors and Scenarios, New York 1965

Kahn, R. L. und Boulding, E. (Hrsg., 1964), Power and Conflict in Organizations, London 1964

Kahn, R. L., Wolfe, D. M., Quinn, R. P. und Snoek, J. D. (1964), Organizational Stress: Studies in Role Conflict and Ambiguity, New York - London - Sydney 1964

Kahn - Freund, O. (1954), Intergroup Conflicts and their Settlement, British Journal of Sociology Nr. 5, 1954, S. 193 ff.

Karlin, S. (1959), Mathematical Methods and Theory in Games, Programming and Economics, 2. Bd., Reading, Mass. 1959

Kast, F. E. und Rosenzweig, J. E. (1970), Organization and Management. A Systems Approach, New York - London 1970

Katz, D. und Kahn, R. L. (1966), The Social Psychology of Organizations, New York - London - Sydney 1966

Kaufman, H. (1963), Politics and Policies in State and Local Governments, Englewood Cliffs, N. J. 1963

Kemp, M. C. (1954), Welfare Economics: A Stocktaking, Melbourne 1954

Kirsch, W. (1968 a), Zur Problematik „optimaler" Kapitalstrukturen, Zeitschrift für Betriebswirtschaft 1968, S. 881 ff.

Kirsch, W. (1968 b), Gewinn und Rentabilität, Wiesbaden 1968

Kirsch, W. (1969), Die Unternehmungsziele in organisationstheoretischer Sicht, Zeitschrift für betriebswirtschaftliche Forschung 1969, S. 665 ff.

Kirsch, W. (1971), Die Koordination von Entscheidungen in Organisationen, Zeitschrift für betriebswirtschaftliche Forschung, Heft 2, 1971

Kirsch, W. und Meffert, H. (1970), Organisationstheorien und Betriebswirtschaftslehre, Wiesbaden 1970

Klapper, J. T. (1960), The Effects of Mass Communication, Glencoe, Ill. 1960

Klaus, G. (Hrsg., 1967), Wörterbuch der Kybernetik, Berlin 1967

Klausner, S. Z. (1967): Links and Missing Links between Sciences of Man, in: Klausner, S. Z. (Hrsg.), The Study of Total Societies, New York - Washington 1967, S. 3 ff.

Kleene, S. C. (1936), General Recursive Functions of Natural Numbers, Mathematische Annalen 1936, S. 727 ff.

Kleene, S. C. (1952), Introduction to Metamathematics, Amsterdam 1952

Kleene, S. C. (1969), The New Logic, American Scientist 1969, S. 333 ff.

Klein, H. K. (1968), Heuristische Entscheidungsmodelle, Diss. München 1968

**Klein, H. K. (1969), Die Koordination der** betrieblichen Teilpläne, Kommunikation 1969, S. 53 ff.

Klein, H. und Wahl, A. (1970), Zur „Logik" der Koordination interdependenter Entscheidungen in komplexen Organisationen, Kommunikation 1970, S. 53 ff. und S. 137 ff.

Klis, M. (1969), Willensdurchsetzung durch Überzeugung und Manipulation — ein Beitrag zur Analyse betriebswirtschaftlicher Führungsstile, Diss. München 1969

König, R. (1961), Die informellen Gruppen im Industriebetrieb, in: Schnaufer, E. und Agthe, K. (Hrsg.), Organisation, TFB-Handbuchreihe, Berlin - Baden-Baden 1961, S. 55 ff.

Kolb, W. L. (1964), Norm, in: Gould, I. und Kolb, W. L. (Hrsg.), A Dictionary of the Social Sciences, Glencoe 1964, S. 472 f.

Kornhauser, A. W. et al. (1954), Industrial Conflict, New York 1954

Kosiol, E. (Hrsg., 1959), Organisation des Entscheidungsprozesses, Berlin 1959

Kosiol, E. (1962), Organisation der Unternehmung, Wiesbaden 1962

Kosiol, E. (1966), Die Unternehmung als wirtschaftliches Aktionszentrum, Hamburg-Reinbek 1966

Kramer, R. (1965), Information und Kommunikation, Berlin 1965

Krelle, W. (1961), Preistheorie, Tübingen - Zürich 1961

Krelle, W. unter Mitarbeit von Coenen, D. (1968), Präferenz- und Entscheidungstheorie, Tübingen 1968

Kroeber, A. L. und Kluckhohn, C. (1952), Culture: A Critical Review of Concepts and Definitions, Harvard University Peabody Museum of American Archeology and Ethnology Papers, Vol. 47, Nr. 1, Cambridge, Mass. 1952

Kroeber, A. L. und Parsons, T. (1958), The Concepts of Culture and of Social Systems, American Social Revue 23, S. 582 f.

Krüsselberg, H. G. (1965), Organisationstheorie, Theorie der Unternehmung und Oligopol, Berlin 1965

Kuhn, A. (1963), The Study of Society, Homewood, Ill. 1963

Lamb, K. A. und Smith, P. A. (1969), Campaign Decision-Making, Englewood Cliffs, N. J. 1969

Lambert, W. W. und Lambert, W. E. (1964), Social Psychology, Englewood Cliffs, N. J. 1964

Lange, O. (1966), Ganzheit und Entwicklung in kybernetischer Sicht, Berlin 1966

Lasswell, H. D. und Kaplan, A. (1950), Power and Society, New Haven 1950

Latham, E. (1952), The Group Basis of Politics, A Study in Basing Point Legislation, Ithaca 1952

Lawrence, P. R. und Lorsch, J. W. (1967), Organization and Environment, Homewood, Ill. 1967

Leavitt, H. J. (1964 a), Applied Organization Change in Industry: Structural, Technical, and Human Approaches, in: Cooper, W. W., Leavitt, H. J. und Shelley II, M. W. (Hrsg.), New Perspectives in Organization Research, New York - London - Sydney 1964, S. 55 ff.

Leavitt, H. J. (1964 b), Managerial Psychology, 2. Aufl., Chicago - London 1964

Leavitt, H. J. und Pondy, L. R. (Hrsg., 1964), Readings in Managerial Psychology, Chicago - London 1964

Leighton, A. H. (1959), My Name is Legion, New York 1959

Levy, M. J. jr. (1968), Functional Analysis: Structural-Functional Analysis, in: Sills, D. L. (Hrsg.), International Encyclopedia of the Social Sciences, ohne Verlagsort 1968, Vol. 6, S. 21 ff.

Lewin, K. (1935), Dynamic Theory of Personality, New York 1935

Lewin, K. (1948), Resolving Social Conflicts: Selected Papers on Group Dynamics, New York 1948

Likert, R. (1961), New Patterns of Management, New York 1961

Lindblom, C. E. (1964), The Science of „Muddling Through", in: Leavitt, H. J. und Pondy, L. R. (Hrsg.), Readings in Managerial Psychology, Chicago - London 1964, S. 61 ff.

Lindblom, C. E. (1965), The Intelligence of Democracy, New York - London 1965

Lippitt, R., Watson, J. und Westley, B. (1958), The Dynamics of Planned Change, New York 1958

Litterer, J. A. (1965), The Analysis of Organizations, New York - London - Sydney 1965

Little, I. M. D. (1952), Social Choice and Individual Values, Journal of Political Economy 1952

Loewenstein, K. (1957), Political Power and the Governmental Process, Chicago 1957

Long, N. E. (1958), The Local Community as an Ecology of Games, American Journal of Sociology 1958

Long, N. E. (1962 a), The Administrative Organization As a Political System, in: Mailick, S. und Van Ness, E. H. (Hrsg.), Concepts and Issues in Administrative Behavior, Englewood Cliffs, N. J. 1962, S. 110 ff.

Long, N. E. (1962 b), Administrative Communications, in: Mailick, S. und Van Ness, E. H. (Hrsg.), Concepts and Issues in Administrative Behavior, Englewood Cliffs, N. J. 1962, S. 137 ff.

Loomis, C. P. (1961), Tentative Types of Directed Social Change Involving Systemic Linkage, in: Bennis, W. G., Benne, K. D. und Chin, R. (Hrsg.), The Planning of Change, New York 1961, S. 223 ff.

Luce, R. D. und Raiffa, H. (1957), Games and Decisions, New York 1957

Luce, R. D. und Tucker, A. W. (1958), Contributions to the Theory of Games, Annals of Mathematics Studies 1958

Luhmann, N. (1964), Funktionen und Folgen formaler Organisation, Berlin 1964

Luhmann, N. (1968), Zweckbegriff und Systemrationalität — Über die Funktion von Zwecken in sozialen Systemen, Tübingen 1968

Lundberg, C. C. (1964), Administrative Decision: A Scheme for Analysis, in: Gore, W. J. und Dyson, J. W. (Hrsg.), The Making of Decisions, Glencoe 1964

Lundberg, C. C. (1965), Toward Understanding Behavioral Science by Administrators, in: Greenwood, W. T., Management and Organizational Behavior Theories: An Interdisciplinary Approach, Cincinnati, Ohio 1965, S. 51 ff.

Lyden, F. J. und Miller, E. G. (Hrsg., 1969), Planning, Programming, Budgeting: A Systems Approach to Management, Chicago 1969

Maclay, H. (1962), A Descriptive Approach to Communication, in: Washburne, N. F. (Hrsg.), Decisions, Values, and Groups, Vol. 2, Oxford - London - New York - Paris 1962, S. 201 ff.

MacMahon, A. W. (1961), Delegation and Autonomy, New York 1961

MacRae, D. jr. und Price, H. D. (1959), Scale Positions and „Power" in the Senate, Behavioral Science 1959, S. 212 ff.

Mandeville, M. J. (1962), The Nature of Autority, in: Shull, F. A., jr. und Delbecq, A. L. (Hrsg.), Selected Readings in Management, Homewood, Ill. 1962, S. 262 ff.

Mann, F. C. und Neff, F. W. (1961), Managing Major Change in Organizations, Ann Arbor, Michigan 1961

Mann, I. und Shapley, L. S. (1965), Die a-priori-Abstimmungsstärke im Wahlmännerkollegium, in: Shubik, M. (Hrsg.), Spieltheorie und Sozialwissenschaften, Hamburg 1965, S. 158 ff.

March, J. G. (1962), Introduction to the Theory and Measurement of Influence, in: Shull, F. A., jr. und Delbecq, A. L. (Hrsg.), Selected Readings in Management, Homewood, Ill. 1962, S. 257 ff.

March, J. G. (1964), Business Decision Making, in: Leavitt, H. J. und Pondy, L. R. (Hrsg.), Readings in Managerial Psychology, Chicago - London 1964, S. 447 ff.

March, J. G. (Hrsg., 1965), Handbook of Organizations, Chicago 1965

March, J. G. (1966), The Power of Power, in: Easton, D. (Hrsg.), Varieties of Political Theory, Englewood Cliffs, N. J. 1966, S. 39 ff.

March, J. G. und Simon, H. A. (1958), Organizations, New York 1958

Marschak, J. (1954), Towards an Economic Theory of Organization and Information, in: Thrall, R. M., Coombs, C. H. und Davis, R. L. (Hrsg.), Decision Processes, New York - London 1954, S. 187 ff.

Marschak, T. A. (1965), Economic Theories of Organization, in: March, J. G. (Hrsg.), Handbook of Organizations, Chicago 1965

Marschak, J. und Radner, R. (1958), Economic Theories of Teams, „Cowles Foundation Discussion Paper" No. 59, New Haven, Conn., Cowles Foundation for Research in Economics, 1958

Maunz, T., Dürig, G. und Herzog, R. (1968), Grundgesetz, Kommentar, 3. Aufl., München 1968

Mayntz, R. (1958), Die soziale Organisation des Industriebetriebs, Stuttgart 1958

Mayntz, R. (1963), Soziologie der Organisation, Hamburg-Reinbek 1963

Mayntz, R. (1967), Soziologie in der Eremitage, in: Topitsch, E., Logik der Sozialwissenschaften, Köln - Berlin 1967, S. 526 ff.

Mayntz, R. (Hrsg., 1968), Bürokratische Organisation, Köln - Berlin 1968

McGregor, D. (1966), Leadership and Motivation, Cambridge, Mass. - London 1966

McGuire, J. W. (1964), Theories of Business Behavior, Englewood Cliffs, N. J. 1964

McKinsey (1952), Introduction to the Theory of Games, New York 1952

Meadow, C. T. (1970), Man-Machine Communication, New York - London - Sydney - Toronto 1970

Meehl, P. E. und Sellars, W. (1956), The Concept of Emergence, in: Feigl, H. und Scriven, M. (Hrsg.), Minnesota Studies in the Philosophy of Science, Vol. I, The Foundations of Science and the Concepts of Psychology and Psychoanalysis, Minneapolis 1956, S. 239 ff.

Meffert, H. (1968), Betriebswirtschaftliche Kosteninformationen, Wiesbaden 1968

Meier, A. (1961), Koordination in der Leitungsorganisation, Zeitschrift für Betriebswirtschaft 1961, S. 538 ff.

Menne, A. (1966), Einführung in die Logik, Bern - München 1966

Merton, R. K. (1957), Social Theory and Social Structure, 2. Aufl., Glencoe, Ill. 1957

Merton, R. K. (1968), Social Theory and Social Structure, 3. Aufl., New York - London 1968

Mesarović, M. D. (1962), On Self-Organizing Systems, in: Yovits, M. C., Jacobi, G. T. und Goldstein, G. D. (Hrsg.), Self-Organizing Systems, Washington, D. C. 1962, S. 9 ff.

Mesarović, M. D., Sanders, I. L. und Sprague, C. F. (1964), An Axiomatic Approach to Organizations from a General Systems Viewpoint, in: Cooper, W. W., Leavitt, H. J. und Shelly II, M. W. (Hrsg.), New Perspectives in Organization Research, New York - London - Sydney 1964, S. 493 ff.

Miller, E. J. und Rice, A. K. (1967), Systems of Organization, London - New York - Sydney - Toronto - Wellington 1967

Miller, G. A. (1954), Psycholinguistics, in: Lindzey, G. (Hrsg.), Handbook of Social Psychology, Vol. II, Reading, Mass. - London 1954, S. 693 ff.

Miller, G. A., Galanter, E. und Pribram, K. H. (1960), Plans and the Structure of Behavior, New York 1960

Miller, J. G. (1962), Information Input Overload, in: Yovits, M. C., Jacobi, G. T. und Goldstein, G. D. (Hrsg.), Self-Organizing Systems, Washington, D. C. 1962, S. 61 ff.

Miller, J. G. (1965), Living Systems: Basic Concepts — Structure and Process — Cross-level Hypotheses, Behavioral Science 1965, S. 193 ff., S. 337 ff. und S. 380 ff.

Miller, W. B. (1959), Two Concepts of Authority, in: Thompson, J. D. et al. (Hrsg.), Comparative Studies in Administration, Pittsburgh 1959, S. 93 ff.

Minsky, M. (1963), Steps Toward Artificial Intelligence, in: Feigenbaum, E. A. und Feldmann, J. (Hrsg.), Computers and Thought, New York - San Francisco - Toronto - London - Sydney 1963, S. 406 ff.

Mishan, E. J. (1957), A Re-appraisal of the Principles of Resource Allocation, Economica 1957, S. 324 ff.

Mitchell, W. C. (1962), The American Polity, New York 1962

Mitchell, W. C. (1968), Systems Analysis: Political Systems, in: Sills, D. L. (Hrsg.), International Encyclopedia of the Social Sciences, ohne Verlagsort 1968, Vol. 15, S. 473 ff.

Morgan, J. N. (1949), Bilateral Monopoly and the Competitive Output, Quarterly Journal of Economics 1949, S. 376 ff.

Morgenstern, O. (1963), Spieltheorie und Wirtschaftswissenschaft, Wien 1963

Müller, W. (1969), Die Simulation betriebswirtschaftlicher Informationssysteme, Wiesbaden 1969

Nagel, E. (1961), The Structure of Science, New York 1961

Narr, W.-D. (1969), Theoriebegriffe und Systemtheorie, Stuttgart - Berlin - Köln - Mainz 1969

Naschold, F. (1969), Systemsteuerung, Stuttgart - Berlin - Köln - Mainz 1969

Nash, J. F. jr. (1950 a), The Bargaining Problem, Econometrica 1950, S. 155 ff.

Nash, J. F. jr. (1950 b), Equilibrium in n-Person Games, National Academy of Sciences, Proceedings Nr. 36, S. 48 f.

Nash, J. F. jr. (1951), Non-cooperative Games, Annals of Mathematics 1951, S. 286 ff.

von Neumann, J. und Morgenstern, O. (1961), Spieltheorie und wirtschaftliches Verhalten, Würzburg 1961

Neustadt, R. E. (1960), Presidential Power: The Politics of Leadership, New York 1960

Neustadt, R. E. (1966), The President's Power to Persuade, in: Roseman, C., Mayo, Ch. Cr. und Collinge, F. B. (Hrsg.), Dimensions of Political Analysis, Englewood Cliffs 1966, S. 217 ff.

Newell, A., Shaw, J. C. und Simon, H. A. (1960), A Variety of Intelligent Learning in a General Problem Solver, in: Yovits, M. C. und Cameron, S. (Hrsg.), Self-Organizing Systems, Oxford - London - New York - Paris 1960, S. 153 ff.

Newman, J. B. (1966), A Rationale for a Definition of Communication, in: Smith, A. G. (Hrsg.), Communication and Culture, New York - Chicago - San Francisco - Toronto - London 1966, S. 55 ff.

Nibler, F., Hofmann, M., Klein, W. und Greif, W. (o. J.), Recht des Verkehrs — Lose-Blatt-Sammlung —, Teil III Schienenverkehr, 1. Ordner, Baden-Baden-Bonn - Frankfurt, ohne Jahr

Nimkoff, M. F. (1964), Socialization, in: Gould, J. und Kolb, W. L. (Hrsg.), A Dictionary of the Social Sciences, Glencoe 1964, S. 672 f.

Novick, D. (Hrsg., 1967), Program Analysis and the Federal Budget, Cambridge, Mass. 1967

Oettle, K. (1966), Über den Charakter öffentlich-wirtschaftlicher Zielsetzungen, Zeitschrift für betriebswirtschaftliche Forschung 1966, S. 241 ff.

Osgood, C. E. und Tannenbaum, P. H. (1955), The Principle of Congruity in the Prediction of Attitude Change, Psychological Review 1955, S. 42 ff.

Pack, L. (1962), Maximierung der Rentabilität als preispolitisches Ziel, in: Koch, H., (Hrsg.), Zur Theorie der Unternehmung, Festschrift zum 65. Geburtstag von E. Gutenberg, Wiesbaden 1962, S. 73 ff.

Parsons, T. (1951), The Social System, New York 1951

Parsons, T. (1960), Structure and Process in Modern Societies, New York 1960

Parsons, T. (1961), An Outline of the Social System, in: Parsons, T., Shils, E., Naegele, K. D. und Pitts, J. R. (Hrsg.), Theories of Society, Band I, Glencoe 1961, S. 30 ff.

Parsons, T. (1964), Suggestions for a Sociological Approach to the Theory of Organizations, in: Etzioni, A. (Hrsg.), Complex Organizations, New York - Chicago - San Francisco - Toronto - London 1964, S. 32 ff.

Parsons, T. (1968), Interaction: Social Interaction, in: Sills, D. L. (Hrsg.), International Encyclopedia of the Social Sciences, ohne Verlagsort 1968, Vol. 7, S. 429 ff.

Parsons, T. und Shils, E. A. (1951), Value, Motives, and Systems of Action, in: Parsons, T. und Shils, E. A. (Hrsg.), Toward A General Theory of Action, New York - Evanston 1951

Parsons, T. et al. (1951), Some Fundamental Categories of the Theory of Action: A General Statement, in: Parsons, T. und Shils, E. A. (Hrsg.), Toward a General Theory of Action, New York - Evanston 1951, S. 3 ff.

Peabody, R. L. (1964), Organizational Authority, New York 1964

Pen, J. (1952), A General Theory of Bargaining, American Economic Review Nr. 42, 1952, S. 24 ff.

Pen, J. (1959), The Wage Rate under Collective Bargaining, Cambridge, Mass. 1959

Perrow, C. (1968), Organizations: Organizational Goals, in: Sills, D. L. (Hrsg.), International Encyclopedia of the Social Sciences, ohne Verlagsort 1968, Vol. 11, S. 305 ff.

Petrullo, L. und Bass, B. M. (Hrsg., 1961), Leadership and Interpersonal Behavior, New York 1961

Pfiffner, J. M. und Sherwood, F. P. (1960), Administrative Organization, Englewood Cliffs, N. J. 1960

Pierce, J. R. (1965), Phänomene der Kommunikation, Düsseldorf - Wien 1965

Pollack, J. (1968), Information Theory, in: Sills, D. L. (Hrsg.), International Encyclopedia of the Social Sciences, ohne Verlagsort 1968, Vol. 7, S. 331 ff.

Pondy, L. R. (1967), Organizational Conflict, Concepts and Models, Administrative Science Quarterly 1967, S. 296 ff.

Popitz, H. (1967), Der Begriff der sozialen Rolle als Element der soziologischen Theorie, Tübingen 1967

Presthus, R. V. (1962), Authority in Organizations, in: Mailick, S. und Van Ness, E. H. (Hrsg.), Concepts and Issues in Administrative Behavior, Englewood Cliffs, N. J. 1962, S. 122 ff.

Prim, R. (1968), Über die Grenzen methodologischer Auseinandersetzungen. Gutenbergs „generelle" und „fallweise Regelungen" und Siebels kritische Analyse, Zeitschrift für Betriebswirtschaft 1968, S. 127 ff.

Pross, H. (1965), Manager und Aktionäre in Deutschland, Frankfurt 1965

Quine, W. V. (1952), Mathematical Logic, 2. Aufl., Cambridge, Mass. 1952

Quine, W. V. (1959), Methods of Logic, 2. Aufl., New York 1959

Radner, R. (1958), The Application of Linear Programming to Team Decision Problems, Management Science 1958, S. 143 ff.

Raia, A. P. (1965), Goal-Setting and Self-Control, The Journal of Management Studies 1965, S. 34 ff.

Rapoport, A. (1960), Fights, Games, and Debates, Ann Arbor, Mich. 1960

Rapoport, A. (1966 a), Some System Approaches to Political Theory, in: Easton, D. (Hrsg.), Varieties of Political Theory, Englewood Cliffs, N. J. 1966, S. 129 ff.

Rapoport, A. (1966 b), What Is Information?, in: Smith, A. G. (Hrsg.), Communication and Culture, New York - Chicago - San Francisco - Toronto - London 1966, S. 41 ff.

Rapoport, A. und Orwant, C. (1962), Experimental Games: A Review, Behavioral Science 1962, S. 1 ff.

Reimann, H. (1968), Kommunikations-Systeme, Tübingen 1968

Reitman, W. R. (1964), Heuristic Decision Procedures, Open Constraints and the Structure of Ill-Defined Problems, in: Shelly II, M. W. und Bryan, G. L. (Hrsg.), Human Judgments and Optimality, New York - London - Sydney 1964, S. 282 ff.

Reitman, W. R. (1965), Cognition and Thought, New York - London - Sydney 1965

de Reuck, A. und Knight, J. (Hrsg., 1966), Conflict in Society, London 1966

Rice, A. K. (1963), The Enterprise and Its Environment, London 1963

Riker, W. H. (1959), A Test of the Adequacy of the Power Index, Behavioral Science 1959, S. 120 ff.

Riker, W. H. (1962), The Theory of Political Coalitions, New Haven - London 1962

Riker, W. H. (1964), Some Ambiguities in the Notion of Power, American Political Science Review 1964, S. 341 ff.

Riker, W. H. (1968), Coalitions: The Study of Coalitions, in: Sills, D. L. (Hrsg.), International Encyclopedia of the Social Sciences, ohne Verlagsort 1968, Vol. 2, S. 524 ff.

Roseman, C., Mayo, C. G. und Collinge, F. B. (1966), Dimensions of Political Analysis, Englewood Cliffs, N. J. 1966

Rosenblueth, A. und Wiener, N. (1950), Purposeful and Non-Purposeful Behavior, Philosophy of Science 1950, S. 318 ff.

Rosenblueth, A., Wiener, N. und Bigelow, J. (1943), Behavior Purpose and Teleology, Philosophy of Science 1943, S. 18 ff.

Rosove, P. E. (Hrsg., 1967), Developing Computer-Based Information Systems, New York - London - Sydney 1967

Rubenstein, A. H. und Haberstroh, C. J. (Hrsg., 1966), Some Theories of Organization, 2. Aufl., Homewood, Ill. 1966

Rudner, R. S. (1966), Philosophy of Social Science, Englewood Cliffs, N. J. 1966

Rudner, R. S. und Wolfson, R. J. (1962), Notes on a Constructional Framework for a Theory of Organizational Decision Making, in: Washburne, N. F. (Hrsg.), Decisions, Values, and Groups, Vol. 2, Oxford - London - New York - Paris 1962, S. 371 ff.

Runciman, W. G. (1969), Social Science and Political Theory, 2. Aufl., London 1969

Russell, B. (1960), Authority and the Individual, Boston 1960

Sackman, H. (1967), Computers, System Science, and Evolving Society, New York - London 1967

Sackman, H. (1970), Man-Computer Problem Solving, Princeton - New York - Philadelphia - London 1970

Sandig, C. (1966), Betriebswirtschaftspolitik, 2. völlig neu bearbeitete Auflage von: Die Führung des Betriebes, Betriebswirtschaftspolitik, Stuttgart 1966

Sarbin, T. R. (1954), Role Theory, in: Lindzey, G. (Hrsg.), Handbook of Social Psychology, Vol. I, Cambridge, Mass. 1954, S. 223 ff.

Sarbin, T. R. (1968), Role: Psychological Aspects, in: Sills, D. L. (Hrsg.), International Encyclopedia of the Social Sciences, ohne Verlagsort 1968, Vol. 13, S. 546 ff.

Sayre, W. S. und Kaufman, H. (1960), Governing New York City, New York 1960

Schein, E. H. (1965), Organizational Psychology, Englewood Cliffs, N. J. 1965

Schein, E. H. und Bennis, W. G. (1965), Personal and Organizational Change Through Group Methods: The Laboratory Approach, New York - London - Sydney 1965

Schelling, T. C. (1960), The Strategy of Conflict, Cambridge, Mass. 1960

Schmalenbach, E. (1947), Pretiale Wirtschaftslenkung, Bd. 1, Die optimale Geltungszahl, Bremen - Horn 1947

Schmalenbach, E. (1948), Pretiale Wirtschaftslenkung, Bd. 2, Pretiale Lenkung des Betriebes, Bremen - Horn 1948

Schmalenbach, E. (1963), Kostenrechnung und Preispolitik, 8. Aufl. (bearbeitet von R. Bauer), Köln - Opladen 1963

Schmidt, R.-B. (1969), Wirtschaftslehre der Unternehmung. Grundlagen, Stuttgart 1969

Schmidt-Sudhoff, U. (1967), Unternehmerziele und unternehmerisches Zielsystem, Wiesbaden 1967

Schmitt, Th. E. (1969), Innerorganisatorische Erwartungen — Ihre Bedeutung für die Koordination von Entscheidungen, Diss. München 1969

Schneider, H. (1969), Das allgemeine Gleichgewicht in der Marktwirtschaft, Tübingen 1969

Schulze, R. O. (1958), The Role of Economic Dominants in Community Power Structure, American Sociological Review 1958, S. 1 ff.

Schutz, W. C. (1968), Interaction: Interaction and Personality, in: Sills. D. L. (Hrsg.), International Encyclopedia of the Social Sciences, ohne Verlagsort 1968, Vol. 7, S. 458 ff.

Scott, W. G. (1962), Human Relations in Management, Homewood, Ill. 1962

Scott, W. G. (1965 a), The Management of Conflict-Appeal Systems in Organizations, Homewood, Ill. 1965

Scott, W. G. (1965 b), Organization Theory: An Overview and an Appraisal, in: Greenwood, W. T., Management and Organizational Behavior Theories, Cincinnati, Ohio 1965, S. 490 ff.

Seiler, J. A. (1967), Systems Analysis in Organizational Behavior, Homewood,Ill. 1967

Shannon, C. und Weaver, W. (1949), The Mathematical Theory of Communication, Urbana, Ill. 1949

Shapley, L. S. (1953), A Value for N-Person Games, in: Kuhn, H. W. und Tucker, A. W. (Hrsg.), Contributions to the Theory of Games, II, Princeton 1953, S. 307 ff.

Shapley, L. S. und Shubik, M. (1965), Eine Methode zur Berechnung der Machtverteilung in einem Komiteesystem, in: Shubik, M. (Hrsg.), Spieltheorie und Sozialwissenschaften, Hamburg 1965

Shelly II, M. W. und Bryan, G. L. (1964 a), Judgments and the Language of Decisions, in: Shelly II, M. W. und Bryan, G. L. (Hrsg.), Human Judgments and Optimality, New York - London - Sydney 1964, S. 3 ff.

Shelly II, M. W. und Bryan, G. L. (Hrsg., 1964 b), Human Judgments and Optimality, New York - London - Sydney 1964

Shubik, M. (Hrsg., 1964 a), Game Theory and Related Approaches to Social Behavior: Selections, New York 1964

Shubik, M. (1964 b), Approaches to the Study of Decision-Making Relevant to the Firm, in: Gore, W. J. und Dyson, J. W. (Hrsg.), The Making of Decisions, Glencoe 1964, S. 31 ff.

Shubik, M. (1965), Spieltheorie und die Untersuchung des sozialen Verhaltens: Eine einführende Darstellung, in: Shubik, M. (Hrsg.), Spieltheorie und Sozialwissenschaften, Hamburg 1965

Shubik, M. (1966), Games Decisions and Industrial Organizations, in: Rubenstein, A. H. und Haberstroh, C. J. (Hrsg.), Some Theories of Organization, Homewood, Ill. 1966, S. 664 ff.

Siegel, S. und Fouraker, L. E. (1960), Bargaining and Group Decision Making: Experiments in Bilateral Monopoly, New York 1960

Simon, H. A. (1957 a), Administrative Behavior, 2. Aufl., New York 1957

Simon, H. A. (1957 b), Models of Man, New York 1957

Simon, H. A. (1957 c), Rational Choice and the Structure of the Environment, in: Simon, H. A., Models of Man, New York - London 1957, S. 261 ff.

Simon, H. A. (1957 d), A Behavioral Model of Rational Choice, in: Simon, H. A., Models of Man, New York - London 1957, S. 241 ff.

Simon, H. A. (1957 e), A Comparison of Organisation Theories, in: Simon, H. A., Models of Man, New York - London 1957, S. 170 ff.

Simon, H. A. (1957 f), Authority, in: Arensberg, C. M. et al. (Hrsg.), Research in Industrial Human Relations: A Critical Appraisal, New York 1957, S. 104 ff.

Simon, H. A. (1960), The New Science of Management Decision, New York 1960

Simon, H. A. (1961), Notes on the Observation and Measurement of Political Power, in: Ulmer, S. S. (Hrsg.), Introductory Readings in Political Behavior, Chicago 1961, S. 363 ff.

Simon, H. A. (1964), On the Concept of Organizational Goal, Administrative Science Quarterly 1964/65, S. 1 ff.

Simon, H. A. (1967), The Architecture of Complexity, Kommunikation 1967, S. 55 ff.

Simon, H. A. und Newell, A. (1958), Heuristic Problem Solving: The Next Advance in Operations Research, Operations Research 1958, S. 1 ff.

Simon, H. A. und Newell, A. (1962), Simulation of Human Thinking, in: Greenberger, M. (Hrsg.), Computers and the World of the Future, Cambridge, Mass. 1962, S. 95 ff.

Simon, H. A., Smithburg, D. W. und Thompson, V. A. (1950), Public Administration, New York 1950

Singer, M. (1968), Culture: The Concept of Culture, in: Sills, D. L. (Hrsg.), International Encyclopedia of the Social Sciences, ohne Verlagsort 1968, Vol. 3, S. 527 ff.

Snyder, R. C., Bruck, H. W. und Sapin, B. (1962), Decision-Making as an Approach to the Study of International Politics, in: Snyder, R. C., Bruck, H. W. und Sapin, B. (Hrsg.), Foreign Policy Decision-Making, London - New York 1962, S. 14 ff.

Spier, L. (1962), Graph Theory as a Method for Exploring Business Behavior, in: McGuire, J. W. (Hrsg.), Interdisciplinary Studies in Business Behavior, Cincinnati, Ohio 1962

Stegmüller, W. (1960), Hauptströmungen der Gegenwartsphilosophie, Stuttgart 1960

Stegmüller, W. (1965), Hauptströmungen der Gegenwartsphilosophie, 3. Aufl., Stuttgart 1965

Sternberger, A. (1956), Lebende Verfassung: Studien über Koalition und Opposition, Meisenheim 1956

Stevens, C. M. (1958), On the Theory of Negotiation, The Quarterly Journal of Economics 1958, S. 77 ff.

Stevens, C. M. (1963), Strategy and Collective Bargaining Negotiation, New York 1963

Stogdill, R. M. (1959), Individual Behavior and Group Achievement: A Theory: The Experimental Evidence, New York 1959

Strasser, H. (1966), Zielbildung und Steuerung der Unternehmung, Wiesbaden 1966

Swanson, G. E. (1964), Internalization, in: Gould, J. und Kolb, W. L. (Hrsg.), A Dictionary of the Social Sciences, Glencoe 1964, S. 345

Swanson, G. E. (1968), Interaction: Symbolic Interaction, in: Sills, D. L. (Hrsg.), International Encyclopedia of the Social Sciences, ohne Verlagsort 1968, Vol. 7, S. 441 ff.

Tannenbaum, R., Weschler, I. und Massarik, F. (1961), Leadership and Organization, New York 1961

Taylor, R. (1950 a), Comments on a Mechanistic Conception of Purposefulness, Philosophy of Science 1950, S. 310 ff.

Taylor, R. (1950 b), Purposeful and Non-Purposeful Behavior: A Rejoinder, Philosophy of Science 1950, S. 327 ff.

Thayer, L. O. (1961), Administrative Communication, Homewood, Ill. 1961

Thibaut, J. W. und Kelley, H. H. (1959), The Social Psychology of Groups, New York 1959

Thiele, L.-D. (1968), Konflikte im Entscheidungsprozeß der Unternehmungsorganisation, Diss. München 1968

Thomas, E. J. und Biddle, B. J. (1966 a), The Nature and History of Role Theory, in: Biddle, B. J. und Thomas, E. J. (Hrsg.), Role Theory: Concepts and Research, New York - London - Sydney 1966, S. 3 ff.

Thomas, E. J. und Biddle, B. J. (1966 b), Basic Concepts for Classifying the Phenomena of Role, in: Biddle, B. J. und Thomas, E. J. (Hrsg.), Role Theory: Concepts and Research, New York - London - Sydney 1966, S. 23 ff.

Thomas, E. J. und Feldman, R. A. (1964), Concepts of Role Theory, Ann Arbor 1964

Thompson, J. D. (Hrsg., 1966), Approaches to Organizational Design, Pittsburgh 1966

Thompson, J. D. (1967), Organizations in Action, New York - St. Louis - San Francisco - Toronto - London - Sydney 1967

Thompson, J. D. und McEwen, W. J. (1964), Organizational Goals and Environment, in: Etzioni, A. (Hrsg.), Complex Organizations, New York - Chicago - San Francisco - Toronto - London 1964, S. 177 ff.

Thompson, J. D. und Tuden, A. (1959), Strategies, Structures and Processes of Organizational Decision, in: Thompson, J. D. et al. (Hrsg.), Comparative Studies in Administration, Pittsburgh 1959, S. 195 ff.

Thompson, J. D. und Tuden, A. (1964), Strategies, Structures, and Processes of Organizational Decisions, in: Leavitt, H. J. und Pondy, L. R. (Hrsg.), Readings in Managerial Psychology, Chicago - London 1964, S. 496 ff.

Thompson, V. A. (1965), Modern Organization, New York 1965

Tonge, F. M. (1963), Models of Majority Influence in Unanimous Group Decision, Unpublished Paper 1963

Trist, E., Higgin, G., Murray, H. und Pollock, A. (1963), Organizational Choice, London 1963

Truman, D. B. (1951), The Governmental Process, New York 1951

Turner, R. H. (1968), Role: Sociological Aspects, in: Sills, D. L. (Hrsg.), International Encyclopedia of the Social Sciences, ohne Verlagsort 1968, Vol. 13, S. 552 ff.

Vardaman, G. T. und Halterman, C. C. (1968), Managerial Control through Communication, New York - London - Sydney 1968

Vickers, G. (1965), The Art of Judgment: A Study of Policy Making, London 1965

Vischer, P. (1967), Simultane Produktions- und Absatzplanung, Wiesbaden 1967

Vogelsang, R. (1963), Die mathematische Theorie der Spiele, Bonn 1963

Vollmer, H. M. (1966), Structural-Functional Analysis as a Method, in: Bowers, R. V. (Hrsg.), Studies on Behavior in Organizations, Athens 1966, S. 45 ff.

Wadia, M. S. (Hrsg., 1968), Management and the Behavioral Sciences, Boston 1968

Wald, A. (1950), Statistical Decision Functions, New York 1950

Wallach, M. A. und Kogan, N. (1961), Aspects of Judgment and Decision Making: Interrelationship and Changes with Age, Behavioral Science 1961, S. 23 ff.

Walton, R. E. (1966), Theory of Conflict in Lateral Organizational Relationships, in: Lawrence, J. R. (Hrsg.), Operational Research and the Social Sciences, London - New York - Sydney - Toronto - Wellington 1966, S. 409 ff.

Walton, R. E., Dutton, J. M. und Fitch, H. G. (1966), A Study of Conflict in the Process, Structure, and Attitudes of Lateral Relationships, in: Rubenstein, A. H. und Haberstroh, C. J. (Hrsg.), Some Theories of Organization, Homewood, Ill. 1966, S. 444 ff.

Walton, R. E. und McKersie, R. B. (1965), A Behavioral Theory of Labor Negotiations, New York - London 1965

Weaver, W. (1966), The Mathematics of Communication, in: Smith, A. G. (Hrsg.), Communication and Culture, New York - Chicago - San Francisco - Toronto - London 1966, S. 15 ff.

Weber, M. (1964), Wirtschaft und Gesellschaft, Zweiter Halbband, Köln - Berlin 1964

Weinstein, F. B. (1969), The Concept of a Commitment in International Relations, The Journal of Conflict Resolution 1969, S. 39 ff.

Werth, H. J. (1960), Vorstand und Aufsichtsrat in der Aktiengesellschaft, Düsseldorf 1960

Westley, B. H. und Mac Lean, M. S., jr. (1966), A Conceptual Model for Communications Research, in: Smith, A. G. (Hrsg.), Communication and Culture, New York - Chicago - San Francisco - Toronto - London 1966, S. 80 ff.

Whinston, A. (1964), Price Guides in Decentralized Organizations, in: Cooper, W. W., Leavitt, H. J. und Shelly II, M. W. (Hrsg.), New Perspectives in Organization Research, New York - London - Sydney 1964, S. 405 ff.

Whinston, A. (1966), Theoretical and Computational Problems in Organizational Decision-making, in: Lawrence, J. R. (Hrsg.), Operational Research and the Social Sciences, London - New York - Sydney - Toronto - Wellington 1966, S. 191 ff.

Whiting, J. W. M. (1968), Socialization: Anthropological Aspects, in: Sills, D. L. (Hrsg.), International Encyclopedia of the Social Sciences, ohne Verlagsort 1968, Vol. 14, S. 545 ff.

Wieser, W. (1959), Organismen, Strukturen, Maschinen, Frankfurt am Main 1959

Wild, J. (1966), Grundlagen und Probleme der betriebswirtschaftlichen Organisationslehre, Berlin 1966

Wild, J. (1967), Neuere Organisationsforschung in betriebswirtschaftlicher Sicht, Berlin 1967

Wildavsky, A. (1964), The Politics of the Budgetary Process, Boston 1964

Will. H. (Hrsg., 1970), Management Information Systems and the Public Services, New York 1970

Williams, J. (1953), The Compleat Strategist, New York 1953

Williams, R. J. (1957), What Is Behavioral Science?, Behavioral Science 1957, S. 240 f.

Wilson, E. K. (1966), Sociology: Rules, Roles, and Relationships, Homewood, Ill. 1966

Wiseman, H. V. (1966), Political Systems, New York - Washington 1966

Witte, E. (1966), Die öffentliche Unternehmung im Interessenkonflikt, Berlin 1966

Witte, E. (1968 a), Phasen-Theorem und Organisation komplexer Entscheidungsverläufe, Zeitschrift für betriebswirtschaftliche Forschung 1968, S. 625 ff.

Witte, E. (1968 b), Die Organisation komplexer Entscheidungsverläufe — Materialien zum Forschungsbericht —, Mannheim 1968

Wolfinger, R. E. (1960), Reputation and Reality in the Study of Community Power, American Sociological Review 1960, S. 636 ff.

Wurst, S. (1967), Das Entscheidungskollegium, Diss. München 1967

Young, S. (1966), Management: A Systems Analysis, Glenview, Ill. 1966

Yovits, M. C. et al. (1962), Self-Organizing Systems 1962, Washington 1962

Zander, A. (1960), Group Aspirations, in: Cartwright, D. und Zander, A. (Hrsg.), Group Dynamics, Research and Theory, New York - Evanston - London 1960, S. 418 ff.

Zander, A. F. (o. J.), Effects of Group Goals upon Personal Goals, Washington, D. C. ohne **Jahr**

# Gesamtstichwortverzeichnis

## zu Band I bis III

Um dem Leser das Auffinden von in den früheren Bänden angesprochenen Fragen zu erleichtern, sind in diesem Verzeichnis die Stichwörter aus allen drei Bänden aufgeführt. Die römischen Ziffern verweisen dabei auf den betreffenden Band des Gesamtwerkes.

**A**bhängigkeit III/193 ff.
Administratives System, Bedeutung der Ziele für das III/157 f.
Affekt-Theorie der Motivation II/123
ALGOL II/45
Algorithmus II/43, 153 ff.
Alternative I/27
—, Ambivalenz von I/101 ff.
—, befriedigende I/88 f.
—, Nichtakzeptierbarkeit der I/102, 106
—, Präferenzvorschriften für I/40 ff.
Analog-Digital-Wandler II/40
Analogrechner II/40, 43 f.
Anpassung III/69 f., 123, 130 f.
—, kalkulierte III/200
—, parametrische III/200
—, unterwürfige III/200
Anpassungssystem III/42 f., 46, 249
Anregungsphase I/119, 123
Anreiz-Beitrags-Gleichgewicht III/130 ff.
—, Reaktionen auf gestörtes III/130 ff.
Anreiz-Beitrags-Theorie III/31 f., 116 f., 129 ff.
Anspruchsanpassung I/106 ff., 110 ff.; II/99, 168, 188 ff.
Anspruchsniveau I/50 ff., 88 f., 100, 107 ff.; II/99
—, variables II/123
Anspruchsnutzenkurve I/110 ff.
Approach-approach-conflict I/99
Approach-avoidance-conflict I/99
Anwendungsziel II/171, 175
Arbeitsgedächtnis II/135
ARGUS II/68
ASEU-Modelle I/47
Assembler II/45
Assoziation II/107 ff., 120
—, gefühlsmäßige II/118
Atkinsons Modell I/54 ff.
Attitüde II/124 ff.; III/72, 199
Aufgabe, Begriff der III/104

Aufgabenrahmen
—, Beschreibung des II/183 f.
— des Aussagenkalküls des GPS II/177 ff.
Aufgabenumwelt III/32
Aufnahmeentscheidung III/31
Ausführungsprogramm II/87, 143
Aushandeln III/58 f., 70, 224
Aussagenkalkül des GPS II/178 ff.
Ausschlußentscheidung III/31
Austrittsentscheidung III/31
Autorisierung III/54 f.
Autorisierungsrecht III/203 f.
Autorität III/55, 201 ff.
—, funktionale III/208 ff.
Avoidance-avoidance-conflict I/99
Axiomensystem I/35, 49 f.

**B**argaining III/58, 224
Basic force model III/191
Bayes-Regel I/41
Bedeutung
—, denotative II/117 f.
— von Zeichen II/116 ff.
Begreifen II/72 f.
Begriff II/104 ff.
—, Aneignung von II/124
—, Bildung von II/71 f., 124
—, disjunktiver I/93
—, konjunktiver I/93
—, Lernen von II/124
—, theoretischer II/37
Begriffsbildung I/86, 92 f.
Begriffszeichen II/107 f.
Behaviorismus I/33 f.
—, klassischer II/25 ff.
Beiträge der Teilnehmer
—, latente III/34
—, manifeste III/34
Beobachtungssprache II/35 ff.
Bernoulli-Nutzen I/39 f., 53

Beschränkungen II/121, 142 ff.
— als Lösungsdeskriptoren II/149
— als Lösungsgeneratoren II/149
— als Lösungsverifikatoren II/148
— der Rationalität I/64 ff.
—, nicht-operationale II/142
—, offene II/149 f.; III/158
—, Schließung offener II/202 ff.
Bestätigungsgrad I/44
Bewertungsfunktion I/39
Bewertungskategorien I/101 ff.
Bewußtsein II/29, 31
Binärentscheidungen II/80
Binary Choice Behavior II/68 f.
Black box II/27 f., 30 ff., 38 f., 52 f.; III/41
Boolesche Algebra II/41
Budgetierungsprozeß III/248 ff.

Change Agent III/46, 250
Change Catalyst III/46
Chunk I/85; II/91, 93, 116
Client System III/46
COBOL II/45 f.
Commitment I/53., 74, 120 f.; II/120, 209; III/221 f.,. 234
Compiler I/45, 54
Comprehension programs III/170
Constraints, siehe Beschränkungen

Daten II/42, 44
Debatte III/224
Denke-laut-Verfahren II/52 f., 154
Denkstrategie, komplexe II/93 f.
Definition der Kommunikationssituation III/171 f.
Definition der Situation II/99 ff., 136 ff.; III/66, 113 164 ff.
—, schlecht-definierte II/141
— und adaptive Entscheidungen II/143 f.
— und inneres Modell II/138 ff.
— und Problemlösungsprogramm II/153 ff.
— und routinemäßige Entscheidungen II/143
—, wohl-definierte II/141 f.
Dekompositions-Axiom I/49 f.
Designatoren II/83
Deskriptive Pragmatik I/48
Differential, semantisches II/118
Digital-Analog-Wandler II/44
Digitalrechner II/40 ff., 51
Disjointed incrementalism III/67
Diskussion
—, kooperative III/224
—, parteiische III/224

Dissonanz, kognitive I/118 ff.
Dringlichkeitsordnung von Zielen I/115 f.; II/188; III/148 f.
Drohung III/217 f.
Durchführungsphase I/73 f.
Durchwursteln II/160 ff.

Echtzeit-Bedürfnis II/167
Effektor II/85 ff.
Einigung III/235 ff.
Einstellung des Individuums I/79 ff., 82; II/89, 100, 138 f., 162 ff.; III/113, 164 ff.
—, dominierte II/166 f.
—, fixierte II/166 f.
— im IV-Ansatz II/163 f.
—, Wechsel der II/164 f.
Elektronische Datenverarbeitung II/32, 40 ff.
Elektronische Datenverarbeitungsanlagen II/37 ff., 46 ff., 50 f.
Elemente
—, aktive II/32 f., 38, 77; III/27
—, Beziehungen zwischen III/37 f.
—, passive II/77
—, Verhalten aktiver II/32 f.
Elementary Perceiver and Memorizer II/70 f.
Eliminationsziel II/171, 175
Emotionen II/166 ff.; III/72 f.
Entscheidung
—, adaptive II/143 f.
—, administrative III/244
—, autorisierte II/121 f.
—, Begriff der I/70 ff.
—, echte I/65, 72
—, individuale III/241 ff.
—, Inkonsistenz von I/43, 48 f.
—, innovative II/144 f.
—, Intransitivität von I/43, 48 f.
—, kollektive III/241 ff.
—, operative III/244
—, politische III/244
—, routinemäßige I/65, 72, 107; II/143
— unter Risiko I/29 f., 37
— unter Sicherheit I/29 f.
— unter Unsicherheit I/29 f.
Entscheidungsfindung I/25
Entscheidungsfunktionen I/57 f.
—, optimale I/58 f.
Entscheidungsinterdependenz III/60 ff.
—, Komplementarität III/63
—, Konkurrenz III/63
Entscheidungslogik I/26
Entscheidungsprämisse I/25 f.; II/97 ff., 213 f.; III/94 ff.

—, faktische I/26, 63
—, imperativische II/126
—, indikativische II/126
—, Genetik der I/57, 79
—, kalkulierte Annahmen von III/198 f.
—, potentielle III/213 ff.
—, routinemäßige Annahmen von III/199 f
—, wertende I/26
Entscheidungsproblem, Vereinfachungen des I/88 ff.
Entscheidungsprozeß I/25 ff., 61, 70 ff., 75, 107
— als Problemlösungsprozeß III/57 ff.
—, distributiver III/57 ff.
—, hierarchische Struktur des I/75
—, integrativer III/57 ff.
—, kollektiver I/74; II/199; III/52 ff.
—, multi-organisationaler III/251 f.
—, Phasen des I/72 ff.
—, Phasen kollektiver III/59 ff.
—, Theorie des kognitiven I/62 ff.
— und Problemlösungsprozeß I/70 ff.
Entscheidungsregeln I/40 ff., 62
Entscheidungssituation, kognitives Modell der II/140
Entscheidungssystem, partielles III/49 ff.
Entscheidungstheorie
—, Axiomensystem von Luce I/49 f.
—, deterministische I/49
—, Geschicklichkeit in der I/53 f.
—, normative statistische I/57
—, Selbstverpflichtung in der I/53 f., 120 f.
—, statistische I/48
—, stochastische I/49
— und andere verhaltenswissenschaftliche Theorien I/26
Entscheidungsträger, interdependente III/61 ff.
Entscheidungsverhalten I/25 ff., 61 ff., 69 f., 109
—, Anspruchsanpassung I/109 ff.
—, geschlossene Modelle des I/25 ff., 61
—, normenkonformes I/70
—, offene Modelle des I/61 ff.
—, rationales I/69
Entwurfsphase I/73
Erfahrungswissenschaft II/37
Ergebnisfunktion I/28 f., 57 f.
Ergebnisse, Ordnung der I/30 f.
Ergebnisvektoren I/29
Erhaltungssystem III/42
Erhaltungsziele III/117
Erkundungsmotiv I/95 f.

Faktoranalyse II/118
Faktorisierung II/184 f.
Finalentscheidung III/55
Fluoreszenzgedächtnis II/88
Focal point III/235 f.
Fokussieren
—, konservatives I/87, 92
—, zufälliges I/87
Force activation model III/191
Force-conditioning model III/191 f.
Force depletion model III/192
Force model III/190 f.
Formatoren II/83
FORTRAN II/45 f., 54
Friedman/Savage-Modell I/110 ff.
Führungsgröße II/84; III/34 f.
Funktion, Begriff der III/41
Funktionsanalyse, soziologische III/33 f., 41, 95 f., 110

Gedächtnis I/82 f., 122; II/61 ff., 106
—, bewußtes II/87 ff.
—, Kurzzeit- I/83, 95
—, Langzeit- I/83
—, unbewußtes II/87 ff.
—, unmittelbares I/84 f., 86
—, unterbewußtes II/87 ff.
Gedächtnishierarchie II/87
—, zweigliedrige II/90 ff.
Gedächtnismodell II/73 f.
Gefangenen-Dilemma III/65
Gehorsamspflicht, Internalisation der III/211 f.
General Problem Solver II/66, 169 ff.; III/183, 232
—, Grundaufbau II/171 ff.
—, Methoden II/171
—, Mittel-Zweck-Analyse II/173 ff.
—, Objekte II/170
—, Operatoren II/170
—, Planung II/196 ff.
—, Zielstrebigkeit II/187
Geschicklichkeit I/53 f.
Geschlossene Modelle I/25 ff., 61
Gestaltpsychologie II/29
Gleichgesinntheit III/208 ff.
Grenznutzen I/32
Group problem solving III/53
Gruppen
—, formale III/40
—, informale III/40
Gruppenentscheidungsprozeß III/53
Gruppenforschung III/40
Gruppenziele III/140 f.

Handlungstheorie nach Parsons III/95
Handsimulation II/54
Hardware II/44, 48, 51
Häufigkeit, relative I/44
Hauptspeicher II/42
Hedonismus I/32
Heuristische Kraft II/155 ff.
Heuristische Prinzipien I/93 ff.; III/171, 183, 232 f.
—, generelle II/158 f.
—, spezielle II/158
Heuristische Programmierung I/95
Hierarchie von Merkmalszeichen III/178
Hilfsspeicher II/42
Homomorphie II/34
Homo oeconomicus I/26 ff., 97 f.; II/127; III/105 f.
Hurwicz-Regel I/42
Hybridrechenanlagen II/43 f.
Hypothesenbildung I/86
Hypothetische Konstrukte II/27

Ideal, synoptisches I/65
Identifikation III/133, 177 ff., 210 f.
Image I/77 ff.; II/128
Imitation III/179
Indifference map I/34
Indifferenzkurven I/33
Indifferenzpunkt I/110
Indikatoren I/57 f.
Individualentscheidung, offene Modelle der I/61 ff., 72
Individualentscheidungsprozeß III/53 f.
Induktive Logik I/44
Information I/27 f., 57 /ff., 84, 95, 122; II/78 ff.
—, faktische II/82 f., 85 f.
—, formale III/88
—, informale III/88
—, kognitive III/87
—, motivierende III/201
—, öffentliche III/87 f.
—, offizielle III/87 f.
—, präskriptive II/82 f., 85 f.
—, primäre III/168, 201
—, sekundäre III/168, 201
—, unvollkommene I/27
—, wertende II/82 f., 85 f.
Information overload I/95; III/172 f.
Informationelle Kopplungen III/59
Informationsannahmen I/27 f.
Informationsbedürfnis III/245 ff.
Informationsgehalt II/80 f.
Informationsgewinnung I/57 ff.
Informationsmaß, informationstheoretisches II/80

Informationsrepertoire II/100
Informationsstand I/57
Informationsstreß III/173
Informationssuche
— nach der Entscheidung I/122
— vor der Entscheidung I/72 ff.
Informationssystem
—, formales III/88
—, informales III/88
—, kognitives III/87
—, öffentliches III/87 f.
—, offizielles III/87 f.
Informationsüberladung I/95; III/172 f.
Informationsübertragung I/84
Informations- und Entscheidungssystem III/49 ff.
Informationsverarbeitung
—, serielle II/92 ff.
—, Strategien der I/86 ff., 95
Informationsverarbeitungsansatz II/24 ff., 30 ff., 47 f., 61 f., 64
—, reiner II/47 ff.
Informationsverarbeitungsmodell II/32 ff., 37, 57 ff.
—, Entwicklungsstufen II/51 ff.
Informationsverarbeitungskapazität III/172
—, beschränkte I/76, 81, 83 ff., 94 f., 103 f.; III/66
Informationsverarbeitungsprozeß II/87 ff.
Informationsverarbeitungstheorie II/23 ff., 32, 45
Informationswiedergewinnung II/61 ff.
Inkonsistenz, kognitive I/119 ff.
Inkrementalanalyse I/89 ff.
Inkrementalismus I/89 ff., 93; II/137, 187; III/128
Input II/77
Input-overload III/125
Institutionelles System III/42
Instrumentale Konditionierung III/163 f., 182
Intelligenz II/162
—, künstliche I/95; II/38 ff., 50 f., 55
Intelligenzsystem III/52, 246
Intension von Zeichen II/104
Internalisation III/176 f.
Intervallskala I/52
Intervenierende Variable II/27 ff.
Intransitivität und Inkonsistenz von Entscheidungen I/43, 48 f.
Introspektion II/25, 30 ff., 52
Invariantenbildung II/71
Investitionsgüter-Marketing III/251 f.
IPL-V, Programmierung in II/110 ff.

Kanäle III/27
Karrieresystem III/47
Kartesisches Produkt I/31
Kategorien II/104 ff.
—, kognitive II/105
Kerngruppe III/55 ff., 123 f.
Koalitionsbildung III/226 ff.
Kognitive Beschränkungen I/26, 61
Kognitive Dissonanz I/118 ff.; II/119, 135; III/74
—, Reduktion der I/121 ff.; III/74
Kognitive Inkonsistenz I/119 ff.
Kognitive Persönlichkeit II/138; III/104 ff.
Kognitive Problemlösungsprozesse I/27
Kognitive Programme III/107 ff.
Kognitive Repräsentation von Signalen III/173
Kognitiver Prozeß I/68
Kognitiver Streß I/70, 76, 83 ff.
Kognitives Modell der Umwelt II/138 ff.
Kognitives Programm II/128 ff.
Kognitivismus II/29 ff.
Kommunikation III/162 ff.
— durch Beobachtung III/163
— durch instrumentale Konditionierung III/163 f.
—, symbolische III/163
Kommunikationsprozeß
—, Paradigma des II/96; III/162 ff.
—, sozialer III/164
Kommunikationssituation III/169 f.
Kommunikationssystem III/47
Kompetenzsystem III/55 f.
Kompromiß III/235 ff.
Konditionierung II/125 f.
—, instrumentale II/26, 127
—, klassische II/26
—, operationale II/26
Konflikt II/125 ff.; III/71 ff.
—, interindividueller III/57, 70 ff.
—, intraindividueller I/96 ff., 104 ff.
—, Überzeugungs- III/71
— und organisationaler Wandel III/74, 249 f.
—, Wert- III/71
Konflikthandhabung III/57 ff., 73, 122 f.
Konfliktleugnung I/120, 123
Konfliktlösung I/106 ff.
Konfliktmanagement III/249 f.
Konfliktprozeß III/73 f.
Konflikttypen I/98 ff.
Konfliktwahl I/97
Konfliktwahl-Modell I/98 ff.
Konservatives Fokussieren II/71

Konsistenzbedingungen I/37
Kontingenz III/66 ff.
—, Pseudo- III/68 ff.
—, reaktive III/68 ff.
Kontingenzbeziehungen III/66 ff.
—, Typen von III/67 ff.
Kontinuitätsaxiom I/38
Kontrolle der Hervorrufungsbedingungen III/194 f.
Kontrolle der Schlüsselreize III/194 f.
Kontrollphase I/73, 119, 123
Kooperative Diskussion III/58
Koordination III/74 ff.
—, dezentrale III/80 ff.
— durch Planung III/82 f.
— durch Rückkopplung III/82 f.
—, zentrale III/80 ff., 158
Koorientierung III/208 ff.
Kopplung III/27, 37 f.
—, informationelle II/77
—, stofflich-energetische II/77
Korrespondenzregeln I/49; II/28, 35 ff., 54 f.
Korrespondenzregelproblem II/35 ff., 55
Kreativität II/202
Kritische Variable III/33
Kultur der Organisation III/114
Künstliche Intelligenz II/38 ff., 50 f., 55
Kurzgedächtnis I/83, 95; II/88 ff.
Kurzspeicher II/88
Kurzzeitgedächtnis, siehe Kurzgedächtnis
Kybernetik III/33

Langgedächtnis I/83; II/88 ff., 104 ff.
Legitimationsgrundlage III/204
Leib-Seele-Problem II/30
Leistungsmotivation I/53 ff., 103, 108
— und Anspruchsanpassung I/109 f.
— und Reaktion I/110
Leistungsorientierte Tendenz
—, negative I/56
—, positive I/56
—, resultierende I/55 f.
Leitwerk II/42
Lernen II/63 f., 88
—, einfaches II/63
—, intelligentes II/63; III/182 f.
— von Begriffen III/173 f.
— von organisationalen Rollen III/179 ff.
Lernmodelle II/63
Lernprogramm II/70 ff.
Lernprozeß I/79 ff., 107 ff.; III/174
Lerntheorie I/109 f.; II/25
—, statistische II/69

Lernverhalten I/79 ff., 90, 108 f.
Listenprogrammiersprachen II/45 f.
Listenverarbeitungssprachen II/45 ff., 51, 103
Logic Theorist II/65 f., 196
Logik, induktive I/44
„Logik offener Systeme" III/67
Logischer Positivismus II/30, 35, 59, 62
Lösungsdeskriptor II/149, 204 ff.
Lösungsgarantie II/155 ff.
Lösungsgenerator II/149, 204 ff.; III/112 ff.
Lösungshypothese II/137 f.; III/112 ff.
Lösungsverifikator II/148, 204 ff.; III/112 ff.

Macht, Begriff III/184 ff.
Machtanalyse, verhaltenswissenschaftliche III/187 ff.
Machtausübung III/184 ff.
Machtgrundlagen III/204 ff.
—, Klassifikation von III/205
Machtindex III/189
Machtsystem III/47
Machtverteilung III/84, 123
Management-Informationssystem III/52
Managementsystem III/43
Manipulation III/69 f., 131, 183 ff., 195 ff.
— und informationelle Kopplung III/217
—, unilaterale III/224
—, wechselseitige III/223 ff.
Manipulative Taktiken III/217 ff.
—, autorisierte Vorschriften III/221
—, Drohung III/217 f.
—, Kompensation III/219
—, Reziprozität III/220
—, Versprechung III/218
—, vollendete Tatsachen III/220 f.
Maschinensprachen II/45
Maximax-Regel I/41
Meaning II/117 f.
Mengentheorie II/109
Merkmalszeichen II/107 ff.
Metaentscheidungen III/89 f.
Metaprogramm II/134
Metaprozesse III/50
Mind-body problem II/30
Minimax-Regel I/41
Mittel-Zweck-Aanalyse des GPS II/173 ff.
Modell II/32 ff., 38
— der Persönlichkeit III/178
—, deskriptives II/33, 60 f.
— des Langgedächtnisses III/178
—, dynamisches II/33

—, homo oeconomicus I/27 ff., 97 f.
—, inneres I/76 ff., 88, 90
—, kognitives der Umwelt II/139
—, konfliktloses I/96 ff.
—, normatives II/60 f.
—, quasi-realistisches II/60 f.
—, traditionelles I/27, 96
Modellvariable II/33
Monotonieaxiom I/38
Morphogenese III/39
Morphostase III/39
Motivation II/122
Motivationsprozesse I/68
Motivationstheorie II/122 ff.
Muddling Through II/160 ff.
Multistabilität III/48 f.

Nachricht, zweckorientierte II/82
Nachrichtendienste III/246
NASEU-Modelle I/47 f.
Neoassoziationismus II/26
Neobehaviorismus II/25 f., 30 ff.
Neustik III/144 f.
Neutralitätspunkt I/110
Nichtakzeptierbarkeit I/106, 116
Nichtvergleichbarkeit I/106 f., 116
Nicht-Verhaltenssysteme III/47
Normative Pragmatik I/48
Normen, informelle III/225
NSS-Test II/55 f.
Nutzen I/32 f., 39 ff., 51 ff., 100, 109 ff.
—, Begriff des I/32 ff.
—, Bernoulli- I/39 f., 53
—, Erwartungswert des I/39 ff.
—, negativer I/51
—, positiver I/51
—, psychologischer I/39 f., 54
—, subjektiver Erwartungswert des I/43, 109
Nutzenfunktion I/31 ff., 50 ff.
—, probabilistische I/48 f.
—, stochastische I/48 f.
Nutzengröße I/109 ff.
Nutzeninterdependenzen I/109 ff.
Nutzeninterpretation, behavioristische I/33 f.
Nutzenmessung I/32 ff., 39
—, kardinale I/32, 34, 39
—, ordinale I/32, 39
— seit von Neumann und Morgenstern I/35 f.
Nutzenmodell I/110
Nutzentheorie II/127
—, axiomatische I/36 ff.
Nutzenurteile, subjektive I/56

Objekt beim GPS II/170 ff., 184 ff., 192 ff.
Objektprogramm II/134
Objektprozesse III/50
Offene Modelle I/25, 61 ff.
Open systems logic III/67
Operationseinheit II/42
Operations Research III/93
Operatives System, Bedeutung der Ziele für das III/158 f.
Operator beim GPS II/109, 170 ff., 184 ff., 192 ff.
Optimierungsparameter I/42
Ordnung, schwach transitive I/30 f., 97
Organisation
—, Kultur der III/91 ff.
—, Mitglieder der III/31 f.
—, Teilnehmer der III/31 f.
—, Verfassung der III/91 ff.
Organisationsanalyse, Begriffssystem der III/85 ff.
Organisationstheorie, verhaltenswissenschaftliche III/243 ff.
Organisationsziele III/33
— als Entscheidungsprämissen III/110 ff.
— im Lichte der Anreiz-Beitrags-Theorie III/116 f.
— versus Individualziele III/110 ff.
Organisieren, Theorien des III/88 ff.
Output II/77

Pareto-Optimum III/77
Parteiische Diskussion III/58
Partielles Entscheidungssystem III/49 ff.
Partisan mutual adjustment III/81
Pattern-recognition II/75 f.
Peripheralismus II/25
Persönlichkeit II/100, 103 ff; II/113, 164 ff.
—, kognitive II/138
Persönlichkeitsfaktoren I/56
Phasenschemata I/72 ff.
Phrastik III/144 f.
Planned Organizational Change III/44, 249
Planung des GPS II/190 ff.
Politischer Prozeß III/121 ff.
Politisches System der Organisation III/121 ff.
—, Forderungen im III/136 ff.
—, Träger des III/126 f.
Position III/101 ff.
Positionssegment III/103
Positionssektor III/103
Präferenz-Indifferenz-Relation I/30
Präferenzordnung I/30 ff., 36, 40, 48 ff., 97; II/127

—, Konsistenz der I/48
—, probabilistische I/48 ff.
—, stochastische I/48 ff.
—, Transitivität der I/45
Präferenzrelationen zwischen Zielen III/148 f.
Präferenzvorschriften I/40 ff.
Pragmatik II/81
—, deskriptive I/48
—, normative I/48
Prinzipien, heuristische I/93 ff.
—, generelle I/95
—, spezielle I/94 f.
Prisoners dilemma III/65
Problemdefinition I/91
— als Bestandteil der Definition der Situation II/145 ff.
—, Komponenten der II/145 f.
—, nicht-operationale II/147 f.
—, operationale II/147
— und Beschränkungen II/148 ff.
Problemlabyrinth II/150 ff., 159
Problemlösung
—, Berechenbarkeit II/154
—, effektiv-berechenbar II/154
—, Turing-berechenbar II/154
Problemlösungsfähigkeit III/244
Problemlösungsprogramm II/87; III/167
— und Definition der Situation II/153 ff.
— und heuristische Kraft II/155 ff.
— und Lösungsgarantie II/155 ff.
Problemlösungsprozeß I/62 ff., 70 ff.; 169 ff.; III/57, 112 f.
— bei nicht-operationalen Problemen II/200 ff.
— in der Kommunikationssituation III/171 f.
— nach dem GPS II/173 ff., 176 ff., 185 ff.
—, Phasen des I/72 ff.
—, Theorien des kognitiven I/62 ff.
Problemlösungsverfahren, Wirkungsgrad von II/156
Problemlösungsverhalten I/65 f.
Problem Solving I/95
Process model III/190
Produktionssystem III/42
Produktions-Versorgungssystem III/42
Prognostische Relevanz II/33, 37
Programm II/42, 44 ff., 53 ff., 129
—, algorithmisches II/145, 153 ff.
—, entscheidendes II/63
—, heuristisches II/145, 153 ff.
—, kognitives II/86, 104, 128 f.; III/166
—, „lernendes" II/74
—, Meta- II/134

Programm, Objekt- II/134
—, problemlösendes II/63, 134, 137
Programmierung II/44 f., 47, 54
— in IPL-V II/110 ff.
Programminstruktion II/137
Programmrepertoire II/134 f.
Programmschleifen II/44 f.
Programmsprachen II/45 ff., 54
Propriozeptoren II/96, 123
Prozeß
—, Begriff III/37 f.
—, kognitiver I/68
—, schöpferischer I/70
—, vermittelnder II/27
Prüfen, sukzessives I/87
Psychologie, kognitivistische II/29 f.
Psycho-Logik I/26 f., 119

Quasi-analytische Entscheidungsverfahren III/93 f.
Quasi-Lösung von Konflikten III/120

Rationalität I/26, 62 ff., 94
—, beschränkte I/64 ff.
—, formale I/63
—, individuale I/63
—, kognitive Beschränkungen der I/26, 61
—, objektive I/63 f.
—, soziale I/63
—, subjektive I/63 f.
—, substantielle I/63
Rationalitätsanalyse I/27, 61 ff.
Rationalitätsbegriff I/62 ff.
—, Bedeutungswandel des I/66 f.
— in der deskriptiven Entscheidungstheorie I/66 ff.
—, pragmatische Analyse des I/69 f.
—, semantische Analyse des I/69
Rationalitätsnorm III/247 f.
Rationalprinzip I/27
Reaktion II/25 ff.
Reduktion von Bewertungskategorien I/110 ff.
Reduktionismus III/95 ff., 110 f.
—, beschränkter III/97
Reduktionsaxiom I/37
Referent power III/210 f.
Referenzgruppe I/109, 113 f.
Reflexbogen II/26
Regelgröße II/84; III/34 f.
Regelkreis II/84 f.; III/34 f.
—, Hierarchie von II/86 f.
Regelstrecke II/84; III/34 f.
Regler III/34 f.

Relationen II/77; III/27
Relationsaussagen III/37
Relationslogik II/109
Resultierende leistungsorientierte Tendenz I/55 f.
Rezeptor II/84
Reziprozität III/220
Reziprozitätsnorm III/215 f.
Risikoverhalten I/53
Role ambiguity III/109
Rolle, formale III/31
Rollen I/66; III/97 f.
— als Elemente des sozialen Systems III/28
— als „offene" Beschränkung III/109
— als potentielle Entscheidungsprämissen III/105, 107
—, Lernen von organisationalen III/179 ff.
Rollenanalyse III/114
—, organisationale III/83 f., 99 ff.
Rollenbeschreibung III/115
Rollenepisode III/182
Rollenerwartungen
—, kognitive III/153
—, Mehrdeutigkeit der III/109
Rollenkonformität III/105 ff., 153 f.
Rollenkonzeption III/28
Rollenlernen III/179 ff.
Rollenzumutung III/115, 213
Routineverhalten I/107 f.
Rückkopplung II/78, 83; III/33
—, kompensierende II/78, 84; III/33
—, kontrollierte II/84; III/33
—, kumulative II/84; III/33
—, negative II/78; III/33
Rückwärtsschreiten II/161, 185 f.

Sanktion III/207 f.
Sanktionserwartungen III/207 f.
Satellitengruppen III/55 ff., 123 f.
Savage/Niehans-Regel I/42
Schachprogramm II/66 f.
Schlichter III/236
Schlichtungsregeln III/55, 59
Schwierigkeitsordnung II/188
Selbstbegriff II/118 ff.
Selbstorganisation II/86
Selbstverpflichtung I/53 f., 74, 120 f.; II/119 f., 135 f., 209
Self-organizing system III/40
Semantik II/81
Semantisches Differential II/117
**Semiotik II/81**
SEU-Modelle I/45 ff., 50 f., 56, 84

Sicherheitsoption I/37 f.
Signal I/78, 95 ff.
Simulation
—, ARGUS II/68
—, Beantwortung von Fragen II/73
—, Begreifen II/72 f.
—, Begriff II/32 f., 37
—, Begriffsbildung II/71 f.
—, Beweise von Theoremen der Geometrie II/67
—, Binary Choice Behavior II/68 f.
—, Gedächtnismodell und Sprachverhalten II/73 f.
—, General Problem Solver II/66
— kognitiver Prozesse II/32 ff., 37 ff., 45 f., 64 ff.
— „lernender" Programme II/74
—, Logic Theorist II/65 f.
—, Lösung mathematischer Textaufgaben II/67 f.
—, menschliche Überzeugungssysteme II/75
—, Schachprogramme II/66 f.
—, Strukturerkennung II/75 f.
— von Systemen II/32 f., 38
—, Wertpapier-Portefeuille II/69 f.
Simulationsforschung II/59 ff.
Skalierung I/47
Software II/44 f., 47 f., 51
Solution-generating process II/169; III/112
Solution-verifying process II/169; III/112
SOR-Paradigma I/124
Sozialisation III/174 ff.
Sozialisationsprozeß III/180 ff.
Sozialwahlfunktion III/76 f.
Speicherhierarchie II/42, 89 f.
Sperrklinkeneffekt III/234
Spiele
—, gemischte III/64
—, Konstantsummen- III/63
—, Variabelsummen- III/64
Spieltheorie I/34; III/63 ff.
Sprachanalyse II/81; III/144 f.
— von Zielformulierungen III/144
Sprache
—, phänomenologische II/29 f.
—, theoretische II/35 ff.
Sprungbefehl, bedingter II/44 f., 94
S-R-Assoziation II/26, 46, 97, 130
Stabilität II/84; III/39
— der Organisation III/32 ff.
— der Subsysteme III/48 f.
Stelle, Begriff der III/104
Stellgröße II/85

Stimulus I/63, 80, 84, 124; II/25 ff., 52
Stochastische Transitivität I/50
Störung II/78, 84; III/35, 48 f.
St. Petersburger Paradoxon I/34
Strategie I/27, 89 ff., 94 f.
— der unzusammenhängenden Schritte I/89 ff.; III/67
— des Durchwurstelns I/89 ff.
—, heuristische I/94 f.
Streß II/122 f.; III/124
Struktur
—, Begriff III/37 ff.
—, dauerhafte III/38
Strukturerkennung II/61, 63, 75 f.
Strukturwandel III/39
Subroutine II/44 ff., 94, 133
Substitutionsaxiom I/38
Subsubsystem III/45 f.
Subsystem III/40 ff.
— der Organisation III/40 ff.
—, funktionales III/41 ff.
—, informationsverarbeitendes III/49 ff.
—, strukturelles III/40 f.
Suchverhalten I/74, 76 f., 81 ff., 91 f., 96 f., 106 f., 116 f., 119 ff.
—, Flußdiagramm des I/116
—, inkrementaler Charakter des I/91 f.
— nach der Entscheidung I/119 ff.
—, verhaltenswissenschaftliche Hypothesen des I/76 ff.
Sufficiency test II/39
Symbol II/78
Syntaktik II/81
System
—, abstraktes III/28 ff.
—, administratives III/121
—, geschlossenes III/30
—, konkretes III/28 ff.
—, kybernetisches II/78, 84
—, offenes II/77; III/30 f.
—, operatives III/121
—, politisches III/48, 121
—, reales II/32 ff., 34 ff., 37 f.
—, selbstorganisierendes III/40
—, Simulation von II/32 ff., 38
—, sozio-technisches III/27 f.
—, stabiles II/78; III/48
—, symbolisches II/32 ff., 35
Systemansatz III/26 ff.
Systembedürfnis III/35 f.
Systemgleichgewicht II/122; III/33
Systemhierarchie III/45 f.
Systemstruktur III/36 f.
Systemtheorie, kybernetische, und Organisationsziele III/110

Taktik der vollendeten Tatsachen
III/236 ff.
Task environment III/32
Team III/57
Teamtheorie I/57
Teilnahmeentscheidung III/31
Teilnehmer
— des politischen Systems III/123
—, potentielle III/32
Teilprozesse I/75 f.
Testangst I/110
Testlauf II/54
Thematic Apperceptive Test I/55
Theoretischer Bezugsrahmen III/241 ff.
Theorie der kognitiven Dissonanz
I/119; II/135 f.; III/50
Thinking-aloud procedure II/52 f., 69, 170
TOTE-Einheit II/129 ff., 172 f., 212; III/107
—, molare II/132
—, molekulare II/132
Transformationsziel II/171, 175
Transitivität I/30, 50
Transitivitätsaxiom I/37
Transparent box II/27 f., 32
Turing Test II/50, 55

Überleben III/33 f.
— des politischen Systems III/124
—, funktionale Erfordernisse des III/117
Überreden III/202 f., 222
Überzeugen III/202 f., 222 f.
Überzeugungen II/104 ff.; III/58, 72
Überzeugungskonflikt III/71
Überzeugungssystem II/75
Ultrastabilität II/86 f.; III/39, 48
Umwelt I/25 f., 40, 50, 90, 108
— der Organisation III/32
— des Systems II/77 f.
—, Einflußbeziehungen der I/25
—, inneres Modell der I/76 ff., 88, 90
—, Modelle der I/76 ff.
—, Sub- III/48 f.
—, subjektives Modell der I/90
Umweltkontrolle III/194 f.
Umweltkopplung III/30 f.
Umweltschichten III/32
Umweltsituation I/27, 40, 50, 108
Unmöglichkeitstheorem III/76 f.
Unsicherheit I/106 f.
Unterprogramm II/44
Unterstützung II/123 ff.
—, diffuse III/125 f.

Valuatoren II/83
Variable, intervenierende I/77
Verarbeitungseinheit, elementare II/93
Verhalten
—, atypisches I/112 f.
—, beobachtbares II/25, 29 f.
—, rationales I/69
—, typisches I/112 f.
Verhaltenseinheit II/129 ff.
—, strategische II/132
—, taktische II/133
Verhaltensgleichgewicht I/99 f.
Verhaltenskontrolle III/62 f.
Verhaltensmuster, gewohnheitsmäßige
I/75
Verhaltensposition I/99
Verhaltensraum I/99
Verhaltenssystem II/32 ff., 37 f., 76 ff.;
III/27 ff.
—, dynamisches I/79
—, Mensch als kybernetisches II/95 ff.
Verhaltenstheorien, psychologische
I/45 f.
Verhaltenswissenschaft III/243
Verhandlung
—, Begriff III/224 f.
—, distributive III/225
—, integrative III/225
Verhandlungsbereich III/229 ff.
—, inkongruenter III/233
—, kongruenter III/233
—, subjektiv geschätzter III/230 ff.
—, tatsächlicher III/233
Verhandlungsproblem III/229 f.
Verhandlungsprozeß III/225 ff.
Verhandlungssituation, Definition der
III/228 ff.
Vermittler III/236
Versprechungen III/218 f.
Verstehen II/61 ff., 72; III/173 f.
— als Problemlösungsprozeß III/170 f.
— im Kommunikationsprozeß III/170 ff.
Verträglichkeit, logische II/99
Vorwärtsschreiten II/185 f.

Wahrnehmung I/81; II/61, 63, 96 f.;
III/164
—, selektive II/166
Wahrscheinlichkeit I/43 ff.
—, Abweichung von subjektiver und
objektiver I/46
—, Bestätigungsgrad der I/44
—, induktive I/44
—, Konzeptionen der I/43 f.
—, Messung der subjektiven I/45 ff., 47
—, objektive I/47

—, persönliche I/44
—, relative Häufigkeit der I/44
—, subjektive I/42, 43 ff., 47, 56
—, subjektivistische Theorie der I/44 f., 48
—, Theorie der I/44
Wahrscheinlichkeitsurteile, subjektive I/56
Wert II/120 ff.
— und Entscheidungslogik II/126 ff.
Wertende Entscheidungsprämissen I/26
Wertkonflikt III/71
Wertkonstellation der Modellvariablen II/33, 38
Wertordnung I/30 ff.
Wertsystem eines Individuums II/126 ff.
Wertvorstellungen I/77
Wille II/135
Willensdurchsetzung I/74
Wohlfahrtsökonomie III/76
WSEU-Modell I/47

Zeichen II/78
—, Dimension von III/144
—, Eigenschaft von II/81
—, Extension von II/104
—, ikonische II/78 f.
—, Intension von II/104

Zeichenfamilie II/107
Zeitintervall, diskretes II/93
Zentraleinheit II/42 f.
Zielanalyse, organisationale III/111 ff.
Zielausrichtung der Organisation III/32 ff.
Ziele I/28 f., 51 f., 88, 97, 115 f.; III/111 ff.
—, Dimension von III/145
—, Dringlichkeitsordnung der I/115 f.
Zielentscheidungsprozeß III/115
Zielerreichungsgrad I/28, 30, 51 f., 88
Zielgradient I/99
Zielinterdependenz III/147 f.
Zielkompatibilität III/147 f.
Zielkonflikt I/98; III/114
Zielmenge III/142
Zielsystem II/127; III/141 ff.
—, „Unvollkommenheit" des III/151 f.
Zieltyp beim GPS
—, Anwendungsziel II/171, 175
—, Eliminationsziel II/171, 175
—, Transformationsziel II/171, 175
Zufallsituationen I/54
Zufriedenheitsstandards I/102
Zugeständnis
—, echtes III/235
—, vorgetäuschtes III/235
Zwischensystem III/46 f.